权威·前沿·原创

皮书系列为
“十二五”国家重点图书出版规划项目

能源蓝皮书

BLUE BOOK OF ENERGY

中国能源发展报告（2015）

ANNUAL REPORT ON CHINA'S ENERGY DEVELOPMENT (2015)

主　编／崔民选　王军生　陈义和

社会科学文献出版社
SOCIAL SCIENCES ACADEMIC PRESS (CHINA)

图书在版编目（CIP）数据

中国能源发展报告. 2015/崔民选，王军生，陈义和主编.
—北京：社会科学文献出版社，2015. 10
（能源蓝皮书）
ISBN 978-7-5097-8130-2

Ⅰ. ①中… Ⅱ. ①崔… ②王… ③陈… Ⅲ. ①能源发展-研究报告-中国-2015 Ⅳ. ①F426. 2

中国版本图书馆 CIP 数据核字（2015）第 232801 号

能源蓝皮书
中国能源发展报告（2015）

主　　编／崔民选　王军生　陈义和

出 版 人／谢寿光
项目统筹／周　丽　王楠楠
责任编辑／王楠楠

出　　版／社会科学文献出版社·经济与管理出版分社（010）59367226
地址：北京市北三环中路甲 29 号院华龙大厦　邮编：100029
网址：www. ssap. com. cn
发　　行／市场营销中心（010）59367081　59367090
读者服务中心（010）59367028
印　　装／北京季蜂印刷有限公司

规　　格／开　本：787mm × 1092mm　1/16
印　张：27. 25　字　数：414 千字
版　　次／2015 年 10 月第 1 版　2015 年 10 月第 1 次印刷
书　　号／ISBN 978-7-5097-8130-2
定　　价／98. 00 元

皮书序列号／B-2006-037

能源蓝皮书编委会

主编简介

崔民选 经济学博士、研究员。现任中国社会科学院工业经济研究所副所长，中国社会科学院研究生院教授、博士生导师。曾主持国家社科基金课题“中国城乡收入差距研究”，参与主持国家级课题“国家环境保护服务业‘十一五’规划”(2006 年)，负责中国社会科学院国情调研课题“中国中小型资源型城市转型研究”（2008 年)，主持“山西省物流‘十一五’规划”(2007 年）等国家及省部级课题多项。主编、参编、著作50余部，先后在《人民日报》《求是》《中国工业经济》等期刊上发表文章200余篇。主持、组织过中国能源可持续发展论坛、中国新能源与产业博览会等大型活动，在推动我国能源理论研究与实践创新方面有重要贡献。

王军生 经济学博士，研究员。现任中国民主同盟中央经济委员会副主任，兼任中国社会科学院中国经济技术研究咨询有限公司研究员。主要研究领域为产业经济学与金融市场理论。多年来致力于金融市场理论、能源政策与能源产业发展战略的研究与实践，撰写著作十余部、论文数十篇。曾参与组织中国能源可持续发展论坛、中国新能源与产业博览会等活动，在推动我国能源理论研究与实践创新方面做出了一定创造性贡献。

陈义和 研究员。现任中国能源产业协会副理事长，能源储备领导小组办公室副主任，世界石油大会中国国家委员会副理事长，兼任中油新兴能源产业集团董事长。主要研究领域为新能源开发与利用、循环经济及产业深化，在新能源发展战略方面做出了创造性贡献，撰有相关著作多部。

序

2014 年是世界经济整体艰难复苏的一年。在国际金融危机的后续影响下，世界经济总体增长乏力，发达国家两极分化趋势明显，发展中国家增长步伐放缓，世界贸易低速增长，全球通胀冲高回落。受复杂严峻的大环境影响，在“三期叠加”的背景下，我国经济进入中高速增长的新常态，周期性、结构性因素叠加，经济下行压力加大，但总体保持平稳运行，经济结构持续优化，服务业比重继续提高，传统制造业向中高端转型的步伐加快，互联网和电子商务相关的新兴业态快速发展。

与经济社会发展的新常态相呼应，我国能源领域迎来了深入调整，能源消费增速明显放缓，能源产业结构的低碳化转型要求不断提高，能源消费结构调整成为战略性任务，能源市场化改革预期加强。可以明显地看到，煤炭告别黄金十年，步入产能过剩和深度调整期；电力需求逐步放缓，发电端竞争将更趋激烈；清洁能源占比继续提升，“风光”（风电、光电）继续趋好，核能重启与“出海”步伐加快；能源管理体制进一步理顺，简政放权、反腐倡廉成为常态；能源价格体制改革深入推进，市场化程度进一步提升。但同时也应意识到，新常态下的能源领域仍然面临众多挑战，如何应对产能过剩局面、如何加快能源结构优化升级、如何推进能源价格机制改革等，都是摆在我们面前亟须破解的重大难题。

根据新形势、新变化，《中国能源发展报告（2015）》旨在帮助我们更为深刻地把握我国能源和环境发展的问题与趋势。《中国能源发展报告（2015）》共分三部分，第一部分为总报告，聚焦中国能源外交战略及如何构建能源国际合作新格局；第二部分为行业运行篇，报告分别就煤炭、石油、天然气、电力、新能源等几个重点行业和关键领域进行了研究；第三部分为热点专题篇，就能源领域混合所有制改革、能源资源税改革、能源网络等热点问题进行了阐述。

相信《中国能源发展报告（2015）》能为我们构建科学发展的能源产业、推动能源生产和消费革命提供重要参考，为推动能源产业转型、适应经济新趋势，及探讨能源的可持续发展指出可供选择的方向并做出积极的贡献。

摘　要

能源对于一个国家的重要程度毋庸置疑，随着我国改革开放的不断推进和深化，国家和社会对能源的需求也越来越大，保障能源供给的安全与稳定已经成为国家改革规划的重中之重。能源产业结构的转型与升级、能源消费结构的调整、能源的市场化改革等均已成为今后相当长一段时间内政府及企业工作的中心。能源领域的相关研究和探讨备受专家学者们的关注。本书对当前我国能源领域的重点和热点问题进行了系统性梳理：第一部分针对构建我国能源国际合作新格局提出了思路；第二部分对包括煤炭、石油、天然气在内的传统能源和部分新能源展开了深入探究与分析；第三部分对现阶段能源领域的部分热点问题进行了专项研究。本书每一部分的内容都围绕特定主题展开有针对性的研究，突出研究的实证性和政策性，期望在系统和深入研究的基础上，为国家和政府部门提供科学的决策依据与参考。

目 录

𝔹 Ⅰ 总报告

𝔹 Ⅱ 行业运行篇

BⅢ 热点专题篇

皮书数据库阅读使用指南

总 报 告

General Report

BLUE BOOK

B.1

积极开展能源外交，构建中国能源国际合作新格局

崔民选　吕瑞贤*

摘　要： 本报告首先对煤炭、石油、天然气、电力等能源产业的热点问题进行了盘点，然后对积极开展能源外交、构建国际合作新格局进行了重点阐述。

关键词： 能源行业　能源外交　多元化战略

* 崔民选，工业经济学博士，研究员、博士生导师。现任中国社会科学院工业经济研究所副所长、中国社会科学院研究生院教授。研究重点领域为政府政策、工业结构与能源战略、生态环境及管理创新、投资银行等。吕瑞贤，中国社会科学院研究生院经济学硕士，财政部财政科学研究所在读博士。主要研究方向为能源经济学、财政理论与政策等。

能源是现代文明的物质基础，也被称为现代工业的“血液”。能源是经济发展的动力来源，对经济规模的扩大和发展进程的加快具有举足轻重的作用。随着经济全球化的发展，发展中国家工业化和现代化进程加速，其对世界能源的需求也不断增加，世界能源竞争愈发激烈。各国为保障其经济发展所必需的能源，在世界范围内展开激烈的角逐。能源对于国民经济和国家安全的战略意义不断提升。为保证能源安全，各国在能源领域所开展的外交活动日益增加，能源外交在国家总体外交中的地位迅速攀升。一时间，世界范围内能源外交异常活跃，能源外交时代已然到来。

一　2014年能源行业重大事件盘点

（一）煤炭行业政策点评

1. 煤炭资源税改革正式实施

经过多年的酝酿，备受关注的煤炭资源税改革终于在2014年取得了突破性进展。9月29日召开的国务院第64次常务会议决定，从2014年12月1日起，在做好清费工作的基础上，将煤炭资源税由从量计征改为从价计征，税率为2%～10%，具体由省级政府在规定幅度内确定。与此前的从量计征相比，从价计征虽然只有一字之差，却给煤炭企业的发展带来了严峻挑战。与此同时，财政部、国家发改委也发出通知，自2014年12月1日起，在全国范围内统一将煤炭矿产资源补偿费费率降为零，停止征收煤炭价格调节基金，取消煤炭可持续发展基金（山西省）、原生矿产品生态补偿费（青海省）、煤炭资源地方经济发展费（新疆维吾尔自治区）。

此次煤炭资源税改革的亮点是强调以清理收费为前提，不增加企业负担。“清费”与“立税”同步，不仅有利于遏制行业内乱收费现象、理顺煤价的形成机制，也有利于促进资源科学合理利用，为煤炭行业的健康发展奠定坚实基础。以完善资源产品价格形成机制为目的的煤炭资源税改革，对于促进煤炭资源合理开采和利用意义非凡。

2. 严控煤炭消费总量，降低煤炭消费比重

2014 年 5 月 26 日，国务院印发的《2014～2015 年节能减排低碳发展行动方案》，明确提出了实行煤炭消费目标责任管理、严控煤炭消费总量、降低煤炭消费比重的要求。徜若京津冀及周边、长三角、珠三角等区域及产能严重过剩行业新上耗煤项目，必须严格实行煤炭消耗等量或减量替代政策；力争实现京津冀地区 2015 年煤炭消费总量比 2012 年负增长；在大气污染防治重点区域地级以上城市，限制销售灰分高于 16%、硫分高于 1% 的散煤。《能源行业加强大气污染防治工作方案》也提出，2015 年，煤炭消费比重降至 65% 以下。通过逐步降低煤炭消费比重，京津冀、长三角、珠三角等区域力争实现煤炭消费总量负增长；北京市、天津市、河北省和山东省净削减煤炭消费总量 8300 万吨。

严控煤炭消费总量，降低煤炭消费比重，设置煤炭消费的“天花板”，适当调节雾霾严重地区和能耗大省的能耗增量，是政府下决心治理大气污染所迈出的关键一步。从长期发展来看，应推进煤炭清洁高效利用，大力推广使用型煤、清洁优质煤及清洁能源，加快更新改造燃煤锅炉。

3.《商品煤质量管理暂行办法》出台

国家发改委、环保部、商务部、海关总署、国家工商管理总局、国家质检总局 6 部门制定的《商品煤质量管理暂行办法》于 2014 年 9 月正式出台，自 2015 年 1 月 1 日起施行。该办法对作为商品煤出售的煤炭的灰分、硫分等指标提出了明确的要求：褐煤的灰分必须小于等于 30%，其他煤种的灰分必须小于等于 40%；褐煤的硫分必须小于等于 1.5%，其他煤种的硫分必须小于等于 3%。《商品煤质量管理暂行办法》对汞、砷、磷、氯、氟 5 种有毒有害元素指标做了相应规定：汞小于等于 0.6μg/g，砷小于等于 80μg/g，磷小于等于 0.15%，氯小于等于 0.3%，氟小于等于 200μg/g。对于远距离运输（运距超过 600 公里）的商品煤，相关要求更为严格。以褐煤为例，要求其发热量大于等于 16.5MJ/kg，灰分小于等于 20%，硫分小于等于 1%。

这是我国首部有关商品煤质量管理的部门规章。《商品煤质量管理暂行办法》的出台为商品煤质量提供了统一的标准和依据。随着煤炭供应的宽

松和全社会对环境问题的高度关注，对煤炭质量的要求越来越严格是必然趋势。煤炭靠量取胜的时代已经渐行渐远，煤炭行业要想继续发展，必须在“质”上做文章。低硫煤、高卡煤会更受青睐，优质煤的市场份额也会逐渐增加。值得庆幸的是，目前全国 30 多亿吨的煤炭消费量为煤炭行业提供了足够的时间和空间来实现“华丽转身”。

（二）油气行业政策点评

1. 资源税由“税费并存”到“清费立税”

2014 年 10 月 11 日，财政部、国家税务总局发布《关于调整原油、天然气资源税有关政策的通知》。在全国范围内统一将原油、天然气矿产资源补偿费费率降为零，原油、天然气矿产资源税适用税率由 5% 提高至 6%。同时提出了对油田范围内运输稠油过程中用于加热的原油、天然气免征资源税，对稠油、高凝油和高含硫天然气资源税减征 40%，对三次采油资源税减征 30% 等优惠政策。

我国油气行业一直存在资源类税费并存的现象，不少税费重复征收，而且往往是“费”大于“税”。资源税由“税费并存”改为“清费立税”，规范了税收行为，体现了税制改革方向，在一定程度上减轻了企业的负担，有利于促使企业合理开发利用原油、天然气资源，进一步推进油气等能源行业的可持续发展。

2. 石油行业全力打造清洁能源升级版

2014 年是中国石油行业的丰收年，中国石油大连液化天然气（LNG）项目正式通过国家竣工验收，中国石化首个 LNG 接收项目在山东青岛正式投运，中国海油分别在广东、福建、上海、浙江、珠海和天津建成、投产 6 个 LNG 接收站，总接卸能力超过 2380 万吨/年。截至 12 月底，中国海外首个大型 LNG 生产基地——柯蒂斯项目成功试产，中国海油也将获得长达 20 年、每年 860 万吨的 LNG 资源供应。

2014 年，石油行业企业按照国家战略部署，积极履行社会责任，全力打造清洁能源升级版，在新能源开发、油品升级等领域取得突出成就。石油行业转型升级，对优化我国能源结构、打造中国能源“升级版”、促进生态文明建设具有重要意义。

3. 中俄签署4000亿美元天然气供应“世纪大单”

2014 年 5 月 21 日，在中国国家主席习近平和俄罗斯总统普京的共同见证下，中俄在上海签署总价值达 4000 亿美元的天然气供应协议。从 2004 年起中俄双方开始研讨天然气合作计划，这项谈判历时 10 年之久的“世纪大单”终于尘埃落定。根据双方商定，从 2018 年起，俄罗斯通过中俄天然气管道东线向中国供气，输量逐年增加，最终达到每年 380 亿立方米，累计合同期为 30 年。

中俄天然气合作的成功意味着两国全面能源合作伙伴关系得到进一步加强。从俄罗斯大量进口天然气，不仅可以满足我国国内能源消费增长、大气环境改善、能源利用结构优化、能源进口多元化等需求，还可以带动沿线地区相关产业发展，保障我国能源安全。中俄 4000 亿美元“世纪大单”的签署，不仅推动了两国经贸合作的深化，而且在一定程度上改写了全球能源贸易版图，进而带动围绕能源版图的地缘政治格局的改变。

4. 南海油气勘探获得重大突破

2014 年，中国海油获得了包括陵水 17 ~2、旅大 16 ~3 南、垦利 16 ~1、陆丰 14 ~4 在内的一系列勘探新发现。陵水 17 ~2 气田是我国海域自营深水勘探的第一个重大油气发现，引起了国际社会的广泛关注。其原因在于，陵水 17 ~2 气田测试成功创下三个第一：中国海油深水自营勘探获得第一个高产大气田；“海洋石油 981”深水钻井平台首次深水测试获得成功；自主研发的深水模块化测试装置完成“处女秀”。在中国海油 2014 年度勘探会上，陵水 17 ~2 气田项目荣获油气勘探重大发现特等奖。

我国南海油气资源极其丰富，70% 蕴藏于深海之中，勘探难度极大。陵水 17 ~2 的勘探突破，标志着中国海油已经独立掌握了全套深水勘探技术。这一突破成功打开了一扇通往南海深水油气宝藏的大门，增加了我国的油气供应来源。

（三）电力行业政策点评

1. 加快建设特高压电网

2014 年 5 月，国家决定加快建设包括“四交四直”特高压工程在内的大气污染防治行动计划 12 条重点输电通道，要求到 2017 年全部建成。同年 11 月 4 日，国家电网公司“两交一直”（淮南—南京—上海、锡盟—山东、宁东—浙江）特高压工程正式开工。这是国家大气污染防治行动计划 12 条重点输电通道中，首批获得核准并率先开工建设的特高压工程，标志着特高压电网进入全面大规模建设和加快发展的新阶段。2014 年 1 月 27 日，哈密南—郑州 ±800 千伏特高压直流输电工程正式投运。2014 年 7 月 3 日和 12 月 26 日，溪洛渡左岸—浙江金华 ±800千伏特高压直流输电工程和浙北—福州 1000 千伏特高压交流输电工程先后建成投运。

特高压已被纳入国家“十二五”规划纲要、能源发展“十二五”规划、中长期科技发展规划纲要、大气污染防治行动计划等多项规划和计划。2014 年以来，中国政府多次做出关于跨区输电以及发展特高压电网的部署。2 月 12 日，国务院常务会议提出实施跨区送电项目，以治理日益严重的雾霾污染。中共中央政治局常委、国务院总理李克强强调要开工一批重大项目，这既是稳增长、提高能源保障能力的重要举措，更是调整能源结构、转变发展方式的有效抓手。4 月 18 日，在新一届国家能源委员会首次会议上，李克强明确提出发展远距离大容量输电技术，2014 年要按规划开工建设一批采用特高压和常规技术的“西电东送”输电通道，优化资源配置，促进降耗增效。5 月，国家能源局下发《关于加快推进大气污染防治行动计划 12 条重点输电通道建设的通知》，其中明确表示，为解决京津冀、长三角、珠三角等地区日益严重的雾霾和电力短缺问题，将推动重点地区 12 条能源输电通道建设。

尽管仍备受争议，但 2014 年特高压电网工程建设已开始提速。根据国家到 2017 年建成 12 条输电通道的要求，市场预计 2015 年将是多条特高压线路密集开工和设备密集招标的阶段。特高压电网作为目前世界上最先进的输电技术，对我国甚至世界能源产业的意义，或许随着时间的推移，才能逐渐显现。

2. 重启核电项目

核电重启一直是2014年新能源领域的热门话题。自2011年日本福岛核电站泄漏事故后，原本高歌猛进的国内核电项目建设戛然而止。过去3年，中国暂停了核电项目的审批，但业界关于重启核电的呼声却从未停止。2014年公布的《能源发展战略行动计划（2014～2020年）》，重点描述了未来6年中国核电发展的前景，到2020年，核电装机容量达到5800万千瓦，在建容量在3000万千瓦以上。该计划称，在采用国际最高安全标准、确保安全的前提下，适时在东部沿海地区启动新的核电项目建设，研究论证内陆核电建设，同时还要积极推进核电“走出去”。种种迹象表明，随着我国能源改革进入深水区，核电重启已悄然拉开序幕，我国各大核电企业也开始摩拳擦掌，通过各种途径增强实力，准备大干一番。2015年是“十二五”规划的最后一年，在这一年，沿海核电站有望再度掀起建设热潮。进入“十三五”以后，内陆核电站建设何时启动也留给人们巨大的想象空间。

核能作为目前唯一可大规模利用的替代能源，已经成为我国能源战略的必然选择。核电站安全一直是让人不得不顾忌的问题，这也让核电带有与生俱来的偏见与争议。在中国，内陆地区人口众多，能源消费以煤电为主，能源结构亟待调整，核电是电力供给的重要选项。但是，在内陆地区建设核电厂，只能依靠江河提供冷却水，安全风险很大。

3. 海上风电迎“黄金时代”

2014年6月，国家发改委下发了《关于海上风电上网电价政策的通知》，规定2017年以前投运的潮间带风电项目含税上网电价为每千瓦时0.75元，近海风电项目含税上网电价为每千瓦时0.85元；2017年及以后投运的海上风电项目，将根据海上风电技术进步和项目建设成本变化，结合特许权招投标情况另行研究制定上网电价政策。12月11日，国家能源局下发《全国海上风电开发建设方案（2014～2016）》，方案涉及44个项目，总容量1053万千瓦。到2015年，我国将实现海上风电并网装机5GW，到2020

年，实现海上风电并网装机30GW。目前海上风电平均装机成本为15000～20000元/KW，结合2020年我国海上风电30GW的装机目标，我国海上风电市场启动后，未来市场空间可达到4500亿～6000亿元。

2014年被业内人士称为“海上风电”元年。短短半年时间内，国家发改委两度刺激“海上风电”，足见其在国家能源战略中的地位。面对海上风电全产业链释放出的巨大“蛋糕”，嗅到商机的各方似乎都使出了浑身解数来“抢食”。但是，受目前国内海上风电产业现状的影响，国家能源局所提出的规划任务完成难度极大。如果相关产业配套细则不出台，很难促进市场的快速发展。与成熟的陆上风电项目建设相比，海上风电项目的审批及建设速度因其项目位置的特殊性而相对缓慢。这也是海上风电“十二五”规划难以完成的一个重要原因。

二　积极开展能源外交，构建中国能源国际合作新格局

（一）积极开展能源外交：传统能源绝处逢生

我国对煤炭的总体利用率不高、煤炭利用产生的环境污染较大、发展的可持续性较低，这些决定了我国必须将能源需求进行转变，即从煤炭供应转向石油、天然气供应。同煤炭相比，石油和天然气热值高，加工、转换、运输、储存和使用方便，效率高，而且是理想的化工原料。能源消费结构从单一的煤炭消费转向石油、天然气消费标志着能源结构的进步，对经济社会发展有着重要意义。同时，应大力推广清洁能源的使用，以清洁能源替代传统能源。将核能与水能、风能、太阳能有机结合，在保证能源发展的前提下，进一步优化能源结构，减少化石燃料的使用，降低二氧化碳排放和雾霾天气的形成，实现十八大提出的建设美丽中国的目标。

中国石油进口来源地多集中于中东地区、非洲、中亚和拉丁美洲，其中，石油进口的60%～70%来自中东地区。沙特阿拉伯、伊朗以及安哥拉是中国石油进口的主要来源地国家。中东是世界上不稳定的地区之一，是大

国关系最复杂的地区，对我国海外石油来源的安全性、稳定性的影响较大。中国的天然气主要进口自中亚、俄罗斯和缅甸，其中来自俄罗斯和中亚的天然气占据很大比例，中亚和俄罗斯将成为中国未来天然气进口的主要来源地。从能源安全的角度考虑，中国应推行能源进口来源地分散化的策略，在保障中东石油供应稳定的同时，也要分散风险，加大自非洲、中亚、俄罗斯、拉美等国家和地区进口的份额，寻求广泛的海外油气资源来源，以拓宽中国能源安全的国际空间。

能源进口来源地会影响能源进口的渠道。中国的石油进口集中在中东地区，所以中国的石油进口大多以海运为主要运输方式。中国的天然气进口来源地多与中国接壤，陆路运输较为方便，多依靠管道运输方式。从当前油气运输方式的角度看，中国应加强国际合作，共同维护马六甲海峡航道安全，并积极探索避开咽喉地带的运输新路线和途径。从运输渠道来讲，要实现海外油气运输通道的多元化，在稳定海上运输主导地位和加大铁路运输力度的同时，重点拓展新的运输通道，特别是管道运输。

传统能源对外合作依然任重道远，中长期内能源对外合作的重点领域依然是油气，特别是天然气，但合作的模式不能一成不变，而要渐行渐改。为此，需要在妥善地应对风险的前提下，紧抓国际油气市场发展机遇，顺势而为，及时调整。同时加快国内基础设施建设，加快推进能源价格市场化改革，弥补对外合作的“短板”。在依赖国际油气市场、实施油气进口及海外油气投资策略的同时，应重视从国外引进先进技术和管理经验，加快国内油气资源开发，内外兼顾，这也是未来一段时期中国油气对外合作的重要内容之一。

（二）积极开展能源外交：新能源生机盎然

我国能源外交正处在使用与开发传统能源和新能源的“两种形态能源的交织期”。我国传统能源资源相对不足，经济发展对其需求量又很大，且面临节能减排的重大压力，这就要求我们顺应大势，将开发使用新能源作为保障经济可持续发展的重要战略。积极开展新能源外交已成为发展新能源产业的重要途径和战略举措。我国应加强国际合作与对话交流，开展务实合作，拓展同美国、欧盟等发达国家和地区的新能源技术合作，积极吸收和引进国外新能源技术、设备和成果，从而推动新能源产业可持续稳步发展。

积极拓宽新能源合作领域是重中之重。新能源领域的合作不仅包括风力发电、光伏发电，还包括生物质燃料与生物质发电、氢能、核能及燃料电池、可燃冰、天然气水合物开发等方面；不单单是原料、技术、设备的合作，还包括人才、机制、标准制定等多方面的合作。我国应通过全方位、深层次的合作，逐步实现能源技术自主创新，推动能源科技创新体系的建设与完善，实现新能源合作的多元化，建立一批新能源应用产业化示范工程，探讨建立清洁、安全、经济、可靠的全球能源供应体系，为开展新能源合作创造有利条件和良好环境。

然而，我国在某些新能源原料资源方面比较匮乏，应增强国际新能源原料供应合作。中国核能发电所需的铀矿资源 90% 以上需要进口，这就要求加强与有关国家在资源开发方面的合作。世界上铀矿资源丰富的国家有澳大利亚、美国、哈萨克斯坦、加拿大、俄罗斯，这 5 个国家的铀矿资源量合计占全球的比重为 2/3。其中，澳大利亚和哈萨克斯坦都是无核电国家，其所生产的铀矿主要用于出口。澳大利亚、哈萨克斯坦与我国关系良好，可作为实施铀矿“走出去”战略的两个重要目的国。合作重点应该放在上游的勘探、开采领域，争取获得尽可能多的探矿权和采矿权，为我国核电站提供长期、稳定的核燃料来源。

全球在天然气水合物方面的地质工作程度还非常低，这为我国获取海外天然气水合物资源提供了绝好的机会。虽然在油气资源领域，美国、日本等发达国家已经把全球大部分优质资源瓜分殆尽，但是在天然气水合物领域，我国还存在较多获取海外资源的机会。太平洋边缘海域陆坡、陆隆区及陆地冻土带的天然气水合物资源非常丰富，所涉及的国家主要是俄罗斯、美国、加拿大，我国应争取获得跟上述 3 个国家合作开发的机会。拉丁美洲国家沿海的天然气水合物资源也比较丰富，我国要充分利用这些国家技术力量薄弱、研究程度低的现状，加强与这些国家合作，以期获得更多的勘探、开采机会。

借助外交战略消除核心技术和知识产权保护壁垒。新能源技术是实现中国经济可持续发展的重要保障，不失时机地引进国外新能源技术、设备和成果，可以有效提升中国新能源产业竞争力。以新能源重大基础科学和技术研究为重点，加强科研攻关，尽快改变我国新能源科学技术落后的面貌，努力实现技术水平的跨越式发展。同时要加强国际技术合作和技术转让，掌握先进技术的知识产权，提升核心技术竞争能力，在全球能源变革趋势中占据主动地位。坚持自主创新，鼓励引进消化吸收再创新，以能源重大工程为载体，以政府为主导，以企业为主体，建立政、产、学、研、用相结合的自主创新体制机制，推动能源装备国产化，打造能源科技装备“升级版”。

提高应对新能源国际贸易争端和纠纷的能力，保护自己的合法利益，进一步熟悉国际规则，并参与游戏规则制定，努力构建国际经济新秩序。从交易市场的角度考虑，中国应积极参与国际能源市场交易规则的制定，从而减少能源价格波动风险，并在规避价格风险的同时，争取到更大的能源定价的话语权；提高我国在能源交易中的国际地位，主动融入现有的国际新能源秩序，积极推动制定国际新能源规则，从而既争取到国际新能源互利合作的机会，又确保我国的利益最大化。

（三）多元化战略：能源合作新格局

能源外交已成为国家能源安全战略的重要一环。通过能源外交谋求全球能源资源配置中的经济和政治利益，为本国经济发展提供强有力的保障，是各国能源外交的核心内容。能源外交担负着极为艰巨的任务，既包括保持境外能源来源的充足稳定，又包括保障境外能源的安全输送，还包括通过国际合作促进能源技术进步、能效提高和环境保护。面对国际能源的新形势，良好的能源外交策略对保障我国能源安全、促进经济社会的可持续发展，以及把握国际形势、运筹大国关系，为国家的和平发展营造良好的国际环境，具有十分重要的意义。

中国能源外交起步较晚，基本处于重实践轻理论、重行动轻协调、重战术轻战略的阶段。在当前形势下，中国必须改变能源外交战略薄弱、落后和被动的局面，奋起直追、勇往直前，全力构建并实施具有中国特色的能源外交战略。为避免供应风险、保障能源安全，能源多元化战略已成为中国能源外交的主题。积极营造多元化的能源外交格局，对构建中国能源安全新版图至关重要。

1. 构建能源新格局之目标多元化

第一，确保能源供给充足。我国煤炭、石油、天然气均需依赖进口。2014 年我国进口煤炭 2.91 亿吨；进口原油 3.08 亿吨，同比增长 9.45%，达到历年来最高水平；进口液化天然气（LNG）270 亿立方米，进口管输天然气 313 亿立方米，共计 583 亿立方米，较 2013 年增幅为 12.6%。因此，保障能源供给充足将是我国能源外交的重要目标之一。能源外交的主要目的是缓解我国现在和将来极其严重的能源（主要是石油）短缺问题。以石油进口为例，我国正在拓展进口渠道。2014 年，中国分别从 48 个国家进口原油。其中，欧佩克产油国是我国第一大进口市场，我国进口自欧佩克产油国的原油约 1.7 亿吨，占同期中国原油进口总量的 57%；进口自毗邻国家俄罗斯的原油有 3310.8 万吨，居第三位，同比大幅增长 36%。中国海关公布的 2015 年 1 月原油进出口分项数据显示，沙特阿拉伯、伊拉克、安哥拉及俄罗斯是我国原油进口的主要来源地（见图 1）。

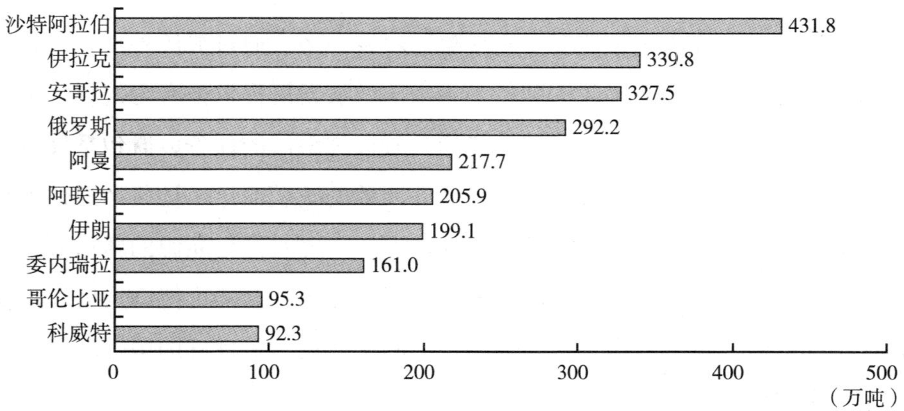

图 1　2015 年 1 月十大对华原油供应国

资料来源：中国海关总署。

第二，保障能源价格稳定。国际石油价格波动剧烈，1970～1980 年，石油价格从 1.8 美元暴涨至 36.83 美元。1986 年，沙特阿拉伯为惩罚欧佩克其他成员超额产油，大幅增加产量，令油价降至 12 美元。近几年，油价一路高涨，在 2008 年到达顶点后，一直居高不下。2013 年的油价已经达到 108.66 美元/桶。2014 年，油价在达到高点数年后迅速跳水，原油进口价格波动极大。1～5 月，原油价格出现轻微下跌，6 月止跌，到 7 月出现小幅回升，达到 786.5 美元/吨。下半年，原油价格出现暴跌，12 月达到最低值 568.38 美元/吨（见图 2）。国际油价的居高不下和持续波动，对我国的经济都会产生不利的影响。因此，保障能源价格的稳定将是我国能源外交的重要目标之一。

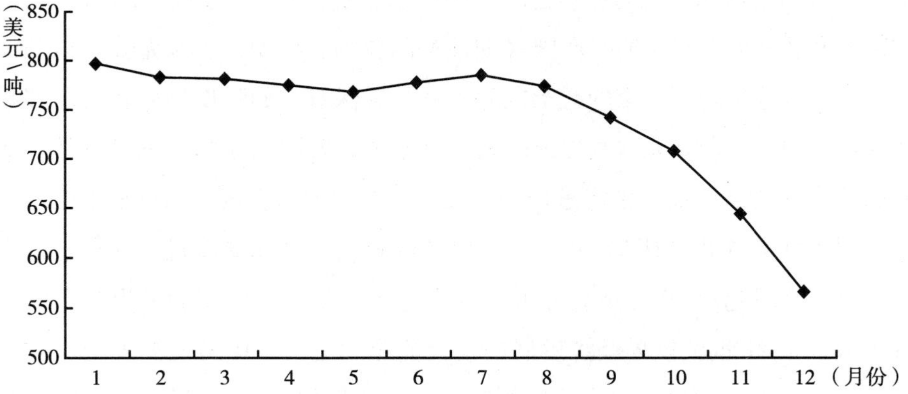

图 2　2014 年原油进口价格变动趋势

资料来源：中国海关总署。

第三，保障能源通道安全。从我国能源进口运输航线来看，我国进口石油原油的 90% 以上需依靠油轮通过海路运输，其中除了从南美委内瑞拉进口石油走拉美航线外，从中东、北非、东南亚地区进口石油都必经马六甲海峡。然而，我国对马六甲海峡只有使用权而没有发言权，在能源运输安全上得不到保障。我国在短期内还不可能完全脱离对中东地区能源的依赖。保障能源通道安全也成为我国能源外交的重要目标之一。多元化战略是规避风险的有效手段，对于中国这样一个能源消费大国而言，要确保能源消费安全必须实现能源进口渠道多元化。为了实现能源进口来源多元化、降低海洋运输风险系数，中国需要减少中东、北非、东南亚地区石油进口所占份额，寻找新的能源进口渠道，逐步提高对其他地区的能源进口。

2. 构建能源新格局之地域多元化

目前，我国已经与全球45个国家和地区开展了能源资源勘探开发和炼油化工项目合作，合作区域遍及拉丁美洲、大洋洲和东南亚、中亚、非洲、中东。能源合作已从传统的油气、煤炭领域扩大到电力、金属和新能源等领域。我国能源国际大通道建设取得历史性突破，形成陆上东北、西南、西北和海上四大能源进口通道的战略布局。

中东地区依旧是中国能源外交的重心所在。中东一直是影响国际石油供应安全或引发石油危机的多事之地，至今仍是国际能源安全问题的核心所在。我国要发展并巩固与石油生产国（如沙特阿拉伯、伊朗、伊拉克等）以及油气生产及运输所涉及国家的政治友好关系，确保双方的长期供应合同能够顺利执行。同时，在有关这些国家的地区事务中，要明确立场，承担责任，从而确保中国所需石油的稳定进口和供应，以及中国油气进口的运输安全。

据国际能源署（IEA）预测，中亚地区石油可采储量超过300亿吨，天然气可采储量超过10万亿立方米，有可能成为仅次于中东的世界第二大油气产地，是21世纪世界经济发展的较大能源库之一。中国能源外交应重点转向中亚国家，构建富有建设性的制度性合作框架，创立机构性协调机制，形成周边能源安全战略协作机制，着力打造新时代的“能源丝绸之路”。作为中国的中亚邻国，塔吉克斯坦在“丝绸之路经济带”的带动下，与中国在电力资源以及新能源开发方面进行了更广泛的合作。中国石油企业已经进入塔吉克斯坦，在塔南部地区获得了一些区块的采矿权。

3. 构建能源新格局之方式多元化

构建能源新格局，需要不断拓宽合作领域，既有石油和天然气的合作，也有煤炭、核能、水电及可再生能源等方面的合作；既有资源和市场的合作，也有能源开发技术、节能技术乃至管理经验等方面的合作；既有技术经济层面的交流与合作，也有政治和战略层面的沟通与对话。我国应通过多种方式的能源合作寻求稳定的能源供给。

首先，宣传我国的能源外交策略，加强政治互信与合作。我国正在积极发展与八国集团、国际能源机构等国际组织的多边能源安全对话与合作，并在此基础上继续加强与欧美在能源问题上的双边战略对话与沟通。在此过程中，我国的主要任务是减少与一些国家在能源外交问题上的误解与摩擦，营造促进经济发展的良好外部环境，积极消除“中国威胁论”和“国际身份转型”压力的影响。

2014 年，党和国家领导人多次出访力推能源合作，能源外交成果斐然。中国国家领导人频繁出访并会晤各国首脑，而串联这一系列外交活动的一条主线就是能源合作。3 月 22 日至 4 月 1 日，国家主席习近平对荷兰、法国、德国、比利时进行国事访问，出席在荷兰海牙举行的核安全峰会。在访问过程中，取得了多项能源合作成果，其中，明确中广核将参股法国电力在英国拟建的核电项目，中海油与道达尔签署 LNG 合作协议。9 月，国家主席习近平成功对土库曼斯坦、哈萨克斯坦、乌兹别克斯坦、吉尔吉斯斯坦、俄罗斯进行国事访问，访问期间，习近平主席同土库曼斯坦别尔德穆哈梅多夫总统专程出席“复兴”气田一期工程竣工投产仪式；在中土、中俄元首的见证下，中国与土耳其、俄罗斯两国分别签署了天然气重要合作协议。10 月 9 日至 17 日，李克强在访问德国、俄罗斯和意大利期间，多次强调与相关国家加强能源合作，并力推中国核电“走出去”。在访俄期间，中俄签署了 39 项协议，协议涉及天然气供应、核能等多个领域，其中仅天然气协议价值就高达 4000 亿美元。通过高层互访，中国与世界各国的能源合作得到全面深化，在能源供给安全、国际能源秩序、新能源国际合作等领域均取得突破性进展。

在政治和外交上，我国应加强与世界能源大国以及能源消费集中的亚太国家之间的对话与合作，通过参加国际和地区间的多边能源合作机制来协调彼此在能源利益上的分歧与矛盾，这样既能防止一些能源消费大国利用能源武器操纵中国，也能为中国的能源外交活动提供法律保障。充分利用亚太经济合作组织非正式会议、上合组织峰会、东亚峰会和“东盟 +3”能源部长对话机制等平台，发挥已有对话机制的作用，推动构建高层协调机制，积极开展能源技术合作和交流，提升能源合作领域和空间，从而实现区域内能源技术、资源要素的优势互补和有效配置，形成互利合作、合理分工和双向共赢的局面。

其次，以金融、贸易为依托，提升能源外交话语权。能源是工业的粮食，金融是经济的血液，能源金融是能源外交的关键环节。以石油为基础、以美元为标的的“石油美元体制”是美国实现全球霸权目标中除了军事手段外的重要的经济手段之一。美国熟练运用石油和美元汇率两个杠杆，操纵着全球的资源配置。为了冲出美国垄断“包围圈”，我国需要大力支持本土能源企业向海外发展，鼓励中国企业变被动为主动，积极参加各种国际金融、贸易和能源经济组织，利用国际上的各种法律，保护自身的利益，降低能源投资和进口风险。

在今后相当长一段时间内，国际能源贸易仍将是中国利用国外能源的主要方式。中国将按照世界贸易组织规则，完善公平贸易政策，开展能源进出口贸易，优化贸易结构。综合运用转口贸易、期货贸易、长协贸易、易货贸易等方式，推进贸易方式多元化进程快速发展。积极参与全球能源治理，加强与世界各国的沟通与合作，共同应对国际货币体系、过度投机、垄断经营等因素对能源市场的影响，维护国际能源市场及价格的稳定。

最后，引进一流能源技术，推进能源科技创新。当今世界，能源利用技术水平的高低成为衡量一个国家是否发达的重要标志之一。一个国家能否持续发展要看其新能源利用技术水平的高低。只有那些技术水平高的国家在国际竞争的舞台上才能立于不败之地。综合国力的竞争首先是科技水平的竞争。提高现有能源的使用效率也是加强应对能源安全问题能力的重要方面。近年来，全球能源技术创新迭起，从生产端而言，非常规油气和可再生能源技术逐步实现大规模应用，全球能源结构加速调整，能源格局向多元化演进；从消费端而言，智能电网、新能源汽车、分布式能源、储能技术等推动能源利用方式的变革和能源效率的提升。我国也逐渐意识到能源技术的重要性。2014 年 11 月 19 日，国务院办公厅印发《能源发展战略行动计划（2014～2020 年）》，明确了优化能源结构、推进能源科技创新为我国能源发展的战略任务，特别指出着力优化能源结构，把发展清洁低碳能源作为调整能源结构的主攻方向，大力发展可再生能源。

加强与欧美等发达国家和地区的技术合作，提高我国能源技术水平，是我国能源外交的重要任务。美国趋于成熟的页岩气开采技术已经为国际天然气市场带来新的天然气来源和规模生产效应。中美如果能在页岩气开采技术领域加强合作，那么世界上庞大的页岩气资源作为清洁能源之一，将会被广泛而有效地利用，国际天然气供需状况将会明显改善。欧洲国家（如德国、西班牙、丹麦）风力发电起步早、投入大。世界风机双馈齿轮驱动技术、无齿轮直驱技术和混合驱动技术三大技术流派也发源于欧洲。因此，提高我国的能源技术，必须加强与欧美等能源技术大国和地区的合作，站在先进能源技术的高平台上，找到我国能源创新的中国特色之路。

（四）“一带一路”：能源合作新动力

“一带一路”是“丝绸之路经济带”和“21 世纪海上丝绸之路”的简称。“丝绸之路经济带”对内的重点区域包括西北、西南及南部沿海省份，对外自亚太地区始，联结资源丰富的中亚及经济发达的欧洲地区。“21 世纪海上丝绸之路”则将中国和东南亚、南亚、西亚及非洲国家临海的各港口城市串联了起来，通过海上互联互通、港口城市合作机制以及海洋经济合作等途径，最终形成“海上丝绸之路”。“一带一路”战略自 2013 年提出，经过 2014 年的酝酿与谋划，在 2015 年进入务实推进阶段。“一带一路”战略作为一个重大政治红利，无疑将给国际能源合作带来新的发展机会。

1. 矿产、石油、天然气“三足鼎立”，保证能源供给安全

能源资源在“一带一路”中发挥的作用非常重要，是推进国际经济合作的重要载体。矿产资源能源合作被认为是铺展“一带一路”的重要基石。由于人口众多、经济体量大，我国对矿产资源能源的需求将在相当长的时期内保持“大体量”态势，对外依存度进一步提高。要解决我国的资源能源问题，就要在立足国内供给的同时，积极实施矿产资源能源“走出去”战略。“一带一路”沿线国家矿产资源极为丰富，为能源合作提供了良好的机遇。无论从我国与周边国家优势互补的角度，还是从已经具备的合作基础和

条件来看，我国矿产资源“走出去”都具有现实性和可行性。

中国的发展需要石油、天然气等能源作为战略支持与保障。石油是国际政治经济里的权力象征，打造“21世纪海上丝绸之路”的重要战略目标就是保障“石油生命线”的安全。近年来天然气发展迅速，液化天然气更是打破了天然气市场的区域局限，天然气市场逐渐国际化，天然气跟石油和矿产呈现出三足鼎立的局面，油气合作成为“一带一路”战略的重要内容。作为最大的能源消费国，中国的油气对外依存度连年攀升，并面临着海外油气资源获取难度增大、原油定价话语权薄弱等问题，实施“一带一路”战略，将为解决这些问题提供新思路。全国政协委员、工信部原部长李毅中曾指出：“未来油气资源合作仍是‘一带一路’建设的重点。中东、中亚国家有油气资源和出口的需求，我国有广阔的市场和进口的需求，双方不仅可以进行油气贸易，还可以在技术和人才交流上进行合作，并且带动我国西部油气工业的发展。中缅原油管道开辟了海上原油的管道来源，也进一步保障了国家的能源安全。”

2. 以周边国家为起点，逐步扩大能源合作区域

“一带一路”战略辐射的区域贯通中亚、东南亚、南亚、西亚乃至欧洲部分区域，东牵亚太经济圈，西系欧洲经济圈，区域辐射范围广，并试图拓展新的贸易通道，编织新的贸易网络。2014年，习近平总书记提出了推动能源消费、供给、技术、体制革命，全方位加强国际合作。李克强总理主持召开新一届国家能源委员会首次会议，审议通过了《能源发展战略行动计划（2014～2020年）》。为了贯彻落实“四个革命、一个合作”的工作总要求和能源发展战略，国家能源局局长努尔·白克力点出六个能源行业重点推进的方向。其中“加强能源国际合作，提高安全保障能力”跟“一带一路”环环相扣。

周边国家是中国打通“一带一路”大脉络的第一步，也是外交上必经之地，更是维护能源安全的支点。“一带一路”上的国家有丰富的能源资源，地理位置也非常重要。中国应依托“一带一路”对俄罗斯、中亚、东南亚、欧盟等主要国家和地区的辐射效应，塑造周边地区的区域市场，建立能源自由贸易区。中国现有的涵盖中亚、中俄和亚太的能源合作尤其重要，这些地区是中国把能源合作辐射到“一带一路”中的关键点。中国、俄罗

斯、中亚之间的能源贸易往来早已开展。但是，在一个统一的地跨欧亚经济带的概念下，开展跨国家、跨区域层面的大规模的能源合作，构建一个多元化互联互通的新格局，是前所未有的。当前，中国、俄罗斯及相关中亚国家在“一带一路”战略提出后，进一步加大了区域内的能源合作力度，加强了区域、国家间的能源联系。区域能源合作的新格局正在形成。

“一带一路”覆盖地区已成为世界最大的能源消费市场。中国、印度、巴基斯坦、东南亚国家的能源消费仍在增长。以往国际上各国的竞争专注于资源的拼抢，随着供求关系的变化，市场的地位日益凸显，各国争夺的重心已由争夺资源、争夺矿产逐渐转变为争夺市场。未来中国在国际能源格局中话语权的提高，会得益于最大消费国这一日渐突出的地位。未来在欧亚空间，庞大的能源市场体系的形成，将会进一步改变能源贸易的流向，直接影响国际能源的布局。

3. “一带一路”海陆并行，共建“能源丝绸之路”

中国正在筹划和建设多条能源通道，主要包括中亚四条能源管线、中俄油气管线、中缅能源通道、中巴能源走廊、海上丝路能源枢纽的建设。“一带一路”能源合作为能源通道的建设带来了极大的推动力。“一带一路”战略提出加强能源基础设施互联互通合作，共同维护输油、输气管道等运输通道安全，这为建设能源通道指明了方向。

我国目前海外进口油气共有四条海运路线——中东航线、非洲航线、东南亚航线与南美航线。“21 世纪海上丝绸之路”覆盖下的沿海各国及主要海运通道是海上油气运输安全的关键所在。随着国际贸易范围的扩大，海上油气运输涉及的国家和地区也在逐步增加。能源进口陆上通道主要依赖西北（中哈、中亚、中巴）、东北（中俄）、西南（中缅）三个方向。“丝绸之路经济带”覆盖的国家多为内陆国家，油气管道运输是跨国油气贸易的主要供油方式，极大地降低了运输成本。“21 世纪海上丝绸之路”与“丝绸之路经济带”的结合，为能源通道建设提供了良好契机。在“一带一路”战略助力下，海陆能源通道并行，共建“能源丝绸之路”，引领我国能源国际合作走向新时代。

参考文献

[1] 崔民选主编《中国能源发展报告》(2011～2014),社会科学文献出版社,2011、2012、2013、2014。

[2] 童瀛:《中国能源安全现状问题及对策浅析》,《能源与节能》2013年第11期。

[3] 崔守军:《中国能源国际合作模式的选择》,《现代国际关系》2010年第11期。

[4] 罗佐县:《中国能源对外合作的机遇与挑战》,《能源》2014年第3期。

[5] 曾少军、杨来、曾凯超:《我国能源外交现状与策略研究》,《中国能源》2012年第10期。

[6] 闫强、王安建、王高尚等:《我国新能源产业发展战略研究》,《商业时代》2009年第26期。

[7] 闫强、陈毓川、王安建等:《我国新能源发展障碍与应对:全球现状评述》,《地球学报》2010年第31期。

[8] 吴新雄:《转方式调结构促改革强监管保供给惠民生,扎实做好2014年能源工作》,《中国煤炭工业》2014年第3期。

[9] 曹新:《中国新能源发展战略问题研究》,《经济研究参考》2012年第52期。

[10] 杨来、曾少军、曾凯超:《能源外交与中国面临的全球形势》,《中国能源》2013年第35期。

[11] 李先鑫:《中国能源安全形势分析》,《合作经济与科技》2014年第24期。

[12] 袁佳:《浅谈当前我国能源形势与能源安全战略》,《中国国土资源经济》2014年第27期。

[13] 闫世刚、刘曙光:《新能源安全观下的中国能源外交》,《当代中国史研究》2014年第4期。

[14] 中华人民共和国国务院新闻办公室:《中国的能源政策(2012)》,2012。

[15] 周怀龙:《"一带一路"搭建资源快车》,《中国国土资源报》2015年3月6日。

[16] 吴莉:《"一带一路"构建油气贸易新格局》,《中国能源报》2015年3月3日。

[17] 余家豪:《"一带一路"能源合作聚焦三大关键词》,《中国石油报》2015年3月10日。

[18] 刘坚、牛华勇:《"一带一路"带来区域能源合作新格局》,《中国石油报》2015年4月7日。

[19] 石泽、孙雨晨:《共建"一带一路"与变化中的能源格局》,《中国石油报》2015年1月13日。

行业运行篇

Section for Industry Operation

B.2

煤炭行业“绿化”行动正在进行

胡华钎*

摘　要：中国成为全球第二大经济体之际，也是中国经济发展进入新常态的时期，经济转型、产业升级的号角已经全面吹响。作为中国能源体系的绝对主题，煤炭行业要脱去旧衣换新装，坚定不移地走在“绿化”的路上。神华集团、山东能源集团和中煤集团等煤炭企业已经在践行着“绿化”的理念，走在行业的前列。煤炭属于不可再生资源，在我国一次能源消费中长期占比较高，煤炭行业的“绿化”之路必须经过整个产业链中的几个关键环节，如矿井选址、开发、利用。

关键词：煤炭清洁化　新常态　绿色发展　能源结构

* 胡华钎，中国社会科学院研究生院经济学硕士，安信期货能源化工研究员。主要研究领域为能源经济、金融等。

对于国家而言，“绿色”意味着生态友好、环境优美、社会稳定、人民安康与经济发展之间的和谐统一。在世人眼中，煤炭过去一直是“黑色”的，俗称“黑金”，与“绿色”毫不沾边。而如今，中国煤炭行业正在反思，正在行动，追根溯源，回到其前世——亿万年前的绿色植物，整个行业决心要脱胎换骨，洗去表色——“黑色”，回归本色——“绿色”。

在中国经济转型升级、社会的环境保护意识觉醒、新兴能源发展如火如荼、原油价格突然暴跌的巨大挑战下，煤炭行业绝不能坐以待毙，而更应该坚定信心，迎难而上，放眼长远，让“绿化”成为新时代中国煤炭工业发展的主基调：绿化就是清洁化，绿化就是高效化，绿化就是集约化，绿化意味着安全性，绿化意味着可持续性。

一　煤炭行业进入新常态

2014 年 5 月，习近平总书记在河南考察时指出：“我国发展仍处于重要战略机遇期，我们要增强信心，从当前我国经济发展的阶段性特征出发，适应新常态，保持战略上的平常心态。”这是新一代中央领导首次以新常态描述新周期中的中国经济。7 月 29 日，习近平总书记在党外人士座谈会上又一次使用“新常态”，指出：要正确认识我国经济发展的阶段性特征，进一步增强信心，适应新常态，共同推动经济持续健康发展。

随着中国社会经济发展进入了新常态，中国煤炭行业也进入了新常态：煤炭需求继续萎缩，煤炭产量有所下滑，进口量逐渐减少，高位库存消化艰难，煤价尚未止跌回稳、行业景气下滑、投资吸引力减弱等。

（一）煤炭需求不断萎缩

随着中国经济增速不断下滑，发展模式转型（工业比重逐渐下降）、能源结构调整（环境保护要求提高，削减煤炭消费以治理雾霾），以及国家能源政策日益严苛，煤炭需求低迷已经成为中国煤炭行业发展的新常态。国家统计局的数据显示，2014 年，全国煤炭消费量约为 35.1 亿吨，同比降低 2.9%，为自 2002 年以来的首次负增长（见图 1）。国务院总理李克强在十二届全国人大三次会议上提出将 2015 年中国国内生产总值增长目标下调至 7% 左右，远低于 2014 年政府工作报告中提出的 7.5% 左右的目标值。相应的，中国煤炭消费弹性系数由过去几年的 1.0 左右下降到目前的 0.4 左右，国内煤炭消费同比增速已经开始出现明显的下滑，预计未来煤炭市场需求将呈现出不断萎缩的发展趋势。换言之，各种因素共同促使中国煤炭消费总量在 2013 年达到历史的最高峰，然后逐年缓慢下降。

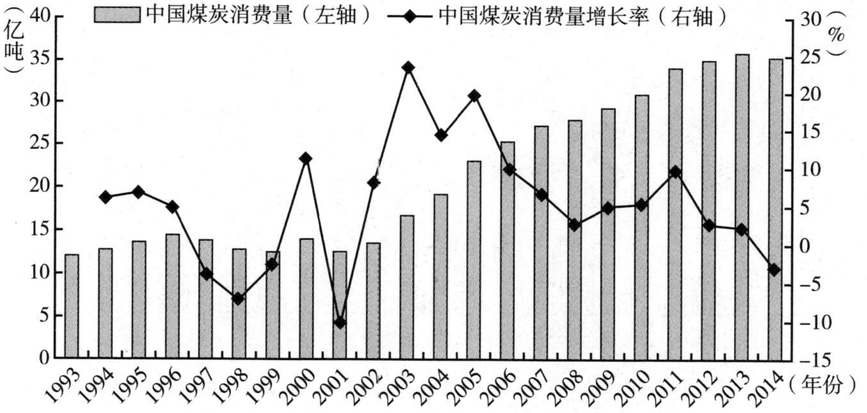

图 1　近几年中国煤炭消费量及同比增速

资料来源：国家统计局。

（二）煤炭产量增速下滑

随着中国经济增速放缓、环保要求升级以及煤炭价格不断下滑，煤炭主产区政府大多数严格执行了煤矿减产、限产政策，并加大安全检查，过去十几年国内煤炭生产盲目快速增长势头得以遏制。国家统计局公布的数据显示，2014 年，全国原煤产量完成 38.7 亿吨，同比增长 -2.5%，为自1999年以来的首次负增长（见图2）。据国家能源局煤炭司司长方君实介绍，目前全国合法煤矿产能大约为35.48亿吨/年，其中包括已经建成、处于联合试运或验收阶段的煤矿产能4.22亿吨/年。而中国煤炭工业协会提供的数据显示，目前全国煤炭产能在40亿吨左右，在建产能11亿吨左右。全国合法煤矿产能总数仅接近实际产能的七成，占比约为69.57%，为35.48亿吨。这意味着，目前全国有超过15.5亿吨的煤炭产能并不合法。未来受打击非法矿、减产限产和淘汰落后产能等政策影响，中国煤炭行业产能利用率将进一步下滑，煤炭总产量增长仍将受到抑制。

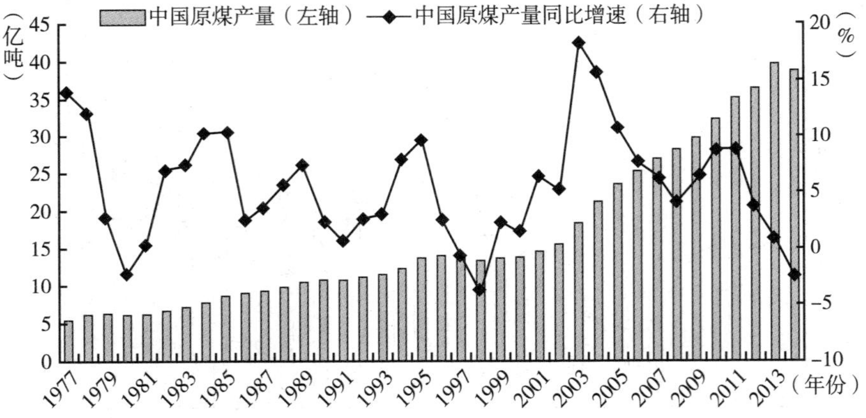

图2 近几年中国原煤产量及同比增速

资料来源：国家统计局。

（三）煤炭进出口量减少

随着我国煤炭进出口政策调整，《商品煤质量管理暂行办法》开始实施，恢复进口煤炭税，并严格限制劣质煤进口。2014年，中国煤炭进出口量继续双双下滑。国家统计局的数据显示，2014年，中国累计进口煤炭29122万吨，比上年减少3580万吨，同比下滑10.9%，为近几年首次负增长；出口量为574万吨，比上年减少177万吨，同比下滑23.5%（见图3

和图4）。全年煤炭净进口量约为2.85亿吨，比上年减少3400万吨，下降10.7%。

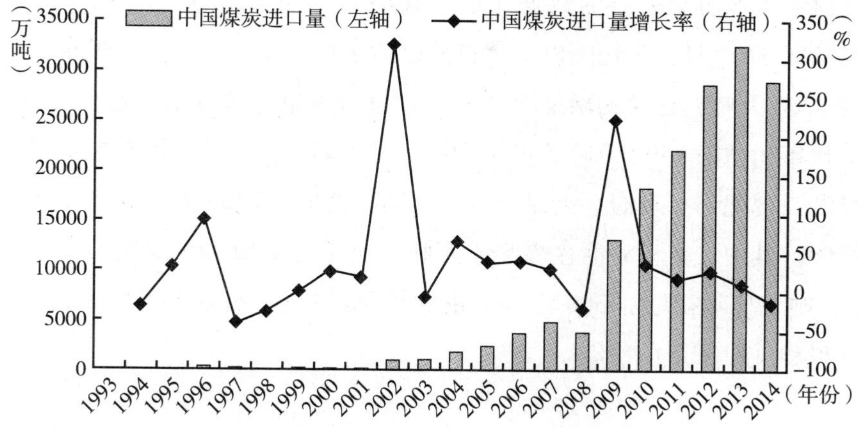

图3　中国煤炭进口量及同比增速

资料来源：国家统计局。

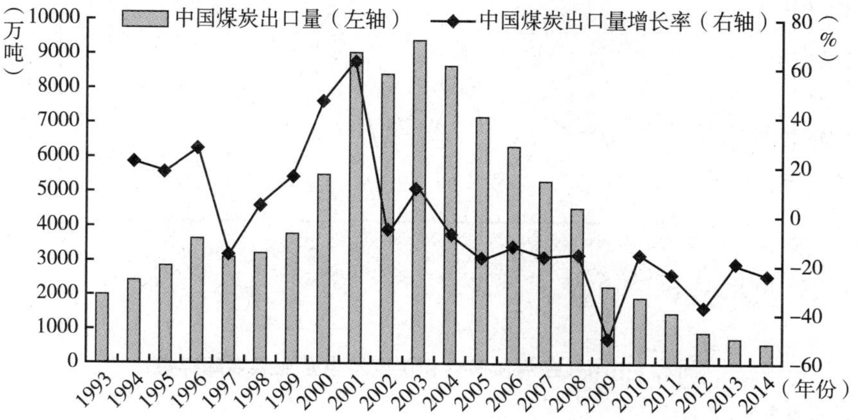

图4　中国煤炭出口量及同比增速

资料来源：国家统计局。

（四）煤炭去库存化艰难

2014年，全国煤炭市场依然处于严重的供应过剩的局面，房地产市场走弱进一步恶化了钢铁、电力、建材等煤炭下游行业，导致全国煤炭市场需求低迷，生产企业煤炭库存、港口煤炭库存和下游企业煤炭居高难下。中国煤炭工业协会公布的数据显示，截至2014年末，全社会煤炭库存量已经持续37个月在3亿吨以上，目前已达4亿吨左右。其中，煤炭企业库存约8700万吨，比年初增加500万吨；重点发电企业煤炭库存约9455万吨，比年初增加1409万吨，可用24天。港口库存方面，北方主要下水港秦皇岛、曹妃甸、京唐、天津、黄骅5港存煤量为2359万吨，比年初增长53.7%。其中，秦皇岛港存煤684万吨，比年初增加100万吨；曹妃甸港680万吨，比年初增加300万吨。由此可见，中国煤炭行业去库存化之路依然艰难（见图5）。

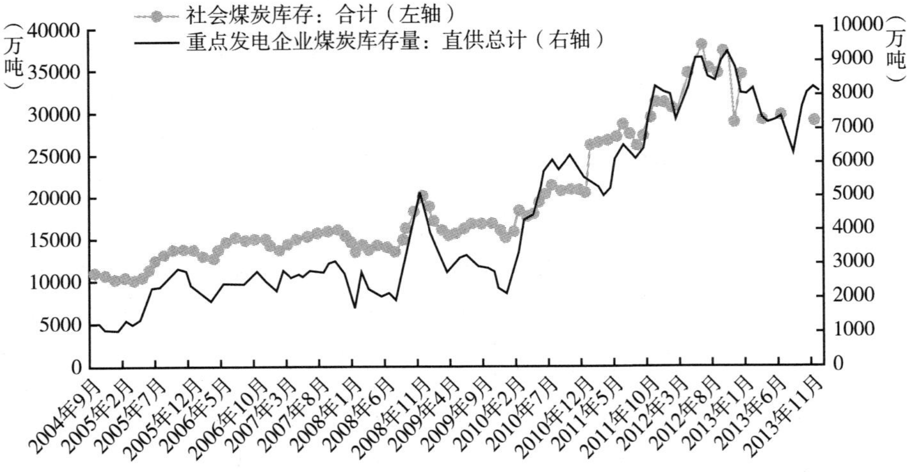

图5　中国社会煤炭库存和重点发电企业煤炭库存量

资料来源：国家统计局。

（五）煤炭价格低位盘整

自2011年四季度以来，全国煤炭价格总体上震荡下行，每年平均价格下跌均超过10%。例如，2012年环渤海动力煤（Q5500K）综合平均价格指数下跌了13.76%，2013年下跌幅度扩大到16.27%，2014年指数由610一线附近不断下跌至年底的525一线左右，跌幅近14%（见图6）。

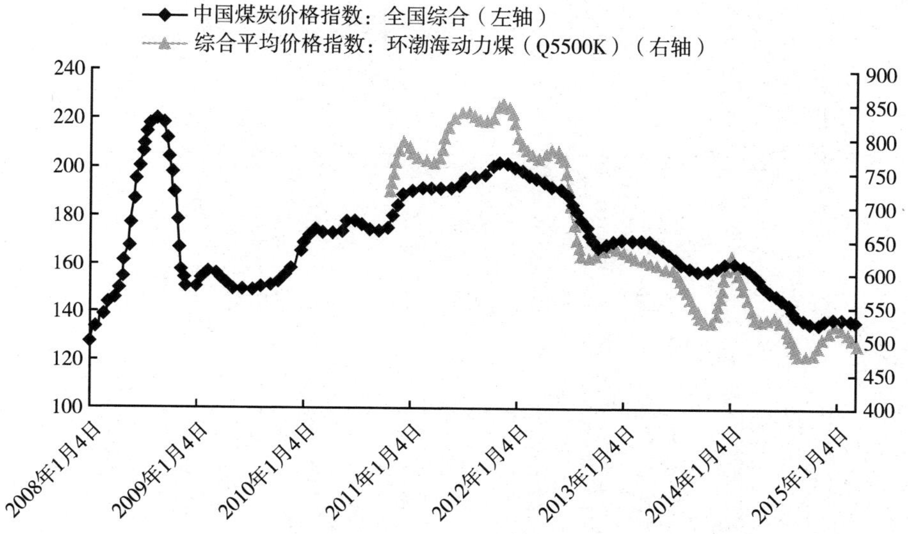

图6　中国煤炭价格指数和环渤海动力煤综合平均价格指数

资料来源：中国煤炭工业协会、海运煤炭网。

（六）行业景气创出新低

2014年，中国煤炭行业景气指数继续下滑。国家统计局的数据显示，2014年一、二、三、四季度中国煤炭开采及洗选业企业景气指数分别为77.4、70.5、71.2和70.6，创出最近13年以来的新低，不过下跌趋势较前几年有所放缓（见图7）。

中国煤炭工业协会的数据显示，2014年1～12月，全国煤炭市场景气指数均低于-25，呈进一步恶化态势，煤炭行业全年总体运行的基调是"过冷"（见图8）。

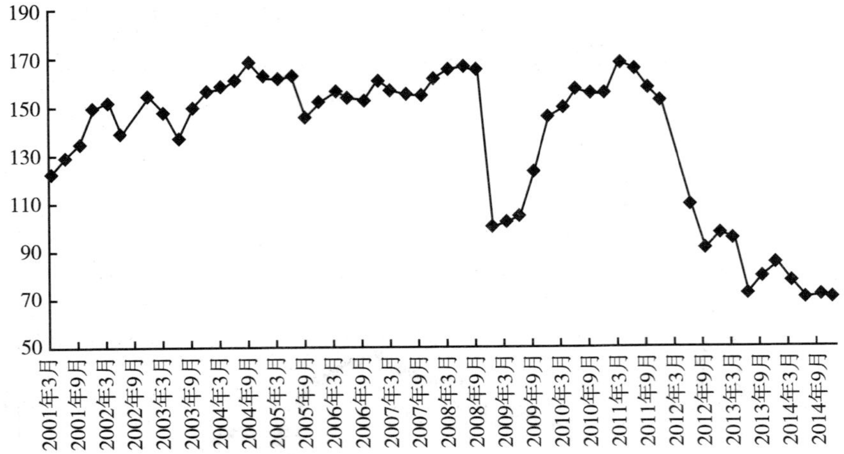

图 7　中国煤炭开采及洗选业企业景气指数

资料来源：国家统计局。

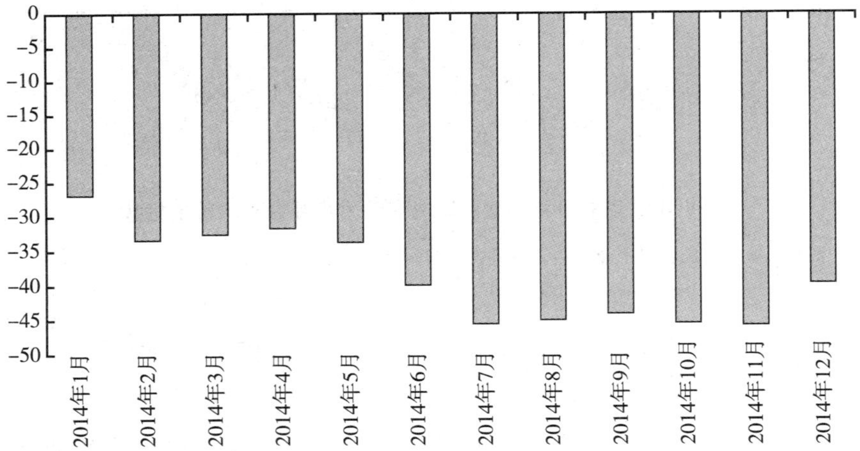

图 8　全国煤炭市场景气指数

资料来源：中国煤炭工业协会。

（七）投资增速大幅下滑

2014 年 1 ~ 12 月，全国煤炭开采和洗选业固定资产投资完成额累计为 4682. 06 亿元，同比下降 9. 5%，进一步扩大了自 2013 年以来负增长的降幅空间（见图9）。这意味着在未来的一段时间内，中国煤炭行业发展前景并不乐观，新资金进入煤炭行业的意愿非常低，煤炭产能过剩问题依然严峻。

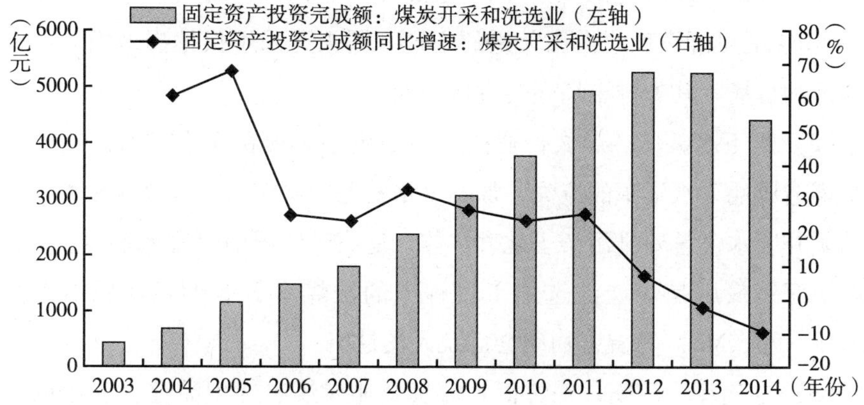

图9　中国煤炭开采和洗选业固定资产投资及同比增速

资料来源：国家统计局。

二　煤炭行业“绿化”势在必行

改革开放后的30多年中，中国经济发展对煤炭资源的高需求、对煤炭的不合理开发和利用，以及治理污染的技术水平不先进和管理力度不足等现实因素，给生态环境带来了较为明显的负面效应。在以经济建设为中心，大力发展生产力的背景下，人们忽视了对生态环境的保护，甚至出现了不少牺牲生态环境，为经济发展让路的现象。但是近年来，随着中国进入新常态的发展阶段，生态环境、政治、经济和科技等各方面都发生了深刻的变化，煤炭行业“绿化”势在必行。

（一）生态环境的诉求

在中国，整个煤炭行业面临的生态环境问题主要体现在以下几个方面[①]。

① 王东兴、巩维才：《煤炭可持续发展的战略思维》，《煤炭经济研究》2014年11月，第41~42页。

（1）地表沉陷破坏。目前，中国85%的煤炭来源于井工开采，井工开采对土地资源破坏的主要表现是地表塌陷和大量矸石山占压土地。资料表明，井工开采手段引起的煤层塌陷是煤层开采的1.2倍左右，占原煤产量8%～10%的煤矸石堆放占用大量的土地。露天开采不仅挖损地面、破坏大量耕地和草场，其外排土场还会占压土地。

（2）地下水破坏。煤炭行业的水污染主要表现在3个方面：首先是疏干采煤造成地下水资源的流失，加剧了水资源的匮乏；其次是含多种有害物质的矿井废水大量外排污染了地表水体，造成矿区周围河流水系污染并影响下游地区；最后是煤炭洗选加工过程中的洗煤水含有的悬浮物、重金属（如As、Pb、Mn）等有害物质会危及人类健康。

（3）空气环境污染。一方面，煤炭企业对煤炭伴生品综合利用的重视程度不够，对开采、加工洗选等环节产生的固体废弃物污染处理不到位。如煤矸石等随意堆放，不仅占用大量可用土地，而且其风化自燃后，排放出大量烟尘和含SO_2、CO_2、CO的有毒有害气体，严重污染了矿区及周边地区的大气环境。另一方面，中国85%的煤炭用于工业和民用的直接燃烧，排放大量烟尘和有害气体，致使中国出现典型的煤烟型污染地区。

据统计，中国年平均雾霾日数在2002年以前基本上在6.5天以下，2003～2006年上升至9.8天，2007～2010年再上新台阶，达到12.5天，2011年和2012年两年均为18天，雾霾让人不堪忍受是在2013年，当年全国平均雾霾日数飞跃式跳升到35.9天①。近年来，高耗能、高污染、低附加值的传统煤炭工业早已广为诟病，被认为是生态环境污染的罪魁祸首，"去煤化"的呼声空前高涨。

可以预见，随着全社会对生态环境的诉求提高，对蓝天白云的期待加深，未来中国能源结构变化更多是朝着环保、清洁、低碳化发展，煤炭和石油消费占比将会逐渐降低，而非化石能源和天然气的消费占比将会逐渐提高。2014年11月19日，国务院办公厅正式印发的《能源发展战略行动计

① 郝向斌：《能源革命浪潮中的煤炭发展新思维》，《煤炭经济研究》2014年11月，第18页。

划（2014～2020年）》明确提出，要坚持“节约、清洁、安全”的战略方针，重点实施“节能优先、绿色低碳、立足国内、创新驱动”四大战略，加快构建低碳、高效、可持续的现代能源体系。绿色低碳战略是中国积极应对气候变化的必然选择。着力优化能源结构，把发展清洁低碳能源作为调整能源结构的主攻方向；坚持发展非化石能源与化石能源高效清洁利用并举，逐步降低煤炭消费比重，提高天然气消费比重，大幅增加风电、太阳能、地热能等可再生能源和核电消费比重，形成与中国国情相适应、科学合理的能源消费结构，大幅减少能源消费排放，促进生态文明建设。到2020年，非化石能源占一次能源消费比重达到15%，天然气消费比重达到10%以上，煤炭消费比重控制在62%以内。到2030年，非化石能源占一次能源消费比重提高到20%左右（见图10）。

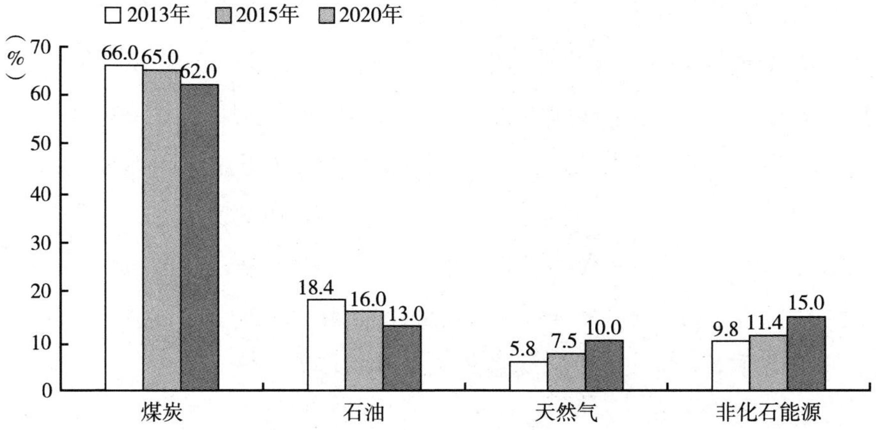

图10　中国能源消费结构变化趋势

资料来源：国家统计局：《能源发展“十二五”规划》《能源发展战略行动计划（2014～2020年）》。

从图10可以发现，中国能源消费结构中煤炭能源比重太高，2013年煤炭占比达到66%，其次是石油，占比为18.4%，天然气和非化石能源占能源消费总量的比重分别仅为5.8%和9.8%。虽然改变以化石能源为主的能源消费结构、降低煤炭消费比重已经成为全社会共识和政府目标，但是在未来一段时期，煤炭作为中国主体能源的地位难以发生重大转变。据悉，全国烟粉尘排放的70%，二氧化硫排放的85%，氮氧化物排放的67%都源于以煤炭为主的化石能源燃烧，这意味着要想让“APCE蓝”变成“中国蓝”，就必须直面煤炭工业的“绿化”问题。现实告诉我们，立足中国能源“富煤、贫油、少气”的基本国情，加快转型升级煤炭生产和消费方式，大力发展煤炭清洁开发利用技术，不断提高煤炭清洁高效开发利用水平，进一步加强环保治理力度，是保障中国能源安全、治理大气污染、改善生态环境的必然选择。

（二）政治层面的追求

近些年，为了满足广大民众对生态环境的诉求，新一届政府提出了建设“美丽中国”的愿景，对中国当前所面临的生态环境污染问题的重视达到前所未有的高度。2013年6月通过《最高人民法院、最高人民检察院关于办理环境污染刑事案件适用法律若干问题的解释》，8月国务院发布了《关于加快发展节能环保产业的意见》，9月国务院发布了《大气污染防治行动计划》。2014年4月，十二届全国人大常委会八次会议通过了新修改的环境保护法，并于2015年1月1日起施行。新的环境保护法增加规定“保护环境是国家的基本国策”，并明确“环境保护坚持保护优先、预防为主、综合治理、公众参与、污染者担责的原则”。还增加环境日的规定，将联合国大会确定的世界环境日写入本法，规定每年6月5日为环境日。

面对能源供需格局新变化和国际能源发展新趋势，为了保障国家能源安全，2014年6月13日，国家主席习近平在中央财经领导小组第六次会议上就推动能源生产和消费革命提出五点要求：第一，推动能源消费革命，抑制不合理能源消费；第二，推动能源供给革命，建立多元供应体系；第三，推动能源技术革命，带动产业升级；第四，推动能源体制革命，打通能源发展快车道；第五，全方位加强国际合作，实现开放条件下能源安全。在此之前的几天，国家发改委副主任解振华在以“京津冀协同发展下的低碳新机遇”为主题的第五届地坛论坛上透露，中国将采取多项措施推动节能减排低碳发展。其中包括设置能源消费或煤炭消费“天花板”，适当调节雾霾严重地区和能耗大省能耗增量。

众所周知，推进煤炭行业“绿化”离不开政府政策的支持和法律法规的保障。在《煤炭法》《节能法》《煤炭产业政策》《中国洁净煤技术“九五”计划和2010年发展纲要》《煤炭工业发展“十二五”规划》等政策法规的基础上，2014年，国务院、国家能源局及其他相关部门对煤炭行业发展出台的调控政策之多、监督力度之大、重视程度之高、改革决心之强前所未有（见表1）。这一系列政策的主要目的在于：调控煤炭总量、化解过剩产能、规范限制进口、严控煤矿超产、削减煤炭消费、促进煤炭业转型升级等。可以预见，未来几年，中国煤炭行业仍将受供应收缩政策的影响，淘汰落后煤炭产能的执行力会越来越强。

表1　2014年中国政府出台控制煤炭产能的政策或措施

时间	与煤炭相关的政策或措施
1月	国家能源局《2014年能源工作指导意见的通知》;《国家发改委关于转变职能改进和加强煤炭生产运行管理工作的通知》
2月	《国家能源局综合司关于加快煤矿生产能力登记和公告工作的通知》
3月	工信部《2014年工业绿色发展专项行动实施方案》
4月	《关于做好2014年煤炭行业淘汰落后产能工作的通知》
5月	国务院《2014－2015年节能减排低碳发展行动方案》;山西省《关于进一步明确工作职责严厉打击非法违法采矿活动的通知》
6月	《国家安全监管总局等十二部门关于加快落后小煤矿关闭退出工作的通知》;《煤矿生产能力管理办法》;《煤矿生产能力核定标准》
7月	内蒙古《关于进一步做好煤炭企业兼并重组工作有关事宜的通知》;《陕西省能源行业加强大气污染防治工作实施方案》
8月	《关于遏制煤矿超能力生产规范企业生产行为的通知》;《关于加强煤尘防治工作防范煤尘爆炸事故的紧急通知》
9月	《煤电节能减排升级与改造行动计划(2014～2020年)》;国土部不再暂停受理新设煤炭探矿权申请;《商品煤质量管理暂行办法》
10月	国家能源局《关于调控煤炭总量优化产业布局的指导意见》;《关于调整煤炭进口关税的通知》;湖南省在五年内不新批煤矿
11月	《关于全面清查和坚决制止煤矿违法违规建设生产的紧急通知》;《能源发展战略行动计划(2014～2020年)》;国家能源局《关于开展在建煤矿项目有关情况调查摸底的通知》;国家能源局《关于开展煤矿建设秩序专项监管的通知》
12月	《关于进一步加强资源整合技改煤矿建设项目安全监管监察工作的通知》

资料来源：作者整理。

目前，中国在洁净煤技术发展相关政策中仍处于摸索阶段。例如，淄博市 2014 年 8 月 15 日起正式施行《淄博市煤炭清洁利用监督管理办法》（以下简称《办法》），这是中国第一部煤炭清洁利用方面的地方规章。《办法》共 26 条，从煤炭的生产、运输、储存、经营、燃烧五个环节做了详细规定，并对违法行为制定了责令限期改正和最低一千元、最高三万元的处罚措施。《办法》规定，在煤炭运输环节，应采取有效降尘、抑尘措施；在储存环节，储煤场地应设置挡风抑尘墙或防风抑尘网、安装抑尘自动喷淋装置和运输车辆进出清洗设施；在经营环节，在本市经营煤炭必须符合规定的质量指标要求，禁止在储煤场地外乱堆乱放和销售。为了确保《办法》顺利实施，淄博市煤炭局代市政府起草了《淄博市煤炭清洁利用监督管理办法实施意见》《淄博市储煤场地管理办法》《淄博市煤炭质量指标要求》等相关配套文件。

未来几年，中国很可能会出台直接针对煤炭清洁利用的法律法规，特别是在煤炭质量标准和燃用统一性等方面形成法律约束，以便更加切实有效地发挥政策引导作用。英国伦敦彻底告别“雾都”，是我们可以借鉴的例子。1956 年，英国政府颁布了《清洁空气法案》，控制煤炭使用，随后相继颁布的法令更加详尽，并确保严格执行，1955 年英国能源消费的 85.4% 还是煤炭，到 1975 年这一比例就已经降到 36.2% 了，有毒烟雾也随之消失了。

（三）经济转型的要求

虽然国内煤炭行业“绿化”行动符合国民对良好环境和洁净空气的期待、政府对社会安全和政治稳定维护的要求，但是中国经济转型升级才是“绿化”行动的根本动力。

由于煤炭工业属于强周期性行业，其兴衰离不开经济的变迁，一般都会随着经济结构的调整而起伏。17 世纪后，随着手工业的蓬勃发展，木柴作为燃料越来越不能满足人类日益增长的需求，煤炭真正得到广泛利用，取代木柴成为世界的主要能源。1709 年开始用焦炭炼铁；18 世纪 60 年代后发明了蒸汽机，1787 年世界第一艘蒸汽轮船问世；1825 年世界第一条铁路在苏格兰建成通车。随着这些机器的发明和推广运用，煤炭在能源领域的地位不断巩固，变成了世界工业化的动力基础和主要能源之一。

世界煤炭产业发展史表明，工业化和城市化带动了煤炭产业快速发展，极大地刺激煤炭在一次能源消费中占比迅速增加，既促进了世界经济增长方式的转变，也改变了世界煤炭行业。在传统的煤炭市场中，城市消费者是主要的服务对象，但是煤炭行业需求的不断攀升来自以冶金、电力为代表的新兴工业消费市场。新兴工业市场的建立和未来的发展前景离不开低成本、大规模的煤炭开采。

不过，20 世纪 20 年代后，世界能源结构发生较大的变化。美国首先出现了“煤炭的地位不断下降，而石油和天然气的地位显著上升”的现象，这一现象在第二次世界大战后成为发达国家的主流。煤炭占世界一次能源需求的比重由 1920 年的 87% 下降到 1959 年的 48%，石油和天然气的比重则由 11% 上升到 50%，首次超过煤炭成为主要能源。20 世纪 60 年代，世界原油产量增长了 1.2 倍左右。1966 年，原油成为世界第一能源，煤炭退居其次，煤炭市场逐步萎缩，产量增长速度大大下降，1970 年世界煤炭产量仅比 1960 年增长了 13.9%。20 世纪 70 ~80 年代，石油危机使煤炭工业重现生机，煤炭产量加速增长，生产和利用都有很大发展。此后，受全球环境保护浪潮的冲击，社会公众对“控煤”甚至“弃煤”的呼声高涨，发达国家逐步取消煤炭生产补贴，从而使发达国家煤炭消费比重明显下滑。

毋庸置疑，煤炭在早期工业革命和当今发展中国家的工业化中发挥着不可或缺的作用。但是，随着发达国家工业化和城市化逐渐进入尾声，世界能源供需格局出现了新的巨大变化（天然气、新能源和可再生能源等发展迅猛），煤炭产业发展逐渐失去了往日的辉煌，唯有等待新的科学技术革命，否则只能陷入萎缩的衰退期（见图 11）。

实际上，当今中国之所以面临雾霾等严重的生态环境问题，是由中国长期粗放型经济发展模式和所处的快速工业化、城市化和现代化发展阶段造成的。前者主要表现为高能耗、高污染、高投入、低科技、低产出等粗放式

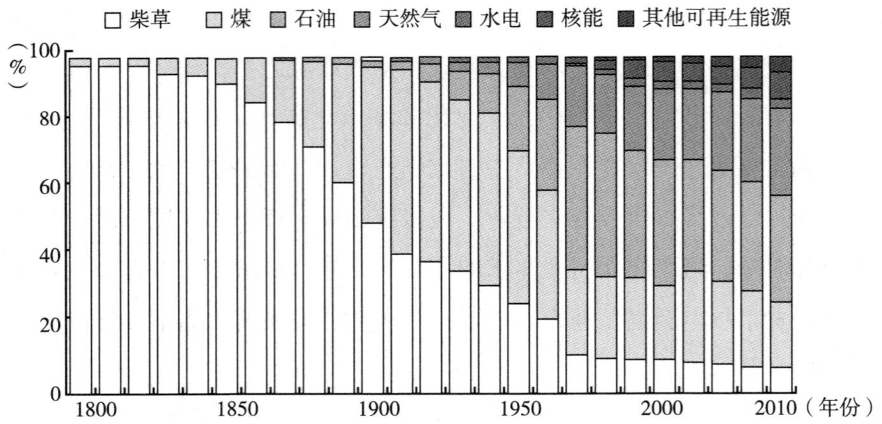

图 11　世界一次能源消费结构变化趋势

资料来源：埃克森美孚。

的、低水平的、重复式的、数量化的发展方式，后者主要表现为煤炭需求急剧快速攀升，供不应求格局促使煤矿企业掠夺式地开采和低水平地利用，常常只顾追逐暴利而忽视环境保护，安于现状而不思进取。

2013～2014 年，是中国房地产市场由牛转熊的时期，在这一时期煤炭行业下游的钢铁、电力、水泥等的需求日渐萎缩。这或许预示着中国工业化和城市化的高峰期已过，中国经济进入了个位数的增长时代，下行压力仍然在加大，上行动力依旧不足。政府工作报告提出，2015 年中国 GDP 增长目标由上年的 7.5% 下调至 7% 左右，也是 2004 年以来的最低预期目标。中国经济发展已经步入了新常态。这意味着中国政府真正下定决心彻底告别粗放型的经济发展模式，加快经济结构调整，督促传统产业转型升级，实现社会经济的可持续健康发展。

与此同时，中国煤炭行业也逐渐步入衰退期，整体性的陷入困境表明传统的煤炭产业发展模式已经越来越不适应新时代的发展要求。我国能源产业面临着越来越严峻的挑战：既有环境承载量的限制，又不能满足快速增长的对清洁能源的需求。其实，中国煤炭市场和政策已传递出清晰信号：单纯地卖煤、挖煤已难以为继，“绿化”才是大势所趋。毋庸置疑，煤炭行业唯有顺势而为，加快转型升级，实现绿色低碳发展，才能适应以集约式、清洁化、高效化、高科技附加值为主要特征的新型发展模式。

（四）科学技术的追求

煤炭对生态环境带来的严重负面影响，一方面是不合理开发、粗放型利用的结果，另一方面是由科学技术落后、治理成本太高等深层原因造成的。

1973年，中东战争导致原油价格暴涨，由成本低廉的煤炭生产液体燃料及化学品的方法又重新受到青睐。发达国家进行了相关的开发研究工作，并取得了重大的进展。例如，在煤直接液化的方法中发展了氢煤法、供氢溶剂法（EDS）和溶剂精炼煤法（SRC）等；在煤间接液化法中发展了SASOL法，将煤气化制得合成气，再经合成制取发动机燃料；将合成甲醇转化生产优质汽油，或直接作为燃料甲醇使用。由于石油的消耗量大，而煤炭资源极为丰富，煤化工将得到进一步的发展。此外，清洁煤技术也在进一步发展中。1985年，美国提出洁净煤技术，并制定出国家级洁净煤技术的开发研究和示范计划。洁净煤技术的研究开发将使煤炭成为干净、高效和廉价的能源。从20世纪80年代开始，世界各国从能源发展的长远规划考虑，相继开展洁净煤技术的研究开发工作，并在一些领域取得了重大进展，目前这些技术已被广泛应用于煤炭的洗选、加工、转化、燃烧和烟气净化等诸多方面①。

近些年来，作为最主要的一次能源，煤炭的清洁高效利用越来越得到中国政府和广大人民群众的重视。目前，我国的煤炭利用效率依然比较低，进一步提升空间很大。因而，中国正在加快推进能源生产和消费革命，优化能源结构。能源革命将催生一个全新的煤炭产业，那种资源破坏、环境生态恶化、技术落后、效率低下的业态必须发生根本变化，实现这一目标的根本途径是科技革命，所以，煤炭产业的技术革命将迎来黄金期。技术创新的巨大

---

① 蒋健蓉：《以史为镜：世界煤炭产业发展的五个阶段》，申银万国证券研究所，2012年12月11日。

需求，对煤炭企业、高等院校、科研院所等既是机遇，也是新的挑战。煤炭清洁、高效生产和利用，是煤炭产业技术创新的根本目标。动力煤、煤化工都需要技术上的突破，尤其煤化工更需要技术的强大支撑。因此，技术的突破和升级是煤炭行业发展的根本动力①。

目前，中国已成功开发出以煤制烯烃、煤制油、煤制甲烷、煤制乙二醇等为代表的现代煤化工先进工艺技术，形成了一批拥有自主知识产权的科技成果，建设和运行了一批示范工程。现在，众多煤炭类高校致力于研究煤炭行业实用先进技术，相信随着技术水平的提升，让煤炭“绿”起来不是问题。煤炭开采越来越智能化、机械化，也贯穿着低碳化、科学化。像保水开采，可保护矿区附近的水资源；充填开采，可控制开采区域表土沉降，保护铁路、公路等地表设施；煤与瓦斯共采，可实现充分利用瓦斯②。

综上所述，煤炭行业加快走向“绿化”之路势在必行。我国煤炭行业虽然面临着改善生态环境、限产减产政策等方面的诸多挑战，但也存在着经济转型和科学技术突破等方面的难得机遇。

三　煤炭企业“绿化”行动典型案例

面对中国经济发展的新常态和中国煤炭行业的新常态，传统煤炭企业纷纷加快转型升级，以绿色低碳为方向，推进煤炭清洁高效利用。当今，谁能够在理念上更先进、执行上更坚决、责任上更担当，谁就能把握潮流，顺应大势，走向未来。

（一）神华集团：打造世界一流清洁能源供应商③

神华集团公司董事长张玉卓在2014年上半年经济分析会上提出了“1、

① 刘家顺、牛楠、赵丹华：《能源革命对煤炭产业的深刻影响及战略对策》，《煤炭经济研究》2014年11月，第27～28页。

② 张农：《让煤炭“绿”起来》，《矿业装备》，2014年10月，第36页。

③ 《神华集团——煤炭巨子的梦想：打造世界一流清洁能源供应商》，《中国投资》2015年第1期。

2、4、5”发展思路，即“一个目标”：打造世界一流清洁能源供应商和清洁能源解决方案提供商；“两个转变”：转变发展理念，转变发展方式；“四个发展”：安全发展、转型发展、创新发展、和谐发展；“五个提高”：提高企业的发展质量和效益，提高企业管理水平，提高企业国际化能力，提高企业软实力，提高履行社会责任的能力。其中，核心是打造世界一流清洁能源供应商。

在打造世界一流清洁能源供应商的总体目标下，神华在三个方面做了大胆的探索实践。

（1）煤炭清洁生产

多年以来，神华持续优化产业和产品结构，努力探索“高碳能源、低碳发展”的综合性解决方案。

节能降耗。矿井煤炭资源回采率达到85%以上。2012年实现吨原煤生产能耗2.65千克标准煤/吨，达到国际清洁生产先进水平。2013年，选煤电力单耗2.8千瓦时/吨，达到世界先进水平。

建设绿色矿山。目前，已建成15个“绿色矿山”。神华神东矿区建立了吨煤0.45元的绿化专项基金，实施“三期三圈一水”的生态治理模式，即外围防护圈、周边常绿圈、中心美化圈以及中水生态灌溉系统。使得矿区植被覆盖率由开矿初期的3%～11%提高到60%以上。

节约水资源。全面推进矿井水深度处理技术和中水回用技术，矿井水利用率达45%，矿区中水复用率达到72%。

治理瓦斯。对高瓦斯矿井的瓦斯进行预抽采，抽出瓦斯进行发电利用，既保证了煤矿安全生产，又减少了瓦斯对环境的污染。

治理煤尘。采用全封闭储煤罐、煤场防风抑尘墙、皮带加装封闭防护罩、湿式作业、除尘系统改造等，有效减少矿区煤粉尘污染，做到了“煤矿不见煤”。

开展重载铁路运输。在煤炭的运输环节上，神华自主研发轴重30吨重铁成套技术和装备，使铁路运输效率提高30%以上，百万吨公里单位能耗降低30%，该技术带来了可观的经济和环境效益。

优化港口工艺。神华港口不断探索新型运输、储存工艺，正在采用筒仓群煤炭堆存工艺、岸电上船技术，努力打造环境友好型港口。神华黄骅港已建成世界较先进、较环保的封闭筒仓群，能够防雨雪、防流失、防自燃，有效降低了港口堆场煤尘。

航运方面，采用低碳环保的岸电设备，使燃油消耗及污染物排放量降低2%；回收利用船舶压载水，实现了水资源的循环利用。这两项技术成为神华航运的两个“绿色法宝”。

（2）煤炭清洁转化

神华煤制油与煤化工产业长期致力于煤炭清洁转化技术的研究与实践，其节能减排降耗成为国内同行的典范。神华煤制油项目采用完全自主知识产权的煤直接液化生产技术，具有流程短、投资低、能效高、水耗低等特点。

采用先进节水工艺和污水处理技术，实施“清污分流、污污分治、一水多用”，实现水资源的重复利用和近零排放，把新鲜水的消耗量降到最低。鄂尔多斯煤制油项目的环保投入是普通炼油环保投入的3~4倍，新增污水处理系统和臭氧氧化处理系统后，每吨水的成本提高120元，日取水量将降低至2万吨以内，吨油品水耗将降到6吨以下，远低于10吨水/吨油的设计值。

投资2.1亿元建设第一套10万吨/年的CCS（二氧化碳捕集与封存）示范项目，从煤制油生产线中捕集二氧化碳，提纯、液化并封存，2011年打通全流程并成功将超临界液态二氧化碳注入地下盐水层，每年减排二氧化碳10万吨，相当于4150亩森林碳汇。CCS示范项目将为我国二氧化碳的处置提供技术支持，同时走出了一条全新的环保型发展低碳能源经济的道路，也为我国建设煤基低碳能源系统做出了积极探索。同时，依托神华北京低碳清洁能源研究所、神华科学技术研究院等研究机构，神华集团对CO_2转化进行技术研究，努力为减少CO_2做出自己的贡献。

（3）煤炭清洁利用

神华燃煤电厂坚持“主动环保、环保优先”的理念，在环保减排、创新引领方面取得了一大批成果，主要节能环保指标继续保持全国领先水平。

机组供电煤耗低于全国平均水平 9 克/千瓦时，二氧化硫排放绩效为 0.16 克/千瓦时，氮氧化物排放绩效为 0.67 克/千瓦时，远低于全国平均水平，目前神华国华电力国内燃煤机组脱硫设施配置率达 100%，脱硝设施配置容量占比为 95%。

对现役机组和新建项目实施“高效清洁近零排放工程”，目标是实现燃煤机组达到并优于天然气排放标准，即达到烟尘排放浓度小于 5mg/Nm^3、二氧化硫排放浓度小于 35mg/Nm^3，氮氧化物排放浓度小于 50mg/Nm^3 的“超低排放”目标。截至目前，舟山、三河、绥中、定州、惠州 5 个电厂的 10 台（套）机组达到了“近零排放”标准。

到 2017 年整体供电煤耗将达到 297 克/千瓦时，京津冀区域公司所属燃煤发电机组大气污染物排放率先全部达到燃气发电机组排放标准；到 2020 年，整体供电煤耗将达到 293 克/千瓦时，全部燃煤发电机组大气污染物排放达到燃气发电机组排放标准。

神华煤炭的清洁生产与清洁利用的实践表明：①在未来的社会发展中，煤炭行业仍大有可为；②必须转变原有的增长方式；③加快转型升级，向高效利用、清洁化方向发展是必由之路。

（二）山东能源集团实施“绿煤”战略[①]

作为以煤为主的能源企业，山东能源集团在煤炭行业率先提出并实施了“绿煤”战略，着力从煤炭开采、洗选、运输、转化、利用的全生命周期入手，从 4 个方面采取“绿化”措施，积极推进“绿煤”战略，让黑色的煤炭绿起来。

（1）推进“黑色煤炭绿色开采”。推广实施“矸石充填置换煤炭技术”等绿色开采技术，新采煤区的地表沉陷接近于零，杜绝了新矸石山形成，还消灭了历史遗留的部分矸石山。

---

① 卜昌森：《能源革命驱动煤炭行业战略变革研究》，《煤炭经济研究》2014 年 11 月，第 9、第 33 页。

（2）推进“高碳产业低碳发展”。坚持煤与伴生物共同开发，形成了具有企业特色的“产煤不见煤、排矸不提矸、污水不外排、垃圾不落地”的绿色低碳矿山运营模式，煤泥综合利用率达到100%，煤矸石综合利用率在100%以上，并实现了100%达标排放。

（3）推进传统能源清洁利用。持续加大原煤洗选力度，实现卖“原煤”向卖“精煤”转变；研发推广煤炭地下气化技术，实现“物理采煤”向“化学采煤”的转变；大力发展低温、高效、洁净燃烧的新型水煤浆产业，实现“固体煤炭”向“液体煤炭”的转变；有序发展现代煤化工产业，实现煤炭由“燃料”向“原料”的转变。

（4）开展煤炭生产和消费绿色服务。通过与战略客户联合研究能源解决方案，提供煤炭高效清洁利用服务；利用先进的安全生产和管理能力，向其他煤炭企业提供从勘探、设计、建井到运营的全方位“管家式”服务；打造以矿山机械设备再制造为核心的装备制造业产业群，年利用废旧矿山机械核心零部件1万多吨，综合节能60%、节材70%，减排$CO_2$1万多吨；利用财务公司、商业银行等金融平台，为用户发展绿色能源和实现能源绿化提供金融租赁、贷款担保等金融服务。

（三）梧桐庄矿的低碳经营实践①

梧桐庄矿位于河北省邯郸市磁县西部，隶属冀中能源峰峰集团有限公司，是峰峰集团的骨干生产矿井。梧桐庄矿井田面积为37.36平方千米，探明地质储量0.46Gt，主要开采国家紧缺的低灰、低硫、低磷、高凝结度、高发热量的优质肥煤。

在低碳经济的大背景下，梧桐庄矿充分认识到，自然开采条件复杂、矿井资源量逐步减少等一些客观因素是人力无法扭转的，但提高资源综合利用率，实现废弃物的循环利用，建设生态文明等，是可以通过加强管理、技术

① 安景文、张志强：《中国煤炭企业低碳经营实证研究》，《煤炭学报》2014年5月，第290~294页。

创新、制度创新等手段实现的。为此，梧桐庄矿积极探索并逐步走出了一条"发展低碳经济，打造低碳矿山"的低碳经营发展之路。

（1）采煤不见煤

"采煤不见煤"是指梧桐庄矿通过全封闭储煤场建设，将生产产品全部纳入全封闭管理，实现了集生态环保、运输高效、技术创新、土地节约为一体的卸、储、运、装封闭作业，不仅彻底改变了煤矿传统管理方式下"黑"的现象，而且从源头上杜绝了煤尘对矿区环境的污染。梧桐庄矿已建起占地5300平方米，高23.5米、储煤能力达7万吨的河北省生产矿井中最大的井口全封闭储煤场。

全封闭储煤场按照散煤全部封闭，杜绝粉尘污染的原则建设，其基础为钢筋混凝土结构，挡煤墙为钢筋混凝土结构，顶部全部采用网球钢架、彩钢瓦，内部设洒水喷雾、瓦斯监测、防火避雷等基础设施，储煤场将胶带走廊封闭，利用返煤地道运煤装车，实现卸煤、储煤、运煤、装煤全封闭作业。

（2）出煤不烧煤

"出煤不烧煤"是指梧桐庄矿按照国家可持续发展要求和节能减排实际，对锅炉房进行改造，拆除原有设备，对地源热泵技术进行创新升级，利用梧桐庄矿每天排放的最低29℃井下废水提取热量，实现生产、生活的采暖和制冷，将低品位的热源转换为高品位的热源服务生活和生产，达到节能减排、低碳循环的目的。目前，梧桐庄矿对"出煤不烧煤"项目的低碳探索实践成为峰峰集团第一家。

水源热泵节能减排技术改造总投资4400万元，替代梧桐庄矿现有的5台燃煤锅炉和分体空调，真正实现废物利用，实现了由热泵机组为办公、公寓、餐厅、联合建筑、工房、车库等5100平方米建筑物提供冬季供暖和夏季制冷，对全矿主、副井口实施冬季的保温防冻，为生活提供洗浴用水和洗衣烘干用热等。

（3）排矸不提矸

"排矸不提矸"是指梧桐庄矿通过矸石回填、注浆饱和、煤矸置换工艺技术，在无法正常开采煤层中掘进巷道，将岩巷掘进所产生的矸石充填到煤层巷道中，利用矸石置换出煤炭资源，从而达到既开采出煤炭资源，又实现综合治理煤矿矸石的双重目的。梧桐庄矿是冀中能源第一家进行“排矸不提矸”低碳探索实践的企业。

梧桐庄矿根据自身矿采区接替紧张和副井提升能力不足的实际情况和以往的矸石处理经验提出了矿井矸石井下充填的矸石处理方案。2009 年 3 月底完成了一期工程并投入使用，采取煤矸石置换，注浆饱和充填工艺，实现煤和矸完全置换，达到资源开采最大化，同时消除了矸石升井排放的污染，缓解了提升排矸的压力，且避免了对副井的扩容改造。

（4）用水不排水

“用水不排水”是指梧桐庄矿按照保水开采新理念，利用矿井水回灌项目工程，通过矿井水井下澄清处理系统、地面净化处理系统两次净化回灌到奥灰四段，既保证矿井本质安全，又实现减排，并从根本上保护水资源，实施矿井保水开采，达到矿井水“零排放”，实现企业出水不排水。梧桐庄矿“用水不排水”低碳探索实践成为全国第一家。

梧桐庄矿是一个大水矿井，且水文地质条件极为特殊复杂，建井以来曾发生过多次各种形式的突水，且水温高、水压高、水量大。因此，必须对矿井水害进行有效防控，同时要突破矿井水零排放、保水开采、保护矿区地下水资源的重大科技难题。梧桐庄矿创建了工艺先进、效果显著的矿井水地面管井回灌系统。处理后的污水达到回用标准，部分用来绿化、降尘、景观和工业生产用水，部分回灌奥灰四段，保持地下水资源环境平衡，实现废水零排放。

梧桐庄矿通过探索低碳经营，建成了全国第一个保水开采矿井、河北省第一个地面封闭煤场、峰峰集团第一个水源热回收利用系统、冀中能源第一个实物培训基地、冀中能源第一个煤矸置换饱和充填矿井等，取得了良好的经济和社会效益。

梧桐庄矿的低碳经营实践，取得了很大的经济效益、环保效益、社会效益和示范效益（见表 2）。

表 2　梧桐庄矿低碳经营实践的效果

项目	经济效益	环保效益	社会效益	示范效益
采煤不见煤	与原计划建设 7 圆筒仓相比，节约投资 3860 万元，年节约创效约 220 万元	消除煤尘污染，改善周边环境。年减少粉尘排放量约 2000 吨	提高居民生活质量	全国绿化模范单位，中华环境友好企业，中国煤炭工业节能减排先进单位。为矿区环境的治理提供借鉴经验
出煤不烧煤	年节能量达 8120 吨标准煤，年采暖制冷费用节约 1230 万元	实现废气零排放，节能减排。年减少 SO_2 排放 318 吨、CO_2 排放 33075 吨、烟尘排放 2646 吨	满足全矿 5100 平方米的采暖和制冷需求，实现可持续发展	水源热泵节能技改项目申请国家补贴额约为 1000 万元，为矿区节能减排提供借鉴经验
排矸不提矸	年置换出优质煤 5.5 万吨，年创效 6650 万元	将煤矸石资源化利用，减少占用土地，消除堆放环境污染，实现地面减沉。年减少排矸 3.4 万吨，回收土地共近 66667 平方米	回收煤炭资源，延长矿井服务年限，缓解采区接替和副井提升能力紧张的局面	为环保治理矸石、提高煤炭资源利用率提供借鉴经验
用水不排水	年回收泥煤、节约自来水费和电费等共计 1960 万元，避免潜在经济损失 5 亿元	实现井水零排放，零污染，回补含水层，保护水资源。年削减悬浮物排放 4740 吨，CODcr 排放 17 吨	改善矿山周围生态和生活环境，缓解工农关系紧张，促进安定团结	对解决我国矿区普遍面临的矿井水害防控、水资源综合利用、矿山生态环境保护的大系统工程难题具有借鉴意义

低碳发展是中国政府和煤炭企业为实现绿色可持续发展亟须解决的问题。基于低碳经济和绿色生产的理论和实践，构建煤炭企业“低碳经营”管理模式，是实现煤炭企业低碳可持续发展的有效途径。通过对梧桐庄矿开展低碳经营的考察发现，这种把低碳提升到战略的高度进行思考，以低碳制度和低碳组织为保障，以低碳文化、低碳管理体系以及低碳矿区系统建设为主要内容的低碳经营模式，创造了巨大的社会效益和经济效益。

（四）中煤集团秉承绿色发展理念①

中煤集团各矿区生态环境及相应的绿色开采重点大致可分为两类：一类是中西部地区的干旱半干旱生态脆弱区，如晋北矿区、蒙陕矿区、新疆哈密及淮南白杨河矿区等，此类矿区绿色开采的重点是如何尽快恢复生态环境，防止水土流失；另一类是东部地区的人口稠密区，如江苏大屯矿区、黑龙江依兰矿区、晋南乡宁矿区等，此类矿区绿色开采的重点是如何实现矿区工业生产的副产品（传统上称为工业“三废”）的循环利用，建设环境友好型矿山。长期以来，中煤集团秉承“绿色中煤、厚德自然”的绿色发展理念，坚持制度保障、产学研结合，治理与开发并重，通过典型示范全面推广的发展模式，积极探索中煤特色的绿色开采之路。

大屯矿区是中煤集团的老矿区，位于江苏省徐州市境内，保有地质储量7.7亿吨，现有生产矿井4处，2013年原煤产量达1000万吨，经过40多年的发展，已形成了煤、电、铝、运较为完整的产业链。

大屯矿区地处华东人口稠密区，中煤集团针对大屯矿区煤、电、铝、运主要产业所具有的高耗能、高污染的特征，以及矿区煤炭资源趋于枯竭、产业能耗居高不下，治理工业“三废”的成本日益加大的现状，先后出台并实施了《大屯矿区资源节约与综合利用规划》《大屯矿区资源综合利用管理办法》等多项管理制度，以保证大屯矿区实现绿色开采。

（1）利用煤泥、煤矸石发电

实现对煤炭洗选加工所产生的煤泥、煤矸石等副产品的全部回收，将其用作坑口循环流化床机组发电，每年替换优质煤80余万吨，每年实现直接经济效益1.6亿元。

（2）利用矸石回填塌陷区，加固湖堤

将原煤开采产生的矸石作为塌陷地底质填料，采用“吹填法”，通过管

---

① 丁光彬：《煤炭绿色开采技术的探索与实践》，《中国高新技术企业》2014年第35期，第89～91页。

道泵，将大功率喝泥船对微山湖清淤的湖泥吹填其上，已累计复垦土地11581亩，加固微山湖防洪湖堤16.5公里，使湖堤防洪能力由10年一遇提高到50年一遇。

（3）将坑口电厂粉煤灰、炉渣作为粉煤灰蒸压砖生产和井下注浆防灭火材料

建成年产8000万块高掺量粉煤灰蒸压砖生产线，年利用粉煤灰10万吨、炉渣3万吨。直接将粉煤灰用于煤矿井下注浆防灭火，年利用量在10万吨左右，替代黄泥15万吨，年节约费用1000余万元。

（4）利用坑口发电乏汽进行生产保温、矿区生活供暖

先后建成矸石电厂至居民区供热管网9.13万米，取代1～6吨/小时小锅炉100余台，发电余气供暖面积达200万平方米，年节能10万吨标准煤。

（5）矿井污水、生活污水的循环利用

投资3000余万元，建成4座矿井水处理厂和3座生活污水处理厂，处理水量的一半用于工业生产，另一半用于农田灌溉，既节约了水资源，又促进了当地农业生产，从而实现绿色开采，建设环境友好型矿山。

目前，大屯矿区已初步构建“一纵五横”资源综合利用骨干框架。一纵，即以煤为主，带动电、铝、运产业链综合经营的主干线。五横，即在煤、电、铝、运产业链中，拓展“煤矸石、煤泥——发电”“矸石——充填复垦”“粉煤灰——防灭火材料”“粉煤灰、灰渣——建材”“矿井水和生活污水——中水回用”5条横向耦合共生链条，加大对废渣、废水、废气进行循环再利用的力度，推进建设环境友好型矿山。

四　煤炭行业“绿化”必经之路

无论是从全球能源革命方向和煤炭发展趋势来看，还是从保障国家能源安全和改善生态环境的角度来说，中国煤炭行业可持续的发展方向都是：从“黑色”的能源升级为“绿色”的能源，把“高碳”的产业转化为“低碳”的财富，从粗放型的发展模式过渡到集约式的发展模式。由于

煤炭属于不可再生资源，在我国一次能源消费中长期占比较高，煤炭行业的“绿化”之路必须经过整个产业链中的几个关键节，如矿井选址、开发、利用。

（一）煤炭矿井绿化设计

在进行煤炭矿井工业场地位置选择时，应考虑以下原则：不占用基本农田，不破坏水源，占地面积不超过相关政策规定，坚持集约节约用地，设计中增加大面积、广覆盖、全方位的绿化工程设计内容。在矿井的开拓开采设计中，尽可能少布置岩巷，多布置煤巷。若有条件，可设计井下矸石直接用于废弃巷道或采空区充填，用地面矸石井下充填开采村庄煤柱以矸换煤，在井下建设洗煤厂，采用综采充填支架边采边充，采用地面矸石、电厂粉煤灰、建筑垃圾等固体废弃物或膏体和高水材料直接充填采空区等，以实现矸石不升井，减少大量矸石提升的能源浪费和对地面环境的破坏，最大限度减少采煤沉陷对地面村庄、地下水和生态环境的破坏。将洗煤厂矸石、煤泥，统一用于制砖、发电及道路场地的充垫。对于矿井排水和地面生产生活污废水，设计中均采取了设置水处理站的方式，将其深度处理达标后全部用于电厂、洗煤厂、消防洒水、井下防火灌浆等用水。在设计中建设矿井工业园区，集中实现综合利用、循环经济模式。目前正在设计和进行矿井前期准备工作的陕煤化集团小保当矿井，提出了“要建成世界最先进的智能、安全、高效、绿色、和谐的特大型现代化煤矿，实现矿井本质安全化、生产过程自动化、运行控制智能化、经营管理信息化、资源利用最大化、人与自然和谐化”的建设目标。这些矿区的设计理念彻底改变了过去原煤输出型的粗放式设计模式，走“产业转型升级、科技提升创新、集约高效生产、绿色低碳引领、资源综合利用、持续和谐发展”的新路，加强环保节能，建设绿色矿山，是目前及今后矿井设计中应遵循的基本原则和目标①。

---

① 王和德：《创新设计是煤炭工业发展的重要基础》，《煤炭工程》2014 年第 10 期，第 20 页。

（二）黑色煤炭绿色开发

随着全社会对环境保护、节能减排、综合利用等的愈加重视，绿色开发是煤炭行业可持续发展的前提，必须全面树立并推行“黑色煤炭，绿色开发”的理念，并使其成为煤炭生产企业的基本共识。

绿色开发实现的不仅是量的跨越，更是质的飞越。煤炭不仅要在开采上实现“高产、高效、安全”，减少不必要的浪费，减少资源开采对环境的破坏，及时治理和恢复被破坏的环境；更要在煤炭能源利用上实现清洁、高效，将煤转化为电、天然气等更清洁的能源形式，实现以“安全、高效、智能、绿色”为目标的“黑色煤炭，绿色开发”的理念。“黑色煤炭，绿色开发”包括煤炭的低碳开发利用的技术转变，即通过新技术，从传统的煤炭生产，到煤炭深加工的转型。拥有资源是前提，科学利用是根本，要大力推进煤电联营，煤制油、煤制气项目的落地。同时，积极关注全球煤炭开采新技术的发展，比如地下气化技术、煤液化技术、碳捕捉及固体封存技术等，早日将这些技术实现大规模工业化，才能实现“黑色煤炭，绿色开采”，高碳行业低碳发展，为社会提供清洁能源①。

其实，煤炭绿色开发机制对于实现行业可持续发展也具有不可或缺的作用。一方面，促进煤炭行业从粗放型发展朝着集约型的方向发展，充分开发利用煤炭、地下水以及国土资源，在实现绿色化、低碳化的同时全面提高能源利用率，既提升了企业的经济效益和社会责任，又改善了人民的生活和生存环境。另一方面，提高煤炭开发行业准入门槛，强制淘汰落后装备，建立基于煤炭绿色开发的综合评价指标体系和评价标准，引导煤矿向绿色开放的方向发展，将煤层气、煤炭、水等资源对环境的负面影响和破坏降至最低，从而实现环境效益、社会效益和经济效益的相对平衡。

---

① 韩兵：《黑色煤炭，绿色开发——大力推进新疆煤炭企业跨越式发展》，《科技创新导报》2014 年第 31 期，第 176 页。

（三）煤炭清洁、低碳利用

我国正在积极推动能源生产和消费革命，煤炭生产和消费必须坚定不移地朝着清洁、低碳的方向发展。毕竟，现代煤炭工业可持续发展的核心在于“推进煤炭的清洁高效利用”。

中国正在快速推进新型城镇化建设，若沿用传统的煤炭利用方式，必将加剧城市环境压力，降低城镇化质量。未来煤炭清洁利用需打破现有空间布局，建设大型煤炭生产基地，实现煤、化、电、建材等一体化生产，形成煤基清洁能源基地，由输送煤炭到城市转变为输送清洁油品、燃气、电力等煤基清洁能源产品，实现利用方式的根本变革。煤基清洁能源基地以煤炭清洁转化为核心，以煤炭清洁利用技术为载体，利用管道、高等级电网、铁路等输送优质清洁能源产品，输送到能源负荷中心（如城市群），减轻城市群由于人口密度大、环境容量小而承受的环境压力。建立煤基清洁能源基地，形成大型煤炭生产—化工转化—电力—建材、材料闭合循环经济产业链，可实现能源梯级利用、污染物近零排放。大型化、基地化和集约化将是煤炭清洁利用的发展方向，建立煤基清洁能源基地，形成规模化生产，便于集中管道输送，是未来煤炭清洁利用的主要模式。煤炭清洁利用技术及产业示范是建设煤基清洁能源基地的关键（见图 12）①。

通过多年的积累，中国煤炭清洁利用技术已取得了比较大的进步，但还存在诸多难题尚待攻克，总体上仍然处于商业化初期阶段。

首先，技术落后是煤炭清洁高效利用快速发展的瓶颈。与发达国家相比，我国煤炭清洁利用技术发展比较晚。近些年，随着中国政府和煤炭企业不断加大投入力度，一些技术才得以迅速发展起来，其中有一部分煤炭清洁利用技术已经与发达国家并驾齐驱，甚至有超越的趋势。不过，就整体而言，中国仍然有很多核心技术落后于欧、美、日等发达国家和地区，重大装

① 陈贵锋、罗腾：《煤炭清洁利用发展模式与科技需求》，《洁净煤技术》2014 年 3 月，第 100 页。

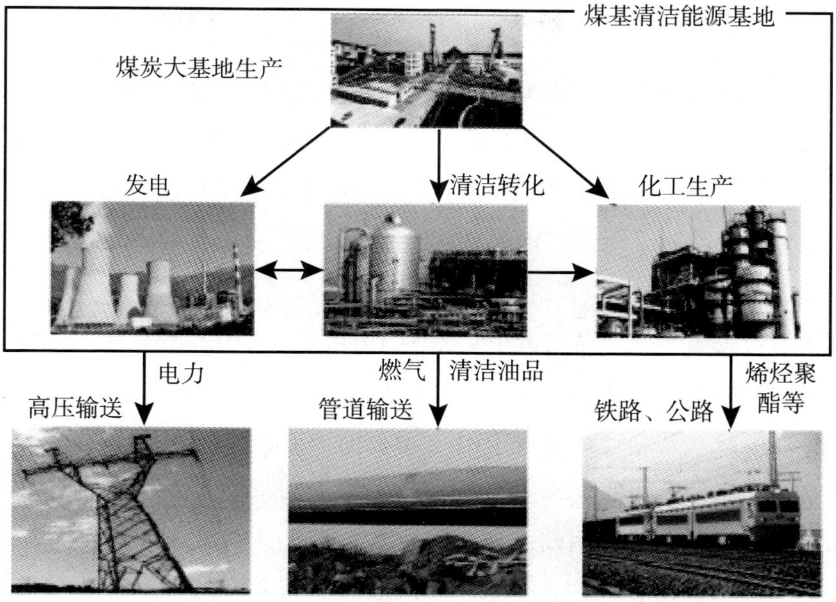

图 12　未来煤炭清洁利用方式

资料来源：陈贵锋、罗腾：《煤炭清洁利用发展模式与科技需求》，《洁净煤技术》2014年3月，第100页。

备严重依赖进口。技术落后还使得中小企业无法承担失败的风险，不敢尝试新技术，在一定程度上阻碍了煤炭清洁化利用技术的推广应用。因而，除了要提高相关技术的自主研发能力之外，中国还需要进一步加强国际合作，谋求双赢的机会，积极争取其他国家的技术援助与支持，一方面引进先进的煤炭生产清洁利用技术，另一方面还需要对技术更加深入地研究、吸收、推广和应用。

其次，资金投入不足是制约煤炭清洁高效利用发展的关键。国家应出台有利于推动煤炭清洁利用的投融资政策，增加财政资金的投入，通过设立专项资金提升煤炭科技创新能力，掌握一批具有自主知识产权的核心和关键技术，努力赶上和达到国际先进水平，构建一套高技术、高附加值的煤炭高效清洁利用体系。全国工商联于2015年两会期间提交《关于大力推广清洁高效用煤技术，提升我国能源安全的提案》，建议首先应制定清洁高效用煤技术标准和行业准入标准，以区分清洁高效用煤技术和非清洁用煤技术；其次，扩大对落后用煤技术的淘汰范围，如将所有型号的固定床煤气发生炉、小规格燃煤锅炉等列入淘汰类目录；最后，对采用清洁高效用煤技术的给予财政支持，如对工业园区集中制气、分散用能项目的节煤量，给予财税上的优惠或奖励，建议原则为“谁投资谁受奖”，促进清洁高效用煤技术的推广应用。

最后，政策支撑是煤炭清洁高效利用的保障。2015 年 3 月 4 日，工信部印发的《2015 年工业绿色发展专项行动实施方案》提出的首要目标便是，提升重点区域、重点行业煤炭清洁高效利用水平。2015 年 3 月 6 日，工信部和财政部联合对外公布的《工业领域煤炭清洁高效利用行动计划》明确，将加快煤炭清洁高效利用技术改造，在焦化、工业炉窑、煤化工、工业锅炉等重点用煤领域加强对能耗高、污染重的工艺装备的技术改造，加快淘汰落后窑炉、锅炉的步伐，从源头上减少煤炭消耗及污染物的产生。2015 年 5 月 5 日，国家能源局发布的《煤炭清洁高效利用行动计划（2015 ~ 2020 年)》提出，建立政策引导与市场推动相结合的煤炭清洁高效利用推进机制，构建清洁、高效、低碳、安全、可持续的现代煤炭清洁利用体系，并且确定了七大工作重点以及相配套的保障措施。虽然中国很早就开始研究和重视煤炭的清洁利用，但是实际效果并不令人满意。原煤炭工业部副部长、中国煤炭学会理事长濮洪九指出，“要实现煤炭资源的高效清洁利用，需要建立国家级的煤炭清洁生产和高效利用协调机制，有效地进行全行业链的清洁管理，国家层面要建立相应的政府部门、行政行业和科研单位共同参与的协调机制，组织开展相关重大的研究和煤制标准研究，支持政策的制定，编制煤炭清洁利用发展和管理规则，协调规划实施过程中的重大问题，做到统筹协同，分行业实施整体推进。切实做到从煤炭生产开发到煤炭终端消费的全过程的管控，只有这样才能实现煤炭的高效利用。……还要尽量做到不运原煤、不烧原煤，从源头上减少煤炭直接燃烧对空气造成的污染，要用好煤‘吃细粮’，在初期把硫和灰粉这些杂质清除掉。目前我国的洁净煤利用技术已获得突破，依托目前的技术，洁净煤排放完全可以媲美天然气。”①

参考文献

［1］王东兴、巩维才：《煤炭可持续发展的战略思维》，《煤炭经济研究》2014 年第 11 期。

［2］郝向斌：《能源革命浪潮中的煤炭发展新思维》，《煤炭经济研究》2014 年第 11 期。

［3］蒋健蓉：《以史为镜：世界煤炭产业发展的五个阶段》，申银万国证券研究所，2012。

［4］刘家顺、牛楠、赵丹华：《能源革命对煤炭产业的深刻影响及战略对策》，《煤炭经济研究》2014 年第 11 期。

［5］张农：《让煤炭“绿”起来》，《矿业装备》2014 年第 10 期。

［6］《神华集团——煤炭巨子的梦想：打造世界一流清洁能源供应商》，《中国投资》2015 年第 1 期。

［7］卜昌森：《能源革命驱动煤炭行业战略变革研究》，《煤炭经济研究》2014 年第 11 期。

［8］安景文、张志强：《中国煤炭企业低碳经营实证研究》，《煤炭学报》2014 年第 A01 期。

［9］丁光彬：《煤炭绿色开采技术的探索与实践》，《中国高新技术企业》2014 年第 35 期。

［10］王和德：《创新设计是煤炭工业发展的重要基础》，《煤炭工程》2014 年第 10 期。

［11］韩兵：《黑色煤炭，绿色开发——大力推进新疆煤炭企业跨越式发展》，《科技创新导报》2014 年第 31 期。

［12］陈贵锋、罗腾：《煤炭清洁利用发展模式与科技需求》，《洁净煤技术》2014 年第 3 期。

［13］陈阳：《煤炭的“绿化”之路势在必行》，《中国经济导报》2014 年 9 月 20 日。

① 陈阳：《煤炭的“绿化”之路势在必行》，《中国经济导报》2014 年 9 月 20 日。

B.3

石油行业即将到来的“改变”

朱春凯 *

摘　要：　20 世纪 80 年代以前，美国、西欧和日本支配着世界石化工业的格局，这 3 个地区的石化产品产量占据世界总产量的 80%。随着石油工业的发展，世界的格局甚至也在发生变化。

石油被誉为工业的“血液”，是重要的战略物资。然而由于世界石油储存、开采和消费在地理分布上的不均衡性，石油成为最大的海运货类。如果说石油是工业的“血液”，那么，石油输送通道就是现代工业的“血管”。一旦通道发生问题，完全或部分受阻，哪怕只是暂时的，都可能对世界石油供需结构产生重大影响，牵动着世界经济乃至国际关系的变化。直至今天，世界各国对石油的争夺和控制丝毫没有停止。世界石油供需格局正在发生着“巨变”！

对于中国而言，石油的重要性也是不言而喻的。石油采购、运输的供应链不仅事关国家的经济发展，而且直接关系到国家安全。而当前，中国正在进行着再次的改革，经济结构的调整使整个大环境在发生变化，中国石油行业也必须进行革新才能适应变化着的中国经济，进而促进其健康发展。中国石油行业权力下放、运行机制改革、炼油装置及产品升级、原油期货上市等都体现了中国石油行业

* 朱春凯，卓创资讯能源行业分析师，卓创资讯石油信息主管。从事能源行业 9 年，先后负责过原油、燃料油、成品油及相关炼油产品的资讯及咨询工作，在宏观经济、石油、化工行业等方面有深入研究。

的加速“改变”。

关键词： 石油行业 供需格局 能源安全 进口权 贸易流通

一 世界石油行业发展状况

（一）世界石油储量概况

世界石油的分布从总体上来看极端不平衡：从东西半球看，约3/4的石油资源集中于东半球，西半球仅占1/4；从南北半球看，石油资源主要集中于北半球；从纬度分布看，石油资源主要集中在北纬20°～40°和50°～70°两个纬度带内。波斯湾及墨西哥湾两大油区和北非油田均处于北纬20°～40°内，该纬度带集中了世界石油储量的51.3%；北纬50°～70°纬度带内有著名的北海油田、俄罗斯伏尔加及西伯利亚油田和阿拉斯加湾油区。

1. 世界石油储量对比

由表1及图1可知，目前世界上的石油主要集中在中东地区，其石油储量占据全球石油储量的50%左右。其次为中南美与北美地区。中东地区因此被称为“世界的油库”。截至2014年底，全球已经探明的石油储量约为1.7万亿桶。

表1 世界石油储量

单位：十亿桶

地区	储量	地区	储量
北美	232.5	非洲	129.2
中南美	330.2	亚太	42.7
欧洲及亚欧大陆	154.8	全球	1700.1
中东	810.7		

资料来源：BP Statistical Review of World Energy，2015。

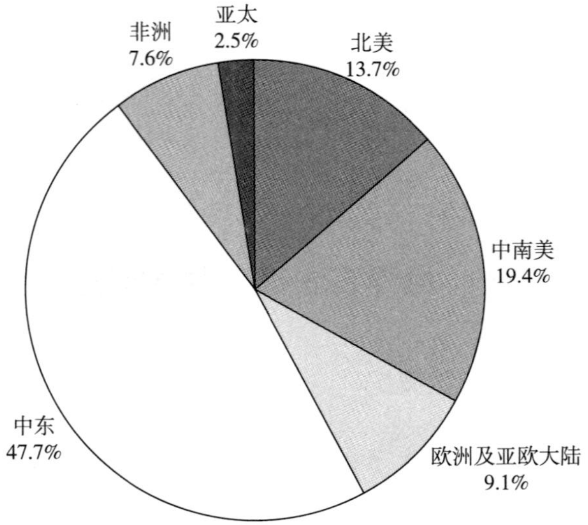

图 1　全球已探明石油储量分布

资料来源：BP Statistical Review of World Energy，2015。

2. 世界已经探明的石油储量增长

由图 2 可知，世界已经探明石油储量处在逐渐增长的大趋势中。随着勘探技术的快速提升，全球石油探明储量还将快速增长。2010 年以来，石油身为不可再生资源随着利用而逐步枯竭的言论逐步淡化，更多的石油被发现使得全球石油行业对石油的供需情况进行重新评估。

在过去的 2005 ~2014 年间，世界石油探明储量上升了 24%，即增长超过了 3300 亿桶。其增长是极其迅猛的。截至 2014 年底，世界石油探明储量约为 1. 7 万亿桶，相当于 52. 5 年的全球生产需求。其中沙特阿拉伯储量上调 11 亿桶，成为增长幅度最大国家。储量下降幅度最大的国家是俄罗斯，下降 19 亿桶。欧佩克成员国继续保持其优势地位，其石油储量占世界石油储量的 71. 6%。委内瑞拉的石油探明储量巨大，影响着世界的石油储备格局。

3. 世界石油储采比

美国著名石油地质学家哈伯特发现了矿物资源“钟形曲线”规律，哈

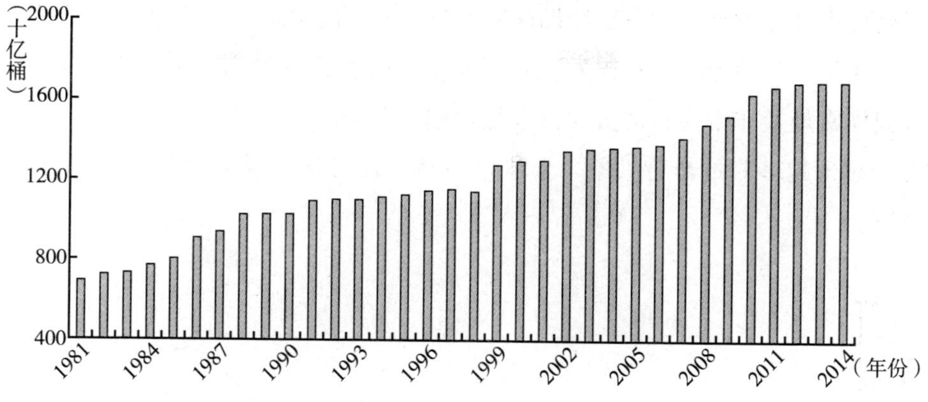

图2　世界探明石油储量逐渐增长

资料来源：BP Statistical Review of World Energy，2015。

伯特认为，石油是不可再生资源，任何地区的石油产量都会达到最高点，达到峰值后该地区的石油产量将不可避免地开始下降。这就是业界经常提及的“石油峰值论”。

通常将矿物资源划分为两种类型：可再生资源与不可再生资源，而石油则被划入不可再生之列，而这也是“石油峰值论”的理论依据之一。不过，随着探测技术的不断提升，常规以及非常规油气资源被大量发现，全球石油储量与日俱增，“石油峰值论”一说陷入尴尬境地，面临巨大挑战。

首先，全球石油储采比稳步提升（见图3）。近年来，得益于美国页岩油气革命繁荣，北美页岩油及油砂得到长足发展。也正因如此，美国成为全球首个连续3年日均产量增幅超过100万桶的国家。而且，加拿大石油储量跃居全球第三，仅次于委内瑞拉和沙特阿拉伯（以下简称沙特），其中油砂储量占比为97%！除此之外，另一大受益者则是委内瑞拉，该国北部的奥里诺科重油带的发现堪称全球石油市场的重要里程碑，该油带重油储量高达2205亿桶，仅该油带的储量就可以高居全球第二。

在多种石油资源大发现的背景之下，全球石油储采比稳步提升。BP发布的数据显示，2014年全球石油储采比为52.5年，虽较上年有所下滑，但仍处历史高位附近。随着后期勘探开发技术的不断提升，全球包括美国在内将有大量页岩油探明储量被发现。现实是，随着石油勘探开采技术的提升，大规模常规及非常规石油资源被大量发掘，石油产量非但未见下滑，反而出现“越采越多”的奇特景象。全球石油储采比的逐步攀高已经证实了这一结论。

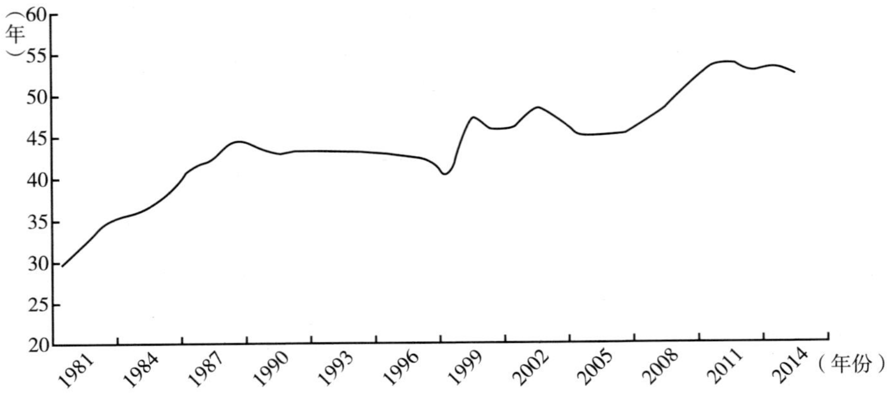

图 3　世界石油储采比走势

资料来源：BP Statistical Review of World Energy，2015。

（二）世界石油供需概况

1. 世界一次能源消费状况

当然，世界石油消费比例持续下滑。在世界一次能源消费结构中，“煤、油、气”几乎呈现三分天下的竞争格局，其中石油消费占比最大（见图 4）。截至 2014 年，石油仍然是全球的主要燃料，其消费占比为 32.57%，但其市场份额已经连续 15 年出现下滑。天然气、核能及其他可再生能源得益于其环保效益，在世界能源消费领域得到长足发展。虽然石油在世界能源消耗中依旧占据一席之地，但长远来看，化石燃料的竞争力将进一步下降。当前看，可再生能源的占比仍然相对较小。而在可预见的未来，石油仍将是全球能源消费的主体。

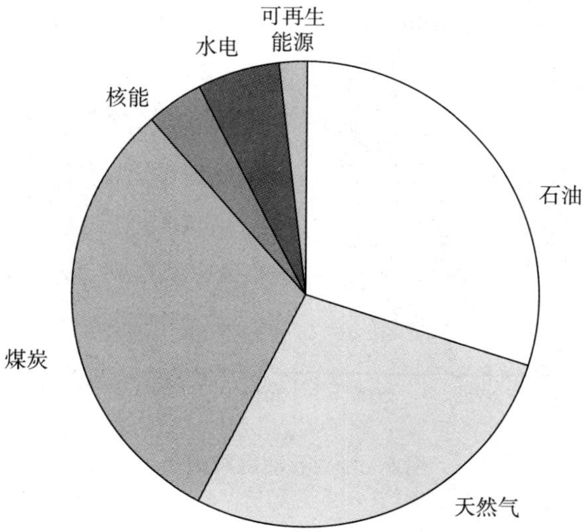

图 4　2014 年世界一次能源消费结构

资料来源：BP Statistical Review of World Energy，2015。

2. 世界石油供应状况分析

由图 5 可以看出，世界石油供需的大方向在逐年攀高，2013 ~ 2015 年石油供应过剩的局面非常突出。自 2010 年开始，美国页岩油产量大规模提升，该国原油总产量同样迅速飙升。短短 5 年时间内，美国原油产量增幅达到惊人的 76%！2014 年，美国日均产油 870 万桶，较 2013 年增加 120 万桶，增幅创下 1990 年以来的新高。在页岩油革命的冲击下，全球石油市场格局被迫洗牌，形成以欧佩克、美国和俄罗斯为首的“三超多强”的竞争体系。欧佩克“江湖老大”地位的没落引发了近半年以来全球石油市场的低价竞争局面，全球石油产量稳中有增。

而与此同时，由于全球经济处于经济危机的修复期，欧元区、日本以及金砖国家的经济增速均出现较大程度的放缓，全球石油需求随之减弱。而 2014 年，全球石油需求日均增幅为 80 万桶，较 2013 年的 140 万桶大幅下滑。因此，全球石油市场进入罕见的持续供应过剩时期。EIA 的数据显示，全球油市在过去长期处于供大于求的情况，这是自 1997 年亚洲经济危机以

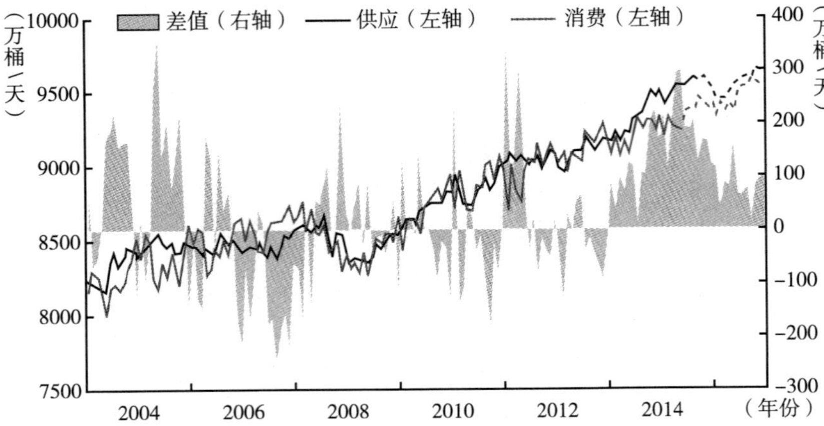

图5　世界石油供需对比

资料来源：EIA。

来持续时间最久的一次过剩。

截至2014年底，全球石油供应量约为9217万桶/天，同比暴增200万桶/天，其中增量主要来自非OPEC产油国。非OPEC产油国中，美国依旧傲视群雄，凭借页岩油产量的迅速提升，2014年美国周度原油日产量一度突破900万桶，创下EIA有数据统计以来的最高值。

（1）OPEC石油供应

2009～2014年欧佩克石油供应量变化见图6。2015年欧佩克发布的报告称，尽管全球供应过剩导致油价大幅下跌，但其石油产量依然增至3年多来的相对较高水平。2015年7月，欧佩克成员国石油产量为3151万桶/天，是2012年5月以来的最高水平。油价下跌而石油产量却不断增长引发欧佩克成员国内部关系紧张。欧佩克中两个受油价下跌影响最大的成员国——利比亚和阿尔及利亚表示，他们一度支持欧佩克召开紧急会议，商讨削减石油产量事宜，但遭到沙特、科威特和阿联酋的反对。

欧佩克曾经通过减产来提振国际油价，但是该组织后来认识到，在当前的情况下，即使实施减产计划，也难有效果，因为美国的石油产量正在强劲增长。全球新增石油供应导致国际油价崩跌。

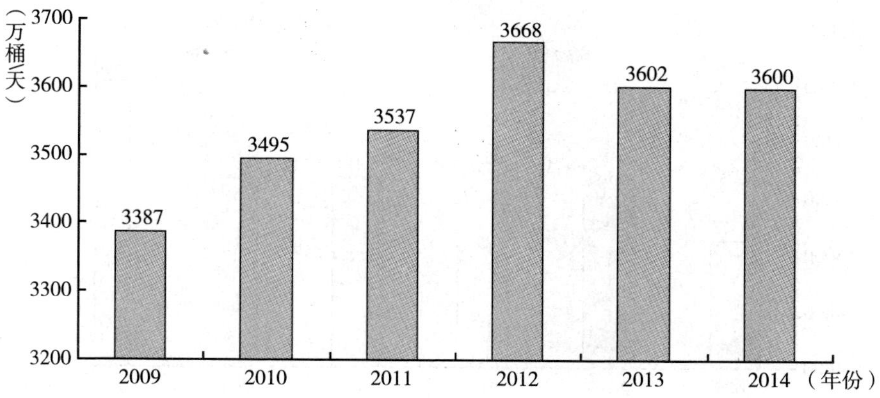

图 6　OPEC 石油供应量变化

资料来源：EIA。

与此同时，美国的石油产量依然具有抗压性。2015 年 5 月，美国石油产量减少了 26 万桶/天，但欧佩克仍预计美国 2015 年的石油产量将增长近 100 万桶/天，到 2016 年将进一步增长 32 万桶/天。欧佩克认为，美国石油产量持续增长主要是因为成本效益提高、税率下降及现有项目投产。主导欧佩克同时也是全球最大石油出口国的沙特阿拉伯的石油产量仍为接近纪录高点的 1035 万桶/日。

（2）非 OPEC 石油供应

2014 年非 OPEC 石油供应量为 5607 万桶/天，涨幅较大（见图 7），非 OPEC 石油供应量占全球总供应量的 60.94%。美国和俄罗斯依旧是非 OPEC 核心产油国，两国供应之和占非 OPEC 总供应量的 49%、全球的 30%。在 2014 年非 OPEC 202 万桶的日均供应增量中，美国贡献了其中的 162 万桶，占比高达 80%！除此之外，俄罗斯、中国和加拿大等其他产油国的产量也稳中略有增长。

与 OPEC 产油国类似，非 OPEC 产油国同样面临各自的问题，也存在原油计划外产量的下滑。2014 年非 OPEC 计划外原油产量减少 62 万桶/天，其中，苏丹/南苏丹、叙利亚、也门等国家的这一问题较为严重（见图 8）。南苏丹虽然完成主权独立，但与苏丹政府之间仍存在分歧。目前苏丹地区石油

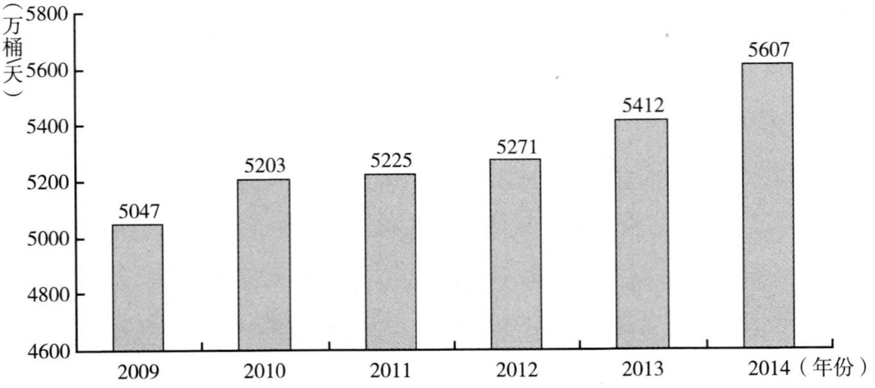

图7　非 OPEC 石油供应量

资料来源：EIA。

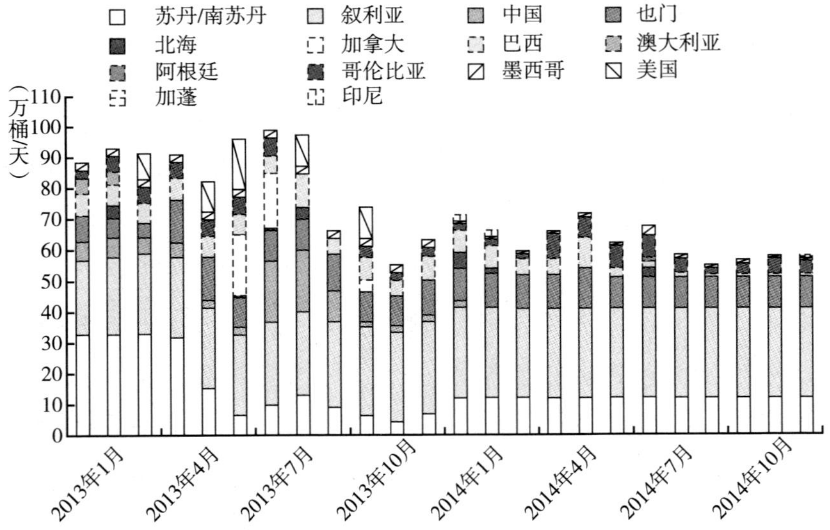

图8　非 OPEC 原油供应中断量对比

资料来源：EIA。

产量主要集中于南苏丹，而出口管线又必须经过苏丹地区，双方利益纠纷致使该地区原油生产受到抑制，合计有 12 万桶/天的产量缺失。

（3）美国页岩油产量情况

由于美国页岩气革命的迅速席卷，自2000年以来美国页岩油产量持续增长，其中2008年之后产量增长更为明显，复合增长率约为43%。2014年美国原油日产量升至853万桶，其中页岩油日产量为407万桶，占比为48%（见图9）。

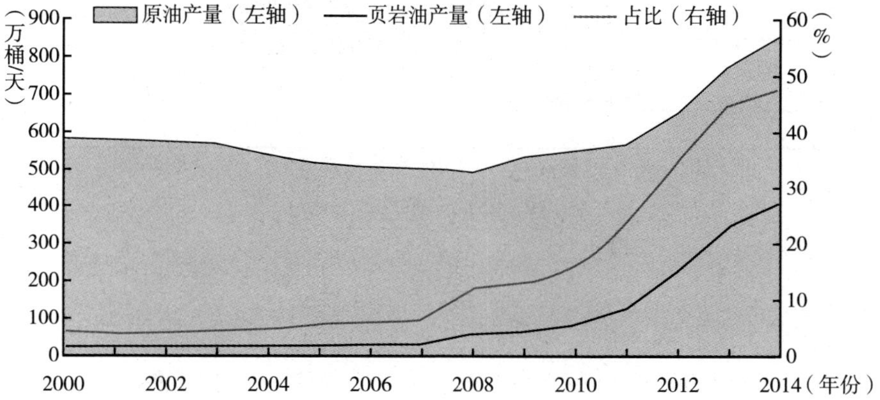

图9　美国页岩油产量走势

资料来源：EIA。

2014年下半年以来，国际油价展开了一波长达5个月的连跌走势，油价跌幅超过30%，为北美非常规油气开采带来了巨大挑战。在全球各地区石油开采成本中，除极地地区之外，北美的非常规油气开采成本最高，其中油砂平均开采成本为70美元/桶，页岩油为65美元/桶（见图10）。而对于技术相对较弱的中小型页岩油公司而言，其开采成本甚至高达65～70美元。若国际油价长期低于70美元/桶，美国页岩油将面临减产的可能。

当然，随着非常规油气开采技术的不断提升，其开采成本呈下滑趋势。因此，我们依旧看好美国页岩油生产前景，由EIA的预测数据来看，在2021年之前，美国页岩油产量仍将稳步增长，但增幅逐步放缓。在美国页岩油生产光鲜靓丽的背后，众多开发商面临的问题除目前的油价偏低之外，页岩油井产量高递减率的问题更为突出。页岩油井在开采1年之后，产油速

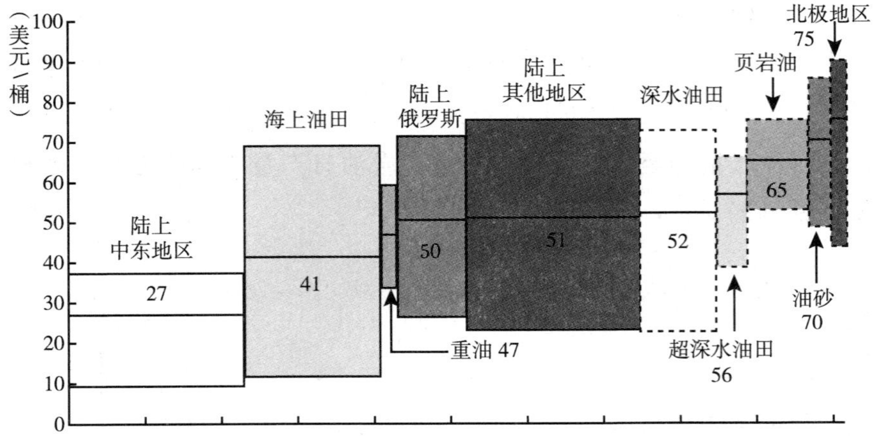

图 10　石油开采成本对比

资料来源：EIA。

度开始急剧下滑，仅为投产初期的 30% 左右。这就意味着美国每年需要大量开发新油井以弥补旧油井产油下滑的损失。也正是出于对页岩油产量高递减率以及未来市场不确定性因素的考虑，EIA 预计在 2021 年之后美国页岩油产量将开始出现下滑，但在其国内原油总产量中的占比仍将高于 40%。

3. 世界石油需求状况分析

截至 2014 年底，世界石油日均需求约为 9139 万桶，较上年增长 90 万桶，增速较 2013 年大幅放缓，主要是因为世界经济增速下滑，尤其是中欧日以及其他新兴市场经济形势表现低迷。在主要经济体中，尽管美国经济延续强势复苏势头，但该国石油需求并未出现明显攀升，反而出现小幅下滑。2014 年北美日均石油需求约为 2179 万桶/天，较 2013 年增长 8 万桶/天。其中，美国石油需求约为 1906 万桶/天，较 2013 年增长 10 万桶/天，增速有所放缓，主要原因是该国天然气在工业及民用领域的应用进一步延伸，而与此同时，该国交通领域用油也同样出现下滑。

除美国之外，亚太和欧洲地区经济形势表现相对疲软，其中，2014 年欧洲日均石油需求为 1417 万桶，较上年减少 16 万桶。欧洲石油需求减弱归结为两个方面的原因，一是经济增速放缓，抑制了石油需求增长；二是该地区炼厂数量继续减少，原油加工量下滑。

而与之形成对比的则是亚太地区，尽管亚太地区经济同样低迷，但该地区经济增速与欧美发达国家相比处在较高水平，而且经济增长方式仍以粗放式为主，这支撑其石油需求进一步增长。2014 年亚太地区石油日均需求为 2673 万桶，较 2013 年增长 42 万桶。

世界主要经济体石油需求对比见图 11。

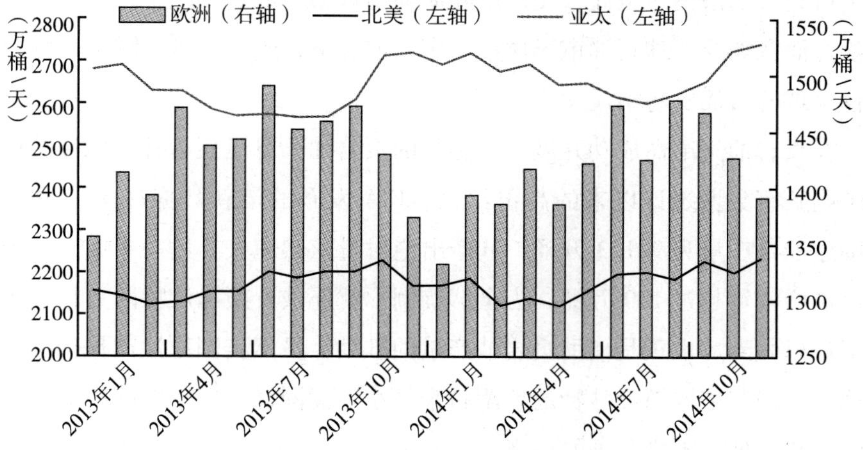

图 11　主要经济体石油需求对比

资料来源：EIA。

（三）世界石油贸易格局：石油由卖方市场向买方市场转变

一方面，世界石油市场进入长期的供应过剩阶段，而与此同时，美国页岩油气繁荣之景仍在延续，美国在石油自给方面的能力不断提升。因此，后期全球石油市场将面临另一大考验——美国解除石油出口禁令。

20 世纪 70 年代初，美国支持以色列，引发阿拉伯国家的联合制裁，石油全面断供，进而导致了美国石油危机，并演化为全球经济危机。自此，美国政府实施石油出口禁令，以维护该国能源供应安全。不过，近些年，美国轻质原油产量持续攀升，甚至出现供过于求的现象，原油库存量升至 80 年来的新高。因此，重启原油出口的呼声日益高涨。

而一旦美国原油出口禁令解除，将其轻质原油投放海外市场，全球原油供应将更为过剩。不仅如此，更深刻的意义则在于美国在全球石油市场中身份的转变，即由最大买家向卖家转变，而这将进一步促使全球石油贸易形式的重整。

2015 年 7 月末，美国众议院议长博纳首次公开表示支持取消长达 40 年的美国原油出口禁令。随后，美国参议院能源委员会投票通过了一份取消原油出口禁令的法案。至此，美国解除原油出口禁令的进程终于迈出了坚实的一步。而在如今全球石油市场供给过剩的前提下，美国一旦解除出口禁令将使得全球的石油贸易格局发生“巨变”

在页岩油气革命成功开展后，美国的页岩油产量迅猛飙升，原油总产量持续刷新有数据统计以来的高位纪录。EIA 发布的最新数据显示，2015 年美国原油日产量为 941.3 万桶，其产出绝对量依然惊人！过去 3 年，美国日均产油增幅均超过 100 万桶，为全球首例，就连俄罗斯和沙特两大超级产油国都难以做到。也正是借助页岩油产量的推动，虽然美国原油产量仍位居全球第三，但与俄罗斯和沙特的差距越来越小。而同样高居第四的中国，日产量约 400 万桶，不足美国的一半。

随着产量的迅猛增长，美国自身的原油供给得到了更坚实的保障。而由于该国炼厂的复杂程度较高，对原油的需求存在结构性矛盾：重质高硫原油越发引起美国炼油厂的兴趣，而轻质低硫的页岩油的经济性却并不明显。

在不久的将来，全球石油贸易市场将呈现“供应多极化，需求中心化”的发展趋势，亚太地区尤其是中国在全球石油市场上的地位将更为突出。我们认为，在全球能源种类及储量稳步提升、石油市场供给过剩渐趋常态化以及全球石油市场贸易格局发展趋势的合力作用下，石油市场将由卖方市场加速向买方市场转变。买方市场简而言之，便是买家占据绝对主动地位，商品选择的主动权决定了商品价格的弱势。

（四）亚太地区将是未来轻质原油集散地

2014 年底沙特阿美石油公司称，将进一步加大 2015 年 1 月出口至欧美及亚洲的原油价格的折扣力度，其中，出口至亚洲的所有等级的石油售价较2014年12月价格降低1.5～1.9美元/桶。沙特之所以奉行低价竞争策略，主要原因还要归结为非OPEC尤其是美国实力的迅速壮大。古语有云：“鹬蚌相争，渔翁得利”，这句话在当前乃至未来的原油市场竞争格局中将会被验证。欧佩克、美国和俄罗斯“厮杀”得难解难分，而亚太地区则将因此获得较大的利益。

由于美国页岩油产量的迅猛增长，在美国逐步实现能源独立的同时，全球石油市场贸易格局随之出现变化。一方面，石油供应呈现多极化，而需求则日趋集中化；另一方面，由于全球炼油能力存在层次矛盾，未来全球市场不同品质原油的流向也将出现“分层”，而亚太地区将是上述两大趋势的重合区域。

1. 亚太地区需求中心地位日益凸显

全球十大原油进口国中，中、印、日、韩仅次于美国，分列第二至第五位，四国原油进口量占据上述十国进口总量的50%。而由于美国国内页岩油产量的稳步增长，该国轻质原油已逐渐实现自给自足，未来原油进口量将延续下滑态势。与此同时，欧洲地区由于经济增速持续放缓，炼油厂数量逐渐减少，该地区原油进口量将大体持稳。因此，亚太地区将成为未来原油市场的需求中心，且地位也将日益突出（见图12）。

2. 美国市场挤出严重，亚太将承接过剩轻质油

从目前全球各地区炼厂炼制能力来看，美国炼油厂整体装置复杂程度是世界上最高的，其纳尔逊复杂性指数①均值约为11。其中，美国最复杂的炼厂是马拉松公司位于得克萨斯城的炼厂，其复杂性系数为15.3。除美国外，欧洲地区炼厂复杂程度约为9.5，中国约为8.5，而现代化石化企业的纳尔逊复杂性指数一般不小于8.0。美国炼油公司复杂程度对比见图13。

美国炼厂复杂程度偏高，因此对重质含硫原油需求量较大。从图14可

① 纳尔逊复杂性指数是衡量石油加工水平的一项指标，数值越高，原油加工程度越高，加工产品就越丰富，是炼化行业普遍使用的评价指标。

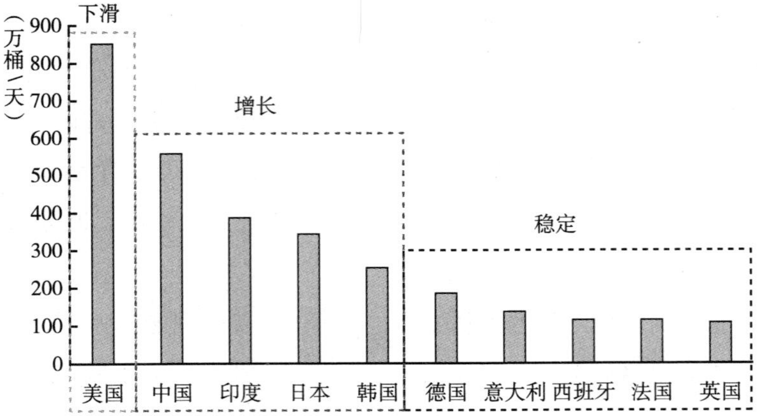

图 12　全球十大原油进口国原油进口变化趋势对比

资料来源：EIA。

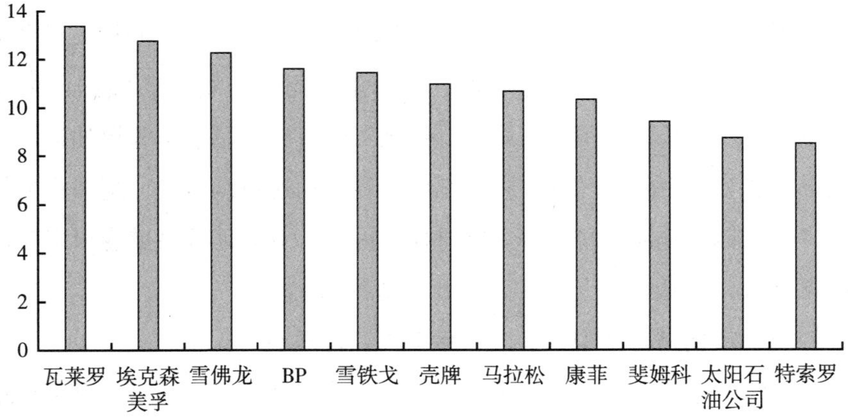

图 13　美国炼油公司复杂程度对比

资料来源：EIA。

以看出，近年来美国进口原油中重质原油占比逐步增长，中质原油比例大体持稳，而其对轻质原油的需求则出现明显下滑。

截至 2013 年，美国进口原油中，重质及中质原油占比近 90%，轻质油占比仅约为 1/10（见表 2）。从美国原油进口来源国来讲，加拿大、沙特和墨西哥依然是前三大进口国，自三国进口总量占比为 66%。由图 15 可知，近

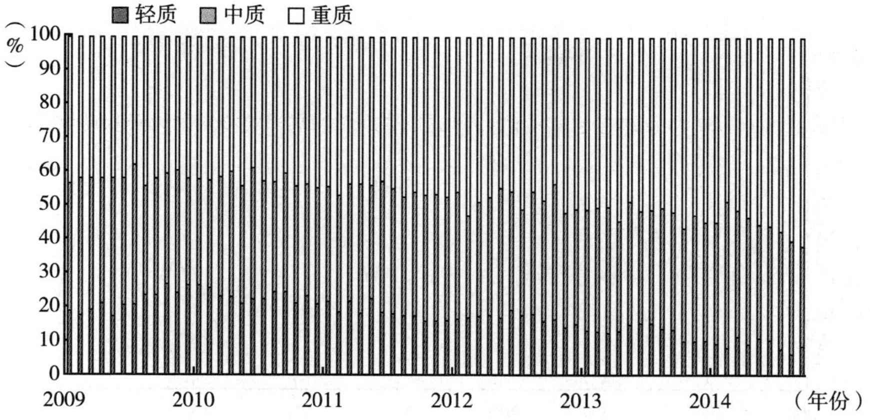

图 14　美国进口原油品质对比

资料来源：EIA。

表 2　2013 年美国进口原油品质对比

单位：%

进口品种 \ 进口地区	加拿大	沙特	墨西哥	占总量比重
轻质	13.15	11.69	10.94	12.91
中质	25.33	82.36	7.51	34.96
重质	61.52	5.95	81.55	52.12

资料来源：EIA。

来，美国对加拿大和墨西哥的重质高硫原油的需求量在稳步增长，其中对加拿大的增长更为明显。相反，对沙特的原油进口需求则出现显著下滑，原因是沙特供应美国的原油品质相对较好。

由于美国本土所产页岩油属轻质低硫原油，大量的生产便对同质进口原油形成替代。也恰恰因为这一点，美国对沙特及非洲的轻质原油进口需求出现大幅下滑。自 2014 年 7 月开始，尼日利亚已经连续 3 个月对美国零出口。而自 2014 年 4 月开始，美国进口沙特原油所占比重在短短 4 个月内，由 21% 骤降到 12%。类似的影响将会迅速在安哥拉、利比亚以及阿尔及利亚等产油国身上体现。

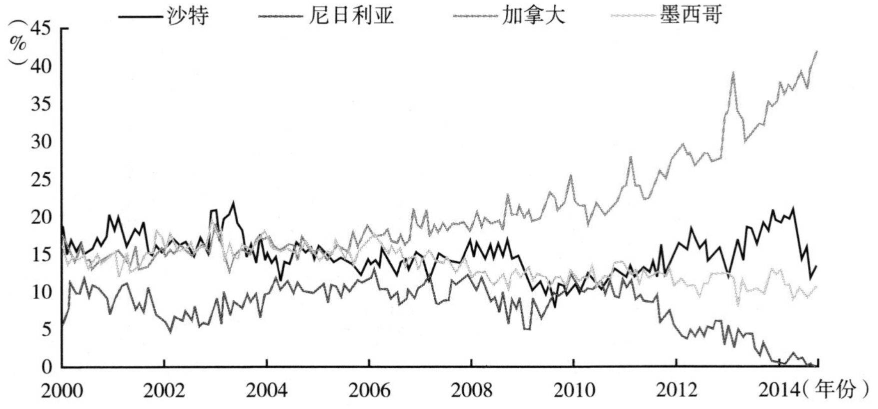

图 15　美国原油进口对比

资料来源：EIA。

所以，美国炼厂的超高复杂程度以及该国轻质页岩油产量的急速飙升，使得大量轻质原油被挤出美国市场。美国对中东以及非洲原油进口的大幅下滑将迫使全球原油市场贸易格局重整。来自大西洋盆地以及中东的过剩供应量将逐步退出北美市场，而转向亚太地区。因此，亚太尤其是中国市场将成为未来产油国的必争之地。

3. 亚太炼油产能大幅增长，内生需求加速格局重整

虽然近年来全球炼油业整体表现低迷，而且也早已出现产能过剩，但全球炼油能力仍在稳步增长（见图 16）。然而从各区域来看，分化程度较为严重（见图 17）。以 2013 年为例，全球炼油能力增长 1010 万吨/年，而西欧、日本和南美等地区的炼油能力却出现大幅下滑。其中，西欧同比减少 2200 万吨/年，日本减少 1800 万吨/年，南美减少 1100 万吨/年。相反，中国和中东的炼油能力增长迅猛，其中，中国增加 3310 万吨/年，中东增加 2800 万吨/年。目前亚太地区的炼油能力处于领先地位。

预计未来 5 年，全球炼油能力仍将继续增长，且增长幅度将超过 4 亿吨，其中新增炼油能力仍将以中国、印度以及中东地区为主，北美地区的炼油能力在页岩油产量大幅增长的带动下也将小幅增长。而西欧、日本等地还

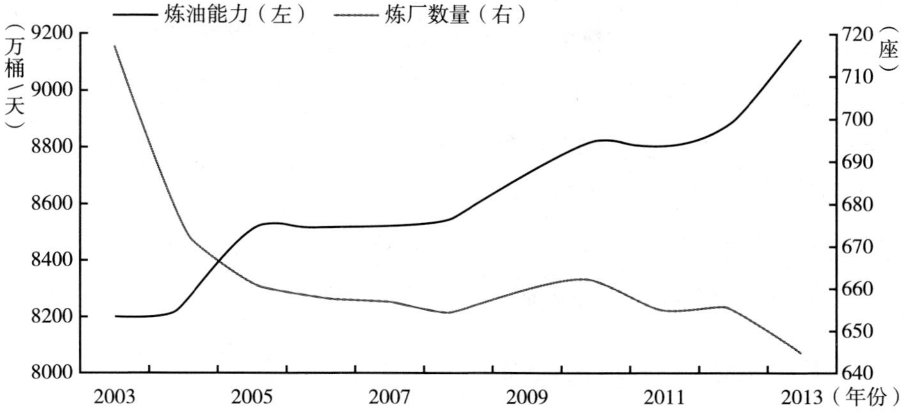

图 16　全球炼油能力走势

资料来源：EIA。

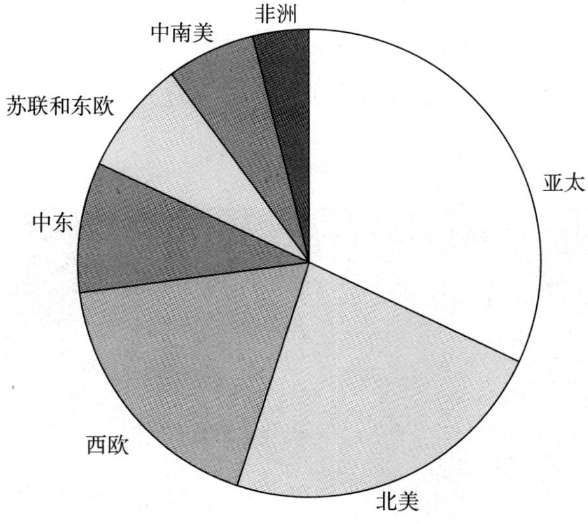

图 17　全球炼油能力区域对比

资料来源：EIA。

将是炼油产能缩减的集中区域。从全球炼油格局来看，未来世界炼油重心会继续东移，亚太将是未来全球的炼油中心，石油需求量也将随之持续攀升，其当然也将成为世界石油贸易的核心区域。

综上所述，随着全球最大原油进口国——美国对轻质原油需求的日益减弱，加之亚太地区炼油能力的持续增长，美国页岩油革命以及全球炼油复杂程度的差异性将推动未来原油市场贸易格局发生转变。未来中东、非洲、欧洲以及里海等地的轻质原油将集中涌向亚太地区，同时未来石油市场也将逐步转向买方市场。所以，低价竞争现象将难以避免。因此，亚太地区将是未来轻质原油的集散地，而“亚洲溢价”将随之消失。

（五）全球重要石油运输要道

2014 年，全球石油供应量约为 9217 万桶/天。另据 EIA 估计，其中 63% 或说每天 5800 万桶石油需通过海路运往世界各地。全球石油市场的正常运转，除要求正常产出外，安全稳定的运输同样必不可少。这些海上运输通道和管线可以称得上是国际石油贸易的“咽喉”，它们随时有可能因为突发事件而遭遇封锁或被迫关闭。一旦它们当中任何一条被切断，哪怕短时间的运输终止，国际石油市场都将受到严重的影响。世界石油输送主要通道分布及概况分别见图 18、表 3。

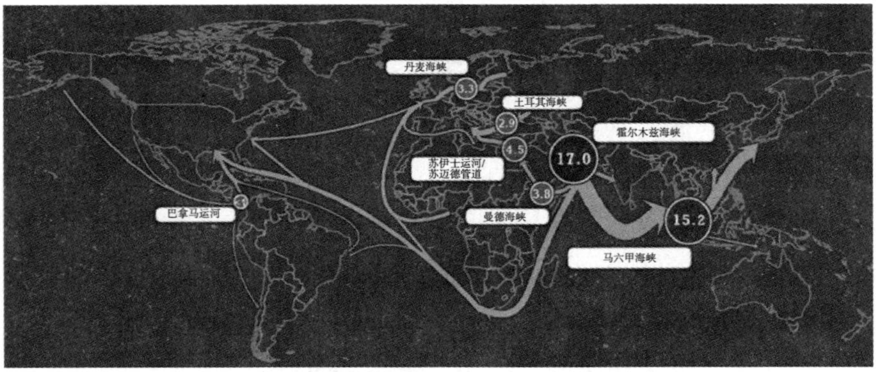

图 18　世界石油输送主要通道分布

注：图中数字单位为百万桶/天。包括原油和成品油。数据年份为 2013 年。

资料来源：EIA。

表 3　全球重要石油运输通道概况

单位：百万桶/天

通道名称	2009 年	2010 年	2011 年	2012 年	2013 年
霍尔木兹海峡	15.7	15.9	17	16.9	17
马六甲海峡	13.5	14.5	14.6	15.1	15.2
苏伊士运河/苏迈德管道	3	3.1	3.8	4.5	4.5
曼德海峡	2.9	2.7	3.4	3.7	3.8
丹麦海峡	3	3.2	3.3	3.1	3.3
土耳其海峡	2.8	2.8	3	2.9	2.9
巴拿马运河	0.8	0.7	0.8	0.8	0.8
全球海上石油贸易量	53.9	55.5	55.6	56.7	56.5
全球石油供应量	84.9	87.5	87.8	89.7	90.1

资料来源：EIA。

综观全球，在诸多海上运输通道中，有 7 个被视为运输要道，分别是霍尔木兹海峡、马六甲海峡、苏伊士运河、曼德海峡、丹麦海峡、土耳其海峡以及巴拿马运河。其中，霍尔木兹海峡和马六甲海峡更是重中之重。

1. 霍尔木兹海峡

霍尔木兹海峡位于阿曼和伊朗之间，连接波斯湾和阿拉伯海。该海峡是全球最重要的石油运输通道。主要原因是每天通过该海峡的石油大约有 1700 万桶，约占全球海运石油的 30%。通过该海峡的原油中，有 85% 流向亚洲市场，其中中国、韩国、印度和日本便是较大的亚洲流入地。

石油经霍尔木兹海峡外销的路线主要有 3 条：① 波斯湾—马六甲海峡—亚太、澳洲及美国西岸；②波斯湾—曼德海峡—苏伊士运河—地中海—欧洲及美国东岸；③波斯湾—好望角—北大西洋—欧洲地区。

由此可见，霍尔木兹海峡对于欧美及亚太等石油消费地而言，是绝对的战略要道。一旦该海峡出现紧张局势甚至是遭到封锁，上述石油消费地将陷入困难之中。或许也正是因为此原因，近半个世纪以来，美国的军事身影频繁活跃于该地区，并且在巴林部署大量军事力量。

若霍尔木兹海峡遭遇不可抗力而被迫关闭，也并不意味着波斯湾的石油无法外输了，该地区的输油管道可以起到辅助作用。霍尔木兹海峡输油管道概况见表4。

表4　霍尔木兹海峡输油管道概况表

单位：万桶/天

管道	国家	状态	输送能力	输送量	剩余能力
东—西管道	沙特	运行中	480	200	280
布盖格—延布管道	沙特	运行中	290	290	0
阿布扎比管道	阿联酋	运行中	150	60	90
伊拉克管道	沙特	输送天然气	165	—	—
泛阿拉伯管道	黎巴嫩	关闭	50	0	50
总　计	—	—	1135	550	420

资料来源：EIA。

周边重点关注国家：伊朗、伊拉克、科威特、沙特、巴林、卡塔尔、阿联酋及阿曼。

2. 马六甲海峡

马六甲海峡位于印度尼西亚、马来西亚和新加坡之间，连接印度洋和中国南海及太平洋。截至2015年10月，马六甲海峡仍是波斯湾石油输往亚太市场的最短途径。

2013年，马六甲海峡日均输送石油1520万桶。如果马六甲海峡被迫关闭，石油运输需重新选择路线，比如爪哇岛和苏门答腊岛之间的巽他海峡，以及巴厘岛和龙目岛之间的龙目海峡。不过，这定将增加运输的距离及费用。

马六甲海峡对于中国而言，是不折不扣的海上石油生命线，中国近80%的原油进口需要通过该海峡。而且，近年来，中国原油进口量在不断攀升，石油安全问题日益突出，我国对马六甲海峡的依赖程度也进一步增加。因此，为切实保证能源供应安全，中国政府已经在寻找替代途径，以减轻潜在的能源供给风险，比如瓜达尔港的建设、中缅油气管道的铺建以及克拉地峡的开凿等。

周边重点关注国家：印度尼西亚、马来西亚、新加坡。

3. 苏伊士运河/苏迈德管道

苏伊士运河地处埃及境内，连接红海和地中海。2013 年日均 320 万桶石油途经该运河，其中 190 万桶向北途经地中海输送至欧美地区，剩余 130 万桶则向南输往亚太市场。向北输送的原油中，79% 来自波斯湾；流入地中，欧洲占 68%，美国占 16%。而向北输送的原油中，66% 来自欧洲，北非占 16%；流入地中，亚洲国家占 74%。

除苏伊士运河之外，该地区还有一条重要的石油输送通道——苏迈德输油管道。该管线连接苏伊士湾和地中海，由两条平行管道组成，日输油量为 234 万桶。管道归阿拉伯管道公司所有，该公司由多家国际石油公司拥有，其中，埃及石油通用公司占有 50% 的股份。

如果苏伊士运河被迫关闭，那么苏迈德管道就成了唯一可以将原油从红海输送至地中海的通道。若运河及通道全部关闭，那么油轮需向南绕过非洲好望角，而此举将增加 2700 英里的路程，运往欧洲需多花费 15 天时间，运往美国则需多花费 8 ~ 10 天时间，运输时间和成本大大提升。苏伊士运河和苏迈德管道油气输送量见表 5。

表 5　苏伊士运河和苏迈德管道油气输送量

单位：百万桶/天、万亿立方英尺

分类	2009 年	2010 年	2011 年	2012 年	2013 年
苏伊士运河及苏迈德管道石油输送总量	3	3.1	3.8	4.5	4.6
苏伊士运河					
原油	0.6	0.7	0.7	1.4	1.5
石油产品	1.3	1.3	1.4	1.6	1.7
石油总量	1.8	2	2.2	3	3.2
LNG	0.8	1.6	2.1	1.5	1.2
向北					
原油	0.3	0.4	0.5	0.9	1.1
石油产品	0.7	0.7	0.9	0.8	0.7
石油总量	1	1.2	1.4	1.7	1.9
LNG	0.8	1.5	1.8	1.2	1

续表

分类	2009 年	2010 年	2011 年	2012 年	2013 年
向南					
原油	0.3	0.3	0.2	0.5	0.4
石油产品	0.6	0.5	0.6	0.8	1
石油总量	0.9	0.8	0.8	1.3	1.3
LNG	0.1	0.1	0.2	0.3	0.2
苏迈德管道	1.2	1.1	1.7	1.5	1.4

资料来源：EIA。

周边关注国家：埃及、以色列、约旦、黎巴嫩、沙特。

4. 曼德海峡

曼德海峡连接红海和印度洋，2013 年日均约 380 万桶石油途经此处运往欧美及亚太地区。若曼德海峡被封锁，来自波斯湾的油轮将无法途经红海北上，进而迫使油轮绕行南非好望角，增加了运输时间和成本。

周边关注国家：也门、吉布提、索马里、厄立特里亚、埃塞俄比亚。

5. 丹麦海峡

丹麦海峡由许多渠道组成，连接波罗的海和北海，是俄罗斯原油出口至欧洲地区的重要通道。2013 年，日均有 330 万桶石油途经此通道。自 2005 年普里莫尔斯克港运行之后，俄罗斯经此港向西输送大量原油。2011 年，俄罗斯途经丹麦海峡出口的原油中，超过一半经过普里莫尔斯克港。

周边关注国家：丹麦、德国、波兰、瑞典和挪威。

6. 土耳其海峡

土耳其海峡由博斯普鲁斯海峡和达达尼尔海峡组成，是亚洲和欧洲的分界线。博斯普鲁斯海峡连接黑海和马尔马拉海，达达尼尔海峡则连接马尔马拉海、爱琴海和地中海。土耳其海峡是俄罗斯和里海地区原油外输的重要通道，2013 年每天约有 290 万桶石油流经土耳其海峡。

周边关注国家：土耳其、保加利亚、希腊。

7. 巴拿马运河

巴拿马运河是连接太平洋和加勒比海及大西洋的重要海上通道，2014

年，超过13000艘船只途经此处。若该运河被迫关闭，船只则需向南绕道南美大陆南端的麦哲伦海峡、合恩角或德雷克海峡，而这将增加近8000英里的运输距离。

通过巴拿马运河的货物中，石油仅占18%。2013年全球海运石油当中，途经巴拿马运河的量仅占1.4%。数据显示，2014年，日均87.7万桶石油运输通过该运河。除运量小之外，巴拿马运河通行能力较低，巨型油轮无法通过该运河。可以正常通行的最大油轮被称为“巴拿马型”油轮（排水量6万~8万吨）。

为了让运河通行能力提升，巴拿马运河管理局计划于2015年完成运河拓宽。拓宽后，巴拿马运河可以通航排水量为12万吨的“阿芙拉型”油轮，但超大型油轮（VLCC）和巨型油轮（ULCC）仍无法通行。巴拿马运河及管线的石油输送量见表6。

表6　巴拿马运河及管线的石油输送量

单位：千桶/天

分类	2009年	2010年	2011年	2012年	2013年
巴拿马运河					
石油总量	788	741	755	802	849
原油	176	110	119	118	91
石油产品	612	630	637	684	759
向南					
石油总量	588	566	600	687	708
原油	116	53	68	71	39
石油产品	471	514	532	616	669
向北					
石油总量	200	174	156	115	141
原油	60	57	51	47	51
石油产品	140	117	105	68	90

资料来源：EIA。

周边关注国家：巴拿马、哥伦比亚、哥斯达黎加。

在关注国际油价走势的时候，除供需关系、经济形势、地缘政治、美元指数等因素外，上述七大石油运输要道同样是不容忽视的问题。为何中国接手瓜达尔港令美、印等国如坐针毡？为何中缅油气管道建成后，缅甸局势迟迟难以平复？为何中国宣称开凿克拉地峡，新加坡不再淡定；美国陈兵波斯湾，俄罗斯急切“收复”克里米亚？等等，这些都与石油运输通道与安全密不可分。当然无论是对于亚太，还是中国而言，作为进口重点区域，其原油对外依存度不断攀升，马六甲海峡便是能源供应安全的最大潜在风险。因此，建立全方位、多层次、宽领域的油气运输通道，“走出去”拓宽海外油源以及加速推进石油战略储备等，都是缓解石油供应风险的重要举措。

二　中国石油行业发展状况

（一）中国石油探明储量

1. 中国与世界一次能源结构对比

由图 19 可以看出，中国能源消费中煤炭仍然占据 66.03% 的较大比例，其他供应环节相对薄弱，特别是在新能源方面更是与世界平均水平存在较大差距。中国目前的能源供应仍然以煤炭为主，而石油在一次能源中的贡献仅占 17.51%。此外，与世界相比，中国的一次能源供应相对单一。

2. 中国已经探明的石油储量

过去 30 年来，中国石油探明储量保持上涨趋势，但是 2010 年至今，中国探明原油储量增长极为缓慢（见图 20）。确切来说，中国仍然是一个缺油的国家。

虽然最近 5 年来中国油气探明储量大幅增加，但在当前的能源需求情况下，探明储量的增加仍然难以满足国内石油需求的高速增长。虽然中国拥有目前全球最多的页岩气可采储量，可燃冰资源量也相当丰富，但技术短板令我们“望油兴叹”。在全球掀起能源格局多元化的同时，作为能源大国，中国也应加快步伐。当然，近年来政府的努力有目共睹，不过能源独立仍然任重道远。

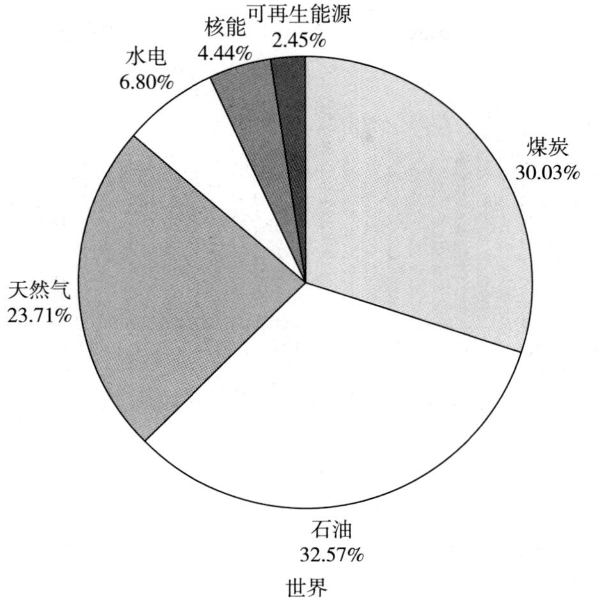

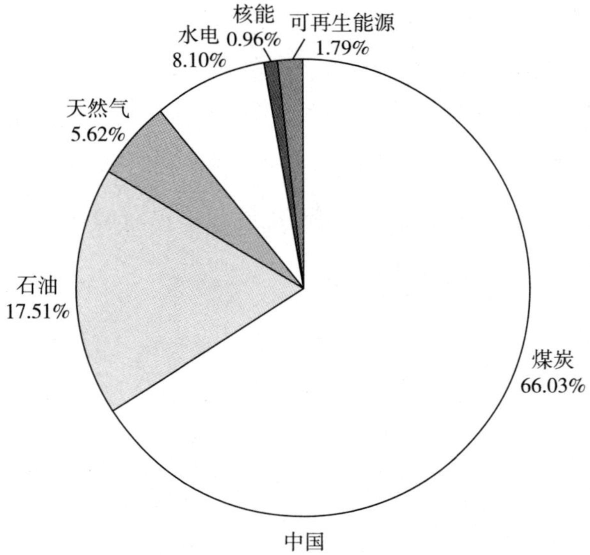

图 19　2014 年世界与中国一次能源结构对比

资料来源：BP Statistical Review of World Energy，2015。

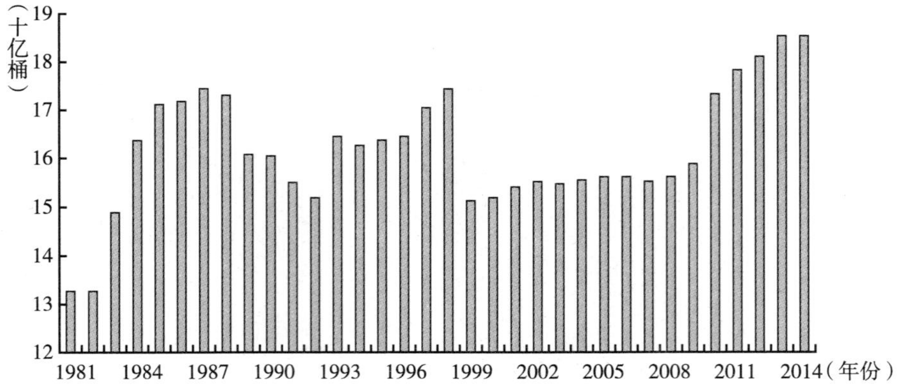

图 20　中国已探明石油储量趋势

资料来源：BP Statistical Review of World Energy，2015。

（二）中国石油供需概况

1. 中国原油产量不足

中国原油产量增长缓慢，但是随着经济的发展，中国的消费量逐步增多，需求量也在逐年攀高，且未来存在继续攀高的可能性。截至 2014 年底，中国原油表观消费量为 5. 18 亿吨，而中国的原油产量仅为 2. 1 亿吨（见图 21）。中国原油需求量的大幅增长与产量的几乎停滞增长形成鲜明的对比。

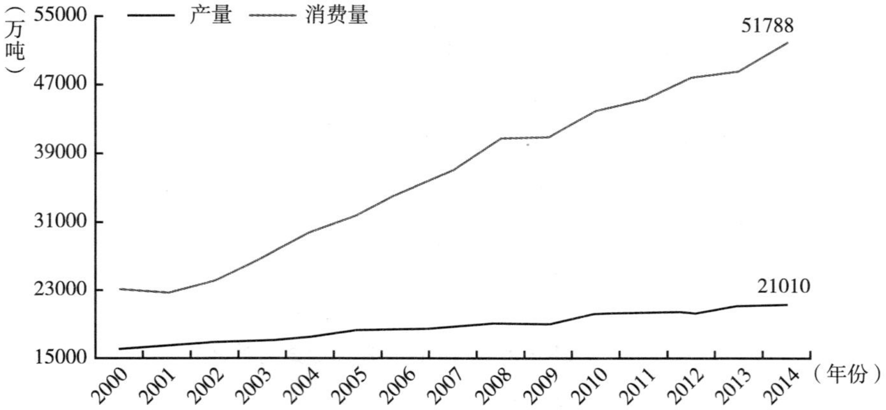

图 21　中国原油供需对比

资料来源：国家统计局。

2. 中国原油进口依存度大幅攀高

中国原油对外依存度逐年上升，已从1993年的6.69%升到2000年的31%，至2014年为59.6%（见图22）。而预计到2020年，中国石油对外依存度将高达66%。

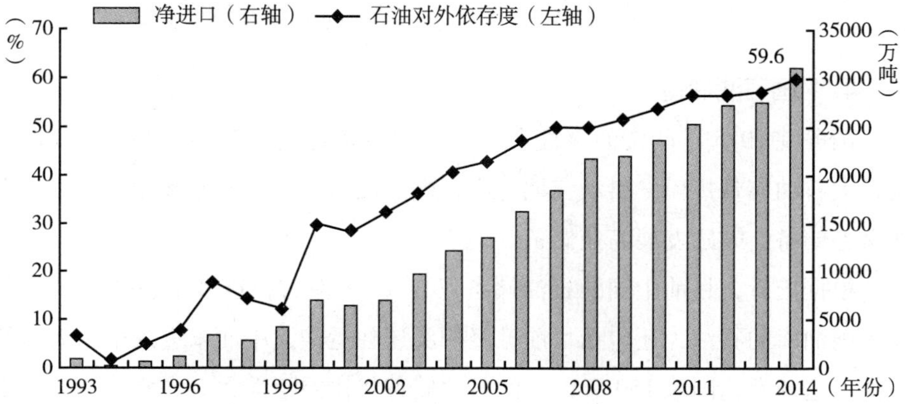

图22　中国原油进口依存度变化

资料来源：中国海关。

3. 中国原油来源相对集中

表7所列国家为中国原油进口的十大来源地，其中沙特、安哥拉及俄罗斯为中国进口原油主要来源地。虽然中国原油进口来源地在过去十年总是发生变化，但是中国从中东地区进口的原油的量一直保持在较高水平。

表7　2014中国原油十大进口来源地一览

单位：万吨，%

排名	国家	进口量	同比	份额
1	沙特阿拉伯	4966	-7.86	16.29
2	安哥拉	4065	1.59	13.33
3	俄罗斯	3311	35.44	10.86
4	阿曼	2974	16.72	9.76
5	伊拉克	2858	21.55	9.38
6	伊朗	2746	28.08	9.01
7	委内瑞拉	1379	-12.45	4.52

续表

排名	国家	进口量	同比	份额
8	阿拉伯联合酋长国	1165	13. 39	3. 82
9	科威特	1062	13. 62	3. 48
10	哥伦比亚	989	151. 02	3. 24

资料来源：中国海关。

4. 中国石油储备

国务院2015年印发的《能源发展战略行动计划（2014～2020年）》提出扩大石油储备规模，启动三期工程，鼓励民间资本参与储备建设，建立企业义务储备，鼓励发展商业储备。

根据统计，目前中国的石油储备仅在42天左右，这其中包括已经储存在中国油库的石油，还包括目前已经购买还在运输途中而未进入中国大陆的石油。这与发达国家150天以上的石油储备相比差距甚大。之所以石油储备进展比较缓慢，主要障碍就是国家石油储备立法严重滞后，无法可依，由此导致储备责任主体单一，储备体制机制不顺，储备行为不规范。

基于美、英、德、日等国早已建立起完备的石油储备体系，以及中国已经进行了多年建立国家石油储备的实践探索，国家石油储备立法条件已完全具备。但目前国家石油储备建设处于初始阶段，法律体系和储备模式仍在探索之中，存在国家石油储备责任主体偏窄、政府战略储备管理沿袭计划经济老套路、投资来源渠道单一、企业义务储备缺乏政策扶持、国家石油储备尚未建立起完备的制度体系等问题。在即将到来的“十三五”时期，需要通过立法解决这些问题。

目前中国石油对外依存接近60%，且还可能进一步提高。低油价时期应当尽量利用国外石油资源，这也是石油战略的一环。但中国从国际市场购买原油受到石油储备能力的限制。我国第一期国家石油储备基地已建成使用，第二期在建，第三期很快会启动，石油储备能力虽已大大提高了，但还是不足。当前应抓住油价下行的时机，推动石油储备能力建设，扩大石油购买。而借鉴国外的经验，主要方式如下。

其一，通过削减国内产能来尽可能增加石油进口。其二，利用海上油轮储油，增加临时性储油方式。中国是世界第一造船大国，且目前海上运力相对过剩，通过油轮储备方式可行。其三，在做好国家石油储备的同时，要大力利用民营油企的仓储能力，据不完全统计，目前民企仓储能力超过 2 亿吨。此外，与国外的长期能源合作和谈判将会面临较小阻力，例如，“引进来”模式将石油进口与中东产油国的利益绑在一起。

总之，中国的石油储备必须朝着多样性的方向发展。

（三）中国在严峻能源形势下，加强石油安全战略

1. 中国面临严峻能源形势

中国原油需求占全球总需求量的 11.17%。比较来看，美国原油需求占全球总需求的 20.85%，亚洲占 28.60%。中国原油对外依存度逐年上升，截至 2015 年 10 月，进口依存度已经为 60% 左右。中国主要的原油进口国包括沙特、伊朗、伊拉克、科威特等中东国家。而“中东”一直是战争的代名词。

2. 中国海外石油运输缺乏话语权

目前，世界油运船队大部分为海运传统国家和经济发达国家所控制。而中国 80% 以上的进口石油由海外船运公司承运。中国对于海上石油输送线路的安全性仍然难以保障，甚至于中国的油轮要想完全承运中国的进口原油也需要大幅提高其整体水平。因此，中国在原油输送的费用上没有太多的话语权。随着中国今后进口石油的不断增加，原油海洋运输业务的需求也越来越广泛和紧迫，中国需要从政府方面大力推进该项业务快速发展。长期以来，中国进口石油定价挂靠迪拜原油，中国在国际市场上只有“石油需求”，没有“石油价格”。

中国石油需求量大，对外依存度高，进口来源地集中且当地政局动荡，中国面临严峻的能源安全形势。中国未来能否保证充足的能源供应以及以合理的价格进口石油显得至关重要。

3. 鼓励社会资本进入国家能源领域

2014 年 6 月，国家发改委发布首批基础设施等领域鼓励社会投资项目。该举措具有积极意义，且接下来的具体实施情况与多数业者的预期一致。首先是政府推行混合所有制的进一步加码，这是涉及领域多元化发展的前提。而能源领域相关项目的改革无论是对于该行业还是中长期的经济发展来说都是大有裨益的。能源行业直接涉及项目见表 8。

表 8　能源行业相关项目一览

领域	项目名称
交通基础设施	大连港长兴岛 30 万吨级原油码头工程
油气管网及储气设施	西气东输三线中段工程
	庆铁线原油管道改造工程
	现有天然气管网改造项目
	中石化天津 LNG 接收站项目
	中石油深圳迭福北 LNG 调峰站项目
	中石油陕 224 地下储气库工程
	中石油金坛地下储气库二期工程
现代煤化工和石化产业基地	广东惠州百万吨级乙烯扩建工程
	福建古雷石化产业基地一期工程
	大连长兴岛（西中岛）石化产业基地一期工程

资料来源：卓创资讯。

首先，涉及项目对于国有企业顺利转制提供了有利的契机。一直以来，我国国企活力不足，其主要原因是缺乏市场“磨砺”，简单说就是没有生存或者发展的外在压力，盈亏概念淡化，责权不明，当然效率也相对较低。要改变国有能源企业当前的不利状态，多元化的经营机制非常必要。与此同时，社会资本的介入能够为企业提供生命力。因为没有生命力的社会资本已经被市场所淘汰，长期的自负盈亏及相对“恶劣”的生存环境铸就了社会资本的危机意识及创造力。

此外，社会资本需要更大的资源支持及发展的空间。换句话说，社会资本急切需要更大的空间施展“拳脚”。特别在表 8 所涉及的领域，社会资本更是少有介入，虽然其前期也有诸多政策出台，但多以“雷声大、雨点小”而告终，社会资本进入以上涉及领域所面对的“玻璃门”根本就没有打开。国家对能源领域的改革趋势不变，未来的准入门槛将逐步降低。

该项改革符合中国当前能源领域改革的大方向，有利于推进能源领域的市场化进度，形成多元化的公开竞争机制。总之，“市场能够解决的问题，让市场自己去解决”。而在中国能源市场逐步市场化的进程中，石油与天然气作为该产业的源头，其相关权利的逐步放开，会更好地配合《国家发展改革委关于发布首批基础设施等领域鼓励社会投资项目的通知》所涉行业原料及产品市场化的推进。当然，这对于整个石油行业及相关产品的输送、炼制、储运，甚至销售的公开、公平竞争来说具有实际意义。

表8所涉项目如果有社会资本的真正介入，则将有利于充分利用社会能源库存与资金。社会油气储备也是中国油气储备的重要组成部分。当前产能过剩已经成为中国各行业的“通病”，诸多民企出资建设的大量油气库闲置也成为事实。而以上政策落地，民企可以拥有更多机会参与到油气储运当中，社会资本所涉石油产业链也无形中得以延长，而完整的产业链利于提高行业竞争力及风险控制力。站在国家发展的角度看，这样做可以规避大量闲置库存资源的浪费。当然对于油气资源相对匮乏的我国而言，该项改革举措的实施有利于巩固我国的能源安全。

虽然这项改革落到实处需要时间与各方利益的博弈，甚至会遇到相关利益集团的强力排斥，但此项举措的推出绝不是空谈。此外，社会资本介入能源行业，仅是能源改革多方面同时推进的重要一环。总之，社会资本在能源行业拥有的权利与中国能源行业的“革新力”成正相关性，与中国经济的“造血功能”更是息息相关。

对于国家而言，无论是国企还是社会资本，资源的共享及多元化的稳定结构是非常必要的。从经济面看，这种改革不再是“需不需要的问题”，而已到了“必须”尽快推进的地步。与此同时，社会资本规模较小、缺乏正规的管理模式且分散不利于其在市场竞争中“打群架”，而其在国际市场中的地位更是无从谈起。此项改革所涉及的国有与社会资本的互通有无，将利于双方运营结构的优化，增强整体的市场竞争力。而如果后期有更多类似政策在成功示范项目的带动下大范围推出，则必然有利于未来中国经济的长远发展。

4. 加固中国原油供应体系

2014 年中国原油累积产量约为 2.1 亿吨，且后续产量增长乏力。受中国原油储量相对不足、主力油田设备老化等影响，原油产量难以获得大幅提升，而国内能源需求却在不断增长，由此造成原油对外依赖程度不断提高，国内能源安全形势日趋严峻。在中国境内原油产出难有回天之术时，海外市场便显得尤为重要。

（1）接手瓜达尔，第五条输油管道指日可待

巴基斯坦正式将瓜达尔港运营权移交中国，中国在能源及运输安全上再度迈出坚实一步。瓜达尔港位于巴基斯坦西南部，距霍尔木兹海峡仅 400 公里，其重要性不言而喻。中方接手瓜达尔港是继中缅油气管道建设后中国能源史上的又一个里程碑。中缅油气管道可使中国绕开马六甲海峡这一“软肋”，而接手瓜达尔港则可以将风险消溺于“襁褓”之中。

中国原油进口近一半来自中东地区，该地区常年局势动荡令中国能源安全备受压力。中国原油自波斯湾运抵上海，需 14500 公里，如果经瓜达尔港再由陆路输往中国，路线最多可缩短 85%。除此之外，依靠瓜达尔港，中国可以更快地触及非洲石油。目前，中国已与苏丹、安哥拉、喀麦隆等非洲国家签订石油协议。瓜达尔港将为中国布局非洲搭建平台。

（2）中国油气管道现状

截至 2015 年 10 月，中国共有 4 条油气管道用于进口，分别为中哈石油管道、中亚天然气管道、中俄原油管道以及在建的中缅油气管道。具体情况如表 9 所示。

表9　中国四大输油管道概况

名称	长度（公里）	输送量
中哈石油管道	962.2	2000万吨
中亚天然气管道	1818	300亿立方米
中俄原油管道	1030	1500万吨
中缅输油管道	1100	2000万吨
中缅输气管道	2806	120亿立方米

资料来源：卓创资讯。

四大油气管道分别从西北、东北和西南3个方向实现油气输入，多管齐下，在一定程度上分散了中国的能源安全压力，并在海上运输的基础之上增添了更为便捷的输送途径。截至上年末，中哈石油管道累计输送原油5080万吨，中俄原油管道输送达3000万吨，但是相对于不断扩大的中国能源需求来讲，这仍是杯水车薪。除修建境外输油管道之外，近年来中国油企也掀起了一场海外并购热潮，吸引了全球目光。

（3）海外并购应该减速，但仍需进行

并购是企业快速发展的途径，而海外并购则是企业实现国际化经营的有效方式之一。当然，中国海外油气并购发展并不尽如人意，目前看真正能够实现预期目标的海外并购不及30%，也就是说在过去20多年的中国海外油气并购过程中，有70%以上的是以所谓的并购失败而告终。当然海外油气并购成功与失败的衡量标准不同，但中国的海外油气并购大部分结果不及预期。

而这种不及预期的原因，包括对前期所购油气资源的最初评估有失水准，对行业的认识不足，也包括对市场行情的把控失误。当然也有对所购油气资源所属国家的政策考虑不足，比如油价较高时可能上调税收，当油价达到一定程度时征收高额的特别收益金等，这样的政策加大了并购企业的经济负担，最终导致企业步履维艰。其中，并购企业缺乏跟当地政府的沟通是较严重的失误之一，有些特别收益金等并非政府针对外来企业的个别行为，只是对其国内企业普遍考量而做出的决定，在缺乏沟通的情况下，外来企业受到了前所未有的冲击。

中国的油气并购仍需继续坚定地“走出去”，而且必须要“走出去”。首先，中国前面“走出去”的企业已经拥有了一些海外油气并购的经验甚至是教训；其次，中国油气并购是中国“走出去”的必经之路；最后，中国油气并购可以最大限度地为中国油气行业的发展提供技术等方面的帮助。中国油气资源从勘探、开发、流通到最后的利用均与发达国家存在较大差距。中国油气资源的并购可能一开始实现的并非盈利，而是相关方面的资源共享，这也是中国油气企业迅速提升自我的相对快捷的方式。

中国油气资源并购所谓的“失败”不应成为停止该项举措的理由。中国油气资源匮乏，海外油气并购无论是从国家政策，还是从行业发展角度看均存在较大的商机。而 2015 年以来，相对较低且止跌回稳的油价走势，为中国油气资源并购提供了前所未有的良机。前面提到油气并购进入前的评估很重要，但是如今来讲并购的切入时间点也很重要。这将直接决定未来企业能走多远，或者是企业能够承受风险的能力。

海外并购将对全面提升中国能源企业的市场竞争力和国际化水平起到推动作用，并且对中国的能源安全以及能源市场的稳定起到积极作用。

5. 加强中国能源安全需多元化发展

国务院《能源发展“十二五”规划》提出，“十二五”时期，要加快能源生产和利用方式变革，全面提高能源开发转化和利用效率。据了解，中国能源利用效率只有 30% 左右，比发达国家约低 10 个百分点。

中国以煤炭、石油为主的能源结构效率低、污染大，带来了一系列的社会问题。而从大的方面讲，为保障能源安全，我国必须降低煤炭、石油的消耗，提高清洁能源在能源需求中的占比。为此，今后中国应致力于走低耗、节约型的石油消费之路；要大力开发可再生能源，如太阳能、核能、水能等清洁能源。

我国的能源问题是关乎国民经济发展的战略问题，从国家安全角度看，能源资源的稳定供应始终是一个国家特别是依赖进口的国家关注的重点，是国家安全的核心。中国从政府到企业已经多方位地加速推进石油安全战略。

而要实现中国石油安全水平的不断提高，后续必须有政策、法律及财政方面的大力支持。

（四）“一带一路”开启石油合作新纪元

“一带一路”是“丝绸之路经济带”和“21 世纪海上丝绸之路”的简称，紧密连接亚欧非大陆。从能源角度出发，海上丝绸之路主要影响到中国石油的海上运输路径，因为中国近 76% 的石油进口途经海上丝绸之路（见图 23）。对于陆上丝绸之路，重点则是中国与中亚和里海地区的石油合作，2014 年中国自里海地区进口的石油占比约为 13% 。

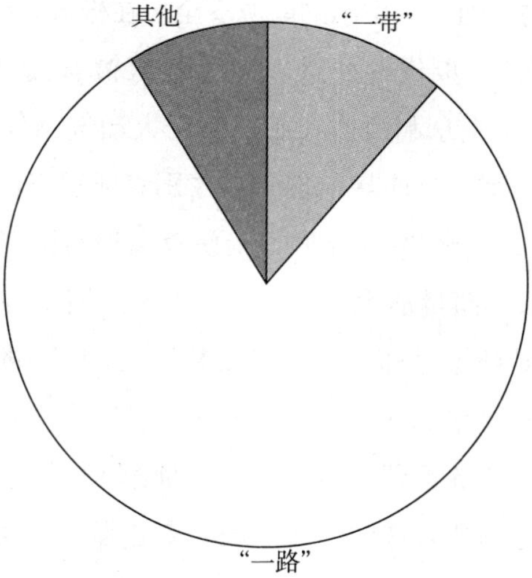

图 23　中国原油进口来源分布

资料来源：中国海关。

首先，从“一路”来看，“21 世纪海上丝绸之路”连接欧亚非三大洲，贯穿太平洋、印度洋、红海和地中海，该海域是当前全球石油海上贸易的核心区域，区内有马六甲海峡、霍尔木兹海峡、曼德海峡和土耳其海峡，可谓中国海上石油运输的生命线。

中国布局海上丝绸之路重大战略，除加强与欧亚非大陆之间的经济往来、提升与上述地区的石油合作外，保障石油供应安全同样是着力点之一。

中国是全球第二大石油消费国和进口国（2015 年 4 月单月进口量超美国居第一），日均消费量约为 1000 万桶，约占全球消费总量的 1/10。而在巨大的石油消耗的背景下，因中国石油探明储量偏低、主力油田老化等问题，近年来原油产量长期维持在 400 万桶/天，难以实现大幅度提升。因此，石油对外依存度逐年攀高，2015 年将超过 60%。

虽然近些年中国海外石油布局不断实现突破，石油进口呈现多元化趋势，但对中东、非洲两地的依赖度仍然偏高。数据显示，2014 年中国自中东和非洲进口的石油占比达到 74%。因此，中东—亚太和非洲—亚太两条海上通道是中国能源安全要道。不过，随着瓜达尔港的建设，海上丝绸之路的铺开，甚至未来克拉地峡的开通等，中国的能源安全可在极大程度上得以维护。

其次，看“一带”步伐的西进。中亚地区被誉为“21 世纪的能源基地”，已经成为仅次于中东和西伯利亚的第三大油气富集区。中亚油气资源主要集中于哈萨克斯坦、土库曼斯坦和乌兹别克斯坦三国，尤以哈萨克斯坦最富。BP 数据显示，截至 2013 年底，哈萨克斯坦石油储量为 300 亿桶，约占全球的 1.8%，石油储量居全球第 12 位（中国储量为 181 亿桶，居全球第 14 位）。而土库曼斯坦号称“中亚科威特”，天然气储量巨大。截至 2013 年底，其天然气探明储量为 17.5 万亿立方米，约占全球的 9.4%，居全球第 4 位（中国储量为 3.3 万亿立方米，居全球第 13 位）。

中国在与中亚五国的合作中，尤以与哈萨克斯坦的关系最为密切。1997 年 6 月，中石油天然气勘探开发公司中标阿克纠宾油气公司 60.3% 的股份，同年又获得了乌津油田的开采权益，自此中哈油气合作蒸蒸日上。随后，中石油、中石化、中信集团、广汇能源、正和股份（现更名洲际油气）等国内企业，纷纷入足中亚地区，广泛开展油气合作。

而且，目前中国四大油气管道中，有两条来自中亚地区，分别是中哈石油管道（其年输送石油 2000 万吨）和中亚天然气管道（其年输送量为 300 亿立方米）。

未来中亚地区的油气发展极具前景。里海地区是全球三大油气富集区之一，2000 年该地区内发现的卡沙甘油田更被认为是 1968 年阿拉斯加发现普鲁特赫本油田之后世界上最大的油田。现有石油地质储量350亿桶，预计未来最高开采量为150万桶/天。大规模开采后，卡沙甘油田的日产量可满足中国15%的消费量。同时，卡沙甘油田还拥有巨大的天然气储量。不过，由于气候、地质以及技术等方面的原因，该油田开采进展并不顺利，但现有困难无碍其发展前景。

（五）中国原油期货上市在即

1. 中国原油期货推出的必要性

石油安全可以分为“供给安全”及“价格安全”两类。前者对于国家战略来说无疑是重要的，但它毕竟属于战时经济或“非常态经济”的范畴，而对于和平时期的经济建设来说，“价格安全”才是影响中国经济可持续发展的关键。

最近十年来，国际石油价格极不稳定，波动频繁且波幅明显拉宽。石油价格的不稳定和高企给广大石油消费国的石油安全和能源安全带来不稳定因素。为了降低石油价格波动和高价带来的风险，石油业者采取了各种手段来规避这种风险，建立石油期货市场就是其中的一种。为了形成自己的石油定价机制、取得世界石油价格参与权，中国必须发展并完善自己的石油期货市场。目前，中国只有原油需求，而没有“原油价格”。中国市场是世界市场的重要组成部分，原油期货推出本该是市场的选择，而从当前来看更多的是国家的选择。中国原油期货的推出不是需要而是必要。

2. 中国期货合约草案

中国期货合约草案见表10。

表10　中国原油期货合约草案

项目	内容
交易品种	中质含硫原油
交割品级	API度32，含硫量1.5%
交割油种	迪拜原油、上扎库姆原油、阿曼原油、马西拉原油、卡塔尔海洋油、巴士拉轻油和胜利原油

续表

项目	内容
交易单位	100 桶/手
报价单位	元/桶(报价不含关税和增值税)
最小变动价格	0.1 元/桶
每日最大波动幅度	前一交易日结算价的 ±4%
最低交易保证金	5%
合约交割月份	36 个月以内,其中最近 1～12 月为连续月份合约,12 个月以后为季月合约
交割方式	实物交割、仓库交割及保税交割相结合
交割库	辽宁、山东、浙江、广东等地

资料来源：上海国际能源交易中心。

上海国际能源交易中心对中国原油期货合约及交易细节进行初步透露，其中涉及计价单位、合约标的、交易单位以及最大波动限制等方面。具体内容整理如下。

对于中国原油期货交易品种选取中质含硫原油，官方表示，是因为布伦特和 WTI 两大原油期货选取的品种均为轻质低硫原油，而且欧美原油期货已被全球石油贸易作为定价基准。因此，中国原油期货采取“曲线救市”的策略，以中东中质含硫原油作为品种，争夺市场话语权。除避免针锋相对之外，随着原油品质重质化、亚太地区炼油技术的提升，中质含硫原油相比轻质原油将更具经济性和吸引力，且符合市场发展趋势。

当前，美国本土所产页岩油属轻质原油，但页岩油革命能维持多久，目前业界尚不能定论。另外，北海原油开采逐年递减，布伦特定价基准的公信力遭到质疑。所以，中国推出中质含硫原油期货有望成为该品种定价的一个风向标。

原油期货设置沿海保税油库，大体分布在辽宁、山东、浙江和广东等地，一期保税库容约为 535 万立方米，先期投入使用 230 万立方米。为保证交割油种品质的稳定性，对交割油种实施同品质同库存的原则，每个油库只存放一种原油。而且采取直达油库的运输方式，即进口油种自离岸起不得中途装卸，直到入库为止。对于油种出入库，交易所规定，需提前一个月申请，且最小出入库量为 20 万桶。不足 20 万桶时，可采取与其他企业“合伙”的方式，直到凑足 20 万桶方可入库。期货交割时，交割结算价取当月合约后 5 个交易日的算术平均价。

此外，对于期货交易时间的安排，上海期货交易所（以下简称上期所）同样是“具体问题具体分析”。与西方国家“短假多放”不同，中国除周末双休之外，还有国庆、春节等长假时段，这对期货交易的连续性会造成影响。而且，中国与欧美国家存在时差，也会在一定程度上对欧美投资者造成不便。所以，上期所除延长正常工作日原油期货的交易时间之外，也正考虑在国庆及春节等长假期间开放部分交易时段。

3. 成功的原油期货背后必有现货市场支持

（1）WTI 与布伦特期货背后的现货市场

石油现货市场是石油期货市场的基础，只有现货交易发展到一定阶段，市场参与者才会逐渐提出对套期保值和价格发现等市场工具的需求。美国是石油生产大国，同时也是世界石油第一大消费国，在美国濒临墨西哥湾的休斯敦及大西洋的波特兰港和纽约港形成了一个庞大的市场。

WTI 与布伦特期货的成功很大程度上依赖于现货市场的支持。西北欧市场与美国市场是此两种原油期货的现货基础。世界主要石油现货市场分布见图 24。

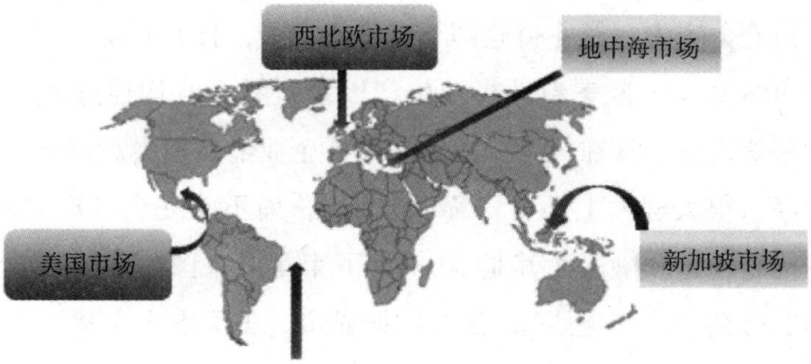

图 24　世界主要石油现货市场分布

资料来源：卓创资讯。

（2）中国原油现货市场需要快速放开

中国原油现货公开市场的交易没有完全放开。石油的勘探、开采、炼制、输送以及进口仍然被少数企业控制，没有公开竞争的现货市场难以铸就成功的期货市场，而在中国严峻的能源形势下，国产原油现货实现公开竞价存在难度，至少短期内实现为低概率事件。

为了配合中国原油期货上市，必须拥有现货的自由交易，而适当放开中国原油现货进口则是为数不多的原则之一。此外，放开原油进口不但可以推进中国油品的市场化脚步，还可以让更多的民营企业参与其中，实现藏油于民。

4. 金融机构支持必不可少

美国原油期货之所以能够夺得国际原油定价权，与其金融机构的强大密不可分。尽管目前中国四大国有商业银行在世界银行中位居前列，但是其经营相对集中在国内，且受分业经营的制约，与国际大型金融集团相比差距仍然较大。而随着跨国企业的增多，银行只有实现跨境经营才能扩大业务网络平台，为客户提供全球性金融服务。而中国目前银行资产投放海外的比例不足10%，与美国、日本、德国等发达国家相比差距较大。中国原油期货成功上市与中国银行业快速发展或者说国际化发展相辅相成。

5. 中国原油期货上市意义非凡

首先，中国原油期货合约推出可以提供套保工具服务本土企业。欧美原油期货的持仓分布中，商业持仓即与现货商相关，且有套期保值倾向的仓位占比可达50%以上。欧美石油行业生产以及贸易企业均通过大量的期货套保来对冲现货市场的潜在风险，以此来降低企业经营损失。对于中国企业而言，企业经营很大程度上还要“靠天吃饭”，尚不能完全发挥主观能动性，采取合理措施规避风险。尤其是2014年下半年以来国际油价腰斩，国内下游石化行业可谓“哀鸿遍野”。而有数据显示，美国本土大量页岩油企业通过期货和期权套保，弱化了原油暴跌带来的风险。因此，中国原油期货的推出，将会对国内企业提供优良的套保工具。

此外，借助原油期货的推出，国内相关的行业体制以及金融监管体系都将得到很大程度上的完善。而且，原油期货的长远发展同样需要发达现货市场的支撑，所以，原油期货的推出也会倒逼国内石油行业的市场化进程，进而激发更广大民营企业的活力。

中国原油期货推出更多的是让世界听到中国石油供需的“声音”。原油不仅是重要的能源，而且是重要的战略物资，对国家的能源安全起着至关重要的作用。从目前的国际格局看，中国原油期货的上市更多的是融入国际石油市场体系，进而让世界了解中国石油的供需。

同时，中国原油期货合约是海外投资者共同参与的期货品种，这一举措为中国期货“走出去”提供了信心，包括原油期货在内的中国期货其他品种将朝着国际化的大方向迈进。甚至于人民币的国际化与中国银行业的国际化发展互相影响。

从中国期货的发展、中国的能源安全、人民币的影响力以及中国的银行体系等方面考虑，中国原油期货上市的成功发展还有很长的路要走。但有一点不可否认，中国原油期货加速推进的大方向不变。

（六）中国原油进口权与进口原油使用权放开

原油进口权和进口原油使用权是目前中国企业进口原油流程中最重要的两个身份凭证，而两者又常被市场人士混淆。原油进口权侧重“进口”这个过程，而使用权则注重最终“物品的所有”。

1. 中国“进口原油使用权”的影响

2015 年 2 月 9 日国家发改委通过了《国家发展改革委关于进口原油使用管理有关问题的通知》（以下简称《通知》）。进口原油使用管理重点落在使用上，但是其实如果没有进口权显然无从谈起。当然，中石油、中石化、中海油以及中国化工等都曾经为地炼解决过所谓“进口”的问题，但是该规定涉及的使用权意在为进口权或者进口权的下放铺路。当然，这个政策的影响也可以分为正反两方面。

（1）如果重心放在使用权上，那么这次政策打压的成分更多一些，因为前期诸多炼厂都曾经加工过进口原油，有代加工也有直接买卖，而该政策的门槛显然是提高了。因此，实际的政策影响对于多数地炼而言不是好消息，更多意味着之前能够加工的现在被严令禁止。

（2）如果结合2014年以来新疆广汇、国家对炼企原料库存的新要求及中国原油期货上市等配套政策来看，该政策更多是为进口权的再度放开铺路。如果从这个角度看，更多企业将获得进口权，这意味着地炼将拿到更多的原油。

当然更多的情况是两者兼有。很多权利将再度放开，因为只有这样才能实现多元化的公开竞争，才能优化炼油行业环境。不过有一点也非常确定，那就是优型炼企将获得扶持，而劣型炼企非但不会得到国家的扶持，还将被加速淘汰。至于什么是优型炼企、什么是劣型炼企，国家的政策有明确的规定，其中200万吨的常减压装置就是个“槛”。

2. 原油进口权限下放，地炼“两翼齐飞”

2015年7月，中国商务部发文，将原油非国营贸易进口资质门槛进一步降低，此举与进口原油使用权下放相辅相成。对于地方炼厂而言，这同样是重大利好。此外，其对于即将推出的中国原油期货而言，也存在刺激作用。不过，原油进口限制的逐步打破势必损及特定方既得利益，因此，市场改革的有效推行还需兼顾内外，稳步前行。

当然，对于中国原油进口权放开的呼声由来已久，但是在2014年以前，推进速度非常缓慢，多年来民企真正进口的原油不足中国原油消费的1%。而2015年7月商务部公布《关于原油加工企业申请非国营贸易进口资格有关工作的通知》是一个“里程碑”。其明确了符合条件的原油加工企业可获得原油进口资格。而此前对非国营贸易进口原油要求或者近两年具有原油进口业绩，或者有经国家产业主管部门核准的使用进口原油的资质，否则不允许进口原油。这个要求阻断了民营原油加工企业进口原油的可能。新文件的下发则标志着，民营油企尤其是地方炼厂呼吁已久的原油进口权终于迎来关键突破。

原油进口权限的进一步下放，可以被看作是进口原油使用权的“配套方案”。国家发改委下发文件下放进口原油使用权，截至2015年8月共有5家地方炼厂已获取资质，具体如表11所示。

表 11　地炼企业进口原油使用权明细

单位：万吨/年

名称	地区	原油配额
东明石化	山东菏泽	750
盘锦北燃	辽宁盘锦	700
弘润石化	山东潍坊	530
利津石化	山东东营	350
垦利石化	山东东营	252

资料来源：卓创资讯。

从原油进口权和使用权所要求的条件来看，此次非国营贸易进口资格门槛的降低，无疑是给拥有使用权的地方炼厂“量身定做”的！

由国家公布的原油进口权与使用权所需条件对比可知，进口权和使用权所要求的核心条件完全一致，仅在仓储物流、专业人员和采购及销售渠道等方面对进口权多做要求，而这些对于地炼企业来讲，可以说是非常便捷的事情。换言之，具备进口使用权的地方炼厂只需稍加努力，便可轻松获取进口权。进口权和使用权二者兼备，对于地方炼厂而言意义重大。

随着进口原油使用权逐步下放，地方炼厂蜂拥而至。若仅有使用权，那么地炼在加工进口原油之前还需寻找拥有进口权的企业代理进口。而如今，政府将进口权资质一并敞开，所以，地炼将“两权并握”，由此便可自行进口、自行使用。

当然，使用权有量的要求，进口权同样存在配额限制。以某地炼为例，政府每年给予 750 万吨的进口原油使用权，而对应的进口允许量只有 600 万吨。言外之意，剩余的 150 万吨还需托付其他拥有进口权的企业代为进口。同样以该炼厂为例，经过兼并淘汰，该厂一次加工能力缩减为 750 万吨，使用权配额同样为 750 万吨。换句话讲，每年需 100% 开工方可用完，而这在 2015 年，或是即将到来的 2016 年的市场环境下，都很难达到。

除进一步排除地炼进口原油的障碍之外，原油进口资质的下放还将利于即将推出的中国原油期货。在进口权放开之前，民营企业参与国内原油期货时，倘若最终交割，实物运回国内存在难点。而一旦具备进口权，地炼完全可以利用原油期货交割，获取实物标的，进而为己所用，还可节省长途海运成本。所以，进口权的下放也将反向刺激地炼参与原油期货的积极性。此外，广汇能源、洲际油气、美都控股等率先布局海外油气资源的企业也将随之受益。

总之，随着国内油品市场行业限制的逐步放松，民营油企的活力将被进一步激发，而且其也利于国内市场良好竞争秩序的确立，符合行业前进方向。不过，固有的中国特色社会主义市场经济模式，对这一进程中势必会产生些许阻力，毕竟这也是一次利益的重新划分。

（七）中国炼油行业特点与即将到来的改变

世界石油市场正在发生着较大的变化，中国炼油行业也在主动或者被动的发生诸多改变。2015 年对于中国炼油行业来说是一个“分水岭”。现如今，中国炼油行业有诸多新的特点，而未来这个行业即将发生更多改变。

1. 由中国成品油调价估石油行业价改

据统计，2015 年 1 ~ 10 月国家发改委调价 15 次，其中上调 6 次，下调 9 次；而因为应调幅度不足 50 元/吨，调价共计搁浅 4 次。笔者认为，定价机制最大限度地反映了供需面，且基本平衡了与此相关的各方利益。

新的定价机制的实施符合当前整个中国经济及社会形势，而单单从炼油行业考虑，最新定价机制的改革也是成功的。成品油是最重要的炼油产品，成品油市场的有序发展对于整个炼油行业的健康发展至关重要。2015 年以来，通过一系列价格调整，首先保证了炼油的相关利润，进而保证了炼厂的生产积极性；其次，成品油价格基本实现了与国际的接轨，市场化程度得以提升；最后，炼油产品的国际化，对于未来炼油原料的国际化及市场化起到了积极的推动作用。目前来看，中国成品油定价机制在 2015 年再度改革的可能性不大，其主要原因是当前的定价机制与中国炼油行业及经济发展高度匹配。

炼油行业的革新及健康发展得益于多元化的市场竞争。在此情况下，包括成品油在内的炼油产品市场化将得以延续，而炼油原料的多元化也将快速推进。其中除三大集团外，中化工、中化国际及成规模的地方炼厂都将更深入地参与其中；同时，中国原油期货上市也将为炼油原料的多元化发展助力。拥有多元化竞争格局，才能实现公开竞价，进而实现与国际价格的真正接轨。

2. 主营公司外采继续，但缩量显著

据统计，2015 年上半年主营公司对地方炼厂成品油的外采量不足 170 万吨，较上年同期缩减 24%。其中，汽油在 72 万吨左右，柴油在 96 万吨左右。主营公司对于成品油的外采 80% 以上来自地方炼厂，当然也有部分来自中间商。但是实际调查显示，来自中间商的成品油也基本源自地炼（通过中间商的原因主要为质量问题的责任担保）。

主营公司外采地炼成品油一般有两种原因，其一，可以节省主营公司的成本，且外采油的操作更为灵活；其二，主营公司因为检修及需求因素而使得自产成品油供不应求。当然，2012 年至今，后一种可能是不存在的，因为近年来成品油供应不存在任何缺口。

中国的成品油供应过剩是导致主营外采量减少的主要原因。此外，由于成品油过剩严重，主营公司仅有的外采条件也非常苛刻：其一，产品质量把关较之前更为严格；其二，外采价格被压得非常低。实际外采价格较地方炼厂外销的市场价格低 300 元/吨左右，而在地炼本身炼油利润不佳的情况下，如此的低价难以让地方炼厂接受。

此外，主营公司外采地炼成品油采取的是“先货后款”的形式，这对于地方炼厂而言显然非常被动。特别是 2014 年至今，银行对炼油行业收紧银根，“先货后款”的形式无疑又给地炼增加了成本。多重因素影响下，主营公司对地炼外采的量会继续减少，且这种减少会在 2016 年再度延续。

3. 炼油行业面临更严重的产能过剩

中国没有产能过剩的准确定义，参照发达国家生产装置开工负荷不低于 78% 的临界点计算，中国 2015 年全年需要的产能约为 4.74 亿吨（3.7/78%）。但是根据最新统计，中国炼油一次产能已经达到 7.23 亿吨，如此算来中国目前理论过剩的产能为2.49亿吨（见图26），过剩率高达50%（以上计算更多是以炼油最为重要的两个方面之一——能源的消费为基准进行核算的，而未将化工原料的消费考虑在内，比如乙烯消费等）。而如果将调和油考虑在内，产能过剩的部分还要放大。

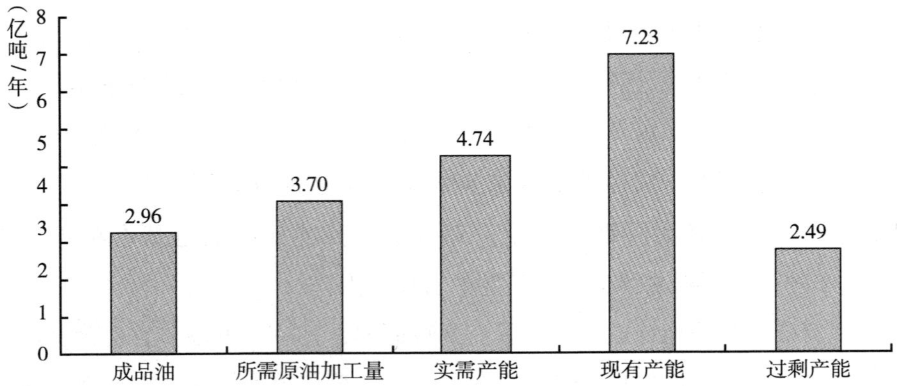

图26　中国产能过剩理论计算结果

资料来源：卓创资讯。

中国境内主营公司中部分加工能力较弱炼厂现有装置的开工率将逐步降低。而部分地方炼厂陈旧装置也将被列入淘汰的行列。在产能过剩的情况下，落后产能的淘汰将快速推进。业内人士认为，2015年将是炼油行业落后产能淘汰的新开始，其中不断恶化的炼油产品过剩局面是导致落后产能淘汰加速的主因。

4. 中间商最艰难的时期

中国炼油产能过剩导致的产品过剩早有显现，而在国际油价长期下跌后的低位徘徊期，中间商失去了操作空间，因此社会库存清空，在此情况下产能过剩导致的产品过剩在市场上表现得更为突出。而在竞争激烈的情况下，更多的油品省去了中间环节，一是，在炼油原料方面开始逐步跟供应商直接洽谈；二是，炼油产品无论成品油还是其他化工产品大部分由生产商直供终端。流通环节的利润被压缩殆尽，中间商因此“步履维艰”。

此外，在产品过剩问题没有改善，确切说是下游需求没有大幅提升之前，炼化产品中间商的生存空间不会放大。预计2016年这种局面不会得到明显改善。

5. 中国炼油行业技术发展的新方向

炼油行业如果仅从炼油环节考虑，是一个投资较大但是利润较低的行业。而在盈利状况不佳且油品升级的大环境下，炼厂必须通过更具竞争力的技术来巩固现有的市场份额。而通过实地了解，目前炼油技术的两个主要发展方向是重油加工与加氢。而前期关于炼油深加工等方面的推进，则随着油价暴跌及相关化工品市场的骤变逐步淡化。

（1）重质油加工技术革新

虽然美国页岩油气被大量开采，原油为不可再生资源的说法逐步被人们忘记。但是传统原油的开采量，特别是中国油田的产量令人担忧。据了解，我国为了维持现有原油产量，多数油田都在进行二次、三次，甚至是四次开采。而随着开采的深入，产出原油也必然朝着重质化及劣质化的方向发展。

另外，2014年下半年以来，炼油利润的缩水使得炼制低价原料成为重要的竞争优势。因为在轻质原料炼制方面，炼厂装置同质化严重，极易形成竞争。而实际的利润测算也体现了加工重质低价原油更具竞争力。

站在炼厂经营者角度考虑，这一方面顺应了全球及中国炼油原料重质化的大趋势；另一方面，充分发挥了加工重质原料的利润优势。无论从装置方面还是从催化剂方面看，其都将大步伐地向着“更强重质原料加工”的方向发展。

（2）中国炼油加氢为大势所趋

油品升级的步伐在加快，油品的清洁性及稳定性成为未来5年发展中最为重要的部分。大气污染防治油品升级行动计划启动以来，《加快成品油质量升级工作方案》将国内东部地区11省市国五汽柴油标准实施日期提前至2016年1月1日，两大主营油品升级工作提前布局。截至目前，中石化已完成国五汽油3900万吨产能的升级改造工作，占汽油总产能的70%；柴油完成3100万吨，占柴油总产能的40%。按照现在的升级进度以及之前的油品升级情况，在国家规定时间内提前完成油品升级任务将成为事实。不久成品油国六标准推行将被纳入议程，届时成品油升级的速度在当前“跨步”前进的基础上将再度提速。

而以上所有油品升级必须以油品加氢为前提去实现。首先，油品升级中硫含量是重要指标之一，而加氢脱硫就成为必要的一环；其次，重质原料加工及最终炼油产品的稳定性，同样需要加氢处理，甚至会由之前的仅产品加氢发展为原料、产品双加氢程序。总之，油品升级及重质原料加工将再度确定炼油行业未来加氢发展的大趋势。

中国炼油行业一直在改变，而以上 5 个方面是改变的重点。除此之外，新能源的高速发展、页岩油气革命、宽幅震荡的国际油价及不断革新的炼油技术等这些均有可能让中国的炼油行业在可预见的未来发生颠覆性的变化。笔者同时认为，这种炼油行业改变与中国当前经济形势的匹配性比先进性更为重要。

参考文献

1. BP：《世界能源统计（2015）》，2015。
2. 张仕荣、崔波：《美国“页岩气革命”与世界能源版图的变革》，《中国党政干部论坛》2013 年第 12 期。
3. 林永生、李小忠、阿依吐逊·玉素甫：《石油价格、经济增长与可持续发展》，《北京师范大学学报》（社会科学版），2013 年第 1 期。
4. 魏雪梅：《冷战后中美对非洲援助比较研究》，博士学位论文，中共中央党校，2011。
5. 许飞：《中国海洋油气的下一站》，中化新闻网。
6. 周德军：《中石油山西销售分公司开展非油品业务发展研究》，硕士学位论文，中国石油大学，2014。
7. 李鑫轶、刘晓飞：《中国石化成品油零售量首破亿吨》，《中国石化报》2013 年 1 月 4 日。
8. 崔民选主编《中国能源发展报告（2014）》，社会科学文献出版社，2014。
9. 齐银山：《国际石油价格波动与我国经济安全的关系研究》，博士学位论文，北京交通大学，2011。

B.4

推进天然气行业产业链改革与协调发展

魏亚平　滑会亮*

摘　要：在当前环境压力增大、节能减排成为国际共识的大背景下，天然气行业将迎来重大的发展机遇。在世界天然气行业发展整体利好的同时，我国的天然气行业也进入了快速发展的时代。我国的天然气资源丰富，基础设施建设不断完善，消费市场也在不断优化，产业链具有协调发展的基础。我国的天然气行业有其自身的发展特点，但在顺应全球天然气产业发展的大趋势下也面临不少挑战。非常规天然气作为常规天然气的重要补充，可以作为推进我国天然气产业链协调发展的重要支撑。天然气定价机制改革作为天然气行业改革的核心和关键，在借鉴英美天然气行业监管经验的基础上将利好我国的天然气产业链发展。若想天然气产业链协调发展，必须对其进行整体规划，并以市场化为最终的改革方向，这对推进我国天然气行业的健康发展具有重要意义。

关键词：清洁能源　天然气产业链　非常规天然气　定价机制改革

2009 年 12 月哥本哈根气候大会的召开明确了世界各国在节能减排中的责任，并规划了各国节能减排的任务目标。节能减排因此也成为人类目前促

* 魏亚平，中国社会科学院研究生院经济学硕士研究生，研究方向为工业经济、能源经济；滑会亮，曾先后就读于西南石油大学、中国政法大学。现任中国国储能源化工集团股份公司办公室副主任，一直从事石油天然气项目建设、运营、生产等管理与研究工作。

进环境改善和经济发展相互协调的重要思路。我国“多煤少油贫气”的资源状况决定了我国长期以来以煤炭为主的能源消费结构，而煤炭、石油因其在使用过程中二氧化碳的排放量过多而给环境带来了巨大压力，持续的雾霾以及温室效应等的发生也不利于我国经济社会的可持续发展。而天然气作为一种更为清洁、高效、优质的低碳能源，因其燃烧热值较高，且二氧化碳释放量只有标准煤的62%而受到各国越来越多的重视。根据国际能源机构（IEA）的预测，天然气在世界一次能源消费中的占比将不断提高，到2030年有望超过石油成为世界范围内的首要能源。在我国节能减排、建设环境友好型社会已成必然趋势的大背景下，天然气行业也将迎来重大的发展机遇。

天然气产业链是指集天然气的勘探、开发、储运以及加工利用为一体的工业链，由天然气产业及其相关产业组成，是一项技术和资金密集型的系统工程。天然气产业链可以分为3个层次，即上游、中游和下游，其中上游包括勘探、开发、生产等行业，中游主要包括储运，下游主要涉及销售、利用等行业。上、中、下游的互相依存、密切配合是天然气工业的突出特征。天然气行业的协调发展要求产业链的各环节互为补充、相互均衡，而各环节的发展随着经济技术条件的变化以及发展周期的不同，不协调性也会增加。在我国，这种不协调性就突出表现在天然气的供需矛盾以及天然气的价格体制不完善等方面，分析我国天然气产业链的发展现状并提出推进其改革与协调发展的相关建议具有重要的现实意义。

一　中国天然气行业产业链具有协调发展的基础

（一）天然气资源概况

1. 我国天然气资源储量较丰富，但探明程度相对较低

随着技术的进步以及国家对天然气重视程度的增加，天然气的探明储量迅速增加。国土资源部2014年10月发布的数据显示，2013年我国天然气地质资源量达62万亿立方米，其中查明储量约为4.6万亿立方米，与

2010 年相比，增长了 22.8%，增速远高于煤炭的 10.7% 和石油的 6.3%（见表 1）。

表 1　中国主要化石资源 2010 ~ 2013 年查明储量与变化

矿种	2010 年	2011 年	2012 年	2013 年	增长（以 2010 年为基数）
煤炭（亿吨）	13411.9	13778.9	14208	14842.9	10.7%
石油（亿吨）	31.7	32.4	33.3	33.7	6.3%
天然气（亿立方米）	37793.2	40206.4	43790	46428.8	22.8%

资料来源：国土资源部：《中国矿产资源报告（2014）》，2014。

2013 年我国新增天然气查明资源储量约为 6000 亿立方米，其中探明可采储量的比重仅为 18.4%，虽然与 2007 年 16% 的探明率相比有所提高，但仍低于国际平均探明率，我国的天然气行业尚处于勘探早期。国土资源部的数据显示，2011 ~ 2013 年天然气勘查新增查明资源储量增长明显，累计超过 2 万亿立方米（见表 2）。

表 2　中国主要化石能源新增查明资源储量

矿种	2011 年	2012 年	2013 年	合计
煤炭（亿吨）	749.2	616.1	672.9	2038.2
石油（亿吨）	13.4	15.2	10.8	39.4
天然气（亿立方米）	7224.8	9610.2	6159.1	22994.1

资料来源：国土资源部：《中国矿产资源报告（2014）》，2014。

在探明储量的分布方面，我国天然气探明储量的大部分位于鄂尔多斯、塔里木盆地、四川等地，其中已探明储量且规模较大的地区主要有：鄂尔多斯长庆气田、塔里木盆地、四川龙岗气田、四川普光气田以及四川盆地气田等，另外，海域天然气发展 2005 年以来保持基本稳定，但深层天然气潜力巨大，尤其是 2009 年南海巨型油田的发展，资源储量非常可观。

自 20 世纪 70 年代以来，由于探明技术的进步，世界天然气探明储量不断增加；90 年代以后，世界探明储量增速更快。根据英国石油公司

（BP）2014年世界能源统计报告，世界天然气已探明储量1993年为118.4万亿立方米，2003年为155.7万亿立方米，截至2013年，世界天然气已探明储量为185.7万亿立方米，相比1993年已经增长了57%，增幅明显。

在世界天然气探明储量的地区分布中，2013年，中东地区仍以80.3万亿立方米占全球已探明储量的43.2%，与往年基本持平；其次是欧洲和欧亚地区，为56.6万亿立方米，较2011年储量明显下降，占全球已探明储量的30.5%；再次是美洲地区，北美洲和中南美洲合计为19.4万亿立方米，占全球已探明储量的10.4%；亚太地区和非洲地区相对较少，与往年的储量相比，变动不大，分别为15.2万亿立方米和14.2万亿立方米，仅占全球已探明储量的8.2%和7.6%，而这其中，我国已查明的天然气储量占亚太地区总储量的30%左右（见表3）。

表3　2011～2013年世界天然气储量、份额和储产比地区分布

地区	2011年			2012年			2013年		
	储量(万亿立方米)	份额(%)	储产比(年)	储量(万亿立方米)	份额(%)	储产比(年)	储量(万亿立方米)	份额(%)	储产比(年)
北美	10.8	5.2	12.5	10.8	5.8	12.1	11.7	6.3	—
中南美	7.6	3.6	45.2	7.6	4.1	42.8	7.7	4.1	43.5
欧洲和欧亚	78.7	37.8	75.9	58.4	31.2	56.4	56.6	30.5	53.7
中东	80.0	38.4	—	80.5	43.0	>100	80.3	43.2	—
非洲	14.5	7.0	71.7	14.5	7.7	67.1	14.2	7.6	69.5
亚太	16.8	8.0	35.0	15.5	8.2	31.5	15.2	8.2	31.1
世界总计	208.4	100.0	63.6	187.3	100.0	55.7	185.7	100.0	54.8

资料来源：BP：《世界能源统计年鉴（2014）》。

储产比是指在现有天然气储量基础上的可开采年数，在一定程度上表明了天然气的供给稳定性。从表3来看，在储产比方面，中东地区的储产比或是最高的（根据2012年的数据推测），为超过100年，而非洲以及欧洲和欧亚地区的天然气储产比也相对较高，表明这些地区的天然气开采潜力还很大，生产稳定。北美地区的储产比较低，表明其开采程度较高；而中南美洲较高的储产比则表明其较滞后的开发。亚太地区虽然在世界总体天然气储量中所占份额较低，但 31.1 年的储产比也仍能满足较长时间的天然气稳定生产。

与世界储产比约为 50 年的平均水平相比，我国 2013 年的储产比仅为 28 年，天然气的资源储备尚显不足。BP2014 年的统计数据显示，2011 年以来我国的天然气储产比呈现出了一定的下降趋势（见图 1）。因此，为了保证国家的能源供给安全，我国要进一步加快对内陆现有气田以及周边海域的天然气勘探。

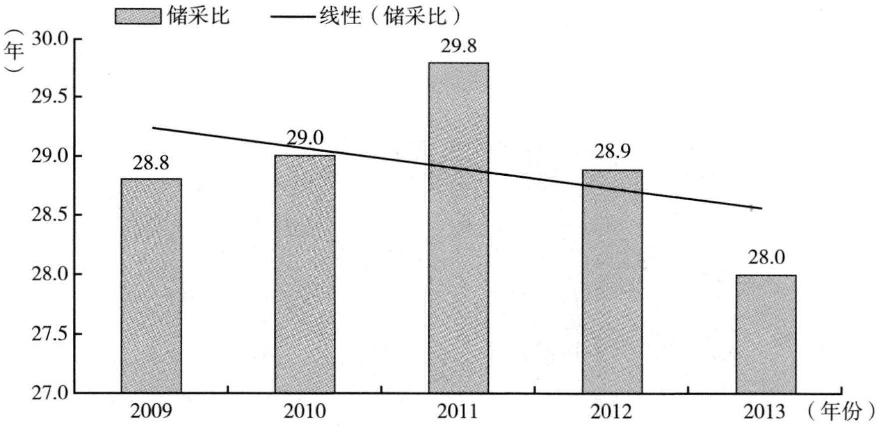

图 1　中国天然气 2009～2013 年储采比的变化

资料来源：BP：《世界能源统计年鉴（2014）》，2014。

2. 国内天然气产量保持稳步增长

随着我国对国产天然气开发重视程度的增加，我国的天然气产量呈现出稳步上升的良好势头。初步统计，2014 年我国常规气产量为 1250 亿立方米，较 2013 年增长 78 亿立方米，同比增长 6.7%。从图 2 的数据可以看出，2005 年以来，我国的天然气产量一直呈现上升趋势，虽然增速有所放缓，但总体上的平均增长率仍保持在较高的水平，2005～2013 年，天然气产量年均增长率为 11.3%，高于美国（6.14%）、加拿大（6.7%）等国家天然气快速发展阶段的水平。

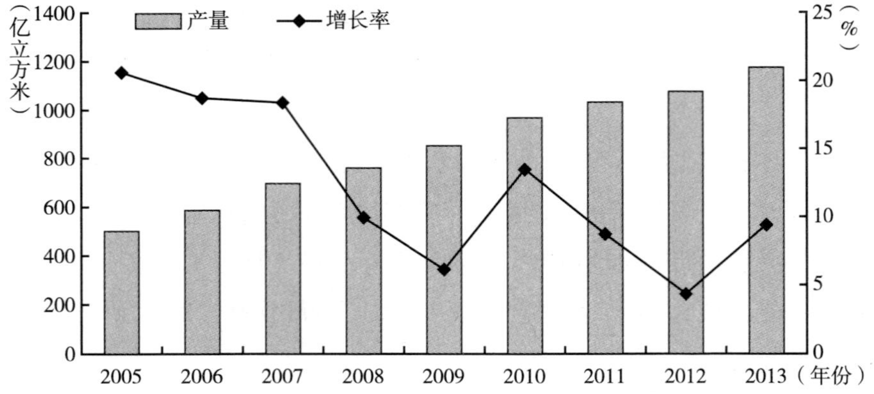

图 2　中国 2005～2013 年天然气产量及增速

资料来源：国家统计局。

2014 年我国天然气生产仍以长庆气区、川渝气区、塔里木气区及海洋气区四大气区为主，其中，长庆油田、塔里木油田、中石油西南油气田以及普光气田 2013 年的天然气合计产量约为 789.3 亿立方米，占全国总产气量的 66.32%（见表 4）。同时，我国建成投产了一些海上天然气项目，并以稳定单井产量为主线，为中东部稳定的天然气供应开辟新的途径。我国海洋油气资源丰富，其中，南海海域天然气储量为 75539 亿立方米，被称作“第二波斯湾”，深海天然气生产令人期待。

表 4　国内主要天然气气田

油田名称	介绍
长庆油田	长庆油田是我国最大的油气产区，原油产量仅次于大庆油田，居全国第二位，天然气产量居全国首位。2013 年，原油产量为 2433 万吨，天然气产量为 346.8 亿立方米，油气当量 5195 万吨，比上年净增 623 万吨，实现了 2004 年以来油气产量的连续十年大幅增长
塔里木油田	塔里木油田被誉为中国最具“活力”的油田，总面积 56 万平方公里。2013 年，原油产量为 591.0 万吨，天然气产量为 222.8 亿立方米，油气当量 2366 万吨，居全国第 4 位。到 2015 年，塔里木油田将实现油气当量 3000 万吨，2019 年将踏上 4000 万吨台阶，成为我国重要的油气生产基地

续表

油田名称	介绍
中石油西南油气田	中石油西南油气田是我国首个天然气年产量超百亿立方米的大气区,首个以生产天然气为主的千万吨级油气田。四川盆地探明天然气地质储量已达到1.25万亿立方米,建成了重庆、蜀南、川中、川西北、川东北5个油气区,天然气生产能力超过150亿立方米,形成了适应四川盆地复杂地质地貌及自然环境的油气勘探开发系列配套技术
普光气田	普光气田面积1116平方千米,是国内规模最大、丰度最高的海相高含硫气田和"川气东送"工程的气源地,天然气资源量8916亿立方米,探明地质储量4122亿立方米。目前,普光气田混合气年生产能力已达到110亿立方米,各项经济技术指标达到世界一流水平。2013年生产混合气106.7亿立方米,同比增长5.8%,外输商品气75.6亿立方米,同比增长6.6%
渤海气田	渤海气田是中国最大的海上油气田,矿区面积达4.5万平方公里,储层多样,油层分布复杂,稠油储量占60%以上,开采难度大。截止到2014年,渤海气田已连续5年超额完成3000万方(渤海油田1方约合0.925吨)产量目标,投产至今累计向国家贡献了2.5亿吨油气资源。同时,渤海油田已经提出了2015年上产3500万吨、2020年上产4000万吨并稳产十年的目标

资料来源:《中国天然气产量及贸易情况分析》,中国产业调查网。

近几年,世界天然气产量也保持上涨趋势。BP统计数据显示,2013年,世界天然气总产量达30599亿立方米,较2009年增长13%,年均增长3.1%,呈现出一种持续增长的态势。其中,中东地区增长最为迅速,2013年天然气产量5114亿立方米,较2009年增长35.2%,年均增长7.8%;其次是美洲,包括北美和中南美洲以及亚太地区,与2009年相比,天然气产量增速均约为11%,年均增长均为2.7%左右;再次是欧洲和欧亚地区,较2009年增长8.1%,年均增长2%左右;非洲则增长缓慢,2009~2013年,天然气产量仅增长1.9%。2013年,天然气产量较高的国家和地区仍集中在欧洲和欧亚地区以及北美,两地的天然气总产量占全球天然气产量的60%多。OECD国家的天然气产量约占世界总产量的1/3(见表5)。

表 5　世界主要地区 2009～2013 年天然气产量、增长率及 2013 年占比

单位：十亿立方米

地区	2009 年	2010 年	2011 年	2012 年	2013 年	与 2009 年相比(%)	2013 年占比(%)
北美	807.4	821.1	866.5	894.2	899.1	11.4	29.4
中南美	158.5	163.2	167.4	174.3	176.4	11.3	5.8
欧洲和欧亚	975	1041.9	1058.6	1048.9	1053.6	8.1	34.4
中东	378.3	431	472.4	490.9	511.4	35.2	16.7
非洲	180.4	192.8	190.1	194.7	183.9	1.9	6.0
亚太	395.6	437.8	435.2	436.4	440.1	11.2	14.4
世界总计	2708.2	2891.4	2987.1	3035.4	3059.9	13.0	100
其中：							
OECD 国家	1041.2	1056.4	1081.1	1105.7	1107.0	6.3	36.2
非 OECD 国家	1667.1	1835.0	1905.9	1929.6	1952.9	17.1	63.8
欧盟	175.4	173.7	163.2	151.9	150.7	-14.1	4.9
原苏联所在地区	607.3	666.6	697.3	687.9	698.8	15.1	22.8

资料来源：BP：《世界能源统计年鉴（2014）》，2014。

3. 天然气海外勘探开发与引进项目不断发展

2014 年我国天然气进口量为 590 亿立方米，同比增长 11.5%，对外依存度上升至 32.2%。同时，我国的石油企业在海外的表现也不俗，通过积极开发海外的天然气资源市场，获得了一定的权益储量和产量，保证了我国油气产量的持续稳定增长。我国天然气的海外勘探开发主要集中分布在中亚、中东、远东、东南亚、大洋洲等地区，2014 年我国油气权益产量超过 1.3 亿吨，同比增长 10% 左右。其中，中石油海外权益产量近 6000 万吨，中石化因前几年收购的项目陆续投产，海外权益产量超过 4000 万吨，而中海油权益产量也达 2200 万吨。

除此以外，我国的天然气管道引进项目也取得重大进展。2014 年中俄东线天然气项目的最终落实，意味着我国进口天然气东北、西北、西南以及海上四大通道的布局最终敲定。2006 年 5 月中海油广东深圳大鹏液化天然气（LNG）的正式投产，拉开了我国从海上通道进口 LNG 资源的序幕；2009 年底，中亚一期设计输气能力为 300 亿立方米/年的天然气管道顺利投

产，标志着我国西北天然气进口管道的顺利打通；2013 年 9 月，设计输气能力为 120 亿立方米/年的中缅天然气管道顺利投产，标志着我国西南天然气进口管道的形成；2014 年 5 月，中俄天然气项目的最终签订，意味着我国基本形成了天然气进口多元化的战略布局，对于保障我国能源安全意义重大。

（二）管网及其他基础设施建设方面

从 2004 年以来，我国的天然气管网就一直处于高峰建设阶段，目前已初步形成了“西气东输、海气登陆、就近供应”的供气格局。天然气管道、地下储气库以及 LNG 建设全面提速，多元化进口格局正在形成。

1. 天然气管道建设相对落后，但全国基本干线管网基本形成

全国性天然气主干管网建设进入总体布局和快速发展期。1997 年 9 月，陕京一线建成投产，该管线是当时国内陆上输送距离最长、自动化程度最高的天然气输送管道，中国跨省区、长距离输气干线管网的建设也自此起步。

公布的数据显示，我国天然气管道里程数在 2002 ~ 2007 年的 5 年间从 1. 2 万公里提高到 3. 1 万公里；天然气管道里程数到 2013 年已增加至 7. 8 万公里，平均每年增长近 20%。2014 年建成投产管道长度达到 8. 3 万公里，新增管道长度为 5013 公里，主要投产的管道包括西三线西段、中贵联络线陇南支线、中缅天然气管道支线等。这些管道的建设将大大改善主要天然气生产区的外输窘状，同时也有助于实现西气东输管道与其他管道之间的协调与配合，满足应急之需，最终提升供气网络系统的安全性和稳定性。

在未来 5 年内，我国有望建成一些沿海 LNG 接收站，并与众多进口天然气管道相互连通，形成贯穿东西、连接南北的网络状天然气运送管道。届时全国 8 个市场区的天然气管道交错纵横，相互衔接、相互补充，最终将形成资源多元化、供应网络化、设施全面化、调度科学化的天然气供应格局。

2. 国内 LNG 接收设施逐渐步入规模化建设阶段

随着世界 LNG 的快速发展以及国内天然气需求的大量增加，我国的 LNG 接收站设施虽然起步较晚，但目前已逐渐步入规模化建设阶段。近年来，LNG 接收站建设推进迅速。2014 年青岛 LNG 和海南 LNG 接收站投产，

目前，国内 LNG 接收站投产 11 座（见表 6），接收能力从 2006 年的 370 万吨/年，上升到 2014 年的 3740 万吨/年。根据目前的测算，中国 LNG 接收能力在 2015 年将达到 4000 万吨/年。2014 年，政府颁布政策初步放开 LNG 进口市场，允许民营企业进入，这在一定程度上推动了 LNG 的现货进口潮。截至目前，至少 5 家民营企业已经开始进口 LNG，另有 3 家即将达成短期供应协议。民营企业将国有石油公司的接收站作为中站直接进口 LNG，一定程度上也推动了国内 LNG 接收设施的建设。

表 6　中国已投产、建设中和认证中的 LNG 接收站

接收站地点	投用时间	现状	接收能力(万吨)		主要股东
			一期	二期	
广东深圳	2006 年	投产	370	300	中海油、BP
福建莆田	2009 年	投产	260	260	中海油、福建投资发展
上海洋山	2009 年	投产	300	—	中海油、申能公司
江苏如东	2011 年	投产	350	300	中石油(55%)
辽宁大连	2011 年	投产	300	300	中石油(75%)
浙江宁波	2012 年	投产	300	300	中海油(51%)
广东珠海	2013 年	投产	350	300	中海油(35%)、粤电(25%)
山东青岛	2014 年	投产	300	—	中石化
河北唐山	2014 年	投产	350	650	中石油(51%)
海南洋浦	2014 年	投产	200	100	中石油(65%)
天津南疆港	2014 年	投产	220	—	中海油
辽宁营口	2015 年	建设中	300	600	中海油
广东揭阳	2015 年	建设中	300	—	中海油
深圳迭福	2015 年	建设中	300	—	中海油
天津南港	2015 年	认证中	200	300	中石化
福建漳州	“十三五”	认证中	300	—	中海油
广西铁山港	“十三五”	认证中	300	—	中石化
江苏连云港	“十三五”	认证中	300	—	中石化
深圳迭福	“十三五”	认证中	300	—	中石油
广东珠海		认证中	300	—	中石化
浙江温州		认证中	300	—	中石化

资料来源：刘名瑞、陈天佐：《LNG 接收站及其工艺发展现状》，《当代化工》2014 年第 6 期。

3. 建设完成部分地下储气库

天然气储气设施作为稳定天然气供应的关键所在，是天然气输送体系的重要组成部分。虽然我国早在20世纪70年代就尝试利用气藏在大庆油田建设储气库，但我国最早的储气库建设却是在20世纪90年代初陕甘宁大气田的发现和陕京天然气输气管线的建设之后，因此相比国际而言，我国的地下储气库建设相对较晚。我国大型城市调峰型地下储气库的建设始于1999年（大港油区大张家沱）。大港油田作为我国储气库建设起步较早的油田，目前已建成大张沱、板876和板中北3个地下储气库，总调峰气量约为20亿立方米，以保证北京和天津两地的天然气供应。

截止到2014年底，我国已建成20座地下储气库，设计工作气量总计达151亿立方米，有效工作气量42亿立方米，调峰气量为28亿立方米。根据国家战略规划，预计在未来五年内，我国将建成30座以上的储气库，总调峰量可达320亿立方米。届时，我国将建成东北、华北、长江中下游和珠江三角洲四大区域性联网协调的储气库群。

4. 多气源进口格局正在形成

进入21世纪以来，随着LNG接收站和跨国管道的建成投产，中国开始步入天然气净进口国行列，天然气多气源进口格局正在加快形成。

LNG进口量上涨迅速。中国自2006年开始进口LNG，到2012年，LNG进口量已增长至1468万吨，6年间，天然气进口量增长22.88倍，占国内天然气消费的比重由1.8%上涨至14.0%。随着2011年江苏和大连LNG接收站的建成投产，我国的LNG进口量达到1221吨，同比增长31.3%，为东部沿海地区的天然气供应提供了有力保障。我国的LNG进口主要依赖东南亚国家以及中东国家的长期合同气，主要包括澳大利亚、印度尼西亚、卡塔尔和马来西亚等国。截至2011年底，中国已签署的LNG合同资源量达3245万吨。

进口管道天然气成就显著。随着中亚天然气管道A线的建成投产，2010年我国正式进口中亚管道气，全年总计进口量达到44亿立方米，2011年进口量快速增长至148亿立方米。2013年7月，中缅天然气管道完工并正式通气，设计输气能力为120亿立方米，有效缓解了我国云贵高原的天然气供给压力。此外，中俄天然气管道已达成2016年开始建设的协议，价格意向已初步达成。中亚天然气战略通道的建设极大地促进了中国与土库曼斯坦上游勘探开发的合作，也增强了中亚管道稳定运行的资源保障。

（三）天然气市场与消费结构方面

1. 天然气消费需求增速放缓，但供需形势越来越严峻

随着我国步入新常态，经济发展增速放缓，加之天然气第二轮价改的推出以及国际上原油价格和煤炭价格的持续下跌，我国的天然气需求增速也开始放缓。中国石油集团经济技术研究院2015年1月28日发布的最新《国内外油气行业发展报告》显示，2014年我国国产气产量稳步增长，达到1308亿立方米（含常规气、非常规气）；而天然气消费量也在快速增长，表观消费量约为1816亿立方米，同比增长8.9%，虽然远高于世界平均水平，但增速却为近10年的低点。

BP世界能源统计的数据显示，我国2013年的天然气产量为1171亿立方米，天然气消费量为1455亿立方米，天然气缺口为284亿立方米，2012年的天然气缺口为275亿立方米，而2011年的天然气缺口为150亿立方米，相对于2009年和2010年天然气产量大于天然气消费量的情况而言，我国的天然气供需形势越来越严峻（见图3）。增加天然气产量，尤其是大力发展非常规天然气开发，可以有效缓解天然气的供不应求情况。

金融危机之后，世界天然气消费仍保持了上涨势头。根据BP统计数据可知，2013年，世界天然气消费总量为30204亿立方米，较2009年增长13.2%，年均增长3.2%。其中，除欧洲和欧亚地区天然气消费疲软，仅增长1.6%外，其余地区较2009年的天然气消费增长率都提高超过10个百分点，其中，北美的天然气消费增速小于20%，为13.2%，其余地区的天然气消费增速均在20%以上。

天然气消费的地缘分布与世界天然气生产的地缘分布有很大反差。2013

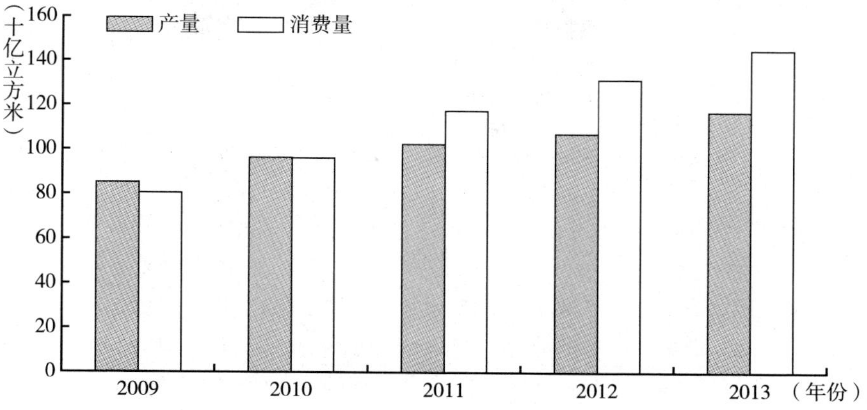

图 3　我国 2009～2013 年天然气的供需缺口不断扩大

资料来源：BP:《世界能源统计年鉴（2014)》。

年全球各地区中，欧洲和欧亚地区的天然气消费居于首位，为 9583 亿立方米，占全球天然气消费总量的 31.7%；其次是北美地区，为 8386 亿立方米，占 27.8%；再次是亚太和中东地区，天然气消费分别为 5752 亿立方米和 3855 亿立方米，各占 19% 和 12.8%；非洲和中南美洲的天然气消费相对较低，分别为 1110 亿立方米和 1518 亿立方米，各占 3.7% 和 5%。OECD 国家的天然气消费总量占到世界消费总量的近一半，为 47.8%。

将各地区天然气的生产与消费进行对比，会发现有的地区的生产量和消费量基本持平，有的地区则存在较大反差。一种是该地区的生产和消费基本持平，如美洲地区（北美洲和中南美洲）2013 年的天然气产量为 10755 亿立方米，消费量为 9904 亿立方米。另一种则是该地区生产大于消费，如中东地区 2013 年的天然气产量为 5114 亿立方米，而消费量为 3855 亿立方米，存在 1259 亿立方米的天然气富裕；欧洲和欧亚地区 2013 年存在 953 亿立方米的天然气富裕；而亚太地区则相反，2013 年该地区的天然气产量为 4401 亿立方米，而消费量则为 5752 亿立方米，存在 1351 亿立方米的缺口（见表 5、表 7）。

表7　世界主要地区2009～2013年天然气消费量、增长率及2013年占比

单位：十亿立方米

地区	2009年	2010年	2011年	2012年	2013年	与2009年相比(%)	2013年占比(%)
北美	740.7	770	788.6	819.2	838.6	13.22	27.76
中南美	124.8	133.2	136.7	146.1	151.8	21.63	5.03
欧洲和欧亚	943.4	1014.7	989.3	974.3	958.3	1.60	31.73
中东	320.8	347.2	362.6	371.6	385.5	20.17	12.76
非洲	90.1	97.1	103.4	110.7	111	23.20	3.68
亚太	448.1	506	534.2	564.4	575.2	28.36	19.04
世界总计	2667.9	2868.2	2914.7	2986.3	3020.4	13.21	100.00
其中：							
OECD国家	1320.1	1402.1	1391	1423.1	1444.4	9.42	47.82
非OECD国家	1347.8	1466.1	1523.7	1563.1	1576	16.93	52.18
欧盟	418.9	452	405.9	399.7	394.3	-5.90	13.05
原苏联所在地区	488.4	523.4	539	529.6	517.9	6.04	17.15

资料来源：BP：《世界能源统计年鉴（2014）》。

世界天然气的地缘分布因素导致在天然气的供需关系上，中东由于巨大的天然气储量成为天然气的主要出口地区，而亚太以及欧洲和欧亚地区由于其较低的产量和高消费量成为天然气的主要需求地区。

2. 中国的天然气市场由区域市场向全国市场转变

随着我国的天然气进入快速发展阶段，天然气消费也逐渐由油气田周边向中东部转移，消费市场由区域性向全国性转变。由于受到天然气管网等基础设施建设不完善的限制，我国20世纪的天然气消费主要集中于油气田的周边区域，范围较小。但是近年来大批长输管道的建成投产，为川渝、塔里木、长庆、青海四大气区的天然气提供了全面外输的条件，天然气消费市场也随即扩展到全国31个省市区。环渤海、长三角、东南沿海等地区因经济较为发达，业已成为我国当前新的天然气消费中心，这些沿海经济发达地区的天然气消费量约占全国消费量的40%，也是中国天然气消费的高端市场（见表8）。

表 8　2005 ~ 2012 年中国分地区天然气消费比重的变化

单位：%

地　区	2005 年	2006 年	2007 年	2008 年	2009 年	2010 年	2011 年	2012 年
东　北	10. 1	7. 5	7. 6	7. 4	6. 5	6. 1	6. 8	8. 0
环渤海	14. 6	14. 1	13. 3	15. 6	15. 6	15. 2	14. 2	15. 8
华　东	7. 5	10. 9	12. 7	13. 4	12. 0	13. 0	14. 6	15. 0
中　南	3. 7	2. 9	3. 2	4. 0	4. 0	4. 3	5. 1	5. 5
沿　海	0. 9	2. 7	6. 7	6. 8	12. 7	11. 0	11. 7	10. 5
西　南	29. 5	25. 9	23. 3	20. 2	19. 1	20. 7	17. 2	15. 5
全　国	100. 0	100. 0	100. 0	100. 0	100. 0	100. 0	100. 0	100. 0

资料来源：国家统计局。

3. 消费结构日益多元化、合理化

早期，我国 50% 以上的天然气都是就近消费，主要用于化工行业。但随着近年来城市化进程的加快、环保力度的增强，以及西气东输、陕京输气系统和忠武线等长输管线的建设、完善，国内的天然气需求量大幅增加，天然气消费结构也开始由以化工和工业燃料为主向多元化方向发展，天然气用气区域也开始从油气田周边向经济发达的中东部地区扩展，其中城市燃气和天然气发电发展迅速。2000 ~ 2013 年，消费结构逐步优化，城市燃气比重从 2000 年的 18% 快速上升至 2013 年的 41%，工业燃料由 41% 降至 28%，化工用气由 37% 降至 13%，发电用天然气则由 4% 增至 18%（见图 4）。

除此之外，我国的天然气消费结构也存在地区差异化现象，主要表现为：在东部经济较为发达、用气量较大但本地缺乏气源的沿海地区（尤其是环渤海地区、长江三角洲和珠江三角洲地区），天然气消费以城市燃气和发电为主；而在西部油气田生产周边地区，因气量充足且成本相对较低，天然气的消费主要以天然气化工为主。

设定基准、清洁低碳和粗放三种情形，对中国天然气未来 20 年的需求进行预测。基准情形中，2010 ~ 2030 年天然气需求年均增速达 8%；清洁低碳情形下，天然气需求更为强劲，2010 ~ 2030 年天然气需求年均增速达 8.5%。天然气的利用结构也将发生重大变化，预计 2030 年前中国城市燃气

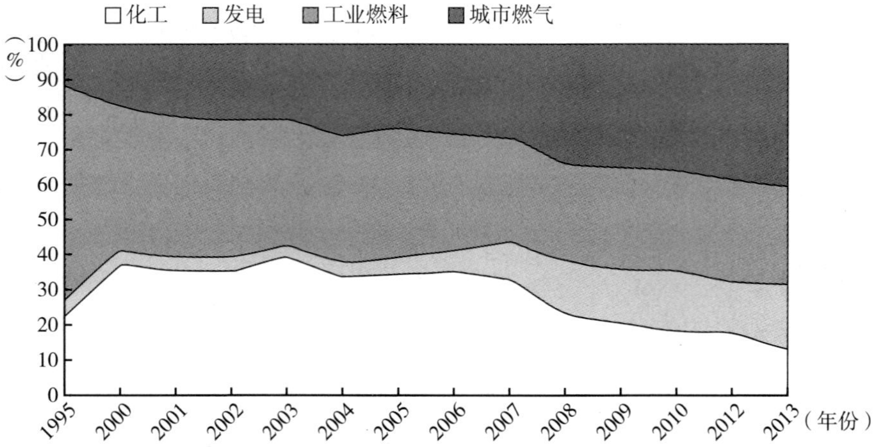

图4　1995～2013年中国天然气消费结构变化

资料来源：国家统计局。

消费量快速增长，到2030年约占全国天然气消费总量的42.2%，工业燃料占21.1%，发电和化工分别占25.2%和11.4%（见图5）。用气结构将以城市燃气、工业燃料和发电为主。

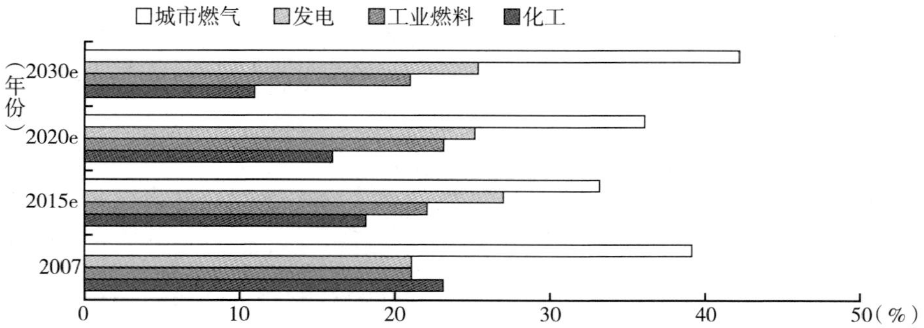

图5　中国天然气消费结构预测

根据BP最新发布的《世界能源统计年鉴（2014）》，2013年中国一次能源消费为2852.4百万吨油当量，比2012年增加4.7%，占世界一次能源消费的22.4%。其中，一次能源消费中煤炭消费仍为主要来源，达到67.5%，超过2/3。传统的化石能源消费变化不大，石油消费占比基本没有变化。较清洁的水电能源占比保持稳定，天然气消费稍有上升，同时可再生能源以及核能的消费占比也呈现上涨趋势（见图6）。这表明，随着国家对环保问题的重视以及大众对环保问题的关心，清洁能源的消费将有上升趋势。随着我国天然气管道网络以及储气设施的完善，天然气作为一种相对清洁的能源将在一次能源消费中占到更高的比例。另外，2014 年研究讨论的《能源发展战略行动计划（2014～2020）》明确表示，要积极发展天然气等清洁能源，至 2020 年，天然气在一次能源消费中的比重达到 10%。

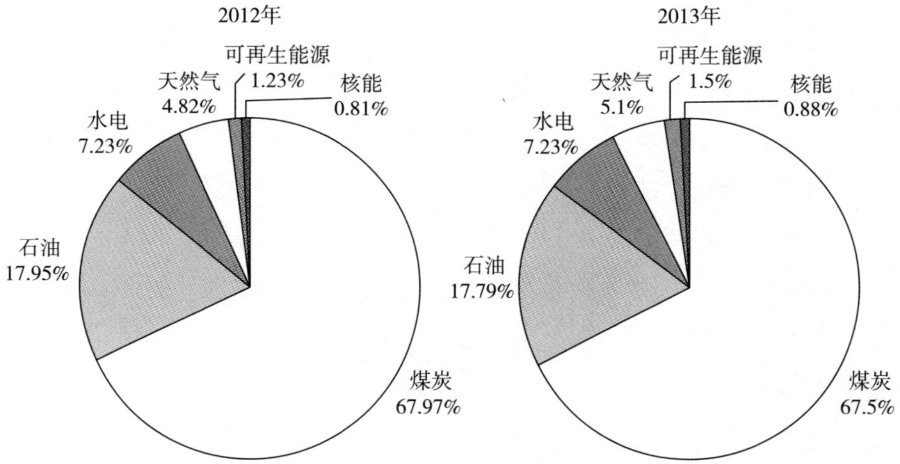

图 6　2012 年与 2013 年中国一次能源消费占比

资料来源：BP：《世界能源统计年鉴（2014）》，2014。

二　中国的天然气产业链改革具有现实的必要性

（一）我国天然气产业发展的特点

在 20 世纪之前，人们就开始小规模地使用天然气，当时天然气作为石油伴生气，是一种应用于炼铁业的工业燃料。至今经过 100 多年的发展，天然气产业已经比较完善，天然气市场的发展也较为成熟。而我国的能源利用主要以煤炭和石油为主，天然气产业的发展相对较晚。随着我国经济近年来的平稳快速发展、能源需求的稳步增长以及环保压力的日益加大，国家管理层在总结国外发展经验的基础上从我国国情出发，制定了一系列政策条例来引导我国对清洁能源的利用，以期改善我国的能源消费结构，这在一定程度上促进了我国天然气产业的快速发展，对规范我国的天然气市场、提高天然气相对于替代能源的竞争力有重要意义。因此，我国现阶段的天然气产业发展主要呈现出国家的政策引导、严格的价格管制、行业的垄断经营、市场的供需驱动等特点。

1. 国家的政策引导

国务院《能源发展战略行动计划（2014～2020年）》的印发，在明确优化能源结构、推动能源科技创新为我国能源发展的战略任务的同时，特别提出要着力优化能源结构，把发展清洁低碳能源作为调整能源结构的主攻方向，并明确了发展新能源的五大领域和20个重点创新方向。同时，2014年11月发表的《中美气候变化联合声明》也明确提出，中国计划在2030年左右使二氧化碳排放达到峰值，并计划到2030年将非化石能源占一次能源消费比重提高到20%左右。一度被视为“21世纪桥梁能源”的天然气作为清洁低碳能源，自然成为我国大力发展的目标。2014年多项天然气政策措施的出台也反映了我国对天然气产业发展的重视（见表9）。

表9　2014年国内天然气行业相关政策

时间	名称	主要内容
2014. 2. 13	《油气管网设施公平开放监管办法(试行)》	规定油气管网设施开放的范围,明确国家能源局及各派出机构的监管职责及监管内容
2014. 2. 25	《天然气购销合同(标准文本)》	规范天然气购销市场秩序,进一步加强国家能源局及其派出机构对天然气购销合同签订及履行情况的监管
2014. 2. 28	《天然气基础设施建设与运营管理办法》	明确鼓励、支持各类资本参与投资建设纳入统一规划的天然气基础设施
2014. 3. 21	《关于建立健全居民生活用气阶梯价格制度的指导意见》	部署建立健全居民生活用气阶梯价格制度,对各档气量和气价的确定做了原则性规定

续表

时间	名称	主要内容
2014. 3. 24	《能源行业加强大气污染防治工作方案》	阐述天然气增加供应的任务和具体目标:全国天然气供应能力在2015年要达到2500亿立方米,2017年达到3300亿立方米,并提出2015年天然气(不包含煤制气)消费比重达到7%以上等
2014. 4. 14	《关于建立保障天然气稳定供应长效机制若干意见的通知》	保障天然气稳定供应,天然气供应能力在未来五年内要突破4000亿立方米,并力争达到4200亿立方米。同时推进"煤改气"工程,到2020年累计满足"煤改气"用气需求1120亿立方米
2014. 6. 7	《能源发展战略行动计划(2014~2020年)》	明确坚持"节约、清洁、安全"的战略方针,提出到2020年,基本形成统一开放、竞争有序的现代能源市场体系
2014. 7. 21	《国务院办公厅关于加快新能源汽车推广应用的指导意见》	要转化山西省能源资源优势,加快推动电动汽车、甲醇汽车、燃气汽车等新能源汽车产业发展和推广应用,推进工业经济转型升级
2014. 7. 22	《关于规范煤制油、煤制天然气产业科学有序发展的通知》	规范煤制油、煤制天然气产业科学有序发展

2. 严格的价格管制

虽然我国的天然气行业进入了快速发展期，但在天然气的定价方面沿用的仍是发展初期严格的价格管制，即由国家和地方部门两级管理的定价机制。同时，我国采用的定价方法是成本加成法，即不管是出厂价、管输价还是终端用户价格，都是在成本的基础上由国家和地方定价部门加上合理利润，同时兼顾用户的承受能力来确定的天然气价格。如图7所示，我国的天然气终端销售价格是由国家发改委制定的出厂价格和管道运价以及地方物价局制定的输配成本和毛利共同组成的。

3. 行业的垄断经营

在我国，垄断经营贯穿了天然气产业整个产业链的发展，无论是上游的勘探开发、中游的管输运营还是下游的定价分销，都是由少数公司进行的。由于天然气的勘探开发前期投入成本高、投资风险大、回收见效慢等特点，资源基本被中石油、中石化和中海油三家大型央企所控制。而根据公司公

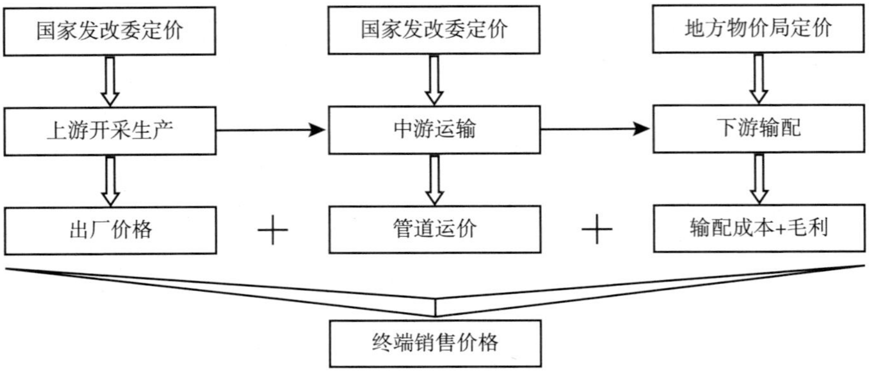

图 7 我国现行的天然气定价机制

资料来源：Natrust 分析、国民信托：《天然气行业研究报告》。

告，中石油在2009 年天然气产量中的占比更是高达80%。中游的管道建设及运营由于规模大、建设时间长，也在国家的控制范围内，主要由中石油、中石化、中海油以及陕天然气进行控制。而下游的天然气市场分销采取的是由各地方政府提供独家经营权或优先发展权的特许经营模式，业务主要集中在新奥燃气、深圳燃气、港华燃气等大型公司，中小公司难以介入。由于燃气行业属于公用事业，自然垄断属性决定了其垄断局面未来仍将继续（见图 8）。

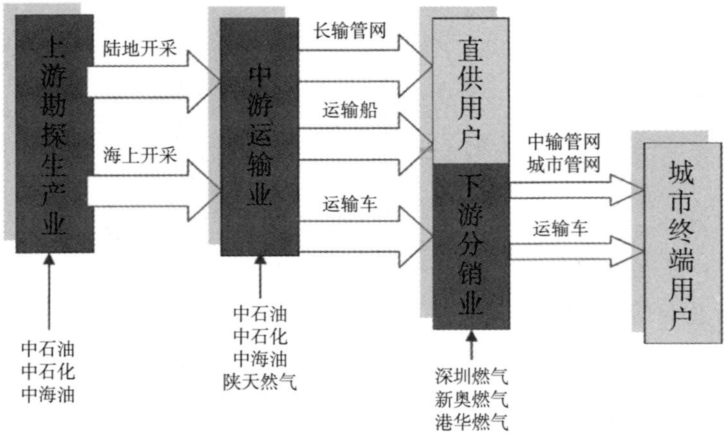

图 8 天然气产业链的垄断经营情况

资料来源：Natrust 分析、国民信托：《天然气行业研究报告》。

4. 市场的供需驱动

由于我国的天然气定价是在市场需求的基础上实行的成本加成法，井口价格由政府统一规定，没有体现出市场价格由供求关系决定的基本原则，而且与煤炭、原油以及液化石油气相比，在热值一样的情况下，其价格优势较为明显。因此，随着“十二五”期间我国天然气西气东输二线、三线以及川气东送等管网的大规模建设，市场对天然气的需求将会越来越庞大。而随着开采技术的进步以及非常规天然气的开发利用，天然气的供应量也将大幅增长。只有供需关系发生了变化，天然气产业链的其他部分才会相应变化。因此，供需关系是我国天然气市场快速发展的主要推动力。

（二）全球天然气产业发展现状及未来趋势

随着低碳经济成为全球发展的共识，各国开始注重加强以天然气为代表的清洁能源的发展，这使得天然气在世界能源结构中的消费比重不断上升。根据国际燃气联盟的预测，天然气的消费量在未来15年内将以每年1.7%的速度增长，到2030年，世界一次能源中的天然气消费比重将达到28%。若按此速度长期增长，天然气最迟将在21世纪中期之前超过石油，成为全球第一大能源。

1. 天然气全球供应格局正在发生重大变化

世界天然气资源储量丰富，开发潜力巨大，但地区分布不均衡。根据美国地质调查局2013年的估算结果，世界上待开发的天然气资源主要分布在原苏联所在地区和中亚、北非等传统的产气大区，其占世界待开发资源的比重分别为35%和29%，而现有的世界天然气总产量的78%也是来自原苏联所在地区、北美、亚太和中东这四个生产地区。未来，这些地区的天然气产量仍将持续稳步增长。除此之外，新兴的天然气生产国，如越南、埃及、尼日利亚以及中国等，其天然气生产量也在快速增加。根据IEA的预测，2009~2030年天然气的产量年均增速为1.8%，而增长则主要来自亚太、欧亚大陆以及中东等地区。

除了常规天然气资源外，非常规天然气的发展也十分迅速，根据国际能源署（IEA）的估算，世界非常规天然气的资源量约为 921 万亿立方米，预计到 2030 年，非常规天然气的世界总产量将提高到 6290 亿立方米，约占全球供应总量的 15%。非常规天然气，尤其是页岩气的突破性发展正在改变北美的天然气供需形势，也促使全球的天然气供应格局发生了重大变化。

2. 发展中国家和地区将大力推动天然气消费持续增长

世界的天然气消费自 2000 年以来的年均增速约为 2.7%，全球天然气消费量在 2008 年首度超过 3 万亿立方米，在一次能源消费中的占比也达到了 24%。近几年，天然气的消费一直保持着快速增长的趋势。其中，亚太、非洲、中南美洲和中东等地区表现突出，BP 能源统计数据显示，相比 2009 年，2013 年亚太的天然气消费量增长了 28.4%，非洲地区增长了 23.2%，中南美洲地区增长了 21.6%，而中东地区也增长了 20.2%。相比而言，北美、欧洲东部和欧亚等发达地区消费增速趋缓，而中国、印度和越南等发展中国家天然气消费量都呈快速增长的趋势。根据 IEA 的预测，世界天然气的需求到 2030 年将增长到 4.47 万亿立方米，年均增速为 1.8%，而其中，中国和印度等的天然气市场虽然起步较晚，但其在天然气发电和工业用气等领域发展较快，两国的用气量平均增速将超过 5%。未来，发展中国家和地区仍将继续成为天然气消费的持续推动力。

3. 天然气贸易量快速增长，区域间流动性将增强

近年来，随着各国天然气消费的强劲增长、跨国管道和 LNG 的迅速发展，世界天然气贸易量呈现出快速发展的趋势。《世界能源统计年鉴（2014）》数据显示，2013 年全球天然气贸易量达到 10359 亿立方米，相比 2000 年的 5813 亿立方米，增长了 78.2%，贸易量快速增长，区域间流动加快。其中，2013 年管道气贸易量为 7055 亿立方米，占总贸易量的 68.1%，而 LNG 的全球贸易量为 3253 亿立方米，占比为 31.9%。预计未来天然气的区域间流动性仍将增强，出口增量将集中在俄罗斯、中东、非洲和里海地区等，其中，由于页岩气的迅速开发，美国或将成为天然气的净出口国。而在进口方面，欧盟仍将是进口量最大的地区，而中国也将在未来的天然气进口市场中占有一席之地，成为世界第二大进口国。

4. 天然气价格将逐步走高，但仍带有明显的区域性特征

世界天然气价格具有明显的区域性特征。北美天然气市场发展较为成熟和完善，其天然气的价格受天然气供需形势以及生产成本的影响较大，而且由于北美非常规天然气的迅速发展，该地区的天然气市场呈现出一种供过于求的趋势，天然气的价格相对较低。而欧洲和亚洲的天然气定价则主要采取的是与石油价格指数相挂钩的方式，并受长期价格合同影响，价格调整较为滞后，且带有部分国家垄断监管的性质，天然气的价格相对较高。由于现阶段对天然气的需求大幅增加，而产量的增速低于消费的增速，未来的天然气价格将逐步走高。但受供需格局和天然气定价机制不同的影响，天然气价格仍将继续保持其区域性特征。

5. 北美相对独立、欧亚联系更为紧密的市场格局或将形成

天然气行业发展早期，受限于运输方式和技术手段，世界的天然气市场基本呈现出北美、欧洲和亚洲三个相互独立的基本市场格局。北美和欧洲市场的天然气供应主要来自本地区的自产气以及从世界其他地方进口的管道气，而亚洲市场主要依赖于LNG的进口来增加气源，三者之间基本不存在竞争关系，区域的气价也相对独立。近期非常规天然气的快速发展更是减少了美国对外来天然气的依赖，强化了其市场的独立性。而欧洲和亚洲市场通过加强合作，并加快管道建设和LNG运输，未来的联动性将进一步增强。未来，随着中亚管道建设和中俄天然气合作项目的发展，中亚、中东和俄罗斯将成为欧亚共同的进口来源地，欧亚市场的竞争格局或将加强。

（三）我国天然气产业链发展面临的挑战

我国天然气产业虽然实现了快速发展，但产业发展的不协调性也逐步显现，在发展过程中仍然面临很多困难和挑战。

1. 天然气资源禀赋较差，勘查领域缺乏竞争

虽然我国天然气资源勘查潜力较大，但天然气的勘探对象除了地质条件复杂之外，在成藏上更具有时代老、埋藏深、低渗致密、复合型圈闭等特点，致使我国天然气勘探的难度和成本都不断增加，在一定程度上制约了我

国天然气行业的发展。而且，随着开发时间的不断推移，我国有相当一部分气田的开发目前已经进入中后期阶段，如何延长气田的生产链也成为摆在我国天然气发展面前的难题。同时，勘探领域缺乏竞争，部分区域存在“占而不勘”的现象，不利于天然气产业链的增储上产。

2. 天然气产业链基础设施相对薄弱，尤其是储气库建设严重滞后

虽然西气东输二线的建成投产使我国的管网建设基本实现“全国联网”，但与欧美等发达国家和地区相比，目前我国天然气管道覆盖面积为65万平方公里，总里程只有8.3万公里，仅相当于美国管道里程的约1/10，天然气管线系统尚待完善，部分地区仍未实现管网覆盖。随着我国天然气多元化进口格局的形成，大量的天然气进口对储气库的要求也越来越高，但截止到2014年底，我国已建成的20座地下储气库的有效工作气量仅为42亿立方米，仅占天然气消费总量的2.3%，远低于国外10%～14%的平均水平。同时，受天然气发展阶段的限制，我国天然气储气调峰能力也滞后于天然气的市场需求变化，一旦由于季节性或其他偶然因素，我国的天然气需求在短期内激增，“气荒”的问题就会出现。特别是在我国城市燃气用气比重不断加大的情况下，为了保证天然气的安全和稳定供应，迫切需要加快储气库的规模化建设。

3. 城市燃气比重相对过高，天然气供应安全压力巨大

随着城市管网的建设和完善，国内对天然气的消费需求巨大，利用结构也日益多元化。其中，城市燃气所占比重迅速增加，由2000年的18%快速上升至2013年的41%，工业燃料的比重为28%，化工用气降至13%，发电用天然气则增至18%。但成熟国家的天然气利用结构一般为：天然气发电占30%，工业燃料占30%，居民和服务业占40%。与国外相比，显然我国城市燃气的比重过高，不利于保证天然气的均衡安全供应。除此之外，我国新增的天然气消费量主要集中于城市居民用气，属于不可中断用户，这无形中给我国的天然气供应带来了巨大压力。而且，2013年我国的天然气依存度已经超过了30%，预期未来仍将不断提高。要保证国内天然气市场的平稳发展，需要在天然气的利用过程中发展发电和工业等可中断大用户，以及大力发展国内的非常规天然气，以保证天然气的供应安全。

4. 关键技术尚待突破，自主化水平有待提高

虽然我国在天然气的勘探开发领域已经掌握了一些诸如岩性地层气藏理论、前陆盆地成藏理论的地质理论，并在常规天然气和煤层气的开采方面取得了一些技术性突破，但与美国相比，我国尚未取得大规模开发非常规天然气的关键性技术突破，仍缺乏核心技术和相关标准规范等。天然气产业内部创新能力比较低，很多大型设备，如大型燃气轮机、大功率天然气压缩机、大型 LNG 低温泵等，还在依赖进口，制约了我国非常规天然气的快速发展。为了保持天然气产业链的协调发展，我国的自主化创新能力还需要进一步提高，争取突破勘探开发的关键性技术，保障我国的能源行业独立性。

5. 国内气价较低，价格改革需持续推进

为了刺激天然气需求的快速增长，我国的天然气价格实行的是政府指导价，气价偏低，没有反映市场的供需情况和天然气的资源稀缺程度，也没有在等热值的情况下反映出与替代性能源的竞争关系。同时，国外的天然气价格一般与石油价格指数挂钩，近年来呈现出快速增长的态势，而我国的天然气出口价格在国家管控之下增长缓慢，产生了国内外气价的倒挂现象。在未来能源供应形势日益严峻的情况下，较低的价格将制约我国天然气产业的持续健康发展，也会增加我国与别国进行天然气资源谈判的难度，也不利于调动企业“走出去”进口天然气的积极性。因此，还需要持续推进天然气价格改革，最终建立天然气与替代性能源的竞争关系，分散部分天然气消费需求。

三　非常规天然气可作为我国天然气产业协调发展的重要支撑

近年来，美国页岩气革命的快速发展不仅改变了美国国内的天然气供应格局，提高了美国的油气自给率，也改变了美国在世界上的能源地位，使美国超过俄罗斯一跃成为世界上的第一产气大国。非常规天然气资源的发展也开始受到各国的关注和重视。而我国的天然气发展虽然在供需关系上基本保

持平衡趋势，但国内的油气自给率却呈逐年下降之势，2014 年我国天然气的对外依存度为 31.7%，较上年提高了 0.6 个百分点，国家的能源安全仍面临较为严峻的考验。天然气“十二五”规划曾预计，2015 年我国天然气占一次能源消费总量的比重将达到 7.5%，这就意味着在现有供应能力的基础上，我国“十三五”期间每年要新增约 300 亿立方米的供应能力。我国非常规天然气的储量由于独特地质条件等原因比常规天然气储量更大，其发展潜力也很大。因此，加快非常规天然气的开发利用不仅能够满足我国逐渐上升的天然气消费需求，而且可以支撑我国天然气产业链的协调发展，并对改善我国能源结构、保障国家能源安全具有重要意义。

（一）中国非常规天然气资源现状

非常规天然气资源是指在现有经济技术条件下，不能用传统石油地质理论进行解释，以及不能完全用常规方法和技术手段进行勘探、开发和利用，并与常规气藏具有明显差异的天然气资源，主要分为 4 类：致密气、页岩气、煤层气和天然气水合物。在美国，经过多年的发展，具有相对成熟开发技术的非常规天然气种类主要包括致密气、页岩气和煤层气。因此，这里将着重讨论前三种非常规天然气。

在我国，随着国家发改委等主管部门颁布的一系列扶持政策，如《煤层气产业政策》《煤层气（煤矿瓦斯）开发利用“十二五”规划》《页岩气产业政策》等的不断推进，致密气、煤层气和页岩气等非常规天然气均取得了实质性的进展和重大突破。

1. 致密气

致密气也称致密砂岩气，储存在岩石中，是渗透率小于 0.1md 的砂岩地层天然气，因广泛分布于盆地中心，因此在一些国家和地区也被称为盆地中心气。

早在 20 世纪 60 年代，四川盆地川西地区就发现了中坝致密气田，但因技术不成熟，致密气长期没有获得大的发展。直到 20 世纪 90 年代中期，我国天然气勘探技术取得重大突破，在鄂尔多斯盆地上发现了一批致密气，主要集中在苏里格、榆林和子洲等地区。特别是2000年以来，苏里格大型致密气田的探明标志着我国致密气进入了快速发展阶段。2005年以来，致密气田的勘探开始实现合作开发模式，并采用新的市场开发体制，走管理和技术相结合的道路，从而推动了我国致密气勘探的大发展。据统计，我国致密气的有利勘探面积约为32万平方公里，勘探开发潜力巨大。我国致密砂岩气的分布也十分广泛，主要集中于鄂尔多斯、四川、柴达木、准噶尔以及松辽等十余个盆地，其中鄂尔多斯盆地苏里格、四川盆地须家河组是我国致密气资源较为富集的两个大气区。据中石油2012年估计，鄂尔多斯盆地致密气总资源量约为10.37万亿立方米，其中可采资源量约为4万亿立方米。2013年，鄂尔多斯盆地致密气总产量为212亿立方米。而2012年资源评价结果显示，四川盆地须家河组致密气总资源量为6.1万亿立方米，目前探明可采储量约为7000亿立方米。

目前，亚太、北美、拉丁美洲、原苏联所在地区、中东、北非等地区均分布有大量的致密气。美国联邦地质调查局的研究结果显示，全球已发现或推测发育致密气的盆地大约有70个，资源量大约为210万亿立方米，而其中，亚太、北美、拉丁美洲的致密气资源量分别为51万亿立方米、38.8万亿立方米、36.6万亿立方米（见表10），三者之和占全球致密气资源量的60%以上。而其中，在致密气资源勘探开发领域处于世界领先地位的是北美地区的美国和加拿大。

表10　世界主要地区致密气资源量

单位：万亿立方米

地区	致密气资源量	地区	致密气资源量
北美	38.8	中东和北非	23.3
拉丁美洲	36.6	撒哈拉以南非洲	22.2
欧洲	12.2	亚太	51
原苏联所在地区	25.5		

资料来源：杨涛、张国生等：《全球致密气勘探开发进展及中国发展趋势预测》，《中国工程科学》2012年第6期。

据估计，中国致密砂岩气资源量约12万亿立方米，2013年《国际清洁能源报告》数据显示，2013年我国已探明的致密气地质储量约占全国天然气总探明地质储量的40%，数量高达3.3万亿立方米，其中可开采的储量约占全国天然气的30%，数量为1.8万亿立方米。在产量方面，我国也取得了重要进展。以2012年为例，我国致密气产量超过300亿立方米，约占全国天然气总产量的25%；2013年我国致密气产量为340亿立方米，较2012年增加了40亿立方米；预计到2015年，我国致密气产量可达500亿立方米。随着技术的发展，未来5年内，致密气产量估计可达800亿立方米，届时其产量将占天然气总产量的30%左右。从目前来看，我国致密气的开发进程相对于其他非常态天然气而言遥遥领先。致密气将成为国内天然气生产的主力军之一。

2. 煤层气

煤层气，是指以吸附状态存在于煤层中的天然气，是煤的伴生矿产资源，其燃烧热值是标准煤的2～5倍，与常规天然气相当，也是一种优质的清洁能源。加快煤层气的勘探开发，对保障煤矿安全生产、促进节能减排、减轻我国的环境压力都具有非常重要的意义。

20世纪80年代早期，煤层气的商业化开发在美国得以实现，其后不断发展壮大，形成了一定规模的煤层气产业。看到美国在煤层气开发上取得的成绩，其他发达国家也纷纷加入煤层气实验开发的行列中，其中，澳大利亚和加拿大较早取得显著成果。我国对煤层气的开发利用虽然也已经历了20年左右的时间，但最开始的使用目的主要是保障采煤安全，而没有对其进行大规模利用。直至2008年，我国的煤层气开发才开始进入快速发展阶段。石化行业协会的研究报告显示，煤层气集勘探、开发、生产、输送、销售、利用为一体的产业格局的形成应归功于“十一五”以来我国对沁水盆地和鄂尔多斯盆地东缘这两个产业化基地的建设，自此以后，我国煤层气的发展速度明显加快，到目前为止已建成36个年抽采量超过1亿立方米的规模化矿区，煤矿瓦斯抽采利用水平也得到了明显提高。

最新资源评估结果显示，全球埋深小于2000米的煤层气资源量可能超过260万亿立方米，且90%的煤层气资源量集中在12个主要产煤国，其中俄罗斯、加拿大、中国、美国及澳大利亚为煤层气资源量最为丰富的5个国家。而据不完全统计，现在全球已经有29个国家开始对煤层气进行综合研究，并积极开展煤层气的勘探开发，其中美国、澳大利亚、加拿大等国家现在已经处于工业化开采阶段，实现了煤层气的商业化生产。据统计，美国2012年的煤层气产量为470亿立方米，澳大利亚2011年的煤层气产量为62.5亿立方米，而加拿大2020年的煤层气年产量预计将达到280亿立方米，最高可达到390亿立方米。

《煤层气（煤矿瓦斯）开发利用“十二五”规划》发布的数据显示，我国埋深小于2000米的煤层气地质资源量约36.81万亿立方米，居世界第三位，而可采资源量预计将达到10.87万亿立方米，到2020年每年的煤层气消费量约为230亿立方米。国土资源部公布的最新统计数据显示，2013年我国煤层气产量为138.13亿立方米，其中地面抽采量为29.26亿立方米，井下抽采量为108.87亿立方米。

在资源分布方面，我国的煤层气资源主要集中在华北、西北、华南以及东北4个聚气区，其中以冀、豫、皖为代表的华北聚气区煤层气资源量最为丰富，资源量为20.07万亿立方米，在我国煤层气地质资源总量中的占比为63.82%；其次是西北聚气区，以7.99万亿立方米的资源量占据了全国约1/4的份额；而华南聚气区的资源量为3.06万亿立方米，占比仅为9.73%；东北聚气区资源量最少，仅为0.35万亿立方米，占比仅约1%。

与丰富的资源存储量相比，我国煤层气的开采目前仍严重不足。而从开采深度方面看，煤层气相比页岩气更易开采，且由于我国煤炭资源较丰富，煤层气作为伴生气具备资源禀赋等优势，现阶段我国发展煤层气是较为可行的现实选择。为此，国家能源局2015年最新公布的《煤层气勘探开发行动计划》提出了要加快煤层气的勘探开发步伐、优化产业布局，并将煤层气产业作为一项重要的新兴能源产业进行发展的战略目标。具体来说就是，到2020年，我国要建成3~4个煤层气产业化基地，新增探明煤层气地质储量要达到1万亿立方米，煤层气的抽采量要力争达到400亿立方米。除此之外，到2020年，我国的煤矿瓦斯抽采量要达到200亿立方米，利用率达到60%，煤矿瓦斯发电装机容量超过400万千瓦，民用超过600万户。

3. 页岩气

页岩气是一种产生于页岩层中的不可再生的非常规天然气，黑色页岩、高碳泥岩因富含有机质而成为页岩气发育的基础条件。与其他常规储层气藏不同，页岩既是这种非常规天然气的产生源头，又是其聚集和储存的天然空间。

由于页岩气分布广泛，与常规天然气相比具有开采寿命长和生产周期长等优点，且相对石油和煤炭能源而言更绿色环保，因而各国都在加紧开发和利用页岩气能源，这其中又以美国的技术最为成熟、开发利用最为规模化。当然，页岩气的影响并不仅仅局限于能源与环境本身，由于其开采成本比其他能源低廉，因而对于高耗能的工业及其他产业来说，其可以通过降低能源成本进而拉低整个产业成本，从而使相关化工、制造业等的竞争能力得以提升，经济效益提高（见表11）。

表11　常规气藏与页岩气藏的相关比较

特点	常规气藏	页岩气藏
界定	在浮力作用影响下，聚集于初期层顶部的天然气	主要以吸附和游离状态聚集于泥岩或页岩中的天然气
天然气来源	多样化	生物气或热成熟气
储集介质	孔隙性砂岩、裂缝性盐酸盐岩等	页岩或泥岩及其间的砂质岩夹层
天然气赋存	各种圈闭的顶部高点，不考虑吸附影响因素	20% ~85%为吸附，其余为游离和水溶
成藏主要动力	浮力、毛细管力、水动力等	分子间作用力、生气膨胀力、毛细管力等
成藏机理特点	浮力与毛细管力平衡	吸附平衡、游离平衡
成藏条件	输导体系、圈闭等	生气页岩或泥岩、裂缝等工业规模聚集条件
成藏及勘探有利区	正向构造（圈闭）的高部位	4000米以下的页岩裂缝带
成藏条件和特点	运移路径上的圈闭	自生自储
成藏时间	圈闭形成和天然气开始运移以后	天然气开始生成之后
主控地质因素	气源、输导、圈闭等	成分、成熟度、裂缝等
运聚特点	二次运移成藏	初次运移为主成藏
分布特点	构造较高部位的多种圈闭	盆地古沉降—沉积中心及斜坡

资料来源：中信证券研究部根据天然气工业网等公开渠道消息整理。

页岩气产业目前成为全世界发展速度最快、潜力最大的新能源产业，从全世界范围看，泥岩、页岩约占全部沉积岩的60%。根据IEA的估算，全球页岩气资源量前景巨大，约为456万亿立方米，主要分布在北美、中亚、中国、拉美、中东和北非、原苏联所在地区等国家和地区。美国作为最早进行页岩气研究与开采的国家，其探明页岩气资源量目前也是全球最多的。得益于页岩气的规模开发以及页岩气勘探开发和相关技术的突破，美国于2011年取代俄罗斯成为世界第一大生产国，并实现了页岩气产量的井喷式增长，由2000年的117.96亿立方米上升至2013年的3025亿立方米。根据美国能源信息署（EIA）预测，2035年美国将有49%的天然气供给来自页岩气，页岩气将成为美国未来的核心能源。

同时，2005年以来美国页岩气产量的大幅增长让全球对页岩气发展前景的态度由观望转向持续乐观。受美国页岩气革命的影响，全球页岩气的勘探开发也呈现出快速发展的趋势，而我国为了鼓励页岩气产业的发展，也先后出台了新的政策用以扶持页岩气的勘探开发。2012年颁布《页岩气发展规划（2011～2015年）》，提出页岩气的生产到2015年要基本实现规模化，产量达到65亿立方米，到2020年这一产量要达到600亿～1000亿立方米的规模。2013年制定《页岩气产业政策》，提出将页岩气的开发作为国家战略性新兴产业来推动，同时加大对勘探开发过程中的政策扶持力度，包括财政补贴、矿产资源补偿费减免等，此外还将加大对税收优惠和减免的研究，更好地促进页岩气的开发与产业化。随着这些政策的落实，我国页岩气产业也开始蓬勃发展。

国土资源部最新数据显示，2014年我国页岩气产量为13亿立方米，同比增长5.5倍。全国地质调查工作会议透露的信息显示，截至2013年底，我国累计完成页岩气钻井285口，2013年页岩气产量达到2亿立方米。2012年，我国页岩气产量仅为2500万立方米。根据中国政府制定的《页岩气开发“十二五”规划》，到2015年，国内页岩气产量要达到65亿立方米，并力争在2020年达到600亿～1000亿立方米。但受制于页岩气开发的一些特殊情况，国家能源局于2014年8月将产量目标调整为：到2020年，页岩气和煤层气产量均达到300亿立方米。

在页岩气的储量方面，世界能源研究所（WRI）公布了一项最新研究结果，指出中国页岩气以高达36.1万亿立方米的储量，超过美国的24.4万亿立方米，居世界第一位（见图9）。虽然我国有着数量庞大的页岩气储备，但在开采方面，我国面临的技术性限制仍然很多，而且由于页岩气的开采需要大量的水资源，而我国页岩气资源主要分布地区的水资源比较稀缺，且开采地大多人口密集，开采过程中如有不当，将会带来水资源浪费和环境污染的双重灾难。因此，我国的页岩气行业的发展还有很长的路要走。

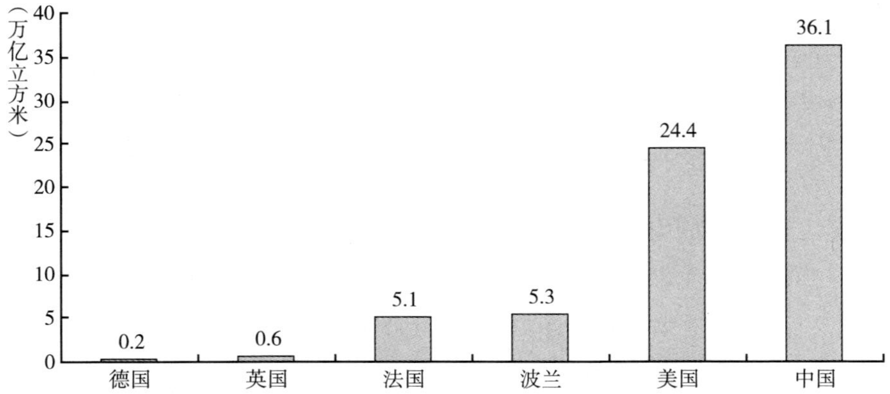

图9　全球主要国家页岩气可采储量情况

资料来源：前瞻产业研究院整理。

（二）中国非常规天然气开发面临的问题与挑战

尽管我国现在已经开始重视非常规天然气的开发，但与国外相比，我国还有很大的差距，而且远远没有发挥我国非常规天然气资源的巨大潜力。在非常规天然气的发展过程中，我国还面临着诸多问题和挑战。

1. 我国现有的运营体制和监管制度不利于非常规天然气的发展

长期以来，以三大石油公司为代表的国有企业一直垄断着我国油气资源的勘探开发权，在经济发展和转型的初期阶段，为保证国家的能源安全和经济安全，促进经济稳定健康发展，这一制度安排是利大于弊的。但随着经济发展和经济结构转型的深入，国有能源开发企业的竞争力和资源利用效率无法促进经济可持续发展，因此，需要引进有技术和条件的企业进入资源勘探和开发之中，推动市场在资源配置中决定性作用的发挥。这是经济可持续发展的要求，因此促进油气垄断经营权配置改革和相应的监管改革是大势所趋。我国现存的监管漏洞和监管腐败不利于非常规天然气的开发，监管政策的制定和出台滞后以及执行力度的欠缺严重损害了非常规天然气的开采与使用。

2. 国家对非常规天然气的财税扶持政策还不够完善

我国虽然已经出台了一些政策和措施促进非常规天然气的开发，比如煤层气资源税免征，探矿权、采矿权使用费减免和煤层气开发补贴。但总体而言，我国对致密气、页岩气和煤层气的政策支持体系还很不完善，难以促进非常规天然气的产业化，难以保证我国能源资源的可持续发展。

3. 勘探开发的关键技术较为缺乏，面临的挑战较多

目前我国非常规天然气勘探开发关键技术的缺乏已经成为制约发展的瓶颈因素。除了煤层气之外，其他非常规天然气资源尚未开展系统评价，该项技术手段的缺乏使得我国的资源落实状况面临挑战。具体来看，虽然我国对致密气藏的开发目前处于国际领先水平，但如何提高致密气藏的单井产量和采收率、如何使储层改造和水平井的工艺技术更为有效仍是开发致密气面临的重大挑战。在煤层气方面，我国尚没有建立完善的水处理方法和标准，在日益注重环境保护的今天，突破该项技术限制则是煤层气资源大力开发的关键。在页岩气的开采方面，虽然我国在钻机、井下设备和压裂车组等方面具备一定的技术装备基础，但水平井钻完井、多段压裂以及页岩含气性测试技术等关键技术仍待突破。

4. 非常规天然气管网建设滞后，公平入网机制欠缺

非常规天然气相对于常规天然气来说，管道建设比较滞后。虽然近年来我国政府也致力于天然气的管道建设，但对于“产输分离”的国际通行运营方式却没有进行推广；其次，非常规天然气的基础设施还比较欠缺，比如管网和储气库建设滞后，这些都严重影响了我国非常规天然气的发展。一方面非常规天然气的储存地和开发地比较偏僻，大多处于我国西部地区，但天然气的主要需求和消费地集中在东部发达地区，因此在非常规天然气的产地存在无市场、无管网、无道路的“三无”困境；另一方面，由于现存的天然气入网机制不科学，非常规天然气难以公平地入网，导致非常规天然气入网成本和运输成本高企，与常规天然气相比缺乏消费竞争力。

（三）促进我国非常规天然气资源开发的相关建议

1. 促进经济体制改革，强化市场作用，加强对天然气市场的监管改革

促进经济体制改革，围绕促进市场在资源配置中起决定性作用这一思路进行天然气勘探和开发市场改革，建立科学并且有竞争的勘探开发市场转入机制，稳步推进天然气上游市场开发，促进竞争，提高企业竞争压力和发展动力。同时应制定天然气开采权的管理办法，以竞争方式向符合条件的企业出售开采权，形成市场配置资源的格局。

另外，还应加强天然气市场相关政策监管改革，市场和政府监管是一个硬币的两面，二者的改革应是同步的，否则单一方面的改革缺乏成效。从某种程度上讲，政府监管改革更为重要，其是市场化改革成败的关键。因此，形成科学、合理、有序的监管政策体系对促进油气资源勘探开发市场的健康发展意义重大。

2. 充分落实前期的政策扶持，完善政策优惠体系

非常规天然气资源开发起步晚，前期市场规模较小，单位开发运输成本相对较高，但其未来发展前景良好。因此，为促进非常规天然气的可持续发展，前期的政策扶植和优惠有助于保护幼稚产业，这既是现实的需要，也有理论的支撑。根据发达国家的成功经验和我国的具体国情，我国应尽快加大对致密气、页岩气和煤层气的补贴和税收优惠，包括直接财政补贴、所得税减免、资源税减免，银行贷款支持等，形成从勘探开发到储存运输再到消费利用的各个环节的政策扶持和优惠体系。

3. 加强核心技术研发，尽快突破技术瓶颈

非常规天然气的开发需要强大的技术支持，而前期的技术由于投入大、

风险高，一般企业难以主动承担开发风险和损失，因此一方面需要国家的政策支持和补贴，鼓励能源资源企业加强核心技术研发，另一方面应树立长期发展观念，认清非常规天然气的发展前景，自立加强对核心技术的研发投入。鉴于我国非常规天然气的技术现状，应加强对多段压裂改造技术、多分支井钻完井技术和实验分析测试技术等的研发投入力度，同时引进发达国家的成熟技术，缩短自行研发的周期。此外，还应基于我国特殊地质和气候条件加强自主创新，形成适合我国特色的非常规天然气开发技术。

4. 加强基础设施建设，促进非常规天然气开发利用

为促进非常规天然气的发展，不仅需要加强技术研发和上游的市场化改革，还需要促进中下游产业链的发展，促进运输和消费顺利进行的关键是基础设施建设，即输送主干网和联络管网的建设，形成东西贯穿、南北连接的网络状天然气输送体系，降低非常规天然气的运输成本和消费成本，提高商品化率，增加消费需求，扩大市场规模，促进非常规天然气的规模化和产业化。此外，还需加强西部地区小型管网建设，提升非常规天然气开发地消费需求，减少非常规天然气的运输里程，降低成本，这一举措也将有助于当地经济发展。

另外，要对我国非常规天然气资源开展公益性、基础性调查评价工作，充分认识资源潜力，开展全国致密砂岩气资源评价专项工作，为富有机质的页岩及泥岩的规模、分布及含气性等基础性问题提供解决依据，为资源量的计算提供相对比较权威的数据。最后，制定非常规天然气的技术标准和相关规范，这样有利于国内及早开展相应的监管工作。

5. 加强国际合作与交流，加快产业化示范区建设

由于非常规天然气勘探开发技术的复杂化和高端化，没有任何一个国家能掌握所有的核心技术，因此国际技术交流与合作将有助于促进技术进步，缩短技术研发的周期。对于我国而言，应加强与主要发达国家合作，一方面加强技术引进和开发合作，我国消费市场广阔，需求规模巨大，通过“技术+市场”的对接，可实现双赢；另一方面也可以促进非常规天然气开采权的国际招标，促进开发市场的国际化，借助“一带一路”国家战略拓展

国际市场。

此外，我国还应加强示范基地建设，特别是页岩气开发的示范基地建设，通过对示范基地的经济可行性进行评估，一方面促进其他的页岩气开发企业从中学习，提升开发效率，促进页岩气产业化的尽快实现；另一方面为国家政策的制定提供依据和基础，发挥政府政策对市场发展的促进作用。

四　天然气定价机制改革的推进利好全产业链的发展

天然气定价机制的确立与天然气市场的发展程度密切相关，市场开放程度随着天然气工业发展阶段的不同，所采取的定价机制也会相应不同。同时，由于受到天然气的单位成本（进口成本、运输和分配成本等）、竞争性燃料价格、需求的收入和价格弹性以及生产的投资替代弹性等诸多因素的影响，天然气的定价方法也呈现出多样性的特征。但综观世界各国的天然气发展历程可以发现，国际上常用的定价机制主要有竞争性定价和垄断性定价两种，而这其中又分别以英美和中国为典型。

在我国，随着天然气资源供应、基础设施建设以及市场消费引导等方面的不断完善，我国的天然气市场进入了平稳有序的发展轨道。但由于我国采用的是“成本加成法”的垄断性定价机制，天然气价格的决定权不由市场掌握，也没有与替代性能源价格挂钩，这使得我国天然气价格不能正确地反映市场的供求关系以及产业链的成本关系。同时，我国国产气价格相对较低，而进口气价格较高，这在一定程度上形成了进口气与国产气消费价格倒挂的现象。价格机制的滞后性在一定程度上影响了天然气市场化的发展程度，而价格机制的扭曲也严重影响了我国天然气产业链的协调发展，推动天然气定价机制的改革则成了推进天然气产业市场化改革的核心和关键。

（一）以英美为代表的竞争性定价机制的发展

目前天然气市场的竞争主要有两种形式，即管道与管道的竞争和气与气之间的竞争，各自的定价依据或方式略有不同。管道与管道的竞争就是管网经营权由几家公司垄断，这些公司为了争夺下游客户彼此之间展开激烈的竞争，常常面临着几家管道运营商争夺一个区域的供气权的局面。但因为天然气合同通常签约年限较长，管道之间的竞争就被弱化了。这种竞争方式在德国比较明显，美国的部分地区也存有这种可能性。气与气竞争的实质是管道输送业务的独立与市场化。下游用户可以自主选择输气公司供应天然气。第三方的进入打破了原本生产、配气、销售业务与输送业务的捆绑式一体化，这样天然气价格就实现了充分的市场化。

目前，只有美国、加拿大和英国的天然气市场的输气网络允许第三方进入。但是在美国和加拿大，第三方进入仍是有条件的，即限定在高压输气系统，而英国则实现了所有零售用户之间的气与气的竞争。因此，英国目前已经拥有了完全竞争的天然气市场，在该市场内，所有天然气用户，无论用气量大小，都可以自主选择天然气供应商。而美国通过一系列的改革措施，也形成了新的天然气工业定价机制，并逐步建立了完全竞争的天然气市场。

1. 英国定价机制的发展

英国的天然气行业目前是世界上具有价格竞争力的行业之一。在1986年之前，英国天然气开采领域竞争激烈，开发主体不仅有其本土的天然气开采企业，还有很多跨国石油公司，而本土巨头英国天然气公司（BG）则对天然气输送、储存和配气等中下游领域的业务形成垄断。这种垄断性经营使BG长期缺乏竞争压力，致使其经营成本和价格过高、服务效率和质量低下，严重制约了整个天然气行业的发展。英国中西海岸低成本天然气的大规模生产、英国电力供应的强烈需求要求对天然气行业进行监管，而这最后也促成了英国的天然气市场由政府垄断性市场向如今的流动性、竞争性市场转变。

（1）1982年的《石油和天然气法》

为限制英国天然气公司的市场垄断行为，促进天然气市场的自由发展，英国于1982年通过了《石油和天然气法》，规定天然气公司必须允许任何竞争者使用管道网络输送天然气，但是由于英国天然气公司具有市场垄断地位，新进入者仍然难以与其抗衡。

（2）1986 年英国石油天然气公司私有化与《天然气法案》颁布

从 1948 年英国政府将一群当地的天然气配气商国有化，到 1986 年将英国天然气公司私有化，燃气输配一直以政府垄断形式经营着。英国于 1986 年决定将英国天然气公司私有化，这也是撒切尔政府私有化运动的一个组成部分，并颁布《天然气法案》对天然气下游领域进行全面改革，同时为了规范英国天然气公司经营，英国依据该法成立了天然气管制局（OFGAS）以监督英国天然气公司。除此之外，英国的天然气市场也被划分为批发市场、合同市场和零售市场三部分，并实现了批发及合同市场的开放。经历了这次改革后，批发及合同市场成为竞争性的市场。该法案有效地以私人垄断取代了政府垄断，这创造了一种政府监督公众利益的需求。

（3）1993 年要求管输和销售业务进行财务分离，实现管道系统独立

1993 年，英国政府首次将天然气管道独立成为运输公司（Transco），该公司专门经营天然气输送业务，且不得经营上下游天然气销售及购买业务。OFGAS 要求英国天然气公司的管输和销售业务进行财务分离，确保管网的无歧视准入。英国天然气公司经过内部重组，在 1994 年实现了输配、储气与销售业务的分离。

（4）1995 年颁布《天然气法》

1995 年颁布的《天然气法》对 1986 年的《天然气法案》进行了修正，引入了更广泛的特权制度，增强了法律对天然气行业发展的规范作用，《天然气法案》的核心是确立天然气市场进入准则与推动天然气各个领域的竞争，英国政府根据天然气行业经营资质要求与实际需要授权监管机构为下游企业发放 3 种许可证（天然气公共输送企业经营许可证、天然气承运人管网使用许可证和天然气供应商供气许可证）。该法案的颁布，为最终在英国天然气下游领域全面引入有序市场竞争构筑了明晰的法律框架。

（5）1996 年的“管网准则”实施

为了保证天然气管网的稳定运行，英国政府于 1996 年颁布了天然气管网准则，规定了管网使用者的权利与义务、管道公司的运行方式与保持管网系统平衡的手段。授权 OFGAS 推动增加天然气用户选择权，并可通过核发

执照方式规范相关企业的权责。该准则是英国天然气行业监管框架的关键组成部分。“管网准则”明确规定了运营公司的运营方式和保持管网系统平衡的手段，为管网正常运营和市场公平交易提供了有效保障，成为管网第三方准入的基础。该准则为管网正常运营和市场公平交易提供了有力保障。

（6）1996 年零售市场竞争试点

1996 年 4 月，OFGAS 开始在英国启动在 50 万零售市场小用户范围内进行的供气竞争试点，这些用户有权在 9 家供气商中进行自由选择。1997 年 4 月，零售市场竞争试点范围又扩大到 150 万零售市场小用户。整个天然气行业实现了从批发、合同，到零售收费市场的全面竞争。

除了上述意义重大的天然气政策法规之外，英国在 2000 年颁布了《公用事业法》，形成了新的对天然气行业和电力行业的共同监管机制。这个法案在 1986 年的《天然气法案》和 1995 年的《天然气法》的基础上进一步完善了对天然气行业的管理。英国天然气产业的私有化提高了天然气产量，同时也降低了价格，改变了英国一直以煤炭为发电能源的历史。英国天然气行业踏上私有化的道路后，英国有了更多的天然气开采商和天然气供应商，行业横向和纵向的完整性更加出色，英国天然气批发市场的透明度也得到了很大程度的提升。

2. 美国定价机制的发展

美国作为最大的天然气消费国，其天然气产业的发展已经有 100 多年的历史，政府在天然气的不同发展时期制定了不同的法律与政策。特别是 20 世纪 50 年代以来，美国天然气产业在开放竞争的同时形成了比较完善的联邦和州两级管理体制。最近十几年间，美国在开放州级管道运输、天然气输送与天然气交易相分离、促进批发市场竞争、扩大终端用户选择等方面取得了显著成效。

20 世纪 30 年代以前，燃气市场的供应来源以煤制气为主，天然气的利用范围较窄，一开始仅用在民用照明领域。由于天然气市场规模小，缺乏统一的管理，一度浪费非常严重。随着两次能源危机的到来和非常规天然气开采的逐步兴盛，针对天然气行业发展的一系列法案也开始出台。

（1）1938 年的《天然气法》

为了解决天然气跨州贸易的立法问题，1938 年美国颁布了《天然气法》，开始控制天然气的定价，根据定价主体的不同，美国天然气市场被划分成两部分：一部分是州际市场，由美国联邦电力委员会（FPC）负责定价；另一部分是州内市场，由各州公用事业委员会负责定价。1938 年的《天然气法案》在美国天然气立法过程中具有里程碑意义，其对美国天然气产业发展史的重要贡献在于，确定了必须对天然气产业实施监管的基本理念，这也是美国天然气产业政策经历多次改革之后，管道输送和地方配气仍然处于政府监管之下的原因，同时，国家控制的定价较低，这在很大程度上促进了天然气的消费。

（2）1954 年的《菲利普斯决议》

20 世纪 40 年代和 50 年代，美国天然气工业发展迅速，但由于石油公司对井口价格的管制，以及州际管制政策的不同，美国的天然气出现了严重的供应短缺问题，并导致了天然气价格的急剧波动。在此背景下，1954 年的《菲利普斯决议》出台。根据这一协议，联邦动力委员会（FPC）既对天然气生产商将天然气出售给州际输气管道的价格，也就是井口价格进行管制，也对管道公司将天然气出售给地方输配商的价格进行管制。FPC 对井口价格的管制经历了 3 个阶段。一开始对井口价格实施的是成本定价法，中间尝试过划分地区定价法，最终在 1974 年后实施了最高价格限制法，尽管在不同的定价机制下，天然气的井口价格一直在上升，但仍不能合理体现天然气的市场价值。直到 1978 年，新的法案颁布，这种情况才有所改变。

（3）1978 年的《天然气政策法案》

1978 年的《天然气政策法案》是那一年颁布的几个能源政策法律之一。这是国会试图通过放松部分井口价格管制以解决井口价格管制系统崩溃问题的一种尝试。该法案宣布逐步解除对天然气井口价格的管制，对 1985 年 1 月 1 日以后新井的井口价格不再管制，同时，该法案还提供了在管道运输方面更为灵活的服务，这也为最终过渡到第三方介入奠定了基础。根据该法案，由联邦能源管理委员会直接改革天然气的定价。该法案的重点在于通过在供给方面实行刺激性的价格来增加新的供给，以及通过在价格管制之下出售州内天然气以减少州内购买优势来解决超额需求问题。但是国际能源市场风云突变。1978 年底石油危机爆发，油价暴涨，为了确保天然气的民用供给，美国政府针对天然气的利用渠道颁布法令进行限制；同时，天然气井口价格监管逐步放宽，生产者的积极性也不断提高。而在两年后，油价开始下跌，石油的需求开始恢复，天然气的需求开始下降，形成了天然气供大于求的局面，天然气的生产又陷入了低迷的局面。

（4）1985 年的《FERC436 号法令》

20 世纪 70 年代，石油危机和天然气井口价格的松管导致了美国天然气的需求迅速上升，同时由于照付不议合同的不合理，天然气管道商背上了沉重的资金负担。《FERC436 号法令》为管道商改革迈出了第一步。该法令提供了一个自愿框架，在此框架下管道商需要对所有接入用户提供无歧视的服务，同时管道商可以在政府规定的限价内提供有竞争力的购气价格吸引客户。尽管该框架的设立没有强制性，但大多数管道公司都选择了遵从该框架的规定。该法令为生产商出售天然气及选择运输管道赋予了更多的自主权。

（5）1992 年的《FERC636 号法令》

该法令的颁布意味着州际天然气业务的完全市场化。按照要求，管道公司只能提供运输服务而不能绑定其他服务业务，联邦能源管制委员会（FERC）将对管输费进行监管。同时，该法令还将输送和销售分开定价，并通过地方公用事业委员会对最终销售价进行监管。该法令直到 1992 年才全部实施，主要原因是该法令对天然气产业链的不同环节带来的风险不同。

美国的天然气工业发展并非一帆风顺，在政策对出现的问题不断进行修正后，美国在 20 世纪 80 年代后期出现了天然气产量的激增，侧面证明了天然气政策对产能释放的促进作用。目前美国的天然气市场已成为一个充分竞争的有活力的市场。

（二）我国现行的定价机制

我国目前的定价机制属于垄断性定价机制，即由国家发改委和地方配气公司来进行定价。天然气气田井口价和出厂价格实行的是“政府指导价”，即由国家发展和改革委员会来制定，采用的是成本加成法，而进口气价格的制定则主要根据合同谈判和国际市场行情来确定。在天然气的管输价格方面，由于输管线的长度不同，长输管线的费用一般由国家发改委制定，而短输管线的费用一般由地方发改委制定，此时的定价要兼顾运营方的利润，而对于新建的长输管线，采用“新线新价，一线一价”的方式。配气终端的天然气用户价格也是由地方发改委在考虑居民利益以及配气公司利润的基础上进行制定的。整体来看，我国的天然气市场仍处于国家垄断阶段，还需要进行不断的定价改革以实现天然气市场的自由化竞争。

1. 中国的天然气价格监管历程

综观我国1956年至今的天然气行业发展历程，可以了解到我国的天然气定价大致经历了3个阶段，其中，1956～1993年属于单一的国家定价阶段。不管是实行分地区定价，还是全国统一定价，甚至是“双轨制”，计划内和计划外的天然气价格都是由国家统一制定的。在这期间，1956～1981年，天然气只是作为石油勘探开发的附产品，产量有限，并没有形成有效的市场需求，因此国家制定了优惠低价政策以鼓励天然气的使用。而在1982～1992年，国家为了筹集资金开始在一定程度上提高天然气的井口价格，其中一项重要措施就是实行天然气商品数量包干，并对超出包干基数外的天然气采取高价政策，而此时计划外的天然气仍由国家定价。在1993年之后，国家开始实行天然气的价格改革，到2005年之前的时期属于国家定价、市场调节价及国家计划指导价并存的阶段。这一时期我国对天然气出厂价进行了一系列重大调整，其中包括实行企业自销天然气价格政策、调整天然气价格结构，实现天然气出口基准价与原油、LPG和煤炭价格的联动等。而2005年至今，则属于国家指导定价阶段。1993年之后的天然气市场改革有几次标志性事件，分别反映了我国天然气价格监管历程的变化。

（1）1993年实行企业自销天然气价格政策

为了激励企业增加天然气产量，国家物价局经过研究同意了实行企业自销天然气价格政策。企业自销气的价格政策改变了单一的国家定价，激发了企业生产天然气的积极性。天然气井口价或出厂价由此进入由国家定价和市场调节价并存的阶段。

（2）1994 年规定企业自销天然气井口基准价

1994 年，为了规范企业自销天然气的定价，政府对天然气实行了井口基准价，即企业可以在国家规定的基准价基础上上下浮动 10%。该项政策有助于维持计划外天然气市场的价格秩序，避免了天然气定价过于混乱的局面。

（3）2002 年首次采用价格调整机制与油气联动体系

2002 年，为了进一步规范天然气价格管理、逐步提高价格水平、改革出厂价格形成机制，国家发布了文件将天然气净化费并入天然气井口价，改称天然气出厂价。同时在该时期的西气东输工程中首次采用了天然气的价格调整机制，实现了天然气出厂基准价与原油、LPG 和煤炭价格的联动。

（4）2005 年实行用户分类及气价分档

2005 年底，国家发改委出台了新的天然气定价机制政策，将气体用户分为化肥、直供工业和城市燃气三大类，同时根据气体来源地区的不同分别实行不同的一档或二档气体价格，并提出要在 3 ~ 5 年的过渡期内逐步实现将一档气的出厂基准价调整到二档气的出厂基准价水平，统一实行国家指导价。除此之外，还要对二档气优先建立与可替代能源价格挂钩的调整机制。当时规定了天然气价格要每年调整一次，调整系数根据原油、煤炭和 LPG 等加权价格来制定，但实际上还未能实现每年调整。

（5）2007 年提高工业气体价格

2007 年 11 月，面对国内天然气出厂价格在过去十年内都没有大的调整，而其他能源（如石油、液化气、煤炭）价格均呈上涨势头，天然气出厂价格过低，而天然气的需求则快速增长，且已超出国内生产能力的局面，国家发改委将工业气体价格一次性地调整了 35% 左右，同时提高了车用天然气的价格。该项措施的实施有利于发挥价格杠杆的作用，引导天然气的投资需求。

（6）2010 年 4 月提高天然气管输价格

我国的管输定价缺乏透明的监管，结构单一而且市场化程度低，这既不符合公平的原则，也不利于实现资源的优化配置。同时，天然气的城市配送费在终端售价中所占比例过大，而且还存在不合理的开户费，定价存在不合理之处。2010 年 4 月，国家发改委对国家统一的天然气管道运输价格每立方米提高了 0.08 元。

（7）2010 年 5 月底上调陆上天然气价格

随着国际、国内能源市场供求形势的变化，国内天然气价格已完全不能体现其市场价值。为了理顺天然气价格与其他可替代能源的比价关系，确立更合理的定价机制，国家发改委决定适当提高国产陆上天然气价格，上调幅度为 0.23 元/立方米，同时将大港、辽河和中原 3 个油气田一、二档出厂基准价格加权并轨，取消价格“双轨制”，并扩大了价格浮动幅度，将并轨后的出厂基准价格浮动幅度统一改为上浮 10%。此次的天然气价格上涨在一定程度上促进了资源节约，且逼着工业用户节能降耗，有助于推动部分工业用户实施“煤代气”等改造，并缓解国内季节性的天然气紧张状况。

（8）2011 年 12 月，在广东、广西实行天然气改革

这次改革确定了统一的、最高上限的门站价格。广东、广西的门站价格的形成过程是，以市场形成价格的进口燃料油和液化石油气（LPG）作为可替代能源品种，并按照 60% 和 40% 的权重计算等热值的可替代能源价格；然后按照 0.9 的折价系数，即把中心市场门站价格确定为等热值可替代能源价格的 90%；随后，以中心市场门站价格为基础，根据天然气主体流向和管输费用，并兼顾广东、广西两省（区）的经济社会发展水平，确定两省（区）门站价格（分别为 2.74 元/立方米和 2.57 元/立方米）。两广地区的天然气价改是天然气定价市场化的重要一步，通过与可替代能源价格挂靠，天然气的市场价值得以发掘，其稀缺性、清洁性的特点更能凸显。之所以选择两广地区进行价改试点，也是考虑到这两地没有内陆天然气供应，价格更接近国际市场价格。这次价格改革将为我国其他地区实现天然气价格市场接轨提供经验。

除此之外，2013 年，国家将天然气价格管制由出厂环节调整到门站环

节，实施政府指导价下的最高上限价格管理，并区分存量气和增量气，同时放开页岩气、煤层气、煤制气出厂价格，以及 LNG 的气源价格。2014 年，国家进一步明确页岩气、煤层气、煤制气出厂价格及 LNG 气源价格要由供需双方协商决定。

总结起来，天然气价格改革实行 20 多年来，中国天然气价格体系正在逐步实现市场化，但是天然气与替代能源的比价仍不合理，且在管输和城市配送价格方面也存在一些不合理的地方。总体来说，目前不同用户天然气终端价格仍存在诸多不合理之处，管输价格仍处于管制阶段，井口价格的市场化还不彻底，天然气的资源配置优化尚不充分。近年来冬天的气荒也说明了我国现行的天然气价格体系已经到了改革的关键时期，需要改革的方面比较多，需要配套进行。

2. 天然气价格改革的最终方向

随着西气东输二线的建成投产，我国天然气管道初步实现了“全国联网”，而由于现有各气田及进口气价的不统一，我国需要在技术和管理层面上对天然气进行改革。此外，我国天然气的价格水平偏低，与替代性能源的比价关系不合理，这些都阻碍了天然气产业的进一步发展。因此，在国家提出能源生产革命、能源消费革命的大背景下，为了完成节能减排的目标、促进能源结构的优化调整，天然气定价机制的改革势在必行。

由英美两国天然气监管历程的变化经验可知，在天然气行业的发展初期，可以采用成本加成的定价方法，利用天然气的低价优势与其他替代性能源进行竞争，这有助于促进天然气市场的培育和发展，同时，为了避免资源的盲目利用，国家应采用行政手段来保证天然气的消费结构合理化。当天然气行业的发展较为稳定时，应采用净回值法，并将天然气与竞争性能源价格指数挂钩，以打开天然气销售市场，这有利于提高能源的利用效率。等到天然气行业发展得较为成熟时，市场机制完善之后，可以学习美国经验，实现管网分离、竞价上网，最终放开天然气价格，实现市场化。

因此，结合表 12 全球主要天然气市场比较，我们认为我国未来价格改革的方向将是建立与竞争能源价格相挂钩的定价模式，理顺天然气与替代性能源之间的竞争性关系，并在坚持长期利益与短期利益相平衡、全局利益与整体利益相平衡、国内市场和国外市场相平衡，以及不同能源行业之间相平衡的原则前提下，协调好供给与需求、价格与总成本、价格与消费者承受力、价格与交叉补贴、天然气与成品油及煤价的比价5个关系，逐步推进天然气价格改革，并最终实现天然气的市场化。

表12　全球主要天然气市场比较

地区	中国	西欧(不含英国)	美国
出厂价	国家管制	国家管制	取消管制
合同期限	以长期合同为主(20～25年)	多数为长期合同(20～25年)	短期(1个月)、中期(18个月)、长期(低于10年)
合同类型	照付不议	照付不议	让与
定价机制	成本加成、与竞争性能源适度挂钩	石油价格指数化	与期货市场价格挂钩(Herry Hub等)
运输	中上游一体，垄断经营	中上游一体，垄断经营	管网分离，运输由专门的国家公司负责

资料来源：北京国际能源专家俱乐部：《国际天然气定价新趋势》，《国际石油经济》2011年第3期。

（三）国外定价机制改革对我国的启示

1. 建立健全与天然气有关的法律法规体系

完善的法律法规体系是保障天然气产业健康发展的基础。国际上，天然气产业发展较为成熟的国家，如英国和美国，均通过立法的形式对天然气产业的各环节进行监管。而我国的天然气行业目前立法较少，少数已颁布的石化行业法律覆盖面也较窄，且试用期短，权威性较差。法律规范的缺乏不利于我国天然气市场的健康发展。因此，国家在进行天然气价格改革的过程中，必须加快研究并实施与天然气产业相关的法律法规，同时应积极建立以《价格法》为核心的价格法规体系，完善我国能源行业的价格监管与听证制度，从法律上提高产业监管的科学性，以保障天然气市场有法可依、稳定有序，促进天然气价格稳定，进而保障国家的能源安全。

2. 逐步放松对天然气的行业监管，引入市场竞争

世界上，天然气市场发展较为完善的国家都曾经历过由管制过严到在市场基础上放松管制，最后达到市场自由的过程。英国和美国目前都已是较为成熟的天然气竞争性市场，天然气的价格由市场决定，国家并无过多限制。而我国，相对而言，在天然气行业方面管得过多、过严，还有部分管理不到位的问题，且各环节都存在垄断问题，导致我国上游企业生产积极性不高、下游企业天然气利用率低等。因此，我国目前应该在借鉴国外经验的基础进行学习，适度放开天然气价格管制和管网的准入限制，引入市场竞争，激发天然气市场活力。

3. 改革天然气的定价方法，完善天然气调价机制

“两广”地区价格改革试点的成功，为我国推进天然气定价“净回值法”提供了借鉴。目前我国的天然气定价采用的是以国家指导为主、市场调节为辅的形式，用“成本加成法”来制定天然气价格易造成国内外天然气价格倒挂的现象，不利于我国的天然气与国际接轨。因此，我国应改变现有的价格形成办法，逐步建立起与原油价格指数挂钩的定价方式，采用“市场净回值法”，并理顺天然气价格与其他替代性价格间的比价关系。此外，还要完善我国的天然气调价机制，现有的调价机制过于刚性，加剧了我国的气价与国际气价间的倒挂局面，应建立动态的调价机制，为我国的天然气价格最终市场化奠定基础。

4. 建立天然气储备制度，实施进口多元化战略

随着我国天然气进口量的逐年增加，建立天然气储备制度对稳定我国天然气供应尤为重要。与目前我国已建成的天然气管网相比，我国的储气设施建设严重滞后，2011 年的储气量仅占全国消费量的 2%，远低于世界 12% 的平均水平。因此，我国应加快建立由国家、地方政府（或燃气公司）和供气企业三方共同参与建设的天然气储备机制。同时，目前我国的能源消费结构还不合理，而国际能源的风险又不断加剧，迫切需要我国实施天然气进口多元化战略，这既是保障国家能源供应安全的必要措施，也是推动我国天然气定价逐步市场化的催化剂。

五　结语：关于天然气产业链改革的两点思考

（一）产业链的改革需要进行整体规划

随着《石油天然气“十二五”发展规划》《全国天然气管网布局及“十二五”发展规划》《液化天然气“十二五”专项规划》《天然气储备和调峰能力建设规划（2010～2020 年）》《天然气的基本设施建设和运营管理条例》《天然气利用政策》等的颁布和实施，我国目前的天然气产业链整体得到了快速发展，预计该阶段仍将持续 10 年左右。这个时期也是我国天然气产业链迎来大发展的重要时期，天然气的产业结构或将发生巨大变化。在该时期加强产业链的整体规划，对推进整个产业链的协调发展至关重要。

所谓的整体规划，即要加强产业链各环节的整体衔接，使上游的生产能力、中游的管输能力与下游的消费能力相互协调，保证整个产业的供需平衡、有序发展。要理顺天然气与替代性能源的比价关系，使我国的煤炭、石油、天然气等化石能源相互补充，并与其他可再生能源在利用上进行合理分区，旨在促进我国能源消费市场的合理化。要依靠市场的力量，在天然气产业链的各个环节引入竞争性因素，依靠供需驱动，减少行业垄断，使整个产业链往更加市场化的方向前进。要制定适用于整个天然气行业的法律法规，使天然气产业的各环节能有法可依，保证监管的执行力度，做到经济发展与环境保护相协调，短期利益与长期利益、局部利益与全局利益相协调。

通过对天然气产业链进行整体规划，可从资源方面保证我国的能源安全。对天然气能源进行整体规划是提高天然气在我国一次能源消费中占比的重要手段，有利于非常规天然气的勘探开发，有利于管网的有效建设及利用，同时还能促进我国“引进来”“走出去”战略的贯彻实施，加强国际能源合作，促进我国天然气产业的快速发展。

（二）产业链改革的方向是实现市场化

天然气价格改革的主要目标是改变天然气现有的不合理的定价机制，通过逐步放开国家对天然气井口价、管输价以及门站价格的管制，建立竞争性的定价机制。引入市场竞争，有利于刺激天然气产业链各环节的发展。而现阶段我国天然气价格改革的全面提速，有利于整个产业链的改革。结合欧美现已成熟的天然气市场的发展经验可知，若想促进天然气行业的健康、快速发展，就必须充分发挥市场的作用，产业链的发展也要以实现市场化为目标。

若要实现产业链的市场化，首先要减少不必要的业务垄断，政府只监管具备自然垄断属性的输气、配气业务，而天然气的进口、批发等业务应交还给市场，鼓励民营资本参与；要打破天然气的生产、输送、销售垂直一体化的垄断格局，推行厂网分离、网运分开，开放运输市场，实现管网的“第三方准入”，推动非常规天然气进入管网；要出台相关政策，鼓励社会资本参与储气设施、LNG 接收站、管网等基础设施的建设和运营，逐步建立起市场融资和政府投资、国内融资和国际融资共存的多元化融资渠道。其次，要协同推进天然气上下游市场的开放，打破上游勘探开发领域的高度垄断，并放开下游市场对 LNG 的进口权，允许其直接向非常规天然气生产企业购买气源，从而增加市场供应，保障我国的天然气消费安全。

产业链改革之后，我国城市燃气行业或将形成“X＋1＋X”的市场竞争结构，即“管住中间、放开两头”的市场结构。由于管网具备自然垄断性，保证管网的唯一性，能有效减少资源浪费。而放开天然气产业链的勘探开发和消费利用，有利于激发人们的积极性，促进天然气市场的繁荣与发展。

参考文献

［1］BP：《世界能源统计年鉴（2014）》，2014。
［2］BP：《2030 世界能源展望》，2013。

[3] 中华人民共和国国土资源部：《中国矿产资源报告（2014）》，2014。
[4] 崔民选、王军生主编《中国能源蓝皮书（2014）》，社会科学文献出版社，2014。
[5] 潘继平、胡建武、安海忠：《促进中国非常规天然气资源开发的政策思考》，《天然气工业》2011 年第 31 期。
[6] 北京国际能源专家俱乐部：《国际天然气定价新趋势》，《国际石油经济》2011 年第 3 期。
[7] 刘名瑞、陈天佐：《LNG 接收站及其工艺发展现状》，《当代化工》2014 年第 43 期。
[8] 刘满平：《借鉴国际经验推进天然气价格改革》，《中国能源》2012 年第 34 期。
[9] 张海滨：《目前我国天然气定价机制存在的主要问题及对策初探》，《中国科技信息》2009 年第 7 期。
[10] 洪波、许红：《欧美的天然气定价机制及价格监管对我国的启示》，《石油规划设计》2009 年第 20 期。
[11] 胡文瑞：《中国非常规天然气资源开发与利用》，《大庆石油学院学报》2010 年第 34 期。
[12] 周志斌、周怡沛：《中国天然气产业链协调发展的基础、前景与策略》，《天然气工业》2009 年第 29 期。
[13] 国民财经研究中心：《天然气行业研究报告》，《国民信托》2010 年第 12 期。
[14] 肖国兴：《能源革命背景下能源发展转型的法律抉择》，《法学》2014 年第 11 期。
[15] 李欣智：《打造中国能源升级版——国家能源局有关负责人就〈能源发展战略行动计划（2014 ~ 2020 年）〉答记者问》，《深度》2014 年 12 月 16 日。
[16] 王南、裴玲、雷丹凤、曾博：《中国非常规天然气资源分布及开发现状》，《油气地质与采收率》2015 年第 22 期。
[17] 张抗：《从致密油气到页岩油气中国非常规油气发展之路探析》，中国能源网。
[18] 董秀成、李君臣：《我国天然气产业网络链一体化研究》，知识产权出版社，2013。
[19] 杨涛、张国生、梁坤、郑民、郭彬程：《全球致密气勘探开发进展及中国发展趋势预测》，《中国工程科学》2012 年 6 月。
[20] 王守春：《国内天然气定价机制分析及政策建议》，《当代石油石化》2012 年第 12 期。
[21] 霍小丽：《国外天然气定价机制及对我国的启示》，《中国物价》2008 年第 1 期。
[22] 刘贺群、余洋：《我国天然气管网发展现状和趋势》，《当代石油石化》2005 年第 13 期。

B.5

把握机遇进一步深化电力市场化改革

卢文华　刘 勇*

摘　要：电力已经进入社会经济生活的各个领域，成为社会健康发展必不可少的能源基础。电力行业包括发电、输电、配电及售电环节，在电力生产及传输技术迅速发展的今天，电力行业不同环节具有不同的经济特征。长期以来我国电力系统采取的是垂直一体化的垄断经营体制，自20世纪80年代以来，电力行业开始逐步改革，电力市场化改革取得了重大进展，但也存在不少问题。由于电力市场结构、交易结构、平衡市场的特殊性，我国在推进市场化改革中面临着电价上涨、制约经济发展、运行协调机制等风险。随着我国经济发展进入新常态，电力发展也进入了一个新常态。新常态下，深化电力市场化改革面临着诸多挑战，在借鉴英国、美国及欧盟电力市场化改革成功经验的基础上，结合我国电力行业发展的情况和电力市场的特性，在进一步深化电力市场化改革中应优化电源结构与布局，推进电价配套改革和电力体制改革，建立健全电力监管制度和电力金融市场，从而把电力市场化改革推向新的水平。

关键词：电力市场化　市场主体特征　电力金融市场　电力体制　电力监管

---

* 卢文华，中国社会科学院研究生院政府政策与公共管理系经济学在读博士研究生，主要研究方向为国民经济学等。刘勇，北京师范大学硕士毕业，现任职于中央财经大学金融学院。

如今，电力已经进入社会经济生活的各个领域，成为社会健康发展必不可少的能源基础。一方面，电能是一种生产资料，为其他行业与企业提供动力基础；另一方面，电能又是生活资料，电力工业要为社会提供及时、足够和优质的电力以满足普通居民日常生活的需要。从目前的技术条件来看，作为一种商品，电力具有不可替代性，随着当前信息、电子、生物技术的高速发展和广泛应用，电力工业的发展在我国整个经济社会发展中仍将继续发挥不可替代的支撑作用。

当前，我国经济发展进入新常态，电力发展也进入一个新常态。过去我国经济以投资拉动为主，经历多年高强度、大规模的建设，工业快速发展，用电量以两位数高速增长，但随着经济放缓，工业增速回落，结构调整加快，用电量的增速明显放缓，电力产能过剩的问题日益突出。同时，快速的发展透支了环境，我国面临的资源和环境双重约束日益强化，节能减排与大气污染防治的压力越来越大，这已经成为电力行业发展的硬约束，进一步深化电力市场化改革具有十分重大的意义。与其他能源商品市场不同，电力市场不仅关系到电力行业的效率问题，还关系到整个电力系统的安全、稳定运行问题，既要强调引入竞争机制，又不能忽略协调机制的重要性。因此，力图将竞争机制从发电环节推广到输电、配电、零售等各个环节的电力市场化改革进程必然会遇到许多制约和风险，电力市场化改革对我国的电力行业而言既是机遇又是挑战。

一　我国电力市场主体特征及供需状况分析

作为基础性和支柱性产业，电力已经关系到国家经济、社会发展和人民生活的各个领域。由于电力行业包括发电、输电、配电及售电环节，在电力生产及传输技术迅速发展的今天，电力行业不同环节具有不同的市场特征，明确这些不同的市场特征对于理解电力市场和深化电力市场化改革具有十分重要的作用。

（一）电力市场主体特征分析

1. 发电环节（electricity generation）

在发电环节，电厂将能源转换为电力。目前根据发电能源的不同，可以将发电分为火力发电、水力发电、原子能发电以及新能源发电等。电力生产成本包括原料成本、投入资本的成本（固定资产）以及运行成本，不同的电力生产技术使得电力产品的成本结构各不一样，从而最小经济规模各异。就原子能发电、水力发电与矿物燃料发电来看，原子能发电需要较高的固定资产的投入，建造周期长，废弃物处置成本高，但原料成本及运行成本（可变成本）较低，水力发电主要是利用地理位置水的流量和落差带动发电机做功产生机械能来发电，因此其成本主要受地理位置与气候的影响；而矿物燃料发电所需要的固定成本较低，可变成本（主要是原料价格成本）较高。

由于电力生产及输送技术不发达，在人类使用电力的早期历史中，电力生产的规模经济性导致了其自然垄断性，电力生产具有集中性的特点。如美国早期的电力生产就是自然垄断的，私人电力系统负责城市的局部供电，由政府颁发执照特许供电范围。电力生产技术的进步降低了发电厂的最小经济规模，使发电领域引入竞争具有可能，并且这种竞争不断增强。从电力生产技术来看，如火力发电技术，20 世纪 80 年代的最低经济规模是 100 万千瓦，混合循环燃气轮机的发明极大地提高了火力发电效率，并将企业的最低经济规模降低为 5 万～35 万千瓦，最低经济规模的降低也降低了企业进入发电行业的门槛。其次，电力输送技术的发展，使得分散化的电力生产也能满足不同终端用户的要求，通过电网，不同区域的电力生产企业可以将本企业生产的电力输送到遥远的用户，而不受地域的限制，这也使得电力生产企业之间的竞争成为可能。最后，在发电侧领域引入竞争不仅具有技术上的可能性，而且也是必要的。从电力生产的安全性和持续性来看，即使是在一个区域，也不能只存在一个发电厂，为了保证电力供应的可靠性，需要在一个区域内设置多元化的电源。在发电侧引入竞争、改善电源结构是各国电力体制改革的共同内容和主要目标。

2. 输电环节（electricity transmission）

电源（电力生产）的规模经济特征会因为技术进步而逐渐减弱，而电网（电力输送）的自然垄断特性则相对较强。至少在目前的技术条件下，电力输送的自然垄断性仍然非常明显。电力生产出来后，要经过输电和配电系统才能送达终端用户。输电网是电力系统中较高电压等级的电网，是电力系统中的主要网络，起到电力系统骨架的作用，所以又可以称为网架[①]。由于电力输送都是通过有形的物理网络（电网）来实施的，电网的建设需要极高的固定资产投资和沉淀成本，因此在一个区域内，如果多家企业分别自己建设电网，通过自己建设的电网来输送电力，那么这种竞争就有可能导致低效率的重复建设和投资的浪费。从各国电力体制改革的经验来看，输电环节的自然垄断性得到一致认可，一家企业或少数企业寡占的电力体制得到广泛采用。

3. 配电与供电环节（electricity distribution and supply）

配电环节是电力的低压输送过程。作为配电载体的配电网是将电能从枢纽变电站直接分配到用户区域的电网，它的作用是将电力分配到配电变电站后再向用户供电，也有一部分电力不经配电变电站而被直接分配到大用户，由大用户的配电装置进行配电[②]。配电网是一种区域性的电网，它从高压电力输送网中取得电力，把电压降到适宜工商企业（380V）和民用（220V）所需的电压水平，最后将其输送给最终用户。因此，配电领域的自然垄断性并没有像输电领域那样明显，在美国一些城市甚至存在两张配电网并存的现象[③]。供电环节，就是把适宜的电力出售给终端用户的过程，它包括电力计量、账单服务、电力营销等，可以采取零售或是批发的形式进行。供电环节从理论上看不具有自然垄断性，配电环节与其他环节之间的一体化经营也没有必然的范围经济效益，这些服务可以由配电企业以外的企业来提供，只要这些企业也能够与配电企业一样平等地运用配电网络。

---

① 王俊豪：《政府管制经济学导论》，商务印书馆，2001，第241页。

② 王俊豪：《政府管制经济学导论》，商务印书馆，2001，第241页。

③ 王俊豪：《政府管制经济学导论》，商务印书馆，2001，第241页。

综上所述，虽然从总体上来看，电力行业具有自然垄断性、外部性以及公共产品性等经济特征，但电力行业各功能部门并不一定同时拥有这些经济特征。发电、输电、配电及售电环节的规模经济、范围经济、密度经济、固定资本、资产专用线及自然垄断性是各不相同的，如表 1 所示。就自然垄断程度而言，发电领域自然垄断特性较弱，输电领域和配电领域的自然垄断特性很强，而售电领域则不具有自然垄断特性，因而在发电领域引入市场竞争机制是可能的（当然由于规模经济的存在，发电领域的竞争可能是不完全竞争）。而考虑到输电领域由一家企业垄断或由少数几家企业高度寡占，配电领域采取区域垄断，从理论上看，售电领域也可以适度引入市场竞争机制。

表 1　电力产业特性

特性	发电环节	输电环节	配电环节	售电环节
规模经济	有所减弱	很大	较大	不存在
范围经济	不存在	不存在	较大	小
密度经济	不存在	存在	存在	小
固定资本	较大	很大	大	小
资产专用线	强	强	强	无
自然垄断程度	较弱	很强	很强	无

（二）2014年电力市场供需状况分析

1. 电力市场供给情况

2014 年，电力工业持续健康发展，装机总量及发电量进一步增长，非化石能源发电量比重首次超 25%，火电发电量负增长，设备利用小时创新低。截至 2014 年底，全国全口径发电装机容量为 13. 6 亿千瓦，同比增长 8. 7%。2014 年全国全口径发电量 5. 55 万亿千瓦时，同比增长 3. 6%。全国发电设备利用小时为 4286 小时（发电设备利用小时均为 6000 千瓦及以上电厂口径），为 1978 年以来的年度最低水平，同比降低 235 小时（见图 1）。全年基建新增发电装机容量 10350 万千瓦，同比增加 128 万千瓦；新增 220

千伏及以上变电设备容量 22394 万千伏安，同比增加 2563 万千伏安；新增 220 千伏及以上输电线路 36085 千米，同比减少 2842 千米；新增直流换流容量 3860 万千瓦，同比增加 2490 万千瓦。

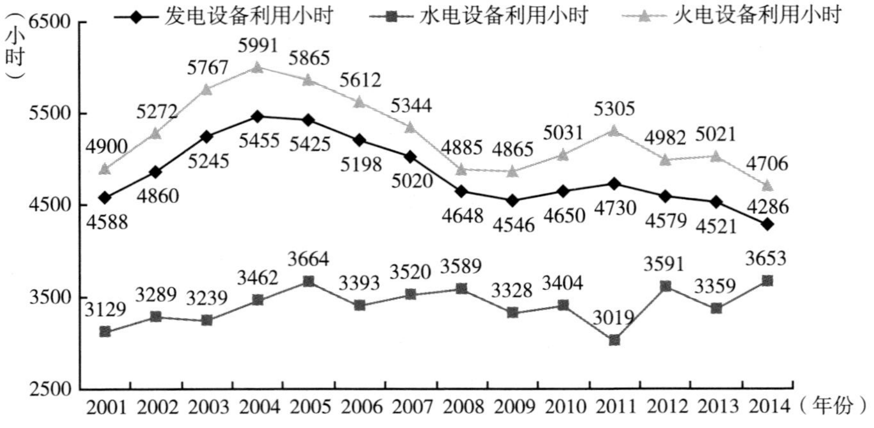

图 1　2001～2014 年发电设备利用小时情况

资料来源：中国电力企业联合会：《中国电力工业现状与展望（2014）》，2014。

水电装机达到 3 亿千瓦，水电发电量高速增长，设备利用小时达到 9 年来的高水平。2014 年，水电投资完成 960 亿元，同比下降 21.5%。基建新增水电装机容量 2185 万千瓦，同比减少 911 万千瓦。截至 12 月底，全国全口径水电装机容量 3.0 亿千瓦（其中抽水蓄能 2183 万千瓦），同比增长 7.9%。全年主要发电企业常规水电新开工规模接近 600 万千瓦，年底常规水电在建规模大幅萎缩至不足 3000 万千瓦。全国水电发电量为 1.07 万亿千瓦时，同比增长 19.7%。全国水电设备利用小时是 1996 年以来的年度次高值（最高值为 2005 年的 3664 小时），2014 年该值达到 3653 小时，同比提高 294 小时。

风电投资大幅增长，设备利用小时同比降低，并网太阳能发电装机容量及发电量大幅增长。2014 年，主要受风电上网电价政策调整预期影响，风电投资完成 993 亿元，首次超过水电、火电、核电投资，成为电源建设中完成投资最多的一类，同比大幅增长 52.8%。基建新增并网风电装机容量

2072万千瓦，年度新增规模首次超过2000万千瓦，同比增加585万千瓦。截至12月底，全国并网风电装机容量9581万千瓦，同比增长25.6%。全国并网风电发电量1563亿千瓦时，同比增长12.2%。风电设备利用小时为1905小时，同比降低120小时。

核电投资同比继续负增长，全年新投产核电装机规模创年度新高。2014年，核电投资完成569亿元，同比下降13.8%；全年新增核电机组5台、547万千瓦，是投产核电机组最多的一年。截至12月底，全国核电装机容量1988万千瓦，同比增长36.1%，核电在建规模2590万千瓦。2014年，全国核电发电量1262亿千瓦时，同比增长13.2%，核电设备利用小时为7489小时，同比降低385小时。

火电发电量同比负增长，设备利用小时创新低。2014年，火电投资完成952亿元，同比下降6.3%；全年基建新增火电装机容量4729万千瓦，同比增加554万千瓦，其中新增煤电3555万千瓦、气电886万千瓦。截至12月底，全国全口径火电装机容量9.2亿千瓦，同比增长5.9%，其中煤电8.3亿千瓦，同比增长5.0%；气电5567万千瓦，同比增长29.2%。全国全口径火电发电量4.17万亿千瓦时，同比下降0.7%，火电发电量自1974年以来首次出现负增长。全国火电设备利用小时为4706小时，同比降低314小时，为上一轮低谷1999年（4719小时）以来的年度最低值。

跨省区送电量保持快速增长。2014年，全国完成跨区送电量2741亿千瓦时，同比增长13.1%。其中，东北外送电量215亿千瓦时，同比增长19.5%；华中外送电量1353亿千瓦时，同比增长17.5%，其中主要是华中送华东电量1027亿千瓦时，同比增长20.4%；西北外送电量549亿千瓦时，同比增长20.0%。全国跨省送出电量8420亿千瓦时，同比增长10.8%。在全国跨省送出电量中，南方电网区域完成“西电东送”电量1723亿千瓦时，同比增长31.1%；三峡电站送出电量984亿千瓦时，同比增长19.3%。

电煤供应持续宽松，发电用天然气供应总体平稳，但部分企业亏损加重。2014年，全国煤炭市场需求持续低迷，全年煤炭消费量比上年减少，全国重点电厂累计耗煤12.5亿吨，同比下降7.4%。煤炭产能继续释放，全年煤炭进口2.91亿吨，同比下降10.9%，国内煤炭市场供应充足，电煤供应持续宽松，全国重点电厂存煤量总体呈逐月上升态势，12月底存煤量9455万吨，可用24天，总体处于正常偏高水平。全国天然气供应总体平稳，但2014年9月天然气价格再次上调导致天然气发电厂亏损加重，经营压力持续上升。

2. 电力市场需求情况

2014年，全国电力供需形势总体宽松，运行安全稳定。受气温及经济稳中趋缓等因素影响，全社会用电量增速放缓到3.8%，同比回落3.8个百分点，电力消费需求增速创1998年以来新低；三次产业和居民生活用电量增速全面回落，第三产业用电量增速明显领先于其他产业，其中，信息传输、计算机服务和软件业（以下简称信息业）用电持续保持旺盛势头；四大重点用电行业增速均比上年回落，设备制造业用电保持较快增长，产业结构优化调整效果显现。

2014年全国全社会用电量5.52万亿千瓦时，同比增长3.8%，增速同比回落3.8个百分点，为1998年（2.8%）以来的年度最低水平。就电力消费结构而言，第一产业用电量994亿千瓦时，占全社会用电量比重为1.80%；第二产业用电量4.07万亿千瓦时，占比73.60%；第三产业用电量6660亿千瓦时，占比12.06%；城乡居民生活用电量6928亿千瓦时，占比12.54%。第三产业用电量比重同比提高0.30个百分点，第一产业、第二产业和城乡居民生活用电量比重同比分别降低0.07、0.03和0.19个百分点（见图2）。

城乡居民生活用电量增速比上年大幅回落。2014年，城乡居民生活用电量同比增长2.2%，同比回落6.7个百分点（见图3）。从图4可知，城乡居民生活用电对全社会用电量增长的贡献率为7.6%，同比回落7.1个百分点。

第三产业用电量增速比上年回落，而信息业电力消费持续保持旺盛势头。2014年，第三产业用电量同比增长6.4%，同比回落3.8个百分点（见图3），对全社会用电量增长的贡献率为19.9%，同比提高4.5个百分点

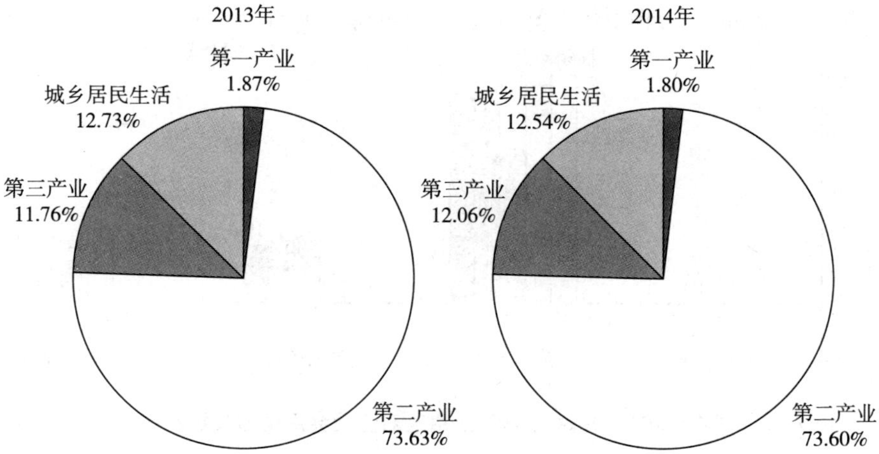

图 2　2013 年、2014 年电力消费结构对比

资料来源：中国电力企业联合会：《中国电力工业现状与展望（2014）》，2014。

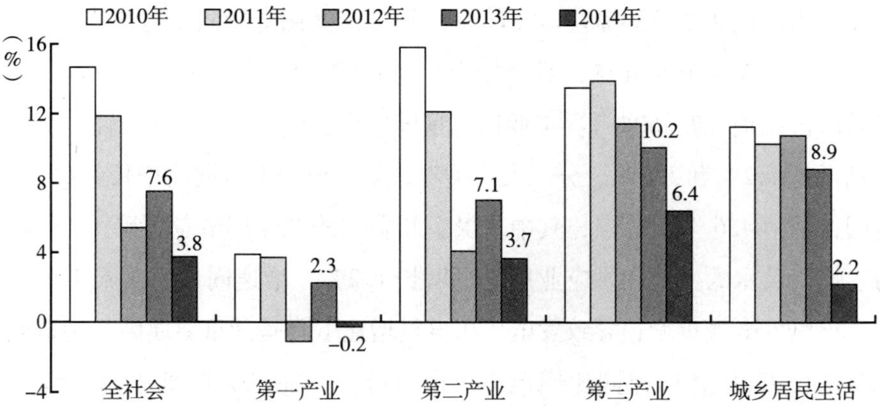

图 3　2010～2014 年全社会及各产业用电量增速

资料来源：中国电力企业联合会：《中国电力工业现状与展望（2014）》，2014。

（见图 4），超过其所占全社会用电量比重约 7.8 个百分点。第三产业内各行业间增长形势差异较大，住宿和餐饮业用电量仅增长 1.2%，增速同比回落 4.1 个百分点；受宏观经济趋缓影响，交通运输仓储邮政业用电量增长 5.7%，增速同比回落 4.0 个百分点；受经济转型驱动，信息业电力消费保

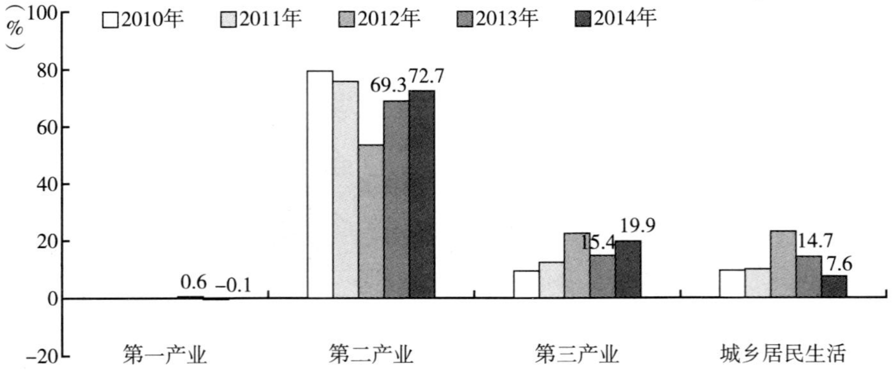

图 4　2010～2014 年各产业用电对全社会用电增长贡献率

资料来源：中国电力企业联合会：《中国电力工业现状与展望（2014）》，2014。

持旺盛势头，信息业用电量增长 11.4%，增速同比提高 0.5 个百分点。

四大重点行业用电量增速同比回落，设备制造业用电量保持较快增长，产业结构优化调整效果显现。2014 年，第二产业用电量同比增长 3.7%，增速同比回落 3.4 个百分点，对全社会用电量增长的贡献率为 72.7%，略低于其所占比重（73.60%）。工业用电量同比增长 3.7%，其中，轻、重工业分别增长 4.2% 和 3.6%。分三大门类看，采矿业用电量同比增长 1.6%，增速同比回落 4.6 个百分点，其中，煤炭开采和洗选业用电量下降 1.6%；电力、燃气及水的生产和供应业用电量增长 1.2%，增速同比回落 6.4 个百分点，火电发电量负增长导致发电厂用电量增速下降是其重要原因；制造业用电量增长 4.5%，增速同比回落 2.5 个百分点，在三大门类中回落幅度最小。2014 年，化工、建材、黑色金属、有色金属四大重点用电行业合计用电量同比增长 3.7%，增速同比回落 2.7 个百分点。

中部和东北地区用电量低速增长，中部和西部地区用电量增速比上年回落幅度偏大。2014 年，东部地区全社会用电同比增长 3.5%，增速同比回落 3.1 个百分点。中部地区全社会用电量同比增长 1.7%，增速同比回落 5.2 个百分点，是增速回落幅度最大的地区。西部地区全社会用电量同比增长 6.4%，同比回落 4.5 个百分点。西部地区用电增速仍持续领先于其他地区，用电量所占全国比重同比提高 0.7 个百分点。东北地区全社会用电量同比增长 1.7%，同比回落 2.5 个百分点（见图 5）。

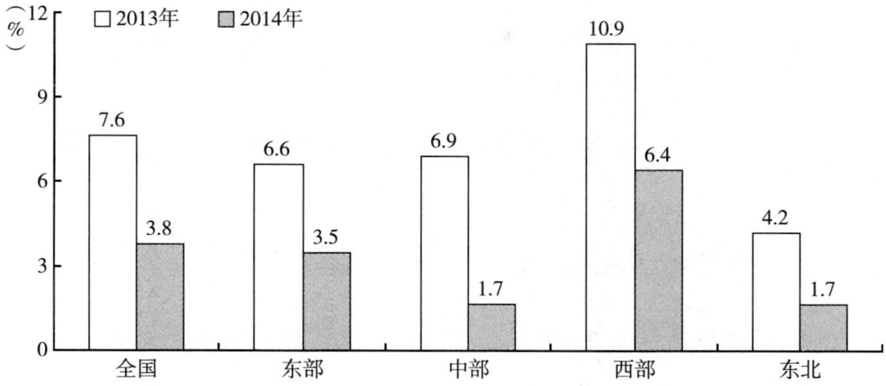

图 5　2013 年、2014 年各地区用电增速

资料来源：中国电力企业联合会：2014 年《中国电力工业现状与展望》，2014。

总的来说，2014 年全国电力供需总体宽松。东北和西北区域供应能力富余较多，其中西北区域用电增速回落幅度较大，主要原因是在宏观经济增速趋缓、房地产市场低迷背景下，因高耗能行业产能过剩、产品价格下滑，企业开工率下降；华中、华东和南方区域供需总体平衡，其中，南方区域是用电增速唯一同比提高的区域，主要原因是广东气温因素及经济运行相对平稳；华北区域供需总体平衡，部分地区偏紧，主要原因是受节能减排以及高耗能行业产能过剩影响，区域内部分省份企业开工率下降。

二　我国电力市场化改革的进程及目标模式

长久以来，我国电力系统采取的都是垂直一体化的垄断经营体制，对电力行业进行严格的价格管制和市场准入，在电力生产、传输和配送等环节实施一体化的垄断经营，并由政府通过法律或行政手段来维持这一体系，同时一体化的电力企业多具有国有（公有）性质，电力系统的建设多由国家直接进行投资。垂直一体化的垄断经营体制容易导致竞争机制的缺失，存在着明显的制度缺陷，难以有效提高整个电力行业的效率，甚至可能导致社会福利的损失。

随着电力技术尤其是电网技术的突破，解除对电力行业的管制、减少政府干预成为一种发展趋势。电力市场化改革就是要在电力行业的发电、输电、配电和销售等环节引入市场竞争机制，通过价格杠杆来协调供求关系，优化电力系统资源配置，提高电力产业的资源利用效率，实现社会福利的最大化。

（一）我国电力市场化改革的进程

20 世纪 80 年代初至 21 世纪初，我国经历了第一轮电力改革，主要以增量改革与体制改革为特征。第二轮改革始于 2002 年，主要以引入竞争为特征。两轮改革分为三个阶段。

1. 第一阶段（1985 ~1997年）：多元化投融资改革阶段

这一阶段的目标主要是进行电力投融资制度改革和以政企分开为目标的电力管理体制改革，解决电力供需矛盾是其最终目标。1987 年国务院提出“政企分开，省为实体，联合电网，统一调度，集资办厂”，按照这个原则，全国实行集资办电、多渠道筹资办电等政策，形成了多种所有制、多部门办电的格局，电力体制改革得以逐步展开。1997 年，国家电力公司成立。政企分开的电力产业新体制从此拉开序幕。在这段时期，国家放开了发电领域的进入规制，允许外资、民间资本进入发电领域。鼓励地方、部门和企业投资建设电厂，并允许新电厂实行还本付息电价，使新电厂能够还本付息，并取得合理收益。

这段时期的改革取得了显著的效果，集资办厂的思路使电力产业得以迅速发展，到了 1998 年，电力产业出现了暂时的供过于求的状况。虽然政企并未完全分开，但政府行政管理和企业职能已基本分开。另外，随着《电力法》的颁布和相关政策的出台，电力产业发展已具备了法律框架。与此同时，改革也出现了一些负面效应。集资办厂后形成了多种电价，“一厂一价”造成了价格混乱。国家出台在电价外征收电力建设基金的政策后，企业负担加重。同时，发电领域的进入壁垒降低导致出现了工业用电成本高、交叉补贴严重、资源浪费等问题。

2. 第二阶段（1998 ~2002年）：政企分开的改革阶段

政企合一的管理模式和传统的经营管理模式带来了一系列的问题，其中最为突出的就是出现了行业垄断行为，导致电力资源浪费，电力资源没有得到合理有效的配置。为了打破垄断局面，1998 年 3 月，电力工业部被撤销，其对电力行业的管理职能由国家经贸委承担，1997 年成立的国家电力公司负责电力行业的经营职能，这在政企分开的道路上又前进了一大步。

在打破垄断、实现政企分开的同时，1998 年 8 月，国家电力公司提出了以“政企分开，省为实体，厂网分开，竞价上网”为主要思路的四步走的改革方案，并于同年在上海、浙江、山东、黑龙江、吉林、辽宁 6 个省市进行试点运行。

2000 年以后，电力工业开始实行更全面、更深入的改革，如电厂和电网相分离、重组发电资产和电网资产等。

3. 第三阶段（2002年至今）：打破垄断，促进竞争，电力市场化改革阶段

根据国家对电力产业改革的总体部署，国务院于 2002 年 3 月正式批准了《电力体制改革方案》。该方案提出了电力体制改革的总体目标：“打破垄断，引入竞争，提高效率，降低成本，健全电价机制，优化资源配置，促进电力发展，推进全国联网，构建政府监管下的政企分开、公平竞争、开放有序、健康发展的电力市场体系。”①

在发电环节引入竞争，实现厂网分开，是电力体制改革的第一个方面，即把电力资产按发电和电网两类业务进行划分。2003 年将原国家电力公司拆分为 5 个国有发电企业和 2 个国有电网公司。电力体制改革的第二个方面是成立电力监管机构。2002 年，国家电力监管委员会（简称“国家电监会”）成立，这是我国电力产业的监管机构，其主要职责是监督和监管电力

---

① 《电力体制改革方案》（国发〔2002〕5 号），http：//www. ccoalnews. com/zt/103148/130756. html。

市场。2003 年撤销国家经贸委，将其电力相关职能分别划入国家发改委和国家电监会，由国家发改委继续监督电价。

2012 年 3 月，《关于 2012 年深化经济体制改革重点工作的意见》（以下简称《意见》）出台，《意见》再次指出："深化电力体制改革，稳定开展输配分开试点，促进形成分布式能源发电无歧视、无障碍上网新机制，制定出台农村电力体制改革指导意见。"① 电力体制改革已是必然的、延续的。

2014 年 12 月 24 日，《关于进一步深化电力体制改革的若干意见》）获国务院常务会议原则性通过。2015 年 3 月 9 日，时任国家能源局副局长的王禹民表示，"党中央、国务院高度重视电力体制改革，《关于进一步深化电力体制改革的若干意见》即将出台。"我国的电力体制改革面临着双重使命，既要解决公平的分配电力产业利益的问题，也要提高更加符合新产业革命要求的竞争力。

2015 年 3 月 25 日，《关于进一步深化电力体制改革的若干意见》（中发〔2015〕9 号，以下简称《若干意见》）出台，标志着新一轮电改大幕开启。其中，《若干意见》规定，"深化电力体制改革的重点和路径是：在进一步完善政企分开、厂网分开、主辅分离的基础上，按照管住中间、放开两头的体制架构，有序放开输配以外的竞争性环节电价，有序向社会资本开放配售电业务，有序放开公益性和调节性以外的发用电计划；推进交易机构相对独立、规范运行；继续深化对区域电网建设和适合我国国情的输配体制研究；进一步强化政府监管，进一步强化电力统筹规划，进一步强化电力安全高效运行和可靠供应。"②

总的来说，我国电力市场化改革取得了重大成绩。具体表现为以下几个方面。

一是促进了电力行业快速发展。2014 年全国发电装机容量达到 13.6 亿

---

① 《关于 2012 年深化经济体制改革重点工作的意见》，http：//www. china. com. cn/policy/txt/2012 -03/22/content_ 24959968_ 4. htm。

② 《关于进一步深化电力体制改革的若干意见》，http：//www. chinasmartgrid. com. cn/news/20150323/600488 -5. shtml。

千瓦，发电量达到5.5万亿千瓦时，电网220千伏及以上线路回路长度达到57.2万千米，220千伏及以上变电容量达到30.3亿千伏安，电网规模和发电能力位列世界第一。

二是提高了电力服务水平，通过农网改造和农电管理体制改革等工作，农村电力供应能力和管理水平明显提升，农村供电可靠性显著增强，基本实现城乡用电同网同价，无电人口用电问题基本得到了解决。

三是初步形成了多元化市场体系。在发电方面，组建了多层面、多种所有制、多区域的发电企业；在电网方面，除国家电网和南方电网，组建了内蒙古电网等地方电网企业；在辅业方面，组建了中国电建、中国能建两家设计、施工一体化的企业。

四是电价形成机制逐步完善。在发电环节实现了发电上网标杆价，在输配环节逐步核定了大部分省份的输配电价，在销售环节相继出台差别电价和惩罚性电价、居民阶梯电价等政策。

五是积极探索电力市场化交易和监管。相继开展了竞价上网、大用户与发电企业直接交易、发电权交易、跨省区电能交易等方面的试点和探索，电力市场化交易取得重要进展，在电力监管方面积累了重要经验。

同时，电力行业改革中还存在一些问题，主要有以下几点。

第一，交易机制缺失，资源利用效率不高。有效的竞争机制在售电侧尚未建立，发电企业和用户之间还不能依靠竞争机制来实现市场交易，在售电侧，市场配置资源的决定性作用难以发挥。节能高效环保机组不能充分利用，弃水、弃风、弃光现象时有发生，个别地区窝电和缺电并存。

第二，厂网分开和主辅分离遗留的问题还未完全解决。厂网分开是电力改革最重要的内容，但五大发电企业和两大电网企业资产划分后，仍留下了一系列的问题，如对于遗留资产及债务存在争议、相关利益主体的改革成本没有得到及时的补偿等，冲击了电力市场中各利益主体的利益和关系，影响到电力市场主体的电力生产经营。主辅分离改革实质上也是厂网分开改革遗留下来的一项艰巨任务。主辅分离工作涉及社会面广，牵涉企业、职工多，利益关系复杂，这导致主辅分离仅在中央层面的电力公司中得以实施，而省级层面的电力公司仍保留着辅业。

第三，立法修法工作相对滞后，制约电力市场化和健康发展。现有的一些电力法律法规已经不能适应当前电力发展的现实需要，有的配套改革政策迟迟不能出台，有关法律、法规、政策、标准亟待修订，以为电力行业发展提供依据。

第四，发展机制不健全，新能源和可再生能源开发利用面临困难。光伏发电等新能源产业设备制造产能和建设、运营、消费需求不匹配，没有形成研发、生产、利用相互促进的良性循环，可再生能源和可再生能源发电无歧视、无障碍上网问题未得到有效解决。

第五，区域电力市场建设不完善。区域电力市场建设是电力市场化改革中的重要一环，2004 年 1 月第一个区域电力市场进行了模拟运行工作，但出现了购电成本增高、电网企业亏空的模拟结果，重演了著名的美国加州电力市场危机事件。这种区域电力市场之间的规则不统一对建立统一、开放的全国电力大市场会形成很大的障碍。

第六，价格关系没有理顺，市场化定价机制尚未完全形成。上网电价和销售电价两个环节组成了当前我国的电价体系，现行电价管理仍以政府定价为主，电价调整往往滞后于成本变化，没有独立的输配电价，难以及时并合理反映用电成本、市场供求状况、资源稀缺程度和环境保护支出，统一开放的电力市场进程受到阻碍。

第七，电力普遍服务的实施体系尚未建立。目前，对于改革过程中或改革后的电力普遍服务，理论界和实践界关注得较少。事实上，如何实施电力普遍服务以及怎样建立电力普遍服务体系，是电力市场化改革必然要面对的问题。

第八，电力监管体系不健全。我国电力监管法律建设滞后，缺乏有力的监管手段和措施，对企业成本与价格的监管缺位。我国现行《电力法》是在 1995 年出台的，其中诸多条款已经与当前的电力产业发展严重不相称，与能源行业发展需要、能源改革的方向矛盾，与电力监管相关的内容严重滞后，不能适应当前要求。

总之，电力行业发展目前还面临诸多矛盾和问题。其中，交易机制缺失、市场化定价机制尚未完全形成等问题仍然突出，造成了市场对资源配置的决定性作用难以发挥，节能高效环保机组不能得到充分利用，弃水、弃风、弃光现象时有发生。

（二）我国电力市场化改革的目标模式

未来10~20年中国正处于新型工业化、信息化、城镇化、农业现代化快速整合的时代，这也意味着电力需求仍将保持旺盛成长的状态；未来10年也是全球电力网络快速智能化变革的时代，这意味着新增电力需求和新增产业变革“双增长、双变革”的时代来临，这个时代也是中国电力管理体制调整的良机，放权将超过集权成为历史潮流。电力市场化改革十分迫切也意义重大。

我国电力市场化的目标模式，就其内涵而言，主要是电力产业市场化的市场结构模式，选择什么样的市场结构模式，直接决定着我国电力市场化的方向、目标和绩效。我国电力市场化的市场结构模式的确定，取决于我国电力产业的发展水平、供求状况、电网结构以及不同模式的适应条件、范围和绩效。

电力市场的结构模式就是电力市场中发电、输电和配电3个环节的垄断和竞争程度的结合。在不同的市场结构模式中，发电、输电和配电3个环节的垄断和竞争的程度不同，因而也具有不同的特征，目前电力市场化的实践中存在4种市场结构模式。

第一，垂直垄断型结构模式。如图6所示，一家纵向一体化的电力企业垄断了市场中的发电、输电和配电。电力市场化之前，大多数国家都采用这种结构。

第二，发电独立型结构模式。也称为买电型运营模式，其结构如图7所示。竞争机制在发电市场被引入，发电与输电、配电环节实现分离是该模式最大的特点，独立的发电市场形成，然而，竞争机制没有在输配电市场引入，输配电市场仍处于垄断状态。目前许多国家都采用这种结构。

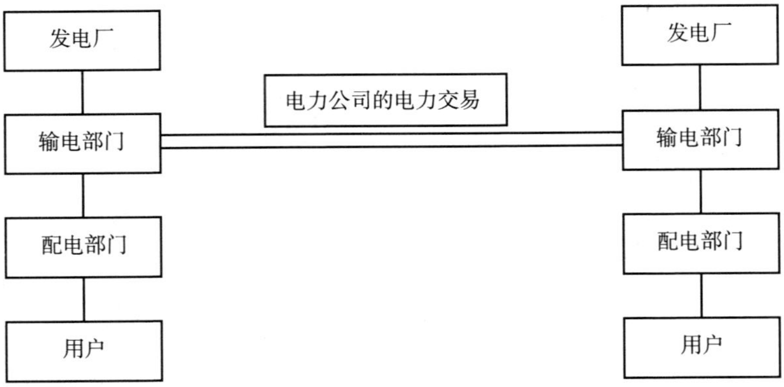

图 6　垂直垄断型电力市场结构

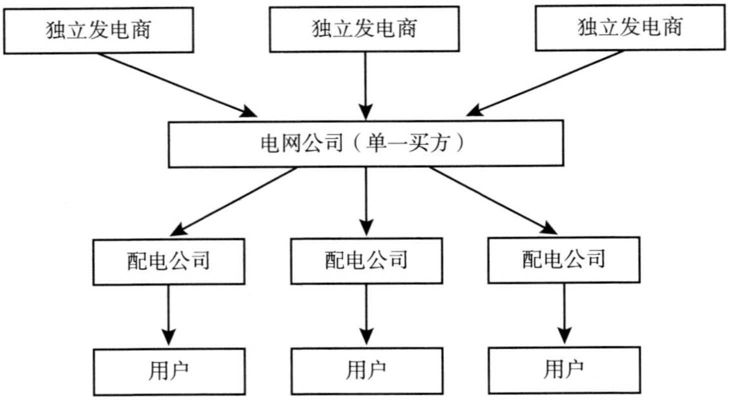

图 7　发电独立型结构模式

第三，发电独立、输电开放型结构模式。也称为趸售竞争模式，其结构如图 8 所示。这种模式的最大特点是发电与输电、配电环节，输电和配电环节都实现了相分离。在该模式下，电力市场的垄断局面被打破，竞争程度大大提高，发电企业与配电企业可以直接交易。

第四，发电独立、输配电开放型结构模式。也称为零售竞争型运营模式，其结构如图 9 所示。在该模式下，电力市场的竞争机制被很好地构建起来，垄断局面被完全打破，输配电市场处于开放网络状态。目前尚无任何国家的电力市场完全采用这种结构，但有人认为它代表了世界电力市场的发展方向。

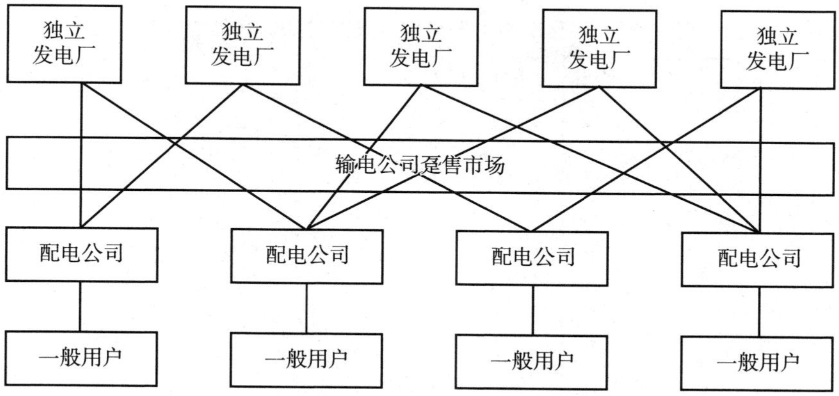

图 8　发电独立、输电开放型结构模式

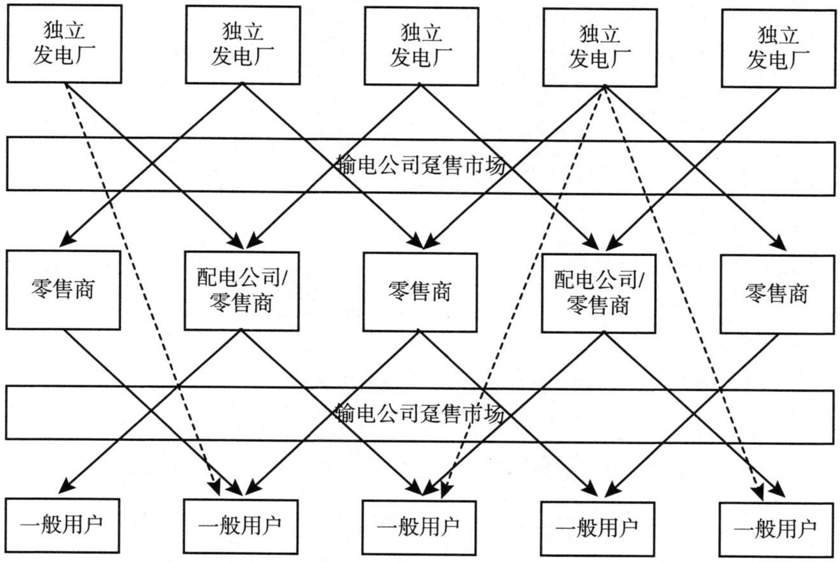

图 9　发电独立、输配电开放型结构模式

根据产业组织理论的结构—行为—绩效分析框架，市场结构与市场绩效之间存在很大的相关性，不同的市场结构产生不同的市场绩效。可以用效率、公平、安全性、技术进步和可持续性五个指标来衡量不同市场结构模式的绩效，如表 2 所示。分析不同市场结构模式的绩效，对于确定我国电力市场化的市场结构模式有着重要的参考作用。

表 2　四种电力市场结构模式对应的市场绩效

绩效指标	垂直垄断型	发电独立型	发电独立、输电开放型	发电独立、输配电开放型
效率	——	—	+	++
资源配置效率	——	—	+	++
X 效率	——	—	+	++
规模结构效率	++	+	+	++
公平	——	—	+	++
垄断利润	——	—	+	++
交叉补贴	——	—	+	++
安全性	++	+	—	——
供电可靠性	++	+	—	——
供电稳定性	++	+	—	——
技术进步	——	—	+	++
新能源技术	+	++	—	—
高效发电技术	——	—	+	++
电网新技术	——	—	+	++
技术改造	——	—	+	++
可持续性	+	++	—	—
环境保护	+	++	—	—
节约能源	+	++	—	—
可再生能源利用	+	++	—	—

注：++表示好，+表示较好，—表示较差，——表示差。

资料来源：根据刘阳平：《电力市场结构转换研究》整理。

通过表 2 可以看出，四种电力市场结构模式所对应的市场绩效在不同评价指标上各有所长，离开电力发展水平和电网水平，很难综合评价其优劣。但相对来说，为保证安全供电，经济较落后、技术水平较低的国家适合采用垂直垄断型结构。发电独立型和发电独立、输电开放型结构的各方面指标较为平均，适合在技术装备水平达到一定阶段时采用，发电独立、输电开放型结构模式在追求经济效率方面较为突出，如果偏重于追求可持续性，则更适合采用发电独立型结构模式。技术先进、经济发达的国家和地区适合采用发电独立、输配电开放型结构，该结构模式对技术条件要求高，经济性最好，有助于技术进步和实现公平。

从长远发展来看，在技术、安全条件满足的情况下，基于经济性和市场公平的考虑，我国电力产业理想的市场结构模式应当是发电独立、输配电开放型。但是作为一种理想的市场结构模式，发电独立、输配电开放型市场结构模式不仅没有经过现实的验证，而且在理论上也存在一些不确定因素。因此，从现实的角度出发，相对而言，发电独立、输电开放型可能是较为理想的市场结构模式，我国电力市场化应该将其作为长期的目标结构模式。但是在电力市场化之初，鉴于我国的国情和电力产业发展的实际，我国的电力市场化可采用发电独立型市场结构模式，为了便于向发电独立、输电开放型市场结构模式过渡，有条件的区域可以开展通过输电网直接向大用户供电、为大用户创造直接选择发电商的机会。

电力市场化改革的关键在于充分考虑电力系统的技术经济特性，同时综合考虑和平衡各方面的利益，根据社会经济发展所处的不同阶段及电力技术发展水平，明确各阶段改革目标和市场模式，按照循序渐进的原则，逐步放松对电力行业的管制，建立起有序竞争的电力市场和完善的监管机制，协调电力行业的整体发展。需要注意的是，在电力行业引入市场竞争机制会遇到经济与市场价值之间的两难选择。因此，在引入竞争机制时要注意适度，既要防止垄断带来的电力行业无效率，又要防止过度竞争影响电力系统的安全和稳定。

三　国外电力市场化改革的实践考察

20 世纪 90 年代以来，世界各主要工业国都开始对电力行业进行改革，其基本的指导思想是放松对电力行业的管制，引入竞争机制、提高市场效率，而改革的核心就是电力市场化，通过将竞争机制引入电力系统中的电力生产、输配电服务、辅助服务等各环节，形成更为公平、灵活的电价机制，以适应电力行业发展的需要，缓解电力供需矛盾，协调电力系统与国民经济发展。

英美两国的电力市场化改革是走在世界前列的，被列为典范；而北欧各国以及澳大利亚、新西兰、日本等发达国家的电力市场化改革则各具特色，充分体现了电力市场化改革的灵活性和持续性。

（一）英国电力市场化的实践

英国是电力市场化最具典型意义的国家。英国模式对其他国家的电力市场化产生了巨大影响，很多国家采取了类似模式，如新加坡、澳大利亚等。英国模式也成为被研究最多的一种模式。第二次世界大战后，英国实行的是电力行业国有化政策，由中央电力局（Central Electric Generation Bureau，CEGB）控制绝大多数的发电厂、国家电网及位于英格兰和威尔士的12个区域配电部门、位于苏格兰的2个电力公司、位于北爱尔兰的1个电力公司，实行垄断经营；另由电气委员会（Electricity Council）负责电力政策和法规的制定以及相关事务的处理。1989年，英国颁布电力工业白皮书，提出将电力企业私有化和实行自由竞争的改革政策；同时还通过了《1989年电力法》（*Power Action*），成立了独立的电力监管机构——电力监管办公室（OFFER）。

英国的电力市场化采取的是自上而下的改革模式。从1990年至今，英国电力市场化改革经历了3个阶段。

1. 电力库模式（Power Pool）

发电方面，英国政府首先将CEGB分解为3个独立经营的发电公司，即国家电力公司（National Power，NP）、国家发电公司（Power Gen，PG）、国家核电公司（Nuclear Electric，NE）。

输电方面，组建国家电网公司（National Grid，NGC），掌握275千伏、400千伏的输电网和调度中心，并控制与法国、苏格兰的电网互联及两个抽水蓄能电站（约占总装机容量的3.59%）。

配电方面，其首先组建了12个地区性独立经营的配电公司（Regional Electricity，RE），拥有240伏～132千伏的配电网络，针对2200多万用户进行配电和售电业务。其次，为了推动市场竞争，防止少数发电公司垄断市场，规定任何发电公司的总装机容量不能超过系统总容量的25%～30%，同时鼓励独立供电商（IPP）进入市场。再次，从对大用户开放供电交易到向所有用户开放，开放的对象从最初的年耗电量 10MW，到之后的 1000kW、100kW，直到 1998 年取消功率限制，原则上所有用户都可自由选择供电商。最后，采取电力联营模式，建立电力库（Pool），所有的电力交易必须通过电力库完成，电力库就是一个现货交易市场，提前一天确定市场的用电量（负荷情况），并确保足够的发电量满足需求。

电力库模式下的英国电力市场结构见图 10。

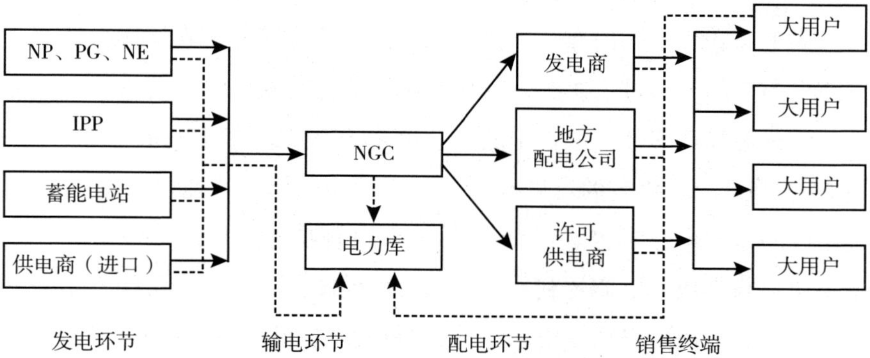

图 10　电力库模式下的英国电力市场结构

注：实线代表实际电流流向，虚线代表资金流向。

电力库模式由 NGC 来承担 ISO 的职责，负责发电机组的择优排序和调度，使得发电和负荷在合理的价格之下达到供求平衡，并组织各种输电所需的辅助服务。而电力库承担了市场中介的角色，维持了电力市场平衡。电力库模式运行的法律基础是《联营及结算规程》（Pooling & Settlement Agreement，PSA），具体交易流程如下：地方配电公司等配电商必须向电力库购买电量，提前一天提交电量需求；电力库根据市场用电量需求向发电厂进行招标，并按购电价（Pool Purchase Price，PPP）收购，购电价等于系统边际价格（System Marginal Price，SMP）加上容量费用（Capacity Element）；电力库在购电价的基础上加上容量费用及辅助服务费用后以销售价（Pool Sale Price，PSP）再批发转售给配电商。在实际运作中，发电商和配电商之间也可以进行双边交易，虽然交易也是通过电力库来实现的，但是合同价格是长期稳定的，不同于电力库价格是实时的，而且可以通过价差条款来实现对实时价格波动的风险规避。实际上，电力库模式下，电力交易的70%～80%都是以双边交易的形式进行的。

电力库模式的实施取得了较大的成功，使得电力行业的竞争局面得以形成，降低了整体用电价格，提高了电力市场的透明度，保证了电力系统运行的稳定性，提高了电力行业的整体效率。但是电力库模式下的交易制度也存在一些弊端，主要包括：限制了用户和需求侧的参与，竞争仅在供电商之间进行，供电商和用户无法参与；供求双方的双边合同并未直接进行议价，而是围绕电力库的定价进行协调，市场无法分享其交易信息，使得整个交易体系缺乏灵活性和透明性，定价中的竞争也非常有限；输电容量及辅助服务费用由NGC确定，但供电商可以利用前一天申报的可用容量和实际当天可用容量之间的差值来影响容量费率，而NGC没有具体的制约手段，这就影响了普通用户与其他供电商的利益；在电力库模式中，占市场份额较大或影响系统运行的供电商可以形成市场势力，控制发电投标竞价过程，从而削弱整个电力批发市场的竞争性和有效性。

2. 新电力交易协议（NETA）

1998年7月，OFFER提议引入新的市场机制和交易模式——新电力交易协议（New Electricity Trading Arrangement，NETA），为市场参与者提供了更多的选择机会。自2000年12月起，NETA模式开始运行，其目标是引入需求侧参与市场定价，促进供应侧的公平竞争，进一步降低市场势力的影响，降低电力市场批发价格，并保证即时及长期电力供应的安全与稳定。

新一轮改革中，电力市场结构也发生了相应的变化。在发电方面，供电商数目不断增加，并形成了足够多的发电市场竞争主体。在输电方面，进一步削弱NGC的功能，NGC的调度中心只负责平衡市场（实时市场）和诸如系统备用、频率调整等辅助服务市场的运转，不再集中统一对电力系统进行调配，供电商可以自行调度所属发电机组。电力市场的供求平衡与交易结算工作由独立的ELEXON清算公司管理，所有参与市场的交易者都必须签署《平衡和结算规则》（Balancing and Settlements Code，BSC），并支付系统平衡服务费。在配电方面，根据 2000 年通过的《公用事业管制政策法》(PURPA)，由 9 个持有配电许可证的配电商（Distribution Network Operator，DNO）负责运营 12 个配电区域，通过对无功功率收费来促使用户提高功率因素，减少从配电网中吸收或倒送无功功率；在销售方面，所有持有售电许可证的公司都可以销售电力，售电商可以利用其他配电商的电网在任何地区售电，但需要向当地配电商支付费用，售电商通过与其他供电商签订供电合同以确保电力供应。

NETA 模式采取实时交易和双边交易两种交易方式，其中大多数电力交易以双边交易方式进行。电力交易主要在 3 个电力交易中心（PX）进行：英国电力交易所（UKPX）、自动化电力交易所（APX）和国际石油交易所(IPE)，其中 UKPX 和 APX 进行实时交易，UKPX 和 IPE 进行双边交易。3 个电力交易中心每天 24 小时开放，可通过互联网接入，所有的市场参与者都可以通过信息系统了解每日具体的交易信息。NETA 交易体系是以双边交易为基础的，由远期市场、现货市场和平衡市场三级体系构成，如图 11 所示。

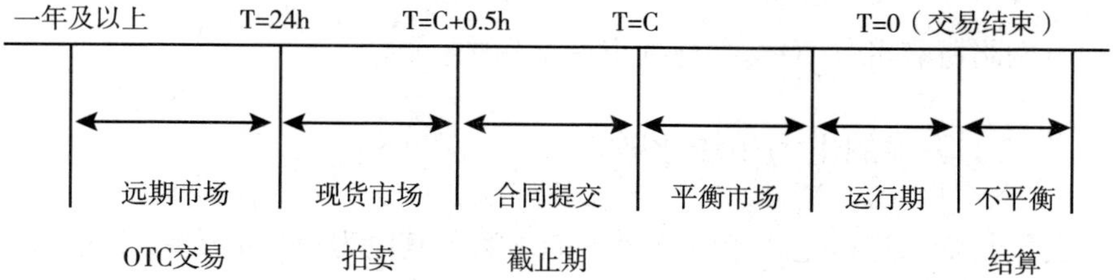

图 11　NETA 的交易模式

NETA 交易体系的实施进一步推动了英国电力市场化改革的进程，不仅吸引了新的、有竞争力的市场参与者加入，增加了市场的竞争性，而且通过平衡市场的有效运作，为电力供应平衡提供了更好的保障，增强了系统的稳定性。最重要的是通过鼓励需求侧参与平衡市场交易，有效地减少了系统平衡费用的支出。在 NETA 交易体系运行过程中，电力价格未出现大的波动，电价稳步下降，由于 PX 提供了详细的市场交易信息，市场透明度得以大大增加。但是，NETA 交易体系也带来了供应侧过度竞争的问题，供电商的利润很低，甚至亏本经营，长期投资的积极性受到打击。另外，由于平衡市场强调事前的计划，存在应对突发事件能力不足的问题，这会影响到电力系统的安全运行。

3. 英国电力交易和传输机制（BETTA）

为了缓解电力供需矛盾，英国天然气和电力管理办公室（OFGEM）提出了新的改革设想，即对苏格兰地区电力机制进行改革，将 NETA 交易体系在全英国范围内推行，进一步完善电力批发市场，促进电力市场的良性竞争。2004 年，《能源法（2004）》（*Energy Act* 2004）通过，为进一步开展电力市场化改革提供了一个基本的法律框架。2005 年，英国开始实施电力交易和传输机制（British Electricity Trading and Transmission Arrangements，BETTA）。通过制定新的《平衡和结算规则》《线路与系统使用规范》《电网规范》等法规，统一了定价方法和电网使用合同；在 NETA 交易体系的基础上，建立了统一的电力交易、平衡和结算系统；将 NGC 的调度功能转移到新的系统运行机构——大不列颠系统调度中心（Great Britain System Operator，GBSO），由其统一负责电力调度分配和系统平衡，而 NGC 只是作为输电网络所有者（TO）参与到市场交易中。

（二）美国的电力市场化改革

美国是最早进行电力市场化改革的国家，其电力市场的改革进程是以一系列法案的颁布和实施为标志的。1978 年，美国就颁布了《公共事业管制政策法案》（PURPA），允许企业建立热点联产电厂及可再生能源电厂并出售给地方公用电力公司，而后者必须收购，该法案等同于开放了发电市场。1992 年的《能源政策法案》（EPA）则对大用户开放了输电网络。1996 年，美国联邦能源管理委员会（FERC）颁布了第 888 号和第 889 号令。具体改革方案及进度由各州根据电网实际情况自行确定，具体的电力交易方式也因地制宜根据各州情况自行确定。1999 年，FERC 颁布了第 2000 号令，提出建立区域输电组织（Regional Transmission Organization，RTO）的设想，并要求拥有跨州输电设施的电力公司必须提出组建或参加 RTO。FERC 赋予 RTO 进行输电网络管理的责任，包括系统调度、潮流计算、区域阻塞管理等，同时还负责电力批发市场的管理和监督，但 RTO 只有输电网络的经营权，没有所有权。2002 年 7 月，FERC 又推出了标准电力市场设计方案（Standard Market Design，SMD），试图为美国区域电力市场建设提供一套标准化的设计方案。

美国电力市场一直都是由以私营企业为主体的多种模式的垄断电力公司控制的，联邦及地方政府所有的电力企业不以赢利为目的，美国政府会给予一定的优惠政策，但大都局限在发电领域，且规模有限。私营电力公司不仅广泛参与到发电、输电、配电和营销等各项业务中，而且控制了全美的主要输电网络，即东部电网、西部电网和德州电网。由于三大电网之间各自为政，存在不同的技术标准，电网互联及协调的监管职能主要由电力可靠性组织（Electric Reliability Organization，ERO）实施，以保证全美电网的可靠性、充裕度和安全性。美国电力市场化改革是由各州采取自愿组合的方法，建立区域性的电力批发市场来进行的。因此，美国各州电力市场化改革进程及采取的市场模式相差很大，最具代表性的是加州电力市场、PJM 电力市场、德州电力市场和新英格兰地区电力市场。

1. 加州电力市场

加州是美国电力市场化改革的先驱。改革之前的加州电力行业由实施垂直一体化垄断经营的 40 多家电力公司组成。1996 年，加州通过了电力市场化改革的方案，重点包括：成立加州电力交易所（PX）和加州独立调度中心（CAIPO），将其作为独立的、非营利的市场中介机构和电力系统管理机构；要求实现竞价上网，用招投标的办法确定各供电商的分时上网电量；售电商必须 100% 从电力批发市场购电，不得与 IPP 签订长期购电合同；原有的一体化经营的电力公司必须将输电网络控制权移交给 CAISO；等等。1997 年 3 月，加州解除对电力市场的管制，电力市场化改革随之展开。

2002 年前加州电力批发市场的市场结构如图 12 所示，按运行时序可分为日前市场、小时前市场和实时市场。

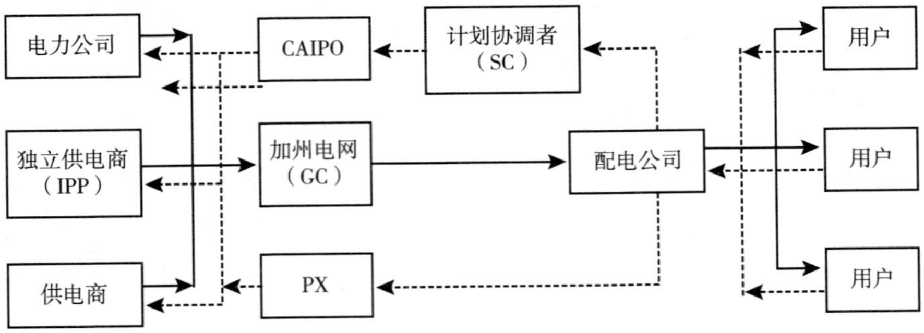

图 12　2002 年前加州电力批发市场的市场结构

注：实线代表实际电流流向，虚线代表资金流向。

2000 年爆发的加州电力危机暴露了加州电力市场存在的问题。加州电力市场存在的内在制度缺陷，主要表现在 3 个方面：一是市场层次的设置不合理，加州电力批发市场只有现货交易，不允许供需双方签订长期合同，导致市场价格信号不明晰，影响发电方面的投资建设，严重制约了供电能力的提升；二是市场体系的构建不匹配，配电公司长期亏损；三是供电商凭借市场势力，利用跨市场价差进行套利，导致系统供求失衡。

2002 年，CAIPO 提交了“市场全面设计计划”的市场改革方案，对加州电力批发市场进行深化改革，包括从 2002 年 8 月开始实施的“自动削减市场势力程序”（Automated Mitigation Procedure，AMP）项目，从 2004 年 10 月开始实施实时市场改进措施和“调度偏差惩罚机制”（Uninstructed Deviation Penalty，UDP），从 2007 年开始实施的“市场重新设计及技术更新计划”（MRTU），以及参照 SDM 构建发电容量和输电容量市场，引入期货合约及金融输电权（FTR）等创新交易机制。

2. PJM 电力市场

PJM 是美国东部宾夕法尼亚州、弗吉尼亚州、马里兰州的首字母缩写，PJM 电力市场主要为美国东岸和中部 5 个州（上述 3 个州和新泽西州、特拉华州）及哥伦比亚特区供应电力。2002 年 4 月，PJM 被 FERC 正式接受为 RTO。2003 年 PJM 与中西部独立系统调度中心（MISO）签订合营协议，两大系统的服务范围扩大到美国22个州、哥伦比亚特区及加拿大部分地区。PJM有联网办公室（Office of Interconnection，OI），是负责PJM电力市场具体运营管理的执行机构，同时也负责整个电力系统的集中控制与调度，其职能具体由市场成员签订的4个协议来规范。

PJM采取的是搭积木式的渐进式改革，通过不断创新，逐步引导电力市场走向成熟和完善。1997年3月，PJM开始运行美国第一个基于投标竞价的区域电力批发市场。1998年，PJM转化为IPO，并创建了容量信用市场机制（Capacity Credit Market，CCM），进行发电容量和输电容量交易。1999年，PJM又率先将金融输电权的概念引入容量信用市场机制中，还和纽约商品交易所合作，推出相关的电力期货、期权合约。1999年，PJM开放了宾夕法尼亚州的零售市场，并逐渐向其他地区推广。2007年，PJM引入可靠性定价模型机制，促进现有的装机容量和未来规划中的装机容量进行竞争。目前，PJM电力市场已经发展为较为成熟、完善的市场体系，按系统运行环节分为发电容量和输电容量市场、电力批发市场和零售市场（仅限于宾夕法尼亚州）。其中，电力批发市场的运营方式与其他区域电力批发市场类似，按运行时序可分为日前市场和实时市场。

由于CCM没有反映出区域输电约束对容量的需求，并影响到系统的安全性，2007年6月，PJM用RPM机制代替CCM机制。RPM机制规定了以下5点：强制要求所有区域内有可用自然容量的现有机组必须参加基本拍卖市场；将CCM提前1年进行的发电容量基本拍卖扩展为提前3年；RPM允许供电商通过双边交易购买发电容量，以自供给的形式来满足自身的需求，但必须向PJM申报；在存在输电约束的区域，需以较高的发电容量价格刺激某些机组的继续服务和新的电力供应来源加入，以保证该地区有足够的装机容量；考虑到各约束地区的容量清算价会高于系统容量清算价并由此产生不同的地区加价，RRM还引入容量输送权的概念来分配这部分差额。

3. 新英格兰地区电力市场

1971年，新英格兰电力库（NEPOOL）成立，负责新英格兰地区各州电网之间的可靠性协调和控制性能考核。1997 年 7 月，新英格兰地区独立系统调度中心（ISO－NE）成立，逐步取代 NEPOOL，此后新英格兰地区经历了全网统一电价体系阶段。1999 年 5 月，ISO－NE 负责的过渡性电力批发市场开始运行，采取的是节电电价体系和多结算系统。这一阶段市场化的特点是采用全网统一电价，并构建了完整的辅助服务市场及容量市场，还完成了“厂网分离”。2003 年 3 月，美国新英格兰地区电力市场率先正式参照 FERC 的 SMD 方案进行新的市场化改革。

新英格兰地区原有的电力市场体系可分为：电力批发市场、自动发电控制市场、备用市场、可用容量市场和装机容量市场。新一轮电力市场化改革的特点可以概括为以下几点：①定价机制改革，电力批发市场分为日前市场和实时市场，由原来的统一出清价格转向采取 LMP 的分区定价；②主辅市场的联合优化，按照电力市场中商品的优先次序分配系统的容量资源，在保证系统安全运行的条件下，根据统一优化结果进行安全经济调度；③建立输电容量市场，引入金融输电权，通过短期（1 个月）和长期（1 年）拍卖竞价进行交易。

4. 标准电力市场设计（SMD）

2002 年 7 月，FERC 颁布了标准电力市场设计方案（Standard Market Design, SMD），提供了一整套输电服务及电力市场设计标准。SMD 的基本框架是通过设立独立输电供应商来接管电力公司的电网调度控制权（输电网络的所有权不变），同时负责现货市场（日前市场）和平衡市场（实时市场）的运行，为市场参与者提供相应的辅助服务和阻塞管理，并确定价格上限。SMD 的市场结构可以划分为输电市场、供电市场和辅助服务市场 3 个层次，统一由 ITP 管理和控制。其中，SMD 建议 ITP、辅助服务市场建立和采用日前市场和实时市场两种交易模式。

总体而言，SMD 是目前最先进的电力市场设计方案，但是在实际执行过程中，并没有获得很好的效应。这主要是因为原有电力市场的既得利益集团不愿意放弃其市场化优势地位。各方利益难以协调成为 SMD 实施的主要障碍。

（三）欧盟的电力市场化改革

1. 欧盟统一电力市场的构想

作为基础产业，电力行业在欧盟一体化进程中启动最晚，推进的难度最大。欧盟推进电力市场化改革的目的是消除各成员国电力行业之间的壁垒，建立统一的欧洲电力市场，引入竞争机制，优化电力资源配置。欧盟通过一系列的指令来指导和规范各成员国的电力市场化改革。1996 年，欧盟委员会颁布《关于电力市场化改革的指令》，对各成员国电力行业的改革目标做出了具体的规定，要求在 1999 年 2 月必须开放电力市场，允许第三方进入和用户自由选择。2001 年，欧盟又颁布了《关于在内部电力市场促进可再生能源电力生产的指令》，建立“绿色准入制度”，确保绿色发电在电力市场的推广。2003 年 6 月，欧盟又颁布了《关于内部电力市场共同规则的指令》，取代《关于电力市场化改革的指令》，重新对成员国的电力市场化改革提出硬性规定，并要求在各成员国的电力或能源相关法律中有所体现。

（1）欧盟电力市场化改革的框架

欧盟提出的电力市场化改革的具体途径和措施涵盖了发电、输电、配送和零售等环节，还涉及跨国电力交易机制。

发电环节。欧盟颁布的《关于内部电力市场共同规则的指令》对新建发电设施的建设设置了严格的审批制度和招标程序。为了鼓励新能源和可再生能源发电，欧盟颁布的《关于在内部电力市场促进可再生能源电力生产的指令》还规定了输电和配电网络必须优先调度和使用绿色电力，保证给予绿色电力足够的输电容量。

输电环节。欧盟颁布的《关于内部电力市场共同规则的指令》对输电环节做出了如下规定：一是要求各成员国必须对电力批发市场开放设立明确的时间表；二是对电力市场主体独立性做出明确要求，要求在保证电力供应安全的基础上，一体化垄断经营的电力公司必须进行业务分离，在输电和配电环节分别成立独立法人；三是组建独立的输电系统运营机构，负责输电网络的电力调度、阻塞管理和日常维护。

配电环节。欧盟颁布的《关于内部电力市场共同规则的指令》规定各成员国为每个区域的配电系统指定一个配电系统运营机构，负责配电系统的运行、维护、发展及与输电系统的互联。配电公司必须按照有关监管机构确定的价格、条款和条件为终端用户提供接入服务，并承担一定的公共服务义务。

售电环节。欧盟颁布的《关于内部电力市场共同规则的指令》规定各成员国必须从2004年7月1日开始允许全部非家庭电力用户拥有购电选择权，从2007年7月1日开始允许全部电力用户（包括家庭用户）拥有购电选择权。购电选择权允许电力用户自行选择是向本地配电、售电公司购电，还是向发电企业直接购电。

跨国电力交易。欧盟法律一般不允许限制跨国收购电力企业或进行跨国电力投资，但是欧盟委员会会对电力企业的跨国并购是否违反市场竞争原则进行审查，一旦发现违规行为，可以命令有关企业停止相关行为，并采取必要措施恢复竞争。在电力跨国交易方面，2005年欧洲电力和天然气监管机构颁布了关于输电收费和阻塞管理的导则草案。这些相关规定的主要目的是规范跨国输电行为，提高经济效益和促进竞争。

（2）欧盟统一电力市场的推进情况

为了进一步推动统一电力市场的建设，欧盟重点在以下3个方面开展工作：一是加快泛欧输电网络建设的进程；二是推行统一的输电交易、辅助服务和阻塞管理机制；三是促进成员国深化市场化改革，推动各成员国电力市场之间的连接和融合，建设泛欧洲电力市场。

泛欧输电网络建设。1996年，欧盟就出台了泛欧跨国能源传输系统建设计划，提出到2005年各成员国拥有的跨国输电容量应该达到该国总发电量10%的目标。2003年欧盟对计划进行了修改，提出了一些优先考虑的电力联网项目，并将新加入欧盟的10个国家的跨国联网项目也考虑进来。

市场机制构建。在统一输电阻塞管理机制、跨国输电交易机制等方面，欧盟要求各系统调度机构加强协作，逐步完善输电容量市场，包括采用明确的容量拍卖机制等。

市场体系建设。在推进各国电力市场融合方面，欧盟提出建立区域电力市场，并逐步向统一的泛欧电力市场过渡的目标。目前，欧盟已经建成包括欧洲能源交易所、英国电力交易所、荷兰电力交易所、北欧电力交易所等在内的 14 个电力交易所。

2. 北欧电力市场化改革

北欧四国（瑞典、芬兰、丹麦、挪威，其中，挪威不是欧盟成员国）之间的电力结构具有互补性，存在较大的跨国电力交易潜力，而且北欧地区的电网非常发达，四国均实现了电网互联，因此，北欧四国经过 10 多年的发展，建立了北欧电力市场，并形成了较为完备的市场体系和制度框架。北欧电力市场不仅是欧盟区内发展最为成功的区域电力市场，也是世界上第一个跨国统一电力市场。

（1）电力市场结构

北欧四国电力批发市场的基本模式是：充分放开用户的购电选择权，买卖双方可以签订双边合同，也可以在北欧电力交易所（Nord Pool ASA）中进行电力交易（包括现货交易和期货交易），但必须参与所在国的平衡机制结算，各国电网公司的调度中心（TSO）负责各自系统的安全运行与调度控制，通过平衡市场、备用市场来解决系统实时平衡问题，而辅助服务则通过合同交易来进行。

北欧电力零售市场已经向全部的电力用户开放。其中，工业、商业和服务业等用户通常会通过双边市场和电力零售商或直接与发电商签订购电合同，而普通居民用户则主要是在零售市场中选择自己满意的零售商和电力类型。

北欧电力交易所是北欧电力市场的核心，负责整个北欧电力批发市场的交易和清算，以及二氧化碳排放权交易活动。北欧电力市场没有一个统一的 TSO，各国的 TSO 是独立运作的机构，主要负责电力系统的发展、安全稳定运行和各自调度范围内的电力实时平衡。北欧四国的 TSO 都是 Nordel（北欧四国加上冰岛的 TSO 合作组织）成员，Nordel 负责编制北欧输电系统的发展规划（包括电网投资）。

（2）电力批发市场

北欧电力批发市场有现货市场和实时市场，由于在电力交易中广泛采用了金融技术，而逐渐实现了与电力金融市场的对接。

现货市场。其由日前市场和小时前市场两阶段组成。日前市场主要是对第二天各个交易时段（以小时为单位）的电量进行竞价交易。交易的品种主要有小时（hourly）合同、分段（block）合同和灵活小时（flexible hourly）合同。交易价格则通过系统定价与分区定价相结合的方式形成。小时前市场主要是为市场参与者提供调整电量计划的机会，对符合自己意愿的购售电出价申报反向的购售电报价。

实时市场。北欧电力市场采用分区控制方式，实时平衡由四国的 TSO 分别负责，因此有关实时平衡的规划也各不相同。从 2002 年开始，四国的 TSO 通过相互协调，开始逐渐向单一控制区方式过渡，将所有的实时报价进行统一排序，实现全系统实时平衡，并采用相同的定价机制和结算方法。

（3）电力金融市场

北欧电力金融市场中的交易是无约束电力交易，即不考虑电网阻塞、输电容量限制和附属服务费用等问题，主要是为了实现电力价格发现和套期保值。北欧电力金融交易所挂牌交易的电力金融产品有：期货合约、期权合约、价差合约等。

北欧四国地处气候寒冷的北欧地区，居民用电受短期气温变化的影响非常大，而且需求具有很大的刚性，因此配电商与供电商的电力交易多借助金融手段来规避价差波动风险；商业用户则更多地采用现货交易来适应短期天气变化，并辅以固定价格的双边合同来降低电力支出成本；而工业用户由于电力需求相对稳定，更多地采用固定价格的双边合同来控制用电成本，辅以现货交易保持一定的灵活性。

四　进一步深化电力市场化改革的展望

根据国外电力市场建设的经验，电力市场化改革需要重点考虑以下几个问题：一是电力市场的有效性取决于利益集团（发电商、输电商等）和非利益集团（系统运营商）的分离程度，这直接影响到电价能否反映系统运行成本，并正确引导对发电和输电网络的投资；二是由配电商统一供电并代为选择供电商是较为经济可行的办法；三是提高输电网络运营绩效的关键在于电力市场结构的安排，主要做法是通过成立区域或全国性的独立调度中心，分离输电网络的所有权和经营权，同时设立电力交易所等措施，分离系统调度与电力交易功能，抑制市场势力的形成；四是电力市场监管的重点是抑制和消除市场势力。

根据我国电力行业发展的情况和电力系统的技术经济特性，结合国际上电力市场化改革的经验，未来5～10年我国电力市场化改革应主要从以下几个方面进行深化。

1. 优化电源结构与布局

近些年来，发电设备利用小时特别是火电利用小时数下降，降低了电力行业资产利用效率和效益。究其原因，除电力供应宽松外，投产电源结构和布局不合理、调峰电源比例低也是重要原因。为此，在科学调控开工投产规模的同时，更应该从以下几个方面着手提高电力资产利用效率和效益。

第一，提高电力系统调峰电源比重，减轻煤电机组深度调峰负担。煤电机组为快速发展的风电、太阳能发电等可再生能源承担深度调峰和备用功能，不但降低了火电资产利用效率和效益，还增加了火电机组的供电煤耗和污染物排放。无论是在规划制定上，还是在近些年的电源项目安排上，应优先考虑和核准建设调峰电源，提高调峰电源比重，从而提高各类型电力资产尤其是火电资产的利用效率和效益。

第二，优先发展水电和核电，稳步提高非化石能源发电比重。在科学确定非化石能源发电比重的目标下，如何优化非化石能源发电结构、提供全社会用得起的安全绿色电能，是“十三五”规划及其具体项目安排中亟须解决的重大课题。发展水电、核电与发展风电、太阳能发电相比，两者在绿色低碳（环境品质）上大致相同；在发电成本或上网电价（经济品质）上，前者明显优于后者；在电力负荷平衡中的发电装机容量利用率（容量品质）上，前者也明显优于后者。同时，当前电力供需总体宽松，利用小时数处于历史低位，但是未来5～10年发电装机需求仍有较大的发展空间，而水电和核电的建设周期为5年左右甚至更长。所以，优先发展水电和核电，既能够拉动经济增长，又能够有效规避当前供需宽松的困局，还能够确保电力结构绿色转型和保障电力中长期安全经济供应。

第三，调整新能源发电思路，提高新能源发电利用率。做好统筹规划，做到国家与地方规划相统一，完善国家规划刚性实施机制。风电和光伏发电发展应坚持集中与分散相结合的原则，在近期和中期优先鼓励分散、分布式开发。在落实消纳市场和输电通道，并且提前开工建设输电通道工程的条件下，有序推进集中式开发。

此外，国家有关部门应尽快协调有关地方，统筹考虑西南水电等可再生能源的开发及市场消纳，加快清洁能源基地的跨省区输电通道建设，确保现有电源过剩能力得到更大范围的消纳，以及新增电源能及时送出，加快配电网建设和智能化改造，鼓励储能技术参与辅助服务，提高电力系统对分布式能源的消纳能力。

2. 推进电价配套改革

实行改革开放以来，我国的电价定价机制已经进行过4个阶段的改革。

第一阶段，1975～1985年，低水平稳定期。1975年颁布《电热价格》，明确了基本的电价水平和销售电价分类。在该阶段，电价总体变动很小，平均为0.08元/千瓦时。

第二阶段，1986～1995年，快速扩张期。1985年实行还本付息电价，以及多家办电、多渠道集资办电，1985～1993年，规定了燃运加价，从1988年开始征收电力建设基金。在该阶段，燃运价格上涨和单位造价攀升导致电价增长较快，至1995年系统平均销售电价为0.262元/千瓦时。

第三阶段，1996～2001年，控制转折期。1998年，对电价政策进行调整，把按电力项目还贷期还本付息需求定价改为按社会平均先进成本定价，电价年均增长不足9%，至2002年全国平均销售电价不足0.4元/千瓦时。

第四阶段，2002年至今，持续博弈、多元目标期。以“厂网分离、竞价上网”为标志的电力市场化改革正式展开，作为电力价格改革的配套措施，2004年12月，国家发改委会同国家电监会印发了《关于建立煤电价格联动机制的意见》，提出以电煤综合出矿价格，实行煤电价格联动。2005 年，《上网电价管理暂行办法》《输配电价管理暂行办法》《销售电价管理暂行办法》同时出台，虽然至今仍没有公布全面实行竞价上网的时间表，但是新的电价形成机制已经基本得到明确。2006 年 4 月，华东四省一市（包括江苏、浙江、福建、安徽及上海）开始试运行电力竞价上网政策。2008 年，国家连续两次调整了电价。2009 年 11 月 20 日，国家发改委规定全国销售电价平均每度电提高 2.8 分。从 2012 年开始，对居民用电实行正向阶梯电价。2015 年我国的平均销售电价将超过 0.7 元/千瓦时，预计 2020 年将突破 0.8 元/千瓦时。

电价改革是未来电力市场化改革的一个重点和难点，2005 年国家发改委出台的一系列暂行办法并不是最终的改革目标，而仅仅是一种过渡措施。电价配套改革的方向，近期是在现有电力体制的基础上，通过建立区域电力市场，在上网电价方面实现适度竞争的竞价上网机制，在输配电价方面实现“两部制电价”的构想。在销售电价方面，对居民电价采取阶梯电价，并将农村电价逐步纳入阶梯电价体系中，对于工商业电价，则与上网电价实行联动，在具备条件的区域电力市场，可以试行工商业用户直接供电交易，由发电企业和大用户直接确定销售电价。长远来看，最终的目标仍是建立完善的电力批发市场机制，分开生产、输配和销售电价，由市场竞争形成发电、售电价格。

此外，还要加快理顺电价、热价形成机制。具体而言，在研究火电价格形成机制时，要考虑水电大省火电机组长期承担电网调峰作用、利用小时数偏低、亏损严重及企业经营状况持续恶化等实际问题；加快研究两部制电价改革，建立健全水电与火电互补机制；加快建立调峰调频等辅助服务电价机制，以解决受电大省、可再生能源发电大省的火电机组深度调峰调频及旋转备用合理补偿问题，同时给予热电联产企业供热业务环保热价补贴政策。

加快建立成熟、稳定、合理的电价形成机制，价格是市场配置资源最重要的信号。无论是推动产业结构的升级，减少资源环境浪费，减低污染排放和大气污染，还是大力发展新能源与可再生能源，都需要建立能够反映资源稀缺程度与环境成本，能够充分体现和及时传导市场供求关系的价格形成机制，给社会和产业的上下游以稳定的市场预期。当前我国电力体制改革正在酝酿和积极推动，应参考和借鉴有关国家和国内成油品价格改革的成功经验，坚持市场化的方向，减少价格的审批，加强价格监管，探索建立市场化的价格形成机制。

3. 建立有效的电力监管制度

电力监管就是相对独立的电力监管机构对电力行业经济活动实施的专业领域内的微观干预活动，包括对自然垄断环节的直接监管和对竞争性环节的间接监管，主要包括经济性监管、社会性监管和反垄断监管。

（1）经济性监管，电力经济性监管的主要内容包括价格监管和准入监管。

价格监管。电力价格采取分段式定价方式，电力工业各环节的成本都计入电价。由于电力工业各环节的自然垄断程度不一样，电力价格监管也应采取不同的形式。从各国电力体制改革之后的电力行业来看，发电及售电环节总体竞争性较强，而输电、配电环节则仍然属于垄断性业务（输电与配电的垄断程度有区别）。就发电及售电价格监管来看，在比较完善的电力市场条件下，由于实行竞价上网，发电企业与电力购买方（包括终端用户中的大用户以及售电企业）可以在公平开放接入电网的基础上自由进行电力买卖，从而基于市场机制形成电力价格。但应该注意的是，政府对电力价格监管的放松不能一蹴而就，而应该适应一国电力市场化程度而逐渐放开。在实行电力市场化改革的初期，电力终端价格也就是零售价格和批发价格不可能完全由市场决定，而在终端价格没有完全放开的情况下，政府应该对售电价格进行一定的监管。对发电及输电价格进行监管是电力价格监管的重点，政府对发电、配电价格进行监管要在消费者利益与企业利益之间寻求平衡。

准入监管。根据电力市场化程度的不同，政府对电力市场准入监管的重点各异。在发电及售电完全市场化之前，为了避免行业内过度竞争、生产能力过剩导致投资浪费，以及效率低下的小电站出现，政府需对新进入者进行必要的监管。电力市场化改革之时，政府应转移监管重点，放松对发电售电企业准入的监管。在竞争性发电售电市场形成之后，电力市场准入监管的重点应转向维护市场的公平竞争环境以促进资源配置优化。

（2）社会性监管。社会性监管主要包括安全监管、普遍服务监管和环境监管。

安全监管。安全监管需求是由电力工业在技术上的网络性、稳定性特征以及在经济上的正外部性特征决定的。电力工业的网络性决定了任何一个节点的电压和频率的异常波动都会影响整个系统的安全。电力工业对国民经济的发展具有正相关性，电力工业承担着向其他行业提供电力支持的任务，同时还带动其他相关行业发展。因此，客观上需要政府对有关电力安全运行的技术要求进行规范，其中包括制定或参与制定有关电力安全、技术、定额和质量的标准，并监督和检查这些标准的实施情况。

普遍服务监管。普遍服务监管需求是由电力工业在技术上的不可替代性以及在经济上的正外部性所决定的。普遍服务是指对任何地点、任何人都要实现无差别的、负担得起的服务并实现对资源的平等接入，包括对边远地区、贫困地区、高成本地区以及低收入群体的倾斜。由于市场主体具有企业独立的市场赢利目标，市场的价格机制无法保证这种普遍服务责任能得到忠实的遵守，因此需要政府对公共事业单位进行监管，促使企业满足普遍服务的要求。

环境监管。环境监管需求是由电力技术水平及电力工业在经济上的负外部性特征所决定的。首先，在现有的技术条件下，火力发电会导致环境污染问题、原子能发电有可能导致核事故等，这就要求政府首先制定科学的能源发展战略并配套相应的监管政策，优先发展清洁发电能源，限制高污染发电项目；其次，电力企业为了降低建设成本，有可能削减环境项目投资或缓上配套环保设施，这都需要政府监管机构针对电力企业环保情况制定政策和标准，并进行检查和监督，以克服电力工业在环境问题上的负外部性。

（3）反垄断监管。由于电力行业具有规模经济以及范围经济特征，在输电等环节还具有较明显的自然垄断特征，为了防止垄断企业滥用优势地位破坏市场正常竞争秩序，提高资源配置效率，需要对电力企业进行反垄断监管。对于我国电力行业发展来说，由于在市场上占据优势地位的是国有企业，在推行电力市场自由化的过程中，电力企业的经济性垄断及行政性垄断交织在一起，更需加强对电力企业资产重组的市场行为的监管。

4. 深化电力体制改革

近日出台的《关于进一步深化电力体制改革的若干意见》被称为“新电改”，它进一步明确了坚持市场化改革的原则，强调区分竞争性和垄断性环节，意味着我国推动十余年之久的电力市场化改革“破冰”，再次迈出了实质性步伐。

深化电力体制改革的总体目标是通过改革，建立健全电力行业“有法可依、政企分开、主体规范、交易公平、价格合理、监管有效”的市场体制①，努力降低电力成本、理顺价格形成机制，逐步打破垄断、有序放开竞争性业务，实现供应多元化，调整产业结构，提升技术水平、控制能源消费总量，提高能源利用效率、提高安全可靠性，促进公平竞争、促进节能环保。

深化电力体制改革，要坚持的基本原则有以下几点。

一是坚持安全可靠。体制机制设计要遵循电力商品的实时性、无形性、供求波动性和同质化等技术经济规律，保障电能的生产、输送和使用动态平衡，保障电力系统安全稳定运行和电力可靠供应，提高电力安全可靠水平。

二是坚持市场化改革。区分竞争性和垄断性环节，在发电侧和售电侧开展有效竞争，培育独立的市场主体，着力构建主体多元、竞争有序的电力交易格局，形成适应市场要求的电价机制，激发企业内在活力，使市场在资源配置中起决定性作用。

三是坚持保障民生。结合我国国情和电力行业发展现状，充分考虑企业和社会的承受能力，保障基本公共服务的供给。妥善处理交叉补贴问题，完善阶梯价格机制，确保居民、农业、重要公用事业和公益性服务等的用电价格相对平稳，切实保障民生。

四是坚持节能减排。从实施国家安全战略全局出发，积极开展电力需求侧管理和能效管理，完善有序用电和节约用电制度，促进经济结构调整、节能减排和产业升级。强化能源领域科技创新，推动电力行业发展方式转变和

① 《关于进一步深化电力体制改革的若干意见》，http：//www. ne21. com/news/show－64828. html。

能源结构优化，提高发展质量和效率，提高可再生能源发电和分布式能源系统发电在电力供应中的比例。

五是坚持科学监管。更好地发挥政府作用，政府管理应重点加强发展战略、规划、政策、标准等的制定实施，加强市场监管。完善电力监管机构、措施和手段，改进政府监管方法，提高对技术、安全、交易、运行等的科学监管水平。

近期推进电力体制改革的重点任务主要包括以下几个方面。

第一，有序推进电价改革，理顺电价形成机制。要单独核定输配电价，政府定价的范围主要限定在重要公用事业、公益性服务和网络自然垄断环节；要分步实现公益性以外的发售电价格的市场形成机制，放开竞争性环节的电力价格，在形成机制上把输配电价与发售电价分开；要妥善处理电价交叉补贴，结合电价改革进程，配套改革不同种类电价之间的交叉补贴。①

第二，推进电力交易体制改革，完善市场化交易机制。要规范市场主体准入标准，按照接入电压等级、能耗水平、排放水平、产业政策以及区域差别化政策等确定并公布可参与直接交易的发电企业、售电主体和用户准入标准；要引导市场主体开展多方直接交易，有序探索对符合标准的发电企业、售电主体和用户赋予自主选择权，实现多方直接交易；要鼓励建立长期稳定的交易机制，构建体现市场主体意愿、长期稳定的双边市场模式；要建立辅助服务分担共享新机制，完善并网发电企业辅助服务考核新机制和补偿机制；要完善跨省跨区电力交易机制，按照国家能源战略和经济、节能、环保、安全的原则，采取以中长期交易为主、临时交易为补充的交易模式，推进跨省跨区电力市场化交易，促进电力资源在更大范围内的优化配置。

第三，建立相对独立的电力交易机构，形成公平规范的市场交易平台。要遵循市场经济规律和电力技术特性定位电网企业，改变电网企业集电力输送、电力统购统销、调度交易为一体的状况，继续完善主辅分离；要改革和

---

① 《关于进一步深化电力体制改革的若干意见》，http：//www. ne21. com/news/show－64828. html。

规范电网企业运营模式，按照政府核定的输配电价收取过网费，规范电网企业投资和资产管理行为；要组建和规范运行电力交易机构，将原来由电网企业承担的交易业务与其他业务分开，实现交易机构相对独立运行；要完善电力交易机构的市场功能，电力交易机构主要负责市场交易平台的建设、运营和管理，负责市场交易组织，提供结算依据和服务，汇总用户与发电企业自主签订的双边合同，负责市场主体的注册和相应管理，披露和发布市场信息等。

第四，推进发用电计划改革，更多地发挥市场机制的作用。要有序缩减发用电计划，根据市场发育程度，不再将直接交易的电量和容量纳入发用电计划，尽快实现以市场交易为主的模式；要完善政府公益性、调节性服务功能，政府保留必要的公益性调节性发用电计划，以确保居民、农业、重要公用事业和公益性服务等用电，维护电网调峰调频和确保安全运行，促进供需平衡和节能减排，确保无电人口用电全覆盖；要进一步提升以需求侧管理为主的供需平衡保障水平，搞好电力电量整体平衡，提高电力供应的安全可靠水平，加强电力应急能力建设，提升应急响应水平，确保紧急状态下社会秩序稳定。

第五，稳步推进售电侧改革，有序向社会资本放开售电业务。要鼓励社会资本投资配电业务，鼓励以混合所有制方式发展配电业务；要建立市场主体准入和退出机制，明确售电主体的市场准入、退出规则，加强监管，切实保障各相关方的合法权益；要多途径培育市场主体，允许符合条件的高新产业园区或经济技术开发区组建售电主体以直接购电，鼓励社会资本投资成立售电主体，鼓励供水、供气、供热等公共服务行业和节能服务公司从事售电业务；要赋予市场主体相应的权责，售电主体可以采取多种方式通过电力市场购电，包括向发电企业购电、通过集中竞价购电、向其他售电商购电等，鼓励售电主体创新服务，向用户提供合同能源管理、综合节能和用能咨询等增值服务。①

---

① 《关于进一步深化电力体制改革的若干意见》，http：//www. ne21. com/news/show－64828. html。

第六，开放电网公平接入，建立分布式电源发展新机制。要积极发展分布式电源，对分布式电源主要采用“自发自用、余量上网、电网调节”的运营模式，提高系统消纳能力和能源利用效率；要完善并网运行服务，加快修订和完善接入电网的技术标准、工程规范和相关管理办法，加快制定完善新能源和可再生能源研发、制造、组装等环节的国家技术标准；要加强和规范自备电厂监督管理，规范自备电厂准入标准，严格执行国家节能和环保排放标准，使现有自备电厂成为合格市场主体；要全面放开用户侧分布式电源市场，积极开展分布式电源项目的各类试点和示范，放开用户侧分布式电源建设，鼓励专业化能源服务公司与用户合作或以“合同能源管理”模式建设分布式电源。

第七，加强电力统筹规划和科学监管，提高电力安全可靠水平。要切实加强电力行业特别是电网的统筹规划，建立实施检查、监督、评估、考核工作机制，保障电力规划的有效执行；要切实加强对电力行业及相关领域的科学监督，完善电力监管组织体系，加强电网公平接入、电网投资行为、成本及投资运行效率监管；要减少和规范电力行业的行政审批，进一步转变政府职能、简政放权，取消、下放电力项目审批权限，规范简化审批程序，完善市场规划，保障电力发展战略、政策和标准有效落实；要建立健全市场主体信用体系，加强市场主体诚信建设，规范市场秩序；要抓紧修订电力法律法规，加强电力行业的依法行政，加大可再生能源法的实施力度，加快能源监管法规制定工作，及时制定和修订其他相关法律、法规、规章。

电力体制改革工作关系经济发展、群众生活和社会稳定，要加强组织领导，按照整体设计、重点突破、分步实施、有序推进、试点先行的要求，调动各方面的积极性，确保改革规范有序、稳妥推进。加强电力体制改革工作的组织实施主要包括以下几个方面。

第一，加强组织协调。完善电力体制改革工作小组机制，制定切实可行的专项改革工作方案及相关配套措施，进一步明确职责分工，明确中央、地方、企业的责任，确保电力体制改革工作顺利推进。

第二，积极营造氛围。加强与新闻媒体的沟通协调，加大对电力体制改革的宣传报道力度，在全社会形成推进电力体制改革的浓厚氛围，加强改革工作的沟通协调，充分调动各方积极性，凝聚共识，形成工作合力。

第三，稳妥有序推进。电力体制改革是一项系统性工程，要在各方共识的基础上有序、有效、稳妥推进。逐步扩大输配电价改革试点范围。对于售电侧改革、组建相对独立运行的电力交易机构等重大改革事项，可以先进行试点，在总结试点经验和修改完善相关法律法规的基础上再全面推开。

总之，深化电力体制改革，要坚持社会主义市场经济改革方向，从我国国情出发，坚持清洁、高效、安全、可持续发展，全面实施国家能源战略，充分考虑各方面诉求和电力工业发展规律，兼顾改到位和保稳定，解决制约电力行业科学发展的突出矛盾和深层次问题，促进电力行业又好又快发展，推动结构转型和产业升级。

5. 构建电力金融市场

我国电力市场发展的方向和目标是建立电力金融市场，这也是电力市场发展的高级阶段和发展的必然趋势。目前，我国正大力逐步推进区域电网建设，并已取得一定实效，东北、华中、华北三大电网已实现交流同步互联，华中与西北电网、华中与南方电网、华中与华东电网已经实现直流互联，并且跨区域的电力交易也开始活跃起来。其中，南方电网区域内云南、贵州、广西送广东已经实现跨省电力交易，大大提高了自利资源配置效率，跨区交易主要是国家电网送南方电网，以及三峡水电站输送南方电网等。目前，交易的类型主要是长期的固定合同和短期的余缺互济；交易的模式既有政府组织协调的交易，也有交易主体间双边协商的交易；交易的主体既有点对网交易也有网对网交易。电力金融市场的建设方案分为短期、中期、长期 3 个阶段。

短期内，因为没有现货市场的条件和基础，我国的电力期货市场是不可能建立起来的。但是可以先以跨省区电力交易为切入点，通过实行跨省、跨区年度电力交易和月度调剂交易，建立电力远期合约市场；其次以区域电网为基础，将系统调度中心逐渐独立出来，建立区域现货交易市场。电力金融市场的短期目标是以现有跨区域电力交易为基础，建立初级的实物远期合约交易市场和跨省区电力交易平台。建立电力金融市场，要理顺电网、电厂的产权关系，明确输电价格或长期输电协议价格、网损费用的分摊规则等，其交易主体是参与跨省区电力交易的电厂、区域电网公司、省级电力公司，交易品种是年度实物远期合约、月度实物合约、发电权转让合约。

电力金融市场中期目标是建立全国统一的电力交易中心和电力交易平台，规范电力远期合约交易，有序开展远期合约、差价合约等电力场外衍生金融产品的交易。中期建设电力金融市场要对电力工业进行重组，对电网系统进行二次重组，将系统调度权利逐渐转移到独立的调度中心，其交易主体除了参与跨省区电力交易的电厂、区域电网公司、省级电力公司，还有其他符合条件的电力大用户，金融远期合约和差价合约是其交易品种。

电力金融市场远期目标是发展集中竞价的电力期货市场，开展跨区域电力期货、期权交易，并形成统一的、多层次的一体化电力市场。建立长期的、成熟的电力金融市场，要在有条件的区域电网建立现货市场，设立电力金融交易所和统一的电力期货市场，其交易主体除前述参与者外，还有独立的发电商、配电商、机构投资者、做市商等交易者，交易品种是电力期货、期权、金融输电权等。

总之，进一步深化我国电力市场化改革，要基于我国电力市场发展规律，加快转变电力发展方式，着力推进电力结构优化和产业升级，始终坚持节约优先，优先开发水电、积极有序发展新能源发电、安全高效发展核电、优化发展煤电、高效发展天然气发电，推进更大范围内电力资源的优化配置，加快建设智能电网，构建安全、经济、绿色、和谐的现代电力工业体系，把电力市场化改革推向新的高度和水平。

参考文献

[1] 王俊豪：《政府管制经济学导论》，商务印书馆，2001。

[2]《关于进一步深化电力体制改革的若干意见》，http：//www. chinasmartgrid. com.

cn/news/20150323/600488 - 5. shtml。
[3] 刘阳平：《电力市场结构转换研究》，《哈尔滨工业大学学报》2000 年第 4 期。
[4] 崔民选、王军生、陈义和主编《中国能源发展报告（2013）》，社会科学文献出版社，2013。
[5] 林伯强、黄光晓：《能源金融》，清华大学出版社，2011。
[6] 杨昆、孙耀唯、张启平：《电力市场及其目标模式》，中国电力出版社，2007。
[7] 周四清：《电力市场交易策略行为研究》，科学出版社，2009。
[8] 甘德强、杨莉、冯冬涵：《电力经济与电力市场》，机械工业出版社，2010。
[9] 国网能源研究院编著《国外电力市场化改革分析报告（2012）》，中国电力出版社，2012。
[10] 林伯强：《中国能源报告（2012）》，北京大学出版社，2012。
[11] 武建东：《深化中国电力体制改革绿皮书》，光明日报出版社，2013。
[12] 唐祖爱：《中国电力监管机构研究》，中国水利水电出版社，2005。
[13] 汤萌：《中国电力市场化改革及其区域问题研究》，中国经济出版社，2002。
[14] 李虹：《电力市场设计：理论与中国的改革》，《经济研究》2004 年第 11 期。
[15] 文福拴、A. K. 大卫：《加州电力市场失败的教训》，《电力系统自动化》2001 年第 20（3）期。
[16] 井志忠、刘月君：《日、美、欧电力市场化改革分析》，《东北亚论坛》2004 年第 13（1）期。
[17] 仇明：《英国与世界电力改革及其对我国的启示》，《数量经济技术经济研究》2002 年第 1 期。
[18] 林伯强：《中国电力工业发展：改革进程与配套改革》，《管理世界》2005 年第 8 期。
[19] 朱成章、杨名舟、黄元生：《电力工业管制与市场监管》，中国电力出版社，2003。
[20] 王永干等：《电力市场概论》，中国电力出版社，2002。
[21] 于良春：《自然垄断与政府规制：基本理论与政策分析》，经济科学出版社，2003。
[22] 王梦奎主编《中国经济发展的回顾与前瞻》，中国财政经济出版社，1999。
[23] 王永干、张平主编《国外电力工业体制与改革》，中国电力出版社，2003。
[24] 刘世锦、冯飞主编《中国电力改革与可持续发展》，经济管理出版社，2003。
[25] 曾鸣：《电力市场理论与应用》，中国电力出版社，2000。
[26] 曾鸣、孙昕、张启平：《电力市场交易与电价理论及其应用》，中国电力出版社，2003。

B.6

安全有序发展核电，推动核电装备“走出去”

刘飞　常莎*

摘　要：电力在现代社会中占有举足轻重的地位，然而纵使技术发展到现在，电能的获得仍然主要依赖于燃烧传统化石能源的火力发电，但是火力发电由于其本身存在的问题，无法做到可持续发展。所以具备安全、清洁、高效特性的新型发电方式必然会有更广阔的应用前景，如核电。本报告首先介绍了我国核电的现况以及存在的问题，其次对我国核能发电的未来趋势做出了大致的辨析和预测，最后根据先前的分析提出了一定的政策性建议。

关键词：核能发电　新型能源　“走出去”战略

电力是现代社会发展必不可缺的能源，它关乎全球工业的发展和人民生活质量的提高。纵然技术发展到今天，全球电能的获得仍然主要依赖于燃烧煤、石油、天然气等固体、气体、液体燃料的火力发电方式。其中，煤炭在3种燃料中的消耗量居首位。但长远来看，由于全球化石燃料资源总量有限，利用煤炭等化石燃料发电很难保证全球经济社会的长期可持续发展。除此之外，大量燃烧煤炭等化石燃料会排放出大量的二氧化硫、二氧化碳和氮

---

* 刘飞，经济学博士，中国社会科学院数量经济与技术经济研究所博士后。常莎，北京信息科技大学经济管理学院在读研究生。

氧化合物，产生大量的粉煤灰，对大气环境造成极其恶劣的影响，导致酸雨、雾霾的发生。近几年来，我国大气污染日益严重与此密切相关。因此，我国比其他任何国家都更迫切需要一种相对清洁和安全的能源来替代煤炭等化石燃料，为我们提供高效、清洁的电能。综合来看，核能是我们现阶段的一种较好选择，它是清洁、高效的新能源，可以较好地帮助人类解决所面临的能源短缺及环境污染问题。

1951 年 12 月，美国实验增殖堆 1 号（EBR－1）首次利用核能发电，核电由此走进我们的视野。1954 年，苏联率先建成了世界上第一座核电站——奥布灵斯克核电站。核电开始作为一种清洁、高效、安全可靠的能源为人类所利用。在 60 多年的核电发展进程中共经历了 3 起较为严重的核事故，分别为美国三里岛事故、苏联的切尔诺贝利事故和日本福岛核电站事故。离我们最近的便是 2011 年 3 月的福岛核泄漏事故。2011 年 3 月 12 日，日本遭遇 9 级强震，引发了大规模海啸，造成福岛核电站核泄漏，使得全球核电发展进程受阻，对核电企业造成了严重的负面影响，但另一方面也促使我们进一步提高核电技术，保障核电的安全有序发展。

我国核电起步相对较晚，1991 年，我国自主设计、建设的 30 万千瓦的压水堆机组在泰山一期核电站投入使用，标志着我国开始进行核电建设。经过 20 多年的发展历程，在不断的探索、实践、吸收、总结和创新中，我国逐步成为核电强国。截至 2014 年 12 月 31 日，我国已有 22 台在运核电机组，累计发电量已达到 1305. 80 亿千瓦时，约占全国总发电量的 2. 39%。我国的核电发展进入了一个关键时期。

一　2014年我国核电的发展现状及问题

2014 年，我国共有 5 台核电机组投入商业运行。随着红沿河核电厂 2 号机组、福清核电厂 1 号机组、阳江核电厂 1 号机组、宁德核电厂 2 号机组及方家山核电厂 1 号机组的投入运行，我国商业运行的核电机组共达 22 台，总装机容量为 20305. 58MWe，约占全国电力总装机容量的 1. 49%。

（一）核电生产情况

2014 年我国核电累计发电量为 1305.80 亿千瓦时，占全国累计发电量 54638.0 亿千瓦时的 2.39%，从环保角度看，核电发电相当于替代了燃烧标准煤 4191.62 万吨，从而减少二氧化碳、二氧化硫和氮氧化物的排放量分别为 10982.04 万吨、35.63 万吨和 31.02 万吨。2014 年 22 台商业运行核电机组电力生产情况统计见表 1。

表 1　2014 年 22 台商业运行核电机组电力生产情况统计

项目 核电厂/机组号		装机容量（MWe）	年度发电量（亿千瓦时）	年度上网电量（亿千瓦时）	核电设备平均利用小时数（小时）	核电设备平均利用率（%）
秦山核电厂		310	26.23	24.41	8461.29	96.59
大亚湾核电厂	1 号机组	984	86.22	82.48	8762.20	100.03
	2 号机组	984	65.18	62.50	6623.98	75.62
秦山第二核电厂	1 号机组	650	48.74	45.79	7498.46	85.60
	2 号机组	650	49.30	46.26	7584.62	86.58
	3 号机组	660	52.69	49.29	7983.33	91.13
	4 号机组	660	51.61	48.44	7819.70	89.27
岭澳核电厂	1 号机组	990	76.83	73.62	7760.61	88.59
	2 号机组	990	81.05	77.73	8186.87	93.46
	3 号机组	1086	83.60	78.54	7697.97	87.88
	4 号机组	1086	84.05	78.96	7739.41	88.35
秦山第三核电厂	1 号机组	728	60.45	55.95	8303.57	94.79
	2 号机组	728	56.43	52.23	7751.37	88.49
田湾核电厂	1 号机组	1060	83.23	77.91	7851.89	89.63
	2 号机组	1060	84.44	79.01	7966.04	96.94
红沿河核电厂	1 号机组	1118.79	65.79	60.94	5880.46	67.13
	2 号机组	1118.79	46.75	43.30	4178.62	74.86
宁德核电厂	1 号机组	1089	54.09	50.47	4966.94	56.70
	2 号机组	1089	62.15	57.51	5107.07	98.62
阳江核电厂	1 号机组	1086	72.44	67.93	6670.35	98.78
福清核电厂	1 号机组	1089	10.33	9.61	948.58	99.96
方家山核电厂	1 号机组	1089	4.20	3.96	385.67	99.92
合计		20305.58	1305.80	1226.84	7561.42	86.32

资料来源：中国核能协会。

22 个在运核电机组中，红沿河核电厂 1、2 号机组的装机容量最高，达到 1118.79MWe。2014 年，22 个在运核电机组年度发电量、年度上网量、核电设备平均利用小时数和核电设备平均利用率最高的均为大亚湾核电厂 1 号机组，全年共发电 86.22 亿千瓦时，年度上网电量达到 82.48 亿千瓦时，核电设备平均利用 8762.20 小时，核电设备平均利用率再创新高，达到 100.03%。

2014 年，22 台商业运行核电机组继续保持安全稳定运行，累计发电量比 2013 年增加了 18.89%；累计上网电量为 1226.84 亿千瓦时，比 2013 年增加了 18.80%（见表 2）。

表 2　2014 年电力生产指标统计

单位：亿千瓦时，%

电力生产指标	2013 年	2014 年	同比增长
发电量	1098.32	1305.8	18.89
上网电量	1032.67	1226.84	18.80

资料来源：中国核能协会。

各运行核电厂始终严控各机组的运行风险，始终保持安全稳定运行。2014 年未发生国际核事件分级（INES）一级及以上的运行事件。各运行核电厂未发生较大及以上安全生产事件、环境事件、辐射污染事件，未发生火灾爆炸事故，未发生职业病危害事故。

在放射性排出流和环境监测方面，按照国家环境保护法规和环境辐射监测标准，依据管理部门批准的排放限值，各运行核电厂对放射性排出流的排放进行了严格控制，对核电厂周围环境进行了有效监测。2014 年第三季度环境监测结果表明，各运行核电厂放射性排出流的排放量均远低于国家标准限值。监测数据表明，所测出的环境空气吸收剂量率在当地辐射水平涨落范围之内。

2014 年，我国核电始终保持稳定、安全、高效的生产模式，对我国的能源发展清洁化起到了促进作用。

（二）核电在电力主要产品产量中所占地位

尽管我国核电自发展之初到现在，始终保持着安全、稳定的增长模式，但是就电力整体而言，我国核电所占比重相对较低，在电力主要产品中处于劣势地位。2014 年，我国累计发电量达到了 54638.0 亿千瓦时，但是核电仅占 2.39%。2014 年 1～12 月，全国每月的发电量基本均衡，实现平稳发展。其中，7 月发电量最高，达到 5047.94 亿千瓦时，2 月发电量最低，仅有 3833.58 亿千瓦时。电力的主要产品中，火电为主力，通过加权平均得出，火电发电量占总发电量的 77.23%，水电发电量占 17.20%，核电发电量占 2.39%，风电发电量占 2.52%（见表 3、图 1）。火电始终是我国电力发展的中坚力量，然而火电所造成的环境污染不容忽视。据统计，一座标准的百万千瓦火电站，一年需要消耗煤炭约 300 万吨，向大气中排放二氧化硫 2.5 万吨，氮氧化物 1.5 万吨，烟尘 32 万吨，二氧化碳 600 万吨。截至 2014 年 7 月，我国火电装机容量 8.81 亿千瓦，相当于 881 座百万千瓦火电站，这些火电站每年向大气中排放二氧化硫 2202.5 万吨，氮氧化物 1321.5 万吨，烟尘 2.82 亿吨。这些污染物排放到大气中，经过一系列的物理和化学变化过程，就成为 PM2.5 的主要成分。预计全国火电站的二氧化硫、氮氧化物等排放占全国总排放的 70%～80%。

然而核能作为一种新型清洁能源，在发电的过程中是完全不产生二氧化硫、氮氧化物和烟尘的，由于不需要燃烧任何化石燃料，也不会产生二氧化碳等温室气体。如果考虑采矿、燃料生产、发电的整个能源生产过程，核能发电所产生的有害气体也远低于化石燃料燃烧所产生的有害气体。因此，如果核电和火电一样，采用一座百万千瓦级的发电站，那么其在一年的生产过程中，仅产生 30 吨的核废料，用一辆大卡车就可以运走。如果我们能将核电比例提高至 10%，将火电比例降至 60% 左右，接近于用 100 座核电站替代 100 座火电站，按照这个规模来发电，我国每年约可以减少煤炭燃烧 3 亿吨左右。这个规模相当于北京周边地区的燃煤总量，可以大幅度减少污染物排放。经推算约可以减少排放二氧化硫约 300 万吨、氮氧化物约 180 万吨、烟尘约 4000 万吨，二氧化碳约 6 亿吨。

表 3　2014 年度电力主要产品产量

单位：亿千瓦时

指标名称	总发电量	火电发电量	水电发电量	核电发电量	风电发电量
12 月	4902.18	3979.78	596.04	132.01	160.51
11 月	4487.21	3454.53	745.94	121.1	133.22
10 月	4446.41	3206.45	967.17	118.63	121.18
9 月	4541.72	3146.46	1144.07	129.43	90.84
8 月	4959.31	3528.20	1177.82	131.47	89.05
7 月	5047.94	3663.55	1132.14	118.79	102.4
6 月	4580.71	3460.64	874.55	106.31	108.51
5 月	4415.94	3402.71	740.01	104.77	137.36
4 月	4250.22	3411.88	619.73	72.63	114.05
3 月	4527.68	3754.77	534.03	92.43	113.77
2 月	3833.58	3225.16	417.62	78.84	89.69
1 月	4328.15	3613.93	492.04	94	106.51

资料来源：iFinD。

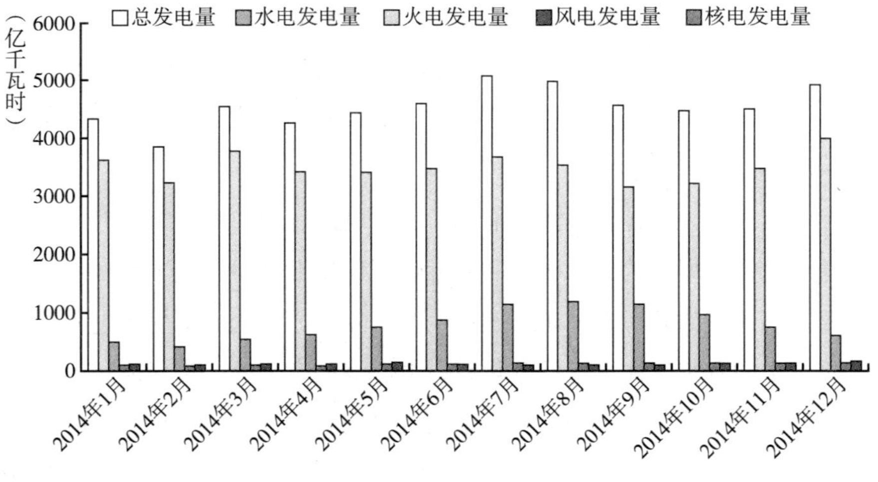

图 1　2014 年度电力主要产品产量

资料来源：iFinD。

（三）我国核电发展的技术现状

作为全球拥有完整核科技工业体系的4个国家之一，我国充分利用这一完整体系支持，成功研发了10万、30万、60万、100万千瓦的核电技术。核燃料循环产业各环节生产能力逐步提升，在燃料元件、铀浓缩、后处理等关键技术上的突破保障了我国核电的发展。30多年的核电建设及运行，培养了一批装备制造企业和相应的专业人才队伍。同时，随着核电技术的成熟完善，我国研发生产的核电机组和核反应堆已经走出国门，得到世界认可，我国也成为世界上第八个核电技术出口国。目前，我国主要采用压水堆技术路线，在引进M310、VVER、EPR、AP1000等进口机组的基础上，通过消化吸收再创新，拥有成熟的第二代改进型核电技术CPR1000和CNP1000，拥有自主研发的成熟的ACP1000和ACPR1000的第三代核电技术和ACP100的“超三代”技术。

其中，我国拥有完全自主知识产权的ACP系列核电技术的成功研发，是核工业积极实施创新驱动发展战略的重要成果。

1. ACP1000（华龙一号）

中国核电技术发展30多年的集成和结晶，突出体现在中国自主研发的百万千瓦级三代核电技术——ACP1000上。中核集团以我国已有核电站的经验为支撑，在借鉴国际三代核电技术先进理念和充分汲取核事故经验和教训的基础上，成功研发了ACP1000技术。该项技术完全满足国际最先进的法规标准，安全系数和制造技术达到了国际上三代核电机组的同等水平，是我国唯一拥有完全自主知识产权并可以出口的核电技术。ACP1000技术得到了国家核电公司的资质认可，并为我国与其他多个国家合作的推荐技术，真正实现了我国核电“走出去”的发展战略。

ACP1000的定位为我国核电“走出去”的旗舰产品，其在设计、设备制造、燃料、运行、维护等多个领域拥有自主知识产权，是国内可以独立出口的三代机型。2015年2月，中国、阿根廷两国政府签订《关于在阿根廷合作建设压水堆核电站的协议》，标志着我国自主研发的三代核电华龙一号

（ACP1000）成功出口拉美国家。华龙一号（ACP1000）的落地对构建中拉整体合作平台具有重要意义，也将成为我国核电“走出去”的“重头戏”。

2014年11月，“华龙一号”落地福清5、6号机组，“华龙一号”必将承担更大、更加重要的历史使命，为实现国家战略核电出口“走出去”提供坚实保障。

2. ACPR1000

ACPR1000是中国广东核电集团有限公司（以下简称中广核）在推进CPR1000核电技术标准化、系列化、规模化建设的同时，坚持自主创新，按照国际最新安全标准，吸收国际上的最新经验反馈，研发出的拥有自主知识产权的百万千瓦级三代核电技术。

ACPR1000技术经济指标已达到了国际三代核电技术先进水平，可以抵御多重故障叠加等极端工况，比CPR1000技术更为安全、可靠、先进、经济。ACPR1000技术具有多项重大技术创新：①采用14英尺燃料组件堆芯，实行单堆布置；②采用全数字化仪控系统，具有满足实体隔离要求的三系列安全系统配置；③拥有大自由容积的双层安全壳和内置换料水箱，配置多样化驱动的停堆系统；④提高了安全停堆地震等级，增加了超设计基准事故的应急供电、供水系统等。各项设计指标不仅满足我国最新核安全法规，也达到了美国和欧洲相关文件的要求。

ACPR1000的研发将使我国核电技术研发跻身国际前列，为我国后续核电建设提供多种选择，为我国核电“走出去”战略提供坚实的技术支撑。

3. ACP100

21世纪初，国际原子能机构（IAEA）就提出了积极鼓励研发小型堆的倡议，小型堆是小型先进模块化多用途反应堆，特点是高安全性、小身型、多用途，不仅可以用于发电，而且可以进行工业供热供汽，为城市供暖，还可用于海水淡化和海洋开发。世界核能发达国家在发展大型核电机组的同时，积极研发模块式小型堆。俄罗斯同步研发5种不同的小堆原型堆，美国政府投入4.52亿美元支持为期5年的小堆研发计划，包括巴威公司（B&W）、西屋公司在内的多家美国企业提出了6种不同的小堆设计。美国、俄罗斯、韩国等对小堆发展高度重视，由此带动全球核电发展的热点向小堆转移。

根据美国法维翰调查咨询公司的预测，到2030年，全球将有1820万千瓦的模块式小型堆在运行。小堆，正在创建一个新的核工业。为顺应国际核工业的发展趋势，缩小与全球知名核电工业的差距，中核集团在发展大型反应堆的同时，加速自主研发 ACP100 多用途模块式小型堆。中核集团 ACP100 的设计采用完全非能动的安全设施，不依赖外部电源，14 天内不需要外部干预。然而目前，美国最先进的大型核电站——佐治亚州的 Vogtle 核电站也仅能应付 3 天停运，而不发生堆芯熔化。同时，自主研发的 ACP100 小堆技术的安全性更高，堆芯熔化等概率指标更低，在技术层面上实现了“超三代”水准。我国具有自主知识产权的小堆技术研发已走在世界前列，有望抢滩全球市场。

（四）我国核电发展的突出问题——核电使用规模较小

核电、火电和水电构成了世界电力能源供应的三大支柱，在世界能源结构中有着举足轻重的地位。目前世界上已有 30 多个国家和地区有在运核电站。世界核电装机总容量较 2014 年略有增长。其中，有 5 座新核电机组开始供电，1 座永久关闭。美国佛蒙特扬基核电站因经济因素关停，日本福岛 5 号、6 号机组准备退役。

截至 2015 年 2 月，全世界共有 436 座核电机组运行，总装机容量为 377.7GWe，主要集中于北美、欧洲及东亚的一些工业化国家。在全球运行的动力堆中，美国有 99 座、法国 58 座、日本 48 座、俄罗斯 34 座、韩国 23 座，中国比 2014 年底多 1 座，达到 23 座（见图 2）。2014 年同期全世界共有 435 座机组，总装机容量为 375.3GWe。2014 年全球并网发电的核电机组总装机容量达到 4763MWe，包括阿根廷的 Atucha2 和俄罗斯的 Rostov3。美国费米 2 号机组经改进后装机容量也提升了 15～20MWe。2014 年全年有 3 座核电机组开建，分别为白俄罗斯 Ostrovets 核电站 2 号机组、阿联酋 Barakah 核电站 3 号机组，阿哥宁原型反应堆 CAREM－25。全世界在建核电机组 70 座，总装机容量为 74GWe。

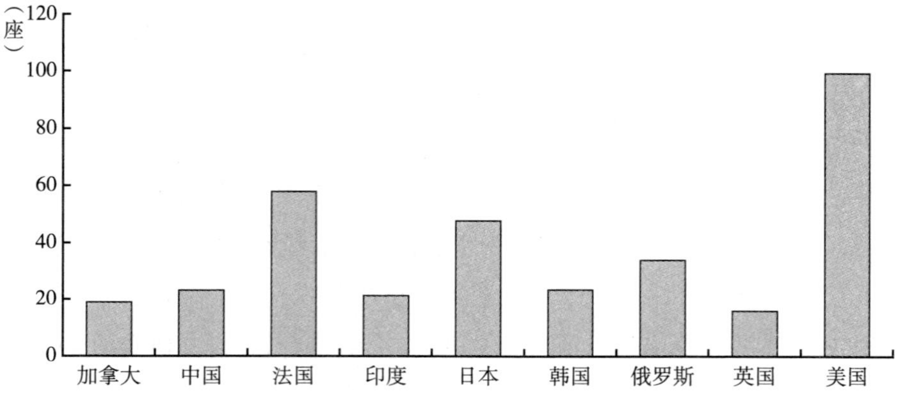

图 2　2015 年 5 月世界部分国家在运核反应堆数量

资料来源：iFinD。

2005 年，全球核能发电占总发电量的比重已高达 16%，受福岛事件的影响，2012 年核能发电占总发电量的比重下降为 13.8%，但也远超我国目前 2.39% 的水平。而在清洁电力发展较好的法国，核电占总发电量的比重始终保持在 70% 以上。韩国 2005 年核电占总发电的 45%，2013 年降为 27.6%。美国核电占总发电量的比重约为 20%。日本在 2011 年前始终保持着约 30% 的核电占比，受福岛核泄漏事故的影响，2011 年后核电占总发电量的比重大幅下降（见图 3）。由世界核协会的相关数据发现，全球大部分国家在福岛核泄漏事故后依旧没有放弃核电的开发和使用，只是更加注重核电生产的安全问题，以进一步安全、稳定、高效地发展核电。

目前，我国的在运核电机组在数量上已经达到了 23 座，与韩国数量相同。但我国国土面积大，人口多，电力的总需求量远比其他国家多，因此 23 座在运核电机组远远满足不了我国的用电需求。我国核电自 2005 年以来，始终保持平稳发展状态，但核电占总发电量比值始终在 2% 左右徘徊，同美国、法国、韩国，甚至是受福岛核泄漏事件影响最大的日本相比，仍有很大的差距（见图 3）。

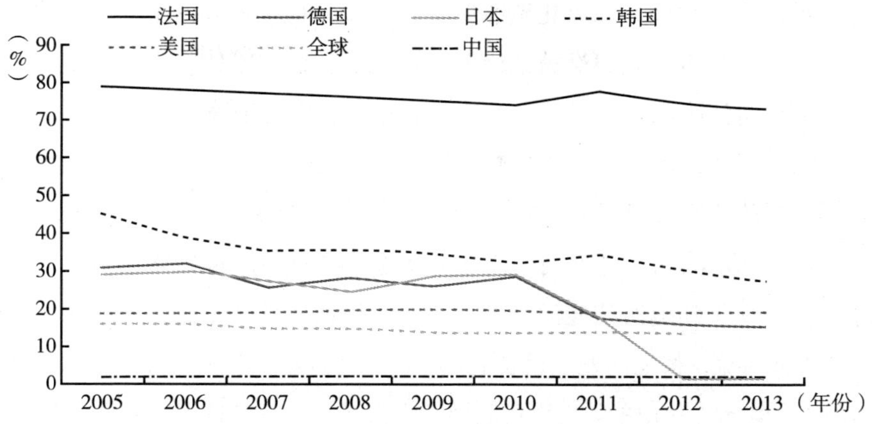

图3　全球及各个国家核电占总发电量比重

资料来源：iFinD。

二　我国核电发展的趋势及方向

我国经济快速发展，人民生活水平持续提高，环境问题日益受到关注，整个社会对清洁能源的诉求越发强烈。核电作为清洁能源中的重要部分，理应有其良好的发展空间。随着我国核电技术的日益成熟，其发展空间不会也不应该局限于国内市场，核电“走出去”是需要我们关注和思考的问题。

（一）安全有序发展核电，促使用电结构清洁化

最近几年来，全球气候变暖、城市雾霾等问题受到世界各地的关注。2015年3月15日，十二届全国人大三次会议闭幕后，李克强总理在答记者问时提出，政府在治理雾霾等环境污染方面，决心是坚决的，要向雾霾等污染宣战，不达目的绝不停战。在政策的推动和全民环保意识提升的影响下，能源的清洁化逐渐成为全民的共识。在面对大气污染治理的问题上，能源使用的清洁化将是未来几年的重要课题。国家发改委、国家能源局、环保部联合印发了《能源行业加强大气污染防治工作方案》，明确提出了要控制煤炭

燃烧释放的二氧化碳、二氧化硫、氮氧化物以及粉煤灰等污染物，大力发展核电、水电、风电和光伏等清洁能源，优化能源消费结构。

与其他清洁能源相比，核电的单机容量大，发电效率极高。这主要体现在以下两个方面：燃料能量密度大、发电稳定性高。1 克“铀 -235”燃料进行核反应释放的能量相当于燃烧 2.7 吨煤所释放的能量。核能发电的稳定性和火电相当，和水电和风电不同，核电不受季节等自然环境因素影响。平均利用小时数远高于其他清洁能源，尤其是只可以间歇性发电的清洁能源（见图4）。由图 4 可见，核电的发电设备利用小时数远高于其他几种发电方式。受天气和季节的影响，风电的发电设备利用小时数最少，其次是水电。与核电相比，其他 3 种主流发电模式中，火电的发电设备利用小时数最高，但与核电的发电设备利用小时数仍有近 40% 的差距。据统计，2014 年我国核能发电设备平均利用小时数为 7489 小时，是火电的 1.59 倍、水电的 2.05 倍、风电的 3.93 倍。

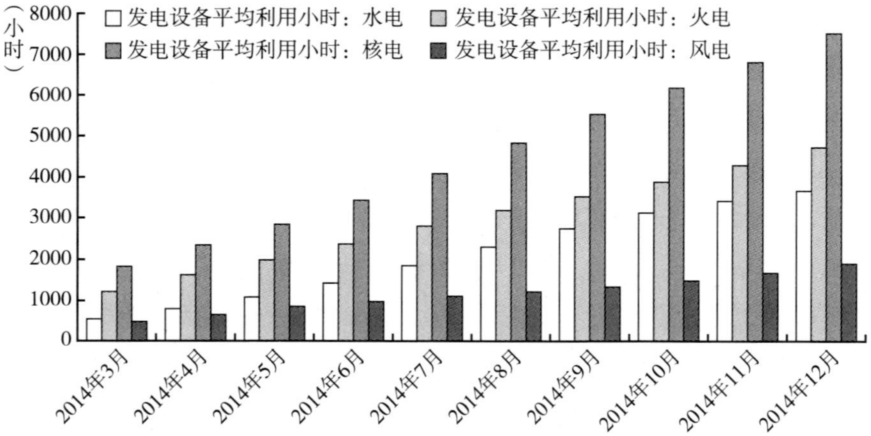

图 4　2014 年 4 种发电方式发电设备利用小时数累计值

资料来源：iFinD。

2014 年是我国核电发展的关键年，要积极推动我国能源生产和消费革命，加快实施能源领域的重点任务和重大举措。在采取国际最高安全标准、确保安全的前提下，抓紧启动东部沿海地区新的核电项目建设是党中央和能源相关部门的共识。2014 年 3 月，李克强总理在《政府工作报告》中提出要鼓励发展风能、太阳能，并新开工建设一批水电和核电项目。推动我国能源生产及消费方式的改革，积极落实节能环保。与此同时，国家发改委、国家能源局、环保部联合印发了《能源行业加强大气污染防治工作方案》，强调落实核电安全规划和中长期发展规划，在确保安全的前提下，高效推进核电建设。国家在《关于近期支持东北振兴若干重大政策举措的意见》中提出优化东北地区能源结构，开工建设辽宁红沿河核电二期项目，适时启动辽宁徐大堡核电项目建设。国家发改委印发的《国家应对气候变化规划（2014～2020 年）》（发改气候〔2014〕2347 号）强调优化能源结构，提出在确保安全的基础上高效发展核电，提升核电厂安全水平，稳步有序地推进核电建设。

最近几年来，我国在不断地吸取发达国家的经验教训，取其精华、去其糟粕，努力寻求适合我国国情的核电发展之路。我国的核电投运高峰悄然而至。截至 2014 年 12 月，我国计划建设核反应堆 60 座，占全球计划建设核反应堆数量的 33.52%，居全球首位。俄罗斯计划建设核反应堆 31 座，仅为我国计划建设核反应堆数量的 51.67%。日本、韩国、俄罗斯和美国等国家计划建设核反应堆的数量也远远少于我国。我国是目前全球计划建设核反应堆最多的国家（见图 5）。

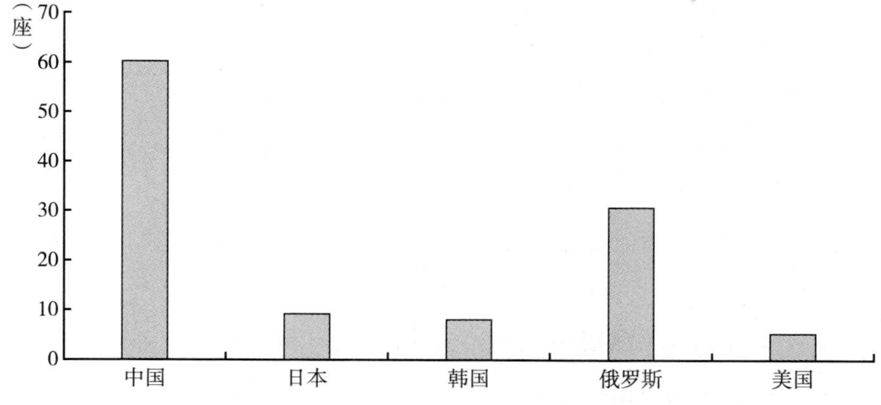

图 5　截至 2014 年 12 月部分国家计划建设核反应堆数量

资料来源：iFinD。

截至2014年11月，我国大陆目前在建的核电机组有26座，预计总装机容量可以达到28.18GW。根据我国《能源发展战略行动计划（2014～2020年）》设定目标，到2020年，核电装机容量达到58GW，在建容量达到30GW以上。根据目前各个项目的进展情况，我们预计未来5年，我们将迎来新建核电站投入商业化运营的密集期，每年有3～9座投入运营，未来核电占总发电量的比重将会大幅增加。

（二）与世界核电接轨，推动核电设备“走出去”

我国是核电发展的后来者，在此之前，全球核电市场始终被俄罗斯、法国、日本、美国和韩国等少数国家所垄断。我国在发展初期，主要依赖资金投资和核电低成本出口，与核电强国的核电成套技术出口有很大不同。我国在不断吸取发达国家经验的基础上，从国家层面积极推动核电出口，整合国内核电技术，凝聚共识，减少内部竞争，通过资金支持、投资、参股或国际合作等多种方式推动我国核电走出国门。同时，积极发展具有自主知识产权的核电技术，扩大ACP1000（华龙一号）在国内的建设规模并加快建设步伐，以增强示范作用，促进核电品牌推广。我国保有核电发展的传统优势，我国自秦山核电站1991年并网发电以来，已有24年安全运行经验，未发生过二级以上核事故和环境事故，且核电能力因子与非计划能力损失因子均为全球领先。我国核电设备具有规模化制造能力，在设计、施工、制造安装和调试等方面的成本都相对较低，从而降低了核电站造价。除此之外，我国政府为核电出口提供了政策、外交、财政、优惠信贷等多方面的大力支持，李克强在2015年政府工作报告中提出，要扩大出口信用保险规模，对大型成套设备出口融资“应保尽保”。目前，国际上一座100万千瓦的核电站动辄需投资200亿元以上，核电融资已成为很多国家发展核电的一大难题。而充足的资金支持正是我国核电出口的一大优势。中国工商银行已同意向罗马尼亚Cernavoda核电站提供100亿欧元融资。中国将向阿根廷核电项目投资20亿美元并提供优惠贷款。英国欣克利角核电项目160亿英镑的投资也主要由中国提供。

根据世界核能协会估算，2015～2030 年，海外将新建核电站 160 座左右，新增投资达 15000 亿美元，市场空间巨大。核电技术是大国扩展技术竞争优势、扩大地缘政治经济影响力的重要领域。我国核电技术成熟、国产化率高、造价低，且有丰富的营运经验，这无疑为核电“走出去”奠定了良好基础。

我国自发展核电以来，与多国签订了核电出口协议。自 1991 年，我国开始与巴基斯坦合作，共计出口 6 座二代核电站，其中恰希玛 1 号和 2 号 30 万千瓦核电站已分别于 2000 年和 2011 年投入运行。目前仍有 4 座核电站在建设当中，包括恰希玛 3 号、4 号和卡拉奇 2 号、3 号机组。2014 年 3 月，中国广核集团有限公司（以下简称中广核）和法国电力公司签署协议，通过参股方式参与法国电力公司在英国的欣克利角核电项目的建设。2014 年 7 月和 2015 年 2 月，中国核工业集团公司（以下简称中核）与阿根廷核电公司签署协议合作建设 4 号重水堆核电站和 5 号压水堆核电站。中核集团与阿根廷核电公司作为双方授权企业，将负责协议的具体实施。2014 年 10 月，中广核与罗马尼亚国家核电公司合作，作为投资者开发罗马尼亚 Cernavoda 核电站 3 号、4 号机组。11 月，中国与南非签署相关协议为国内企业参与南非核电投资建设提供了条件。2015 年 1 月中法双方签署了核电站领域的合作协议。

在取得这些“走出去”成果的基础上，我们应该清醒地认识到，核电“走出去”不是到国外参与建设核电站或者进行投资建设，而是要将我国核电产业链上具有自主品牌、技术和知识产权的装备制造、工程建设与技术服务企业推向世界；并通过先出去的企业带动整个产业“走出去”，让我国的核电产业得到世界认可。要实现这样的“走出去”，就要求核电产业真正把创新驱动发展战略落到实处，努力提升自身的研发创新能力，提升企业竞争力，在国际市场上赢得尊重的同时，也切实为我国转变经济发展方式、实现转型升级做出贡献。

2014 年，我国管理层多次就核工业发展和核电“走出去”做出了重要批示，并针对部分核电项目启动了设备采购。习近平总书记在中央经济工作会议上曾强调，要发挥核电技术的出口带动作用，创造我国经济新的比较优势和竞争优势。基于对我国核电乃至核工业的信任与鼓励，习近平总书记和李克强总理多次在出访其他国家时，提议双方加强核电合作，力推我国核电出口。2015 年在瑞士达沃斯论坛中，李克强发表演讲时提出，我国将创新对外投资的合作方式，为对接当地市场的需求，将推动我国的高铁、核电、航空、电信等优势产业“走出去”。我国核电装备正在复制高铁模式，加快实现“走出去”的战略目标，核电将会成为继高铁之后我国的第二张名片。

三　政策建议

总的来说，面对与全球核电发展状况的巨大差距和我国日益严重的资源及环境问题，我们需要在严格满足安全的条件下，大力发展我国的核电事业，充分利用新能源，以更为清洁的核能为我们提供更加清洁、高效的电能，有效改善我国（尤其是东部沿海地区）的发电清洁化水平，逐步减少高耗能、低效率的火力发电模式。我们具体从技术、法律、宣传投入等方面提出如下建议。

（1）严把核电使用安全关，在安全保障前提下促进核电发展。日本的经验教训表明，核电规划建设务必安全稳妥，杜绝核电产业利益集团的形成，切实加强监管体系建设。在确保安全的前提下制定中长期发展计划，有序发展核电。严格把关所有在建核电站的工程质量，在核电站选址条件、核安全设计、安全监管的有效性、预防不可抗力因素、事故应急响应、核安全文化建设等方面进一步提高水平，确保核电站以及核燃料循环设施的防洪能力和抗震能力达到安全标准。核电站需制定严重事故预防和缓解规程、海啸问题评估和应对基础薄弱等安全隐患的应急预案。核安全存在跨国界性、事故突发性、污染后果难以消除性和社会公众极度敏感性等特点，其安全性是公众能否接受核能的重要因素。尽管我国对核能发展的安全性高度重视，并选择先进的第三代技术为发展重点，但在核电站建设时，仍要慎重考虑，综合分析多种因素，既要考虑外部灾害，也要考虑内部事故的发生概率，把安全隐患降至最低，确保核电在安全状况下使用。

（2）重点研发核废料处理技术，确保核电高效持续发展。为适应核电事业快速发展的需要，乏燃料后处理和核废物处理处置技术的研发和工程建设也应加快发展。迄今为止，还没有一个国家能够找到绝对安全、永久处理高放射性废料的办法。对于在热中子反应堆运行过程中产生的对环境有影响的、寿命长达几千年的锕系元素和裂变产物，目前的处理方法主要是玻璃固化后深埋及利用快中子堆处置等。前者无法解决对环境的潜在污染问题，是治标不治本的权宜之计；而后者可嬗变烧掉长寿命放射性废物，使铀资源得到充分利用，促进核电持续发展，故应得到优先研究和开发，以提高效率并降低成本。

（3）尽快颁布核能基本法，完善核安全法规体系。国际上主要有核国家和地区都通过制定国际公约和国内立法来引导和促进核能的健康发展，保护资源、环境和公众的健康。美国 1946 年就颁布了核能基本法《原子能法》，并多次修订完善。日本 1955 年订立《核能基本法》，德国 1959 年订立《和平利用核能和防止其危害法》，其他有核国家也相继制定相关法律。然而，我国目前核安全相关法律只有《放射性污染防治法》和《环境影响评价法》，这两种法律目前都不能作为核能基本法使用。早先提议的核能基本法《原子能法》《核安全法》屡次被搁置。虽然《放射性废物安全管理条例》已于 2012 年 3 月 1 日全面施行，但《核安全法》被列入了国务院法制办一类立法计划，却尚不知何时颁布实施。因此，为保证核能安全有效应用，促进核电健康持续发展，建议尽快推出核能基本法，完善核安全的法律体系，从而在核能法律体系下规范核电健康、持续发展。

（4）加强正面宣传，推进核电发展规模化。国际上核安全事故的发生，使得民众对核电产生误解，只关注其安全隐患，而忽视了其对于能源利用清洁化的作用，从而不利于我们规模化地发展核电。因此，有必要加强正面宣传，引导人们正确认识核能、核电，积极营造核电发展的良好氛围。借势加大核电投入，努力实现国内核电发展规模化，从而有效促进我国发电结构优化，加快能源利用清洁化。

参考文献

[1] 崔民选等主编《中国能源发展报告》（2011～2014），社会科学文献出版社，2011、2012、2013、2014。

[2] 潘金钊：《浅议福岛核电事故对我国核电发展的影响及借鉴》，《核动力工程》2012年第33（4）期。

[3] 赵成昆：《中国核电“走出去”既要强化战略推进也要重视战术跟进》，《中国核工业》2014年第4期。

[4] 史永谦：《核能发电的优点及世界核电发展动向》，《能源工程》2007年第1期。

[5] 冯昭奎：《试论日本的核电技术发展——福岛核事故与日本核电发展路径缺陷》，《日本学刊》2014年第4期。

[6] 潘自强、赵成昆、陈晓秋等：《我国内陆核电发展的环境风险可控性探析》，《环境保护》2014年第11期。

[7] 柳向红、卢润德：《中国核电“走出去”战略初探》，《广西电业》2014年第7期。

[8] 孟彦辉：《我国电站装备“走出去”形势分析》，《中国能源》2014年第36（7）期。

[9] 崔娜：《韩国核电“走出去”的经验与启示》，《中国核工业》2014年第7期。

[10] 钱天林：《核电“走出去”需要增强创新自信》，《中国核工业》2014年第3期。

[11] 贺禹：《加快推动“华龙一号”走出去》，《中国核工业》2014年第3期。

[12] 王伟、孔静怡：《中国核电安全监管能力及其现代化》，《中国行政管理》2014年第10期。

[13] 张琳、李文宏、杨红义：《福岛核事故后核电厂安全改进行动分析》，《原子能科学技术》2014年第48（3）期。

[14] 王明月：《中核集团ACP1000科技示范工程完成里程碑节点》，《施工企业管理》2013年第1期。

[15] 温鸿钧：《“华龙一号”：核电发展新起点》，《中国电业》2014年第10期。

[16] 王超群：《模块式小型堆主泵接管应力分析及结构优化》，硕士学位论文，首都经济贸易大学，2014。

B.7

用发展的眼光支持新能源发展

王军生　陈星君*

摘　要：2008 年金融危机之后，全球经济增速开始放缓，而能源环境问题日益凸显，可持续发展面临巨大的挑战。与此同时，中国经济发展已经从单纯依靠速度的外延式增长转入以创新驱动、结构升级、节能环保等为特点的中高速平稳增长阶段。在经济新常态背景下，发展新能源产业是转变发展方式的内在要求，同时作为一个具有广阔发展前景的产业，新能源产业必将在新的增长阶段中大有作为。从世界范围看，各国近年来都高度重视新能源产业发展，加快推进能源革命。中国也在积极调整优化能源结构，大力培育新能源产业，提出了到 2020 年非化石能源消费比重提高到 15% 以上的目标。应该看到，这些年来我国新能源产业已取得了长足发展，但与国外相比仍有不小的差距。差距和问题既意味着巨大的潜力，也充分说明挖掘新能源这座“金矿”一定要有战略眼光。

关键词：发展　新能源　能源革命

1980 年联合国召开的“联合国新能源和可再生能源会议”对新能源的定

* 王军生，经济学博士，研究员。现任中国民主同盟中央经济委员会副主任，兼任中国社会科学院中国经济技术研究咨询有限公司研究员，主要研究领域为产业经济学与金融市场理论。陈星君，毕业于上海工业大学，现任广东新银河世纪集团副总。

义为：以新技术和新材料为基础，使传统的可再生能源得到现代化的开发和利用，用取之不尽、周而复始的可再生能源取代资源有限、对环境有污染的化石能源，重点开发太阳能、风能、生物质能、潮汐能、地热能、氢能和核能。能源是现在世界上最大的产业，如果中国可以逐步过渡到依赖可持续能源系统，那么可以为整个经济发展带来巨大的机遇。中国目前已经建立了非常宏大的提高能效或者使用可再生能源的目标，同时政府也确定了一些长期目标。

当人们讨论世界发展转型的时候，新能源议题占据制高点，按照国际上一些学者的观点，我们将迎来第三次工业革命。第三次工业革命是在未来三四十年中将会持续推进的一场新革命，主要包括3个支撑点：第一个支撑就是新能源，或者基于可再生能源的分布式供能体系，将实现对整个三百年来世界能源结构的根本性转化；第二个支撑是智能制造，基于新材料、新网络；第三个支撑是基于网络技术和信息技术的智能社会，包括智能能源体系建设、智能社会建设。因此，新能源、智能制造和智能社会将成为未来全球第三次变革的关键点，而中国现在处于一个特定的历史时期——加快转型发展的关键时期，能源问题再次成为突出问题。这一方面源于中国能源自然分布的客观条件，化石能源占了百分之六七十；另一方面源于中国长期以来形成的庞大体量的传统制造业体系，这形成了庞大的产能，其本质就是将上一次工业革命中以传统制造为基础的制造业体系搬了过来，其背后就是基于化石能源的使用和排放体系。由此导致了生产成本、竞争力、环境等问题。中国的新能源发展近年来受到关注的程度一直较高，而这种关注能否转化为发展的契机，能否在转变经济增长方式中发挥基础性作用，在很大程度上取决于能否用发展的眼光看待新能源问题，能否基于战略的高度制定恰当的新能源政策，能否协调中央政府、地方政府、企业的相关利益与激励因素，使新能源的发展真正走上可持续的道路。

一　新能源发展的世界眼光

随着全球经济的增长和人口压力的增大，人们对能源的需求与日俱增，现代城市普遍面临着传统能源短缺、生态环境恶化等问题，世界各国，尤其是发达国家都将开发新能源产业、发展低碳经济、培育新能源城市作为推动经济可持续发展的重要举措。

1. 加快新能源利用是世界的潮流大势

从某种程度上说，人类的发展范式实际上可以概括为能源革命的历史。这是因为，人类社会要不断向前发展，就必须不断提高劳动生产率，从而不断提高社会生产力。很明显，这一切都可以归结为一条，那就是如何找到能量之源，即能源。从历史上看，人类第一次生产力的巨大飞跃就是通过蒸汽动力代替人力、畜力而实现的，第二次生产力的巨大飞跃则是通过蒸汽动力发展至电力实现的。此后，核能等新能源的出现进一步推动人类生产力向前发展。一言以蔽之，是一次又一次的能源革命促成了人类社会的不断进步与繁荣。

与常规能源相比，新能源最大的优势是地域分布较为均衡，资源量相对于人类需求来说取之不尽、用之不竭。新能源主要包括太阳能、风能、生物质能、地热能、海洋能、核能等。在2009年底召开的哥本哈根世界气候大会上，各国普遍达成节能减排、发展新能源的共识。以欧美为代表的世界发达国家和地区，早在20世纪八九十年代就制定并加快实施新能源城市发展战略。

美国大力推行能源新政，从法律、政策、技术和资金等层面大力支持新能源发展，十分重视新能源产业发展。尤其是奥巴马总统上台以来特别重视新能源产业的发展。奥巴马总统在2009年2月15日签署了总额为7870亿美元的《美国复苏与再投资法案》，该法案将新能源产业作为重点发展产业，主要是大力发展高效电池、智能电网、碳储存和碳捕获、各种可再生能源等。其中包括近1200亿美元的科研计划，新能源和提升能源使用效率的研发计划占到468亿美元，各种可再生能源及节能项目投入资金约为199亿美元。

欧盟从20世纪90年代初开始，各成员国就出台一揽子新能源发展计划。欧盟推出了“环保型经济”规划，该规划着眼于“绿色”。2007年金融危机之后，欧盟委员会发布公告称，已经制定出一项致力于“环保型经济”的中期规划。该规划的主要内容是，欧盟将专门筹措规模为1050亿欧元的资金，用2009~2013年5年的时间全力打造具有国际先进水平和全球竞争力的“绿色产业”，并将绿色产业作为欧盟产业结构调整以及经济复苏刺激政策的重要支撑，进而实现扩大就业和实现经济增长的两大重要目标，进而为欧盟继续在环保经济领域保持世界领先地位奠定坚实的基础。此外，还要积极加强对可再生能源利用的研发，欧盟将30个城市列为实施高科技新能源的试点单位，并由此成为世界新能源开发与利用的引领者。

日本、韩国政府也高度重视新能源产业的规划与科研投资。日本政府长期以来十分重视产业发展的规划，将产业规划作为引导新兴产业发展的政策基础。日本内阁在1994年12月的一次会议上通过了“新能源推广大纲”，日本政府第一次正式将发展新能源及可再生能源作为一项重要任务。日本内阁在1997年12月的决议中正式通过了“环境保护与新商业活动开发”的计划，将其作为日本政府到2010年发展新能源和再生能源的行动指南。日本政府于1997年制定了“促进新能源利用的特别法”（以下简称新能源法）。日本通产省在2004年6月提出了新能源产业化发展的远景构想。韩国在2008年8月颁布了“李明博政府的科学技术基本计划”，该计划提出以每年10%以上的增长速度提高研发领域的投资。此外，韩国政府提出将7大重要领域的90项技术作为重点开发和扶植的对象。日本政府在2009年颁布了《新国家能源战略》，该战略提出了总共8个方面的能源战略重点规划。韩国政府十分重视投资新能源产业的研发活动。韩国政府在2009年1月公布了《新增长动力蓝图及发展战略》，该战略计划在2013年之前的5年时间中，在绿色产业、高附加值产业和高科技产业等17个未来高端领域投资97.8万亿韩元。

从全世界范围来看，许多可再生能源的利用技术已经取得了长足的进步，并在一些国家形成了一定的规模。生物质能、太阳能、风能以及水力发电、地热能等利用技术已经得到了广泛的应用。国际能源署（IEA）对2000~2030年国际电力需求进行了相关研究，该研究表明，可再生能源利用产生的发电总量年平均增长速度位居前列。IEA 的研究指出，在未来 30 年中，非水利可再生能源的发电量将比其他任何燃料发电量的增长都要快，年增长率近 6%，2000～2030 年，非水利可再生能源的总发电量将增加 5 倍，到 2030 年，它将提供世界总电力的 4.4%，其中生物质能将占 80%。

随着全球变暖趋势日益严重，发展低碳经济正逐步成为全球意识形态和国际主流价值观，而且煤、石油等传统能源的储量也日益匮乏，发展新能源势在必行。以风能、太阳能、核能、生物质能等为代表的新能源将成为未来能源的发展方向，这已成为全球能源界的共识。面对既是机遇也是挑战的新能源产业，发达国家为了占据技术优势的制高点、培育新的经济增长点，不断出台新的政策措施。总之，新能源已经成为各国寻找新经济增长点的必争之地，纷纷采取各种扶持政策和措施，努力发展新能源。

2. 实施新能源战略是国家的重要发展战略

能源是现代化的基础和动力，是人类生存和发展的重要物质基础，关系到国计民生和国家安全，能源供应及其安全是关乎当前现代化建设的重大因素。进入 21 世纪以来，我国能源建设得到了长足发展，能源保障水平不断加强，能源结构持续优化，人们的节能减排意识增强，能源国际合作日益紧密。而世界最大能源供应体系的建成，有效地保障了我国经济社会的持续发展。

如今，世界政治、经济格局正面临深刻调整，能源供求关系也处在转型之中。我国能源体系建设面临着一系列新问题、新挑战：首先，我国能源资源日益稀缺；其次，愈演愈烈的生态环境问题，使得能源架构调整和能源安全保障的压力进一步加大。但同时，能源发展也面临着难得的机遇，我国可再生能源、深海油气和非常规油气资源的开发潜力巨大，能源领域的科技创新不断取得新突破，而能源国际合作的不断深化也带来了新的发展契机。

作为全球第二大经济体，我国碳排放量居全球第一位、能源消费水平居第二位、石油进口量居第三位，发展新型能源可以达到优化能源结构、保障能源供应安全、节能减排、减少污染等多重目的。我国政府已经把发展新能源提升到国家战略的高度加以重视，专门成立国家能源局、国家能源委，并陆续出台了一系列法律法规和政策补贴等配套措施，如国家将对全国“绿色能源示范县”进行大额补贴，对新能源汽车的开发、消费多个环节进行政策扶持。具体来讲，发展新能源产业具有如下重大战略意义。

新能源产业的潜力巨大，发展新能源能够保障能源供应的安全。从常规能源的使用情况来看，资源制约日益加剧，能源安全形势严峻。一方面，中国能源资源短缺，常规化石能源可持续供应能力不足。油气人均剩余可采储量仅为世界平均水平的6%，石油年产量仅能维持在2亿吨左右，常规天然气新增产量仅能满足新增需求的30%左右。煤炭超强度开采。另一方面，粗放式发展导致我国能源需求过快增长，石油对外依存度从21世纪初的26%上升至2011年的57%。与此同时，我国油气进口来源相对集中，进口通道受制于人，远洋自主运输能力不足，金融支撑体系亟待加强，能源储备应急体系不健全，应对国际市场波动和突发性事件的能力不足，能源安全保障压力巨大。就新能源的储量而言，太阳能、海洋能、风能等可再生资源的储量相当可观。一旦突破了现有的技术瓶颈，其开发成本就可以逐渐下降到可推广应用的水平。可再生能源开发与利用的潜能是巨大的，考虑到石化资源储量有限、供应能力无法得到保障的现实，新能源的积极开发以及应用，将极大地有益于能源使用结构的调整，并保障能源的充足供应。

新能源与可再生能源污染物排放量较少，将极大地有利于促进人与自然的和谐相处。化石能源等不可再生资源的大规模使用，引发了温室气体的大量排放，并最终导致全球气候变暖等一系列环境问题。为了能协同应对日益恶化的全球性环境危机，国际社会先后签署了《联合国气候变化框架公约》（1992年）、《京都议定书》（1997年），以及《巴厘路线图》（2007年）等一系列协议。英国在2003年发布的能源白皮书——《能源的明天：创造低碳经济》中，开启了低碳经济发展构想，一时间掀起了一股全球性的低碳经济热潮。低碳经济的本质是高效与清洁利用能源，旨在降低人们对化石能源的需求，减少温室气体排放量，将经济发展由粗放型的高能耗、高排放、高污染模式转向集约型的低能耗、低排放、低污染模式。可再生能源的开发与利用是应对气候变化、发展低碳经济的先决条件。风电、太阳能等新能源的发电过程不排放任何污染物或者温室气体，可以有效降低煤炭的消耗及煤炭开采对生态的破坏。生物质发电污染物排放极少，温室气体净排放量几乎为零，利用盐碱地、荒山或荒地种植能源作物，可促进植树造林、植被保护和山坡绿化。应用沼气技术以处理工业废水、城市排放的污水以及畜禽养殖场的废弃物，可以达到清洁生产的目的。总而言之，可再生能源的开发与利用，可有效减小化石能源在使用过程中产生的污染物质，有利于生态环境保护。

“十二五”规划所提出的重大战略任务包括发展新能源，这一战略任务是建设“两型社会”的重要着力点，是发展战略性新兴产业的关键内容之一。“十二五”规划指出，加快转变经济增长方式是我国经济发展的主线。要贯彻落实这一主线，就需要培育发展战略性新兴产业，加速产业转型升级。而培育战略性新兴产业的重要内容之一便是发展新能源产业。“十二五”规划明确指出：“新能源产业重点发展新一代核能、太阳能热利用和光伏光热发电、风电技术装备、智能电网、生物质能。”新能源产业的积极创新和应用，可以促进战略性新兴产业成为我国经济增长的新动力。加快资源节约型以及环境友好型社会的建设，以此来推动经济发展方式的转变。新能源产业的积极创新和应用，还可以调整和优化能源使用结构，构建经济、清洁、安全、稳定的现代能源产业体系，推动建设“两型社会”。“十二五”规划还指出：“在确保安全的基础上高效发展核电。加强并网配套工程建设，有效发展风电。积极发展太阳能、生物质能、地热能等其他新能源。”总而言之，世界能源发展的大方向是发展新能源，这是世界各国发展至一定经济实力后的必然选择。创新应用新能源是我国应对全球产业结构优化升级挑战的必然路径，是保障我国能源供应安全，调整优化能源结构，促进能源与经济、社会、环境协调发展的重大举措。

二　新能源革命的主要特点

近年来，全世界生态环境和气候变化的形势日趋严峻，优先发展可再生能源成为能源革命的首要特征，可再生能源的发展已成为必然趋势。德国、美国、日本等发达国家都提出在2050年前实现可再生能源满足国内80%以上电力需求的长期发展目标。由于化石能源的不可再生性、资源储备的日益稀缺，以及自然环境承载能力的逐渐减弱，新能源革命势在必行，从而推动社会持续繁荣进步，并满足人类不断增长的物质需求。首先，我们需要明确当前进行新能源革命的路线图，如果对新能源的发展愿景都不甚明了，那么便无法确立能源发展战略，更谈不上推动能源使用方式的革命。

一定程度上说，新能源的发展具有方向与目标相对清晰的特点，但在具体方式和路径的选择上存在着较为明显的多样性。新能源革命之路将不无意外地受到各国国情及相应的政策区别、技术水平及发展途径选择的风险、新旧利益团体的博弈、外交或军事冲突等突发事件，以及不同消费群体偏好的差异性等许多不确定性因素的影响。因此，面对这一重大新兴问题，中国必须在保持积极探索的同时，充分认识新能源革命的特殊性。从新能源革命当前发展的趋势来看，新能源产业具有以下三大特点。

（1）新能源产业的经济前景诱人

从各国对新能源产业的重视程度以及投资力度可以看出，新能源产业未来的发展具有巨大的经济收益，这是大多数国家的共识。例如，美国总统奥巴马于2009年2月17日签署了《美国复苏与再投资法案》，被外界视为美国的“能源新政”。有评论家指出，对于美国维持其全球霸主地位所起到的作用而言，奥巴马发起的“能源新政”及“绿色产业革命”，很可能与20世纪后半时期里根政府的“星球大战计划”和克林顿政府的“信息高速公路”政策不相上下。根据“能源新政”的蓝图规划，美国将通过设计、制造并推广应用新的绿色能源来重振美国的工业体系，一个高达二三十万亿美元产值的新能源产业可就此培育出来。与当前5万多亿美元产值的全球信息产业相比，新能源产业20万亿～30万亿美元的产值十分诱人，其市场非常广阔，而美国政府投入巨资在新能源产业也就不足为奇了。可见，这一产业的巨大前景及由此带来的巨大经济收益将促使我们加快建设新能源产业，构建新能源发展的先发优势，以确保在国际能源市场上拥有足够的话语权。

（2）不同国情，相同矛盾

能源发展的“十二五”规划明确指出，由于世界政治和经济形势日益严峻复杂，能源行业在世界范围呈现出新的特征，一方面，世界各国在能源资源上的竞争更加激烈。部分发达国家对能源资源的高消耗模式很难在短期内发生根本性转变，同时，由于发展中国家的工业化和现代化发展进程逐渐加速，其对能源资源的需求也不断增加。全球能源资源面临的长期供给偏紧的矛盾更加突出。

从世界范围来看，未来的经济发展过程中，发展中国家对能源资源需求的增量将逐步增长，可能占到全球增量的约85%。对于此，发达国家必然会维护其对全球能源市场的控制权和优先权，强化其对能源资源战略运输通道的重要影响。而能源输出的国家则会通过构建能源战略联盟的方式加强对资源的控制，维护本国的利益。总之，未来的经济社会发展将更加凸显能源的战略属性和政治属性。各个国家将围绕能源资源的战略布局进行更加激烈的博弈。

另一方面，“十二五”规划也指出，世界能源供应格局、全球化能源结构发生了深刻变化。其主要表现为：西亚、北非是全球油气输出最重要的地区，其局势尚没有得到明显的好转。美国、加拿大在页岩油气等非常规资源的开发上取得重大进展，美国在新出台的《未来能源安全蓝图》中提出“能源独立”新主张，更加强调本国能源资源的开发。日本福岛核电站发生的核泄漏事故对整个世界核电发展的进程产生较大影响，并且使全球对能源开发利用方式产生了新的思考。欧盟制订了2020年能源战略计划，强调发展可再生能源，逐步减少对化石能源的依赖。世界能源资源的生产、供应及战略布局正在发生深刻的变化。

从各国的资源储量和使用来看，当前全球探明的能源资源的储量和消费数量各不相同，能源资源主要集中在少数的国家和地区。石油资源主要分布在中东地区，煤炭资源主要集中在亚太地区，而北美、欧洲和亚太地区是能源资源的主要消费地区。对于中国来说，能源总量储备并不丰富，人均占有量更是处在较低的水平，但是，我国对能源的消费却很高。资料显示，在

2010 年，中国对能源的消费已经超过美国，占世界能源消费总量的 20%。

（3）政府应积极发展新能源产业

新能源作为新兴产业，在发展的初期阶段都会面临市场不成熟，竞争能力弱等问题。新的产业缺少政府的扶持很难在市场上生存下去。因此，新能源产业要想获得发展，必须借助政府的主导作用。政府通过价格保护、税收优惠等政策为发展新能源产业、扩大产业市场、增强市场竞争力保驾护航。

除了对新能源企业的扶持以外，作为产业发展初期的主导力量，政府还要积极引导、扩大新能源的消费需求市场。在这方面西方国家的成功经验值得我们借鉴。西方国家除了重视加强基础研发和技术进步外，对消费市场的引导培育也同样重视。欧盟为了发展低碳经济、扶持新能源产业的发展，严格制定汽车的尾气排放标准，降低电动汽车的流转税等，在政府采购、市场推广、财政补贴、市场培育等方面都大力扶持。

三　新常态下新能源产业的最佳发展路径与国际合作

目前，我国经济进入新常态，更加注重质和量的共同发展，平稳运行将成为发展的常态。目前中国正处在“增长速度进入换挡期、结构调整面临阵痛期、前期刺激政策消化期”的“三期叠加”的特殊阶段，总的来说，未来经济发展的外部环境还比较乐观。未来全球对能源需求的增速将有所降低，预计年均增速约为 1.5%。

在当前的国际经济环境和中国经济新常态的背景下，中国的能源发展面临新的环境和机遇：对能源需求的增长速度有所减缓，煤炭的需求增长速度减缓以及油价的下跌对推进我国能源价格机制改革创造了条件和机会。中国正在逐步推进基本资源品价格机制改革，其中，水电气的价格会出现小幅上涨，但是石油价格的走低，客观上会抵消其他能源价格上涨的影响。受国际大宗商品价格变化的影响，传统能源行业利润率下降，这为新能源行业的转型带来机遇。

针对新能源产业,《能源发展战略行动计划(2014~2020年)》提出了"节约、清洁、安全"的战略方针,重点实施四大战略。

(1)节约优先的发展战略。使节约优先贯穿于经济发展、社会发展及能源发展的全过程中,集约高效地开发新能源,科学合理使用现有能源,大力提高能源的使用效率,加快经济结构的调整和优化,推进重点领域和关键环节的节能工作,合理控制能源消费的总量,以较少的能源消费总量来支撑经济社会的较快发展。力争到2020年前一次能源消费总量控制在约48亿吨标准煤的水平,煤炭消费总量控制在42亿吨左右。

(2)立足国内的发展战略。坚持立足国内的原则,将国内供应渠道作为保障能源安全的主要渠道,牢牢掌握能源安全的主动权。发挥国内资源、技术、装备和人才等方面的优势,加强国内能源资源勘探开发,完善能源替代和储备应急体系,着力增强能源供应能力。加强国际合作,提高优质能源保障水平,加快推进油气战略进口通道建设,在开放格局中维护能源安全。到2020年前大体形成比较完备的能源安全保障体系。国内一次能源生产总量目标为42亿吨标准煤,力争能源自给能力保持在约85%的水平,石油储采比提高到14~15的水平,能源储备应急体系基本建成。

(3)绿色低碳的发展战略。要重点优化能源结构,将清洁低碳能源的发展作为调整能源结构的主要发展方向。必须将非化石能源与化石能源高效清洁利用结合起来,逐年降低煤炭消费的比重,逐步提高天然气的消费比例,大幅度提高风电、太阳能、地热能等可再生能源的消费比重和核电消费的比重,最终形成与中国国情相适应的、科学合理的能源消费结构,进而大幅度减少能源消费的排放水平,促进生态文明建设。到2020年前实现非化石能源占一次能源消费的比重达到15%,天然气的消费比重达到10%以上,煤炭的消费比重控制在62%之内。

(4)创新驱动的发展战略。深化能源体制领域的改革,加快重点领域和关键环节的改革步伐,重点完善能源科学发展的体制和机制,充分发挥市场力量在能源配置中的基础性作用。同时,牢固树立科学技术决定能源发展未来、科技创造未来新能源的先进理念,坚持追赶与跨越并重,同时加强能源科技创新体系的建设，依托部分重大工程来推进科技的自主创新，建设科技型能源强国，使能源科技总体水平接近世界先进水平。到2020年前基本形成统一、开放、竞争、有序的现代能源市场体系。

依据《能源发展战略行动计划（2014～2020年）》，中国新能源产业的发展路径应该立足于本国国情，走出一条真正适合自身条件的发展道路，这一适合中国国情的新能源最佳发展路径应该具备如下特点。

（1）符合国情。支持新能源发展的政策和规划方针的落实必须符合中国的具体国情。首先从资源的存储量来看，目前中国的石油、天然气资源可开采的储备量并不丰富，可开采的石油资源只占全球可开采量的2.4%，天然气约占1.2%，而按人均能源资源占有量来看，更是远远低于世界平均水平，石油和天然气人均可开采的储备量分别只占世界平均水平的10%和5%。在整体的能源消费结构中，煤炭的消费比重比世界平均水平高出41.5%，石油消费比重比世界平均消费水平低16%，天然气消费比重比世界平均消费水平低20.5%。所以说，针对上述能源消费结构的具体情况，需要走有中国特色的能源发展道路。例如，中国在工程建设和特高压技术方面领先世界就是依据中国国情发展的成功典范之一。由于新能源资源相对集中在远离负荷中心区域，中国相对于其他国家更需要发展特高压输电技术。因此，在这方面技术上的成就成为领先世界的中国式制高点。

（2）自主选择。对新能源发展之路的认识要避免外界的干扰，全球经济危机爆发以来，许多国家都将新能源的发展作为本国战略性经济产业，新能源资源发展具有庞大的产业规模和广阔的发展前景的特点成为许多国家走出危机影响的突破口，一些国家在这方面得到迅速发展的方法和成功经验值得我们学习。同时，也要认识到各国发展的政策路径存在明显的差异，因此要针对国情，自主判断，选择适合我国发展的道路。例如，近年来美国在页岩气开发方面取得重大突破，产量迅速提高。而我国对新能源的利用率还处在较低水平，需要在太阳能，风能等具有相对优势的方面加大开发力度。

（3）技术创新，技术创新是新能源发展的重要突破口和关键环节，关系着新能源革命的成败。而对于技术方向性的把握显得尤其重要，准确判断技术发展的趋势，有重点、有选择地确立技术的研发方向。当前我国对新能源技术研发战略部署还并不明确，核心技术并不成熟，这在很大程度上影响着行业的发展。具体来说，由于我国可开采的石油储蓄量小，对外依存度较高，需要积极推进新能源的技术创新，包括对太阳能、海洋能、核能等新能源的开发与创新。引导相关企业加强技术研发的投入以推进技术创新，争取在核心技术方面取得突破性进展并形成持续的创新能力。

（4）国际竞争与合作。全球范围内的新能源发展离不开国际竞争、交流与合作。《联合国气候变化框架公约》明确规定了发达国家要向发展中国家转让先进的技术，其中就包括相关新能源和节能减排等方面的技术。中国正在努力利用全球资源与技术来促进本国的新能源发展，在合作对象以及合作领域方面均呈现出多元化的特点。根据商务部消息，中国与全球近 30 个国家建立了能源合作关系，不断加强在能源领域的国际合作。需要指出的是，全球合作是利弊共存的双刃剑，在交流合作中发展自己的同时，也要切实保护好自身的利益。防止其他国家尤其是欧美国家通过贸易、金融、政治等手段对我国在新能源发展上进行限制和打压。

党的十八大报告明确提出了要积极推动能源生产和消费革命的重大任务，新能源的发展是完成这项任务的首要突破口，全社会都需要认识到可再生能源在能源发展中的战略意义，同时积极探索一个最佳的发展路径，从而使新能源产业在中国未来的经济发展中起到应有的作用。除了依靠自身的力量之外，积极寻求国际合作也是发展新能源产业的重要途径，在国际合作的过程中不仅能使中国了解、引进国外的先进技术和理念，而且在一些重大项目上的合作还可以分散投资的风险。

通过国际合作发展新能源产业在国际上已经形成了广泛的共识，作为全球性的能源发展离不开国际社会的共同努力与合作。全球共同面对的节能减排、能源安全、发展低碳经济、可持续发展的问题，要求加强新能源与可再生资源的发展。《京都议定书》的签订为促进新能源与可再生能源发展的国际合作打下了坚实的保障。随着联合国《气候变化公约》的发布，新能源与可再生资源的发展将会得到更多的认同与支持。这为促进新能源与可再生能源的顺利发展提供了良好的制度环境，同时也为国际技术交流与合作创造了有利的条件，中国政府出台了一系列的政策与法规，包括《可再生能源法》《国家中长期科学技术发展规划纲要（2006～2020年》《可再生能源中长期发展规划》等。

在国际合作中，应当首先掌握合作的原则、目标与宗旨，并确定合作领域的先后顺序，将人力、物力集中在优先发展的重点项目中，这样才能在国际合作中实现双赢或者多赢。

（1）合作的目标。探索多种国际合作模式与多种交流途径，建立技术平台，进而将各国优势技术整合起来。吸引国外先进技术，同时将国内的先进技术推广到国际上，尤其是发展中国家；推动新能源与可再生能源合作交流的技术指南的制定，推动国家技术规范的修订；积极参与可再生能源与新能源技术的引进、消化、吸收和再创新，尽快加强与国外先进技术项目的合作；加强产学结合，以企业为中心，将可再生能源与新能源科研技术成果转化成产业发展的新动力；树立大型示范项目，促进可再生能源与新能源科研技术研发；推动可再生能源与新能源科研技术与当地实际情况相结合，并促进可再生能源与新能源科研集群化、规模化；加强可再生能源与新能源科研技术的人才培养，形成一批高层次、高水准的研发团队。

（2）合作宗旨。将中国可再生能源与新能源的创新成果以及减少温室气体排放和建设资源节约型、环境友好型社会的决心通过国际合作交流传播出去；优先选择国内急需的可再生能源与新能源科学技术项目开展合作，发展多种技术引进途径，实现发展中国家先进技术的推广转移，同时也将我国先进、实用的能源技术推广到国际市场当中，促进可再生能源与新能源科学技术的整体发展，推动国际技术的交流与融合；引进可再生能源与新能源科学技术人才，提高我国可再生能源与新能源科学技术的科研水平，进而加快对可再生能源与新能源科学技术关键问题的突破；发展可再生能源与新能源产业，使能源利用效率提高，实现规模化，并降低可再生能源与新能源的使用成本；建立健全我国与世界其他国家机构的交流与协商机制。

（3）合作原则。第一，以互利合作与共赢为基本原则。将世界范围内的可再生能源与新能源发展的成果汇在一起，按照国际规定，在科技等领域展开全方位的合作，实现互利共赢。第二，大力保护知识产权。在进行可再生能源与新能源的国际合作与交流当中，在推动科技创新的同时也要加强对先进技术知识产权的保护。第三，实现先进技术的共享。在对知识产权进行有力保护的基础上，强化各国在可再生能源基础研究、技术开发、示范应用等几个方面的交流与合作，将中国可再生能源与新能源方面取得的成果带入国际市场进行交流，带动先进科学技术的交流和共享。第四，通过“引进来”和“走出去”的战略，使优势资源在国际、国内两个市场上得到充分利用，进而全面提升中国可再生能源与新能源的技术水平与创新能力，同时为可再生能源与新能源技术在国际层面的交流与应用做出贡献。第五，大力支持技术创新，利用多种国际科技合作平台展开技术创新，将高效型与环境友好型的新能源技术作为研发的主攻方向，提高新能源利用的整体水平，加快能源利用结构的转型与发展。

（4）关于国际合作，应该首先确定对哪些领域的基础科学与应用研究进行重点支持。这些领域一般应该包括以下几点。①太阳能发电与太阳能建筑一体化，太阳能光热发电和光伏发电系统，薄膜太阳能电池和其他新型太阳能电池，太阳能综合建筑，低成本、低污染太阳能高纯硅材料生产技术，太阳能热利用技术工业应用等。②生物质燃料与生物质发电非粮能源作物、纤维素原料乙醇，能源林业植物，生物柴油，生物质成型燃料，生物质气化，沼气及发电等。③风力发电风能资源评估、大型高效风电机组、海上风电机组及风电场建设等。④氢能及燃料电池制氢（太阳能、核能等）、储氢和输氢技术、新型燃料电池与燃料电池汽车技术等。⑤天然气水合物开发、勘探、开发、储运、利用技术等。

（5）进行国际合作应着重完成如下任务。①展开广泛的基础研究。推动国内研究机构和大学院校参与可再生能源与新能源的国际交流与合作，对新技术的基础理论进行研究，着重提高基础科学与前沿技术研究的综合水平，力争取得具有世界影响力的理论科研成果。②建立产业示范点。要重点追踪、引进和研究发达国家高效、规模化的可再生能源与新能源的技术，重点发展可再生能源与新能源禀赋的系统评价工作。可再生能源与新能源的顺利发展以现代制造技术为基础，是一种新型产业，因此要重点发展装备设计与制造技术，建立起符合国际标准的检测检验中心。③面向规模化的应用。要主动参加可再生能源与新能源的地区性与国际性技术标准与规范的制定工作，为新产品打入市场奠定良好的基础。把国外可再生能源与新能源的规划、政策和管理经验等引入国内。④大力实施“走出去”的战略，鼓励企业、各种研发机构和高校毕业生积极参与国内外可再生能源与新能源项目的合作与交流，与国外研发机构和生产基地建立起长期稳定的合作伙伴关系，进而推动发达国家的可再生能源与新能源技术向发展中国家转移。⑤重视国际交流与对话。建立起可再生能源与新能源的合作与对话机制，与多方交流可再生能源与新能源发展的经验，共同突破技术研发瓶颈。

（6）设立相关管理机构进而推动国际新能源的合作。①首先成立计划组织机构，由科技部与国家发改委联合协调各有关部门、国际组织和重要科研机构，组织实施各种“计划”。②建立专项资金。安排专项资金启动“计划”，积极吸引来自外国政府和国际组织的资金来推动“计划”的实施。此外，要重视吸引多渠道的资本，使其乐于进行可再生能源与新能源国际科技的投资与合作。

近几年来，各国越来越重视新能源的开发利用与可持续发展，推动国际合作，共同应对能源危机、调整能源结构、提高能源利用效率已经成为当今世界的共识。中国政府高度重视环境保护，制定了许多相关政策以推动发展新能源，取得了显著成效。在保持经济发展增速的同时更加注重发展可再生能源与新能源技术，减少传统化石能源的消耗比例，并提高利用能源的效率。

中国科技部制订了进一步加强在可再生能源与新能源方面与亚洲、非洲等国家的交流与合作的计划，以企业为合作主体，强化产学研的结合，推动可再生能源与新能源科研成果向规模生产的转化，与其他国家联合建立先进技术示范项目，建立起可再生能源与新能源国际科技合作的基地，推动其发展。中国科技部还将重点支持太阳能发电与太阳能建筑一体化、风力发电、氢能及燃料电池、生物质燃料与生物质发电、天然气水合物开发等可再生能源与新能源领域的基础科学与技术研究的国际交流合作，并与其他国家一道培养可再生能源与新能源研究开发的人才队伍。通过加强国际科技合作来大力发展可再生能源与新能源，这已经成为各国增加能源供给、保障能源安全、发展低碳经济、减少温室气体排放、实现经济与社会可持续发展的共识。

政府是推动新能源产业发展的关键性主导力量，中国政府多年以来一直致力于促进可再生能源与新能源的发展，先后颁布了《中国应对气候变化国家方案》《可再生能源法》《可再生能源中长期发展规划》《可再生能源与新能源国际科技合作计划》等，这些计划和法规为中国发展可再生能源与新能源的发展提供了良好的制度环境，同时也为国际科技合作的顺利进行创造了有利条件。

目前，在可再生能源与新能源方面，中国和世界上十多个国家建立起了研发、技术转让和示范等广泛的合作关系，比如与欧美一些发达国家在太阳能、氢能、燃料电池、建筑节能、风能发电、生物质能等多个领域开展了深度合作；与大湄公河次区域可再生能源委员会展开了面向东南亚、南亚地区建筑太阳能系统研发与示范的国际科技合作项目。此外，中国还参加了许多其他的新能源国际合作计划，比如核聚变国际合作计划等。

四　以发展的眼光看待新能源产业

1. 用发展的眼光看待新能源产业——企业家们的视角

无论是新能源发展的政策，还是国际合作，落脚点都是企业的行为，政府的作用仅限于制定有关政策，对初创企业进行积极的引导以及给予必要的补贴，但政府行为终究替代不了企业行为，最后进入操作层面的只有企业和企业家，而这也正是市场经济的精髓所在。因此，用发展的眼光支持新能源的发展，首先就要了解新能源企业以及相关企业家的视角。

作为新能源行业中的企业家，他们具有与其他行业企业家不同的经营理念和目标，这主要是因为环保是他们始终如一的关注焦点。进入工业化时代以后，人类对自然资源的肆意掠夺，造成整个生态系统严重失衡、灾害频发。明显的危害有温室效应、臭氧空洞、耕地碱化、大气和水污染、土地沙漠化、大地震……这都是自然界对人类愚蠢行为的报复。近300年来，人类遭遇的一次又一次大劫难有力证明了这一论断。有需求就有供给，具有战略眼光的企业家这时候会勇敢地承担起历史赋予他们的责任：充分利用可再生能源，既满足当代人的需要，又不对后代人满足其需要的能力构成危害，这是一大批具有社会责任心和强烈使命感的新能源企业家的共识。

首先来看两个国外企业家的例子，从中我们可以看到企业家对新能源产业发展所秉持的理念以及他们的投资眼光。

（1）乐观的代表——巴菲特对新能源产业的投资

沃伦·巴菲特（Warren Buffett）是全球著名的投资商，巴菲特投资有一个与众不同的习惯，不熟的股票不投资，在做任何一项投资前都要仔细调研，自己没有了解透彻前不会仓促进行决策。在全球太阳能光伏行业呈现萎靡不振的状态时，巴菲特却反其道而行之，陆续大手笔注资太阳能光伏企业。

2011年12月7日，巴菲特公司旗下的中美能源收购了位于加州南部的价值达20亿美元的托珀兹太阳能发电厂，装机总容量高达500兆瓦；17日，巴菲特又从NRG能源公司收购了价值18亿美元的Agua Caliente发电厂49%的股份；2013年1月2日，中美能源提出将出资不超过25亿美元从加州Sun Power公司收购装机总容量达579兆瓦的Antelope Valley太阳能项目；2014年6月20日，巴菲特旗下的洛基山电力公司与美国德州First Wind公司签署了一份为期20年的协议，购买发电量为320兆瓦的光伏资产。

地热是巴菲特投资新能源行业中的一个主要领域。近年来，其公司持续加大对新能源的投资力度，在诸如风能、太阳能、地热和水力发电等领域拥有并运营多个项目。从2013年起巴菲特就将投资触角延伸到地热能源领域。2013年5月，中美可再生能源的控股公司——中美能源控股公司以56亿美元的价格收购了美国内华达州的NV能源，成为巴菲特进行的大规模收购活动之一。NV 能源是美国内华达州的电力和天然气公用设施的主要供应商，这是截至目前中美能源公司进行过的最大规模的收购交易。内华达州拥有大量的太阳能、风能和地热能资源。NV 能源的目标是到 2025 年实现可再生能源使用量达到 25%，最终成为美国最大的地热能源使用商。

地热能是一种来自地球深处的可再生热能，地球的熔融岩浆和放射性物质的衰变是其来源，是一种新型的清洁能源。美国政府自 2009 年以来对地热能项目给予了大量税收减免，通过提供现金担保等激励措施推动了地热能装机容量的迅速增长。有关资料显示，美国是目前全球地热能开发程度最高的国家，虽然如此，美国的地热能使用量也仅仅占到全国能源使用量的 0.5%。

近年来，巴菲特通过中美能源控股公司，在新能源产业上的投资已达到 150 亿美元。在 2014 年出席爱迪生电力协会年会时，巴菲特声称，在可预见的未来，公司还将继续加大对新能源的投资力度，预计在相关项目上将追加 150 亿美元的投资。

在风电投资领域，中美能源控股公司拥有的风力发电装机总容量目前已经占到整个美国风力发电装机总容量的大约 6%。其为美国大型能源企业之一，同时也是美国风电产能最大的公用设施持有机构。相关资料显示，中美能源控股公司自 2004 年开始组装风力发电机，截至目前对风电项目的累计投资已经超过 60 亿美元，仅在艾奥瓦州的风力发电项目的投资就达到了 39 亿美元。

中美能源控股公司现已更名为“伯克希尔哈撒韦能源公司”。其财务报告显示，截至 2014 年一季度，该公司总资产规模已经超过了 700 亿美元。该公司持有或参与管理的发电装机总容量已经超过 3400 万千瓦，其中风电、太阳能、水电、地热和其他新能源电厂约占产能的 1/4。

这些动态是巴菲特看好可再生能源产业的有力证明。他表示，投资公共事业“不能致富，但可守财”，在经济形势不好的情况下，此类项目的盈利能力很稳定。

（2）悲观的代表——盖茨认为可再生能源并不具备比化石燃料更强的

成本竞争力

比尔·盖茨一直热衷于慈善事业，秉持着“为穷人投资”的理念。比尔·盖茨曾被问及他在未来50年中希望如何改变全人类命运，他表示希望创造“能源利用的奇迹”，即创造出成本只有煤炭一半并且不会产生二氧化物的新式能源。但事实证明盖茨并未在研发新能源的计划上投入太多资金。

比尔·盖茨想在能源上为穷人投资，使他们能用上廉价且清洁的能源，但是他犯了一个错误。该错误起源于一个观点，即认为可再生能源并不具备比化石燃料更强的成本竞争力，并认为能源贫困是由气候问题所引起的。在这种情况下，他的慈善事业被误导了。

事实上，结束能源贫困与气候变化无关，它需要正确的路径：分布式能源。合理的商业决策的重点是以最便宜的方式为社会提供各种能源。对于分布式能源作用的判断，要看真实市场的增长速度。在孟加拉国，IDCOL家用太阳能项目已经非常成功地安装了300万个太阳能系统，在过去十年的复合年增长率高达60%。印度首相也倾向于在电网扩展问题上使用分布式能源，以满足印度政府提出的在2019年每个家庭居住地都实现通电的目标。

对于新能源行业的前景，不同的企业家存在着截然不同的观点，然而企业经营活动的经济成果是检验一切投资理念的唯一标准。能够从宏观的角度来审视能源问题，以发展的眼光来看待新能源行业的未来，抓住机遇，大胆投资，正是巴菲特成功投资新能源行业的关键所在。

（3）面对新能源行业，中国企业家的态度

面对新能源行业的投资机会，中国的企业家也是各持己见，有些人“闻风而动”，但也有些人心存疑虑、持观望态度。以新能源汽车为例，在发展的初始阶段，新能源汽车对于生产者和消费者来说可能会不经济，但这并不意味着永久的不经济。随着各国排放标准变得越来越严，燃油汽车达标技术的难度必将越来越大，而其生产成本也将大幅度上升；与此相反，随着技术的逐渐成熟和规模效应的逐渐显现，新能源汽车的生产成本将会有很大的下降空间。这将是一个此消彼长的过程。从现在来看，有些企业已经在新能源汽车领域取得了显著成绩，而这些企业大都是长期准备、酝酿已久的。

认真考察中国企业家对新能源行业发展的投资理念和对政策的要求，将有助于政府更好地制定相关政策。

1）新能源汽车民营企业：不盼资金盼政策。2014 年 4 月 11 日，第 14 届中原自行车、电动车、电动汽车博览会在郑州市中原国际博览中心开幕。该展会设有如下专区：高档自行车展区，电动自行车三轮车展区，新能源汽车、电动汽车展区，电动车电池及配件工具展区和新能源电动车配套设施及配件展区。从展会的情况可以看出，新能源汽车成为展会上的宠儿。

一方面，民营车企争相奔赴“新能源车”这一方向。然而，民营的中小企业不在国家补贴的目录名单内，也没有资格挂牌上路，这就迫使民营企业自己去寻找发展空间，并明确自身定位。国家应出台相关政策对民营新能源车企进行规范。而民营企业，在国家现有的政策环境下，应该用最好的产品、最低的价格、最好的质量争取在行业中抢占先机，完全盼望国家补贴也是不现实的。

另一方面，目前我国新能源车的生产缺乏严格的行业准入标准，除了工信部备案目录内的品牌，众多民营车企也一拥而上争相生产各类电动汽车。这给核心零部件带来潜在的风险：新能源汽车“表面风光”，关键零部件“虚假繁荣”，而一旦与政策出现背离，无论是车企还是配件厂商都将很被动。

一些关键零部件生产厂商转向中低端市场是“不得已而为之”，而且在转型过程中也面临困境。电动车企在生产过程中技术参差不齐，甚至有好多汽车厂家不具备生产条件，而对于关键零配件却要求越便宜越好。这就出现了矛盾，价格过于便宜的零部件原材料配置难以到位，必然影响汽车整体质量。另外，这样配置的汽车到了消费者手里若再因没有经验而使用不当，则会直接对关键零部件造成伤害，这反过来又会影响新能源汽车及相关行业的声誉。

反观欧盟，其对新能源汽车采用分类经营的办法：根据车速对新能源汽车进行分类，同时在消费层面给出相应的政策，比如规定低速电动汽车停车不收费、消费者购买新能源车可得到国家补助等。我国也应尽快出台具体的行业标准，使新能源车核心零部件的生产有章可循。

国家应对电动汽车行业出台一系列规范，给民营车企提供发展空间，尽快结束其在模棱两可的状态下进行研发、生产的局面。另外，除了新能源汽车厂商需要规范，新能源汽车持有者的上路行为也需要规范，从而使消费者在享受新能源车带来的便捷的同时不影响其他市民正常的交通。从生产和消费两方面进行规范，将会极大地促进新能源汽车行业的快速和健康发展。

2）优胜劣汰——品牌和技术成就企业。首先，新能源企业家应该具有战略眼光：这意味着中国新能源产业的企业家必须具有清晰、坚定的做大产业、做大企业的战略目标，对产业、对民族负有责任心，并能在既定战略目标实施过程中坚持投入，抵御各种投机的诱惑。其次，有品牌诚信经营理念：这意味着中国新能源产业的企业家要以做品牌企业为经营目标，要有清晰的品牌愿景，并有持续的品牌资源投入，以诚信立身，持久立世。诚信文化就是指企业始终对消费者讲诚信，始终对合作伙伴讲诚信，始终对企业员工讲诚信，把诚信融入企业的每个经营活动中去。最后，应该具备创新意识，这意味着中国新能源产业的企业家要具备强大的创新精神。创新有两种形式：一种是“颠覆性创新”，即创造前所未有的新技术、新产品，以一种颠覆性技术，全面颠覆现有技术和产品。另一种是“聚合性创新”，即利用现有的各种成熟技术，通过改进、整合而形成一种聚合技术，并将其应用到一种产品上以实现新的商业创新。当中国新能源产业面临同质或近似的产品太多时，企业就必须通过不断的创新来创造一个属于自己的“蓝海”。

2. 用发展的眼光支持新能源产业——政府的视角

信奉自由市场逻辑的经济学家，往往对政府税收或者补贴持非常审慎的态度，但外部性的存在是个例外。外部性是市场失灵的典型表现之一，经济学家认为，税收和补贴是对外部性进行纠正的有效手段。如果新能源的利用具有正的外部性，那么经济学家得出的结论将是：补贴是必需的。但以鼓励正外部性为名义而给予的补贴，在制度设计上，必须以能否鼓励正外部性为前提；在对效率的评估上必须以是否鼓励了正外部性为标准。

太阳能和风能等新能源产业的发展具有环境友好的特点，这是使其区别于化石能源的关键特征。环境上的收益不能确切地划归到某个个人。例如，在使用效用上，使用太阳能电力的消费者与使用煤电的消费者并没有本质区别。太阳能发电的环境收益属于全社会，并不为某个个体消费者所有。因此，个体消费者不愿为使用太阳能电力而进行额外的支付。这将导致太阳能电力的使用无法达到社会最优的水平，政府补贴在这种情况下就成为必要条件。但必须注意，补贴鼓励的是环境收益，其次是技术发展的正向外部性。

如上所述，使用新能源技术的部分收益为全社会所享有，因此，新技术的开发往往不能得到与其创造的社会收益相一致的货币收益，而这将致使技术创新的供给严重不足。此外，若预期不到合理的投资回报，企业在新能源研发上投入的动机将会减弱。新能源发展与国家战略息息相关。企业组织进行的相关科研突破，从全社会范围来看，应尽快予以推广。所以，政府各部门在新能源产业初始发展阶段中的作用尤为重要，这种作用主要体现在政府对新能源初创企业及其相关研发进行补贴、积极引入市场竞争机制、健全和完善新能源相关政策、做好组织和实施工作、提供金融服务等方面。

（1）政府的作用至关重要

伴随着全球各国对可再生清洁能源进行的大量投资，一个重要问题是：面对着新能源开发出现的快速发展的态势，政府应该何去何从，是主动参与还是静观其变？有部分人指出，政府必须积极行动、积极参与，因为新能源作为一种新兴事物，需要政府给予大力扶持。但另外一些人则认为，能源体制的转型是一个市场化的过程，必须靠价格机制的引导来完成。例如，石油等不可再生资源一旦枯竭，那么价格就会迅速做出反应，新能源的吸引力也就因此提高，成为人们投资开发的新目标。如果政府介入这些投资，就会干扰这一进程的顺利进行，增加能源体制转型的成本。

从全世界范围来看，有政府部门参与的新能源开发的案例逐渐增多。包括美、德、法、英等在内的众多发达国家更是很早就制定了详细的扶持政策和措施，许多跨国能源公司也积极进行投资。大家已经形成共识，未来谁能在新能源开发上占得先机，谁就将立于不败之地。面对新能源开发的有利机会，政府应主动参与。

从市场角度来看，石油价格在一定时期内的变化受到多种因素的影响，价格未必能充分反映石油供应的长期趋势。比如在供应趋紧的时期，油价可能呈现波动起伏的情况，而非直线上升的趋势。而对于投资者来说，这种价格波动所发出的信息是混乱的，而这将会给可再生能源的发展带来重大的不确定性。因此，政府需要站在宏观角度，从整体上把握新能源发展的进程，选择恰当的时机，出台扶持政策，或者是“降温”政策，使新能源健康、稳步发展。

从技术角度来看，由于新能源的技术突破往往需要至少几十年的时间和大量投入，要使有关项目能得到长期的、稳定的投资，政府的支持显然是不可缺少的。到目前为止，大多数可再生能源在发展过程中都面临若干重大技术障碍，存在着不易克服的种种缺陷。虽然研发工作取得了大量成果，但是距离真正的技术成熟和大规模的工业应用仍然比较遥远。如果尽早着手进行开发，那么就能有更多的时间来进行多方面的探索，尝试不同的解决方案，使能源体制的转换尽可能成为一个渐进的过程，降低转型的代价，减弱其带来的震动和冲击。

必须看到，任何一种新能源的推广和使用，甚至过渡性的能源转换，都涉及各种配套设施的巨大投入，需要从一开始就进行通盘规划，这些事情只能由政府来做。面对新能源开发推广，政府的作用至关重要。

（2）引入竞争机制

引入市场竞争机制，也就是通过竞争使市场价格发挥作用，进而促进风能、太阳能等新能源产业的发展。在市场竞争机制发挥作用的初期，这一政策可能会受到来自各方面的阻挠。第一，政府各机构的意见可能不一致。长期以来市场已经习惯了由政府部门来审批价格，竞争机制和原来的行政定价机制之间存在着矛盾。第二，许多业内人士担心这一政策会把众多的民营企业挤出风电等新能源市场。第三，许多业内人士担心，如果市场竞争过于激烈，那么企业可能会变得无利可图。这是因为，企业在竞争过程中往往会通过降价来进行竞争，这将降低风力发电投资者的投资意愿，最终将导致无人投资的局面出现。可能出现的情况是，非理性竞争会在一定程度上发生，但这样的局面不可能持久。

国家能源局在2013年讨论了新能源的竞争力的问题，考虑新能源是否可能做到与煤电有同样的市场竞争力。根据有关数据，风电领域已经做到了这一点。2013年的风电价格是0.6元/度，广东省火力发电上网电价大约为0.5元/度，风电价格要比煤电稍高一些。但是由于众多原因，弃风现象广泛存在，2013年弃风总量大概为200亿度，2014年这一情况有所好转，但是弃风量仍然高达100亿～150亿度电。如果能将风电运营商的电价降低10%，同时电力部门的收购增加15%，尽量做到少弃风、不弃风，运营商的电价再降低一部分，那么风电和煤电就可能具有同样的竞争力。

那么降价会不会导致风力发电商无利可图呢？实践已经证明，降价不仅不会导致风电企业无利可图，而且还能提高企业的竞争力。相关统计数据显示，华能新能源2013年上半年的销售收入达到28.66亿元，与上一年同期相比增长了58.4%，利润为6.68亿元，与上年同期相比增长了141.3%；中广核风力发电部分2013年也实现了9亿元的盈利。这些成绩的取得与市场机制的发挥是分不开的。

另外，我们也看到，民营企业不仅没有大量退出风电市场，反而扮演了非常关键的角色。在风力发电领域，国企、民营企业是在同一起跑线上展开竞争。尤其是对于风力发电设备制造企业来说，随着中国制造能力的逐渐增强，同类企业的竞争变得异常激烈，这导致风力发电设备制造商的利润出现了大幅下降，然而从另一方面来说，激烈的竞争不仅降低了风电投资的成本，同时还促使了风电制造企业勇于走向国际市场。

正是因为在风电行业中引入了竞争机制，也就是让市场来引导价格，逐渐走向“市场在资源配置中起决定性作用”的轨道，无论市场上采用了何种定价机制，风电行业目前都已形成了比过去更有竞争力的市场价格。在太阳能产业领域，由于太阳能发电和风力发电有所不同，太阳能发电在总量上也没有风电规模大，而价格则比风电要高，因此，在没有补贴的情况下太阳能发电要做到具备市场竞争力还有很长的路要走。当前太阳能行业采取的仍然是全国统一定价的机制，因此不妨引入竞争机制，同时辅以政府的扶持政策，使太阳能行业的成本降低，由市场力量来发现价格，让价格反映市场的情况。

（3）将能源革命提高到国家战略的高度

在过去的几年里，中国的新能源市场，包括光伏、风电、新能源汽车等均得到了快速发展，在一系列政策的刺激下，新能源市场仍将有较大的发展空间。相关研究机构认为，目前中国宏观经济已到了经济结构转型和增长方式转型的关键时刻，新能源将成为新一轮产业发展的重点之一，在未来相当长时间内，包括风电、核电、光伏等在内的新能源形式有望获得数倍乃至数十倍的成长，在总能源结构中的比重也将得以显著提升。

一场席卷诸多行业的能源革命正在展开。新能源到底在多大程度上改变着人们的日常生活，看看相关政策便有答案：2014 年，国务院印发《能源发展战略行动计划（2014 ~ 2020 年）》，我国未来能源消费目标是到 2020 年，一次能源消费总量控制在 48 亿吨标准煤左右，煤炭消费总量控制在 42 亿吨左右；非化石能源占一次能源消费比重达到 15%，天然气比重达到 10% 以上，煤炭消费比重控制在 62% 以内；2015 年“两会”上，李克强总理在《政府工作报告》中强调“能源生产和消费革命，关乎发展与民生”；3 月 18 日，交通运输部发布了《关于加快推进新能源汽车在交通运输行业推广应用的实施意见》，提出 8 个方面的措施鼓励新能源汽车推广；国家发改委就《新建纯电动乘用车生产企业投资项目和生产准入管理规定》向社会公开征求意见；各地市也陆续出台了 2015 年新能源汽车推广实施细则；等等。

业界预计还会有更多的新能源利好政策值得期待。中国可再生能源、非常规油气和深海油气资源开发潜力巨大，能源科技创新取得了重要突破，能源国际合作的进程不断深化，能源发展面临着难得的机遇。因此，作为一项长期发展战略，必须将新能源产业的革命作为长期的国家战略来看待。根据《能源发展战略行动计划（2014 ~ 2020 年）》，健全和完善新能源政策主要包括以下几个方面。

第一，必须完善能源税费相关政策。加快推进资源税费的改革，主要措施是清费立税，并扩大资源税从价计征的范围。认真研究能源消费税征税环节和税率的调整，将大多数高耗能、高污染产品纳入征收的范围。使节能减排税收政策得到进一步完善，建立并完善生态补偿机制，加快环境保护税立法工作的推进，为最终建立绿色税收体系奠定基础。

第二，完善能源投资政策以及产业政策。在充分发挥市场力量的基础上，扩大地质勘探的基金规模，对非常规油气及深海油气资源的开发和国际合作给予重点支持和引导，同时增强政府对战略性、基础性、前沿性科学研究和共性技术研究及重大装备的支持力度。进一步完善调峰调频备用补偿的政策，实施可再生能源电力配额制度以及全额保障性收购政策及相关配套措施。鼓励银行业等金融机构按照风险可控、商业可持续的原则，增强对节能提效、能源资源综合利用和清洁能源项目的支持力度。研究、制定推动绿色信贷发展的激励政策。

第三，完善有关能源消费的政策。要制定差别化的能源价格政策。加强对能源需求的管理，积极推动合同能源管理，同时培育节能服务机构和能源服务企业，建立能源审计制度。健全固定资产投资项目节能评估审查制度，落实能效“领跑者”制度。

人类正面临着一场巨大的历史性的变革，它的目标是由使用化石能源转变为使用可再生能源。要想使这场革命在今后若干年中真正发挥其作用，就必须让新能源产业得到越来越多的政府支持。而要使政府支持成为一个计划性、针对性以及连贯性的长期行为，就必须将有关新能源革命的各种制度、政策提升到国家战略的高度。随着技术进步，新能源的使用成本将不断下降，其经济价值与社会环保效益将会日益突出。

（4）对新能源产业的金融支持

伴随着经济发展和社会进步，世界各国越来越重视环境保护问题和全球气候变化问题，各国政府纷纷制定出新的能源发展战略、法规和政策，加快新能源的发展步伐。新能源产业是21世纪的战略产业，对新一轮经济周期的发展起到重要的带头作用。只有把新能源战略作为一个长期的发展方向，才能既发展了经济，又有利于社会的持续发展。但作为新型产业，新能源产业的发展需要巨大的金融支持，仅仅依靠政府的投资和补贴是远远不够的，而这就需要充分利用市场的力量，借助金融手段来解决新能源产业发展中的资金难题。作为战略性新兴产业，新能源产业的发展与金融业的支持是密不可分的，促进和发展新能源产业需要金融创新驱动。

中国经济转型的一个关键就是实现高科技企业以及战略性新兴产业的发展。新能源产业是其中的重要内容之一。国家对新能源产业扶持力度的不断加大是新能源产业在中国快速发展的前提条件，虽然近几年光伏等产业的发展遇到了不少困难，但其未来的发展空间仍然值得期待，现在出现困难是发展中的正常现象，是初级阶段的困难。新能源产业是一种新兴产业，发展时间比较短，仍然受到许多关键环节的制约。这一方面是技术的原因，同时也有市场和政策性的因素。总体来看，新能源产业发展的金融供给和需求不能够很好地匹配起来，产业健康、可持续发展的资金支撑不够。以光伏产业为例，根据相关规划，“十二五”末全国要完成35GW的总装机容量。根据某些机构的预测，初始资金规模大概需要3500亿元。即便不考虑项目的启动资金部分，每年的融资缺口仍将达到约600亿元人民币。当前还存在着市场、信贷政策、产业困境等方面的问题，这导致整个光伏产业链都处于资金困顿之中。

大部分光伏生产企业都是民营企业，融资难问题一直困扰着这些企业。民营企业进行间接融资必须提供抵押物品，一些信誉良好的民营企业有可能得到银行的信用贷款，但是在其发展初期还是需要提供抵押。从银行的角度来看，银行要保证自身资金的安全，所以，如何让银行资金安全地流向有需求的民营企业是迫切需要解决的问题。中小民企不仅融资较为困难，还面临融资成本较高的问题，在政策、机制方面还需要国家给予相应的优惠和配套措施。

针对当下新能源产业融资难以及融资渠道不畅通的问题，一方面，构建多元化的投融资渠道是必需的。第一，需要商业银行加强对新能源产业的信贷支持，包括：加大对具有发展潜力的新能源行业的资金投放力度；加大对新能源产业的扶持力度，根据新能源企业的特点促进金融产品和服务方式创新；另外，商业银行可采取银团贷款模式加大信贷支持，以帮助产业链中辐射拉动作用强同时又需巨额资金支持的重点新能源企业；完善新能源产业贷款担保机制并积极创新担保方式。第二，建立政策性金融组织，专门为新能源产业发展提供资金。政府要通过建立政策性金融组织，创新金融组织，弱化投入新能源产业的金融资本的逐利性，为新能源产业的发展提供政策性以及廉价的资金支持，保证其资金成本低于市场平均水平。第三，组建新能源创业投资引导基金与产业投资基金。可以考虑建立中央级综合性新能源产业投资基金、中央级专项新能源基金和民间新能源产业基金，通过这些基金的规范性运作，积聚较大数量的社会资金，从而形成相对的资金优势，方便新能源企业资本的快速扩张，培育大型新能源企业集团，促进新能源产业结构的调整与升级。第四，要充分发挥多层次资本市场的引导作用，以此拓宽新能源产业的融资渠道，包括：充分调动主板市场融资，优先扶持符合新能源发展要求的企业上市融资；优先考虑新能源创业板市场；大力推动债券市场发展，优先核准符合新能源发展要求的企业和项目的债券发行；此外，要发展与新能源产业技术开发相关的风险投资，建立健全新能源风险投资机制。

另一方面，要推进与新能源密切相关的金融资源创新，实现金融创新与新能源产业发展的双赢。其发展目的是以节约资源消耗、转移环境风险、提高环境质量、促进新能源为主要内容，依托金融资源配置的市场运作规则，通过创新金融组织、开发新能源金融产品、创新金融绩效评估，形成合理的金融产品结构，以为新能源产业的发展提供足够的金融资金。换句话说，金融业的发展要善于捕捉更好的环境机会，并适时推动新能源金融产品的创新，主动参与到新能源产业的发展中，通过金融以及新能源的深度融合，创造新能源产业发展和金融创新的双赢局面。

（5）充分发挥国家能源委员会的组织领导作用

自改革开放以来，中国的能源管理体制已经历过数次重大改革。国家能源委员会在 1980 年成立，两年后即被撤销，重建于 1988 年，但 1993 年再次被撤销，此后十多年间中国没有筹建统一的能源管理部门。2008 年，为加强对能源行业的管理，改变分散管理、多头管理、协调性差的局面，中国国务院机构改革决定组建国家能源局。同时，高层次议事协调机构——国家能源委员会相伴而生。

国家能源局于 2008 年 8 月正式挂牌运行。作为国务院机构改革的后续，国家能源委员会经过近两年时间的筹备正式成立。国家能源委员会的主要职责包括：研究拟订国家能源发展的主要战略，审议能源安全以及能源发展中的重大问题，统筹协调国内能源开发和国际能源合作的重大事项等。

新能源发展的各种问题错综复杂，交织在一起。节能减排问题牵涉环境保护问题，与环保工作有着密切关系；新能源的开发，尤其是生物质能源的开发，将会涉及粮食问题，比如与粮争地的问题；油价改革则会涉及交通运输等行业的补贴问题，而这又关系到财政部门。因此，应充分发挥国家能源委员会的组织领导作用，协调各种利益冲突，同时使各部门工作保持一致。能源问题关系到许多其他问题，因此需要各个部门协调参与。

可见，国家能源委员会要充分发挥作用，不仅要做好本职工作，还要协调好与其他部门的各种利益关系。作为新能源产业发展的关键组织力量之一，国家能源委员会必须加强领导，充分发挥领导作用，积极对能源行业中的重大战略问题进行研究，进而指导、推动行动计划的具体实施。另一方面，国家能源局也要切实履行国家能源委员会办公室的相关职责，组织协调有关各部门制定和实施相关细则。此外，国家能源委员会还要承担起有关的监督和检查工作，加强对相关工作的监督检查。国家能源委员会办公室要密切关注相关工作的进展，掌握相关工作的完成情况，督促各项政策措施落到实处、见到实效。

五 加快能源体制改革，为新能源产业发展提供制度保障

2015 年不仅是“十二五”计划的最后一年，同时也是推动能源体制革命落地的行动之年。从现阶段的形势来看，2015 年我国能源体制改革既面临着众多的有利因素，同时也面临着许多不利因素。总体来说，2015 年最有可能推出改革措施的领域包括：能源行业的准入和行业结构、价格形成机制、政府调控和监管等方面，同时某些方面还有可能出现较大的突破。

综观国内外形势，能源体制改革存在着利好因素，也存在着不利因素，对这两方面的情况都应该重视，既不能忽略不利因素，也不能满足于有利因素而使改革止步不前。

能源市场宽松是进行改革的重要前提之一，也是最为重要的利好因素。

政府的高度重视是推进能源体制改革的重要动力。十八届三中全会提出了全面深化改革的任务，而这要求将能源领域的改革提升到“革命”的高度。从改革到“革命”，一方面显示了政府对能源体制改革的高度重视，另一方面也意味着能源体制改革的巨大压力和紧迫性。

能源体制改革的一个重要前提条件是国际、国内能源市场供需的环境相对宽松。国际经验表明，如果能源需求的增长速度比较快、供需状况紧张，进行能源体制改革就会存在很大的阻力，因为这时候保证能源的充足供给、满足能源需求是第一要务。当前，全世界的能源供需状况和供应格局都发生了很大的变化，卖方对市场的争夺比较激烈，而另一方面买方的需求则相对不足，因此供给相对过剩，在没有地缘政治干扰的情况下，全世界短期内能源供应格局将会比较宽松。反观国内情况，中国经济已经进入了新常态，能源需求增速逐渐放缓，煤炭、电力、石油等能源行业存在着严重的产能过剩，过去那样大幅度的波动和规模性短缺的现象在今后将会越来越少，这为推动能源体制改革、提高能源利用效率创造了良好的条件。

以页岩油气开发为代表的清洁能源的发展和新技术水平的提升，是推动能源体制改革的重要技术支撑。在市场力量的作用下，美国发生了页岩油气的革命，这进一步推动了美国的能源独立，彰显了能源安全的实现离不开能源体制改革。另外，伴随着交易平台、智能电网等技术平台的搭建和进一步完善，电力行业体制改革获得了广泛的技术支撑。

环境污染治理的紧迫性为能源体制改革的进行提供了广阔的操作空间。近几年出现的雾霾等环境污染问题以及日益凸显的能源约束让广大群众深切感受到了能源消费对自然环境所产生的巨大的负外部性，因此，广大公众支持通过推动能源体制改革来治理雾霾污染以及缓解能源给经济发展带来的约束。众多的国际经验也表明，如果能获得民众的广泛认可，那么将形成对政府和企业清洁发展的倒逼机制，如美国20世纪70年代出现的环保革命。

从另一方面来说，对于不利因素也必须予以重视。能源体制改革呈现出“碎片化”的情况。实际上，有关能源体制改革的路径和相关措施早已获得上层认可，但从总体情况来看，之前的能源改革往往是局限于某一特定部分，缺乏顶层设计的思考，没有形成系统性的思路，改革进程过于分散化和“碎片化”，因此导致社会上存在“体制改革就是涨价”的误读。

缺乏合理的能源体制改革风险分散机制或者有效的成本分摊机制。任何一项改革都存在一定的收益，同时也存在着一定的风险，需要付出大量的成本。现阶段推进能源体制改革的过程中，我们面临着多种矛盾，比如降低能源消耗与保持经济适度发展之间的矛盾，保障国家能源的安全与当前存在的国际能源市场动荡的矛盾等，关于如何应对这些问题，成本又如何分摊，目前还没有形成广泛的共识。

能源行业的不同主体之间存在着利益博弈。要推动能源体制改革，必将改变目前的利益分配格局，从而引发新一轮的利益博弈。之前获得巨大利益的那些能源企业不愿因改革而承受利益损失，它们推动改革的意愿不强，甚至部分企业会在暗中进行阻挠。

习近平主席 2014 年在中央财经领导小组第六次会议上明确指出，要推动能源体制革命，并打通能源发展的快车道。他强调说，必须坚定不移地推进改革，还原能源的商品属性，进而构建有效竞争的能源市场结构与市场体系，最终形成主要由市场力量决定能源价格的机制，转变政府对能源行业的监管模式，同时建立健全能源法治体系。

经过 30 多年的发展，能源行业一直坚持以市场为导向，不断改革能源体制，解放和发展能源行业的生产力。石油部、电力部、煤炭部 3 个部委先后改组为数个大型国有企业，进而按市场经济规则运行；三大石油公司经过多年发展实现了上下游一体化，经营竞争适度；电力行业则基本实现了厂网分开，中央国有发电资本一分为五，促进了竞争，同时地方国有资本也纷纷进入发电领域，并迅速占据了半壁江山；中央煤炭企业的经营权基本下放到地方，煤炭价格和煤炭的产供销全部由市场力量决定，各种资本都得以进入煤炭领域，竞相发展；民营资本成为新能源发展的主力军，这推动了我国新能源产业的异军突起。能源产业的改革与发展有力地支撑了国民经济的发展，并显著提高了人民的生活质量。

必须清醒地认识到，中国能源体制在某些方面还存在着与生产力发展不相适应的局限，集中表现在如下3个方面。首先，价格形成机制不合理。煤炭和原油的价格已经由市场竞争力量决定，而电力、天然气和成品油等的价格则仍由政府制定，价格杠杆在这些领域还不能很好地引导资源的优化配置，在调节供需、鼓励市场竞争、推动节能减排、提高能源使用效率方面的作用尚未充分发挥出来。其次，行政审批的能源项目管理模式仍然居于主导地位。最后，部分能源行业中还存在严重的垄断现象，社会资本难以进入，新能源和分布式能源的发展受到严重限制。当前的能源体制改革已进入深水区，如果不解决这些问题，不迅速打破这些桎梏，那么能源生产力的进一步解放和发展就将成为泡影。

深化能源体制改革，应重点在3个方面寻求突破。一是推进政府自身改革，处理好政府和市场的关系。政府应进一步取消和下放能源项目审批事项，集中精力做好发展战略、规划、政策、标准等的制定和实施，加强市场监管，加强能源普遍服务。能源企业投资项目，除了特别重大的以外，一律应由企业依法依规自主决策。二是继续搞活存量，推进国有大型能源企业改革。对电力、油气行业，实行以政企分开、政资分开、特许经营、政府监管为主要内容的改革，细化区分竞争性环节和自然垄断环节，加强对自然垄断性业务的监管，放开竞争性业务。三是继续激发增量，进一步增强社会资本的活力和创造力。逐步放开电力、石油、天然气领域竞争性环节的价格，由企业自主定价，政府定价范围主要限定在网络型自然垄断环节。制定负面清单，实行法无禁止均可进入。

对于中国来说，新能源发展在今天具有重要的战略意义：首先，这是应对2008年金融危机影响的需要，进而扩大内需、促进投资、增加就业；其次是应对气候变化的需要，进而调整能源结构，实现能源的可持续发展；最后，这是抢占未来经济发展制高点的需要，进而提升中国能源行业的国际竞争力。因此，发展新能源产业需要具有长远的眼光，这要求政府一方面制定高瞻远瞩的政策措施，在大量讨论的基础上形成政策上的共识，切实探索出一条适合新能源产业发展的最佳路径；另一方面要积极推进各项改革，清除阻碍新能源产业发展的各种障碍，为新能源产业的发展提供良好的制度保障。

热点专题篇

Section for Hot Topics

B.8

混合所有制改革的内涵与外延

陈义和　赵 杨*

摘　要：党的十八届三中全会明确提出发展“混合所有制经济”之后，有关大型国有企业混合所有制的改革业已提上日程。本报告就混合所有制和混合所有制改革的相关内涵和逻辑进行梳理，并对能源领域的三大部分——煤炭、电力和油气行业逐一进行剖析，探究各个领域推进混合所有制改革的具体路径和方法，并提出相关改革建议。

关键词：混合所有制　国企与民企　产权结构　能源改革

* 陈义和，研究员。现任中国能源产业协会副理事长，能源储备领导小组办公室副主任，世界石油大会中国国家委员会副理事长，兼任中油新兴能源产业集团董事长。赵杨，中国社会科学院研究生院经济学硕士研究生，研究方向为制度经济学、能源经济学。

一　混合所有制概念的最初萌芽与发展

早在1993年召开的党的十四届三中全会所通过的《中共中央关于建立社会主义市场经济体制若干问题的决定》中，就出现了关于“混合所有”的相关描述：“随着产权的流动和重组，财产混合所有的经济单位越来越多，将会形成新的财产所有结构”，“对于支柱产业和基础产业中的骨干企业，国家要控股并吸收非国有资金入股，以扩大国有经济的主导作用和影响范围”。值得注意的是，这个时候对通过吸收非国有资金来改革国有企业还是采取了较为审慎的态度，并没有直接使用“混合所有制”这样的概念，而是从财产权的角度提出了“财产混合所有的经济单位”概念。

“混合所有制”这个概念最早见于1997年召开的党的十五大的报告中，该报告指出：“十一届三中全会以来，我们党认真总结以往在所有制问题上的经验教训，制定以公有制为主体、多种经济成分共同发展的方针，逐步消除所有制结构不合理对生产力的羁绊，出现了公有制实现形式多样化和多种经济成分共同发展的局面”，“公有制为主体、多种所有制经济共同发展，是我国社会主义初级阶段的一项基本经济制度”，“公有制经济不仅包括国有经济和集体经济，还包括混合所有制经济中的国有成分和集体成分”，“以资本为纽带，通过市场形成具有较强竞争力的跨地区、跨行业、跨所有制和跨国经营的大企业集团”。这些相关描述都已经表明“混合所有制”将会在未来引领国企的改革。

1999年底召开的党的十五届三中全会通过了《中共中央关于国有企业改革和发展若干重大问题的决定》，该决定要求：“国有大中型企业尤其是优势企业，宜于实行股份制的，要通过规范上市、中外合资和企业互相参股等形式，改为股份制企业，发展混合所有制经济”，“要着力培育实力雄厚、竞争力强的大型企业和企业集团，有的可以成为跨地区、跨行业、跨所有制和跨国经营的大企业集团”，“股权多元化有利于形成规范的公司法人治理结构，除极少数必须由国家垄断经营的企业外，要积极发展多元投资主体的公司”，“在涉及产权变动的企业并购中要规范资产评估，防止国有资产流失，防止逃废银行债务及国家税款，妥善安置职工，保护职工合法权益”。

党的十八届三中全会通过的《中共中央关于全面深化改革若干重大问题的决定》中明确提出：“积极发展混合所有制经济”，“国有资本、集体资本、非公有资本交叉持股、相互融合的混合所有制经济，是基本经济制度的重要实现形式，有利于国有资本放大功能、保值增值、提高竞争力，有利于各种所有制资本取长补短、相互促进、共同发展。允许更多国有经济和其他所有制经济发展成为混合所有制经济”。

综上所述，“混合所有制”这个时下为学术界和民众广为讨论的概念也是一步步从无到有，从简单到具体，从框架到步骤发展起来的。

二　混合所有制的内涵

政治经济学认为“所有制”是对一个国家和社会经济制度根本性质的界定。典型的所有制结构包括公有制和私有制两种。在我国，公有制又分为全民所有制（国有制）和集体所有制两种；而其他非国有的所有制都可以称为私有制。西方经济学一般将所有制称为产权，更加偏重于微观层面。从宏观层面理解，混合所有制是指整个经济中公有制和私有制并存的局面。我国自改革开放以来已经形成了公有制为主体、多种所有制形式并存和共同发展的基本经济制度。

十八届三中全会提出“积极发展混合所有制经济”，从产权层面提出“国有资本、集体资本、非公有资本等交叉持股、相互融合”的要求，这赋予了混合所有制微观层面的含义。企业层面的混合所有制，是指微观经济组织即企业的所有制性质和结构，即企业的产权结构和资本构成不仅包括公有资本也包括私有资本或外资资本。虽然到目前为止混合所有制还缺乏权威的内涵界定，但是对于混合所有制经济的理解仍然可以从广义和狭义两个方面入手。广义的混合所有制经济，指的是两种或两种以上的所有制经济成分通过股份制、联营等形式，成立有限责任公司或股份有限公司，共同从事生产经营活动。广义的混合所有制经济混合产权中不一定包含国有经济成分，而狭义的混合所有制经济的混合产权中一定包含国有经济成分。

拥有两种以上所有制类别的企业类型主要是：联营企业中的国有联营以外的其他经济成分联营企业；国有控股的股份有限公司；两种以上所有制经济成分参与组建的有限责任公司；港澳台企业中的合资经营企业、合作经营企业、股份有限公司；私人控股但有其他经济成分参股的股份有限公司；外商投资企业中的中外合资、股份有限公司等企业。

这几种类型的企业至少由两种以上所有制成分的资本投资形成，因此，根据广义的理解，它们都属于混合所有制经济。而按照狭义的理解，以上类型中有国有经济成分参与的才属于混合所有制经济。

三 混合所有制改革的必要性

任何事物和学术理论的推进与发展都有其必要性，混合所有制改革（简称混改）的进程也是如此。只有正确合理地认识现阶段混合所有制经济存在的必要性，才能正确把握我国混合所有制改革的方向，制定行之有效的法规政策，促进社会主义经济的健康发展。

（1）世界经济一体化进程下的必然结果。当今世界，经济一体化的趋势愈加明显，不同经济体的交叉互补融合也愈加充分，知识经济时代使得国与国之间的边界愈加模糊，以跨国公司为代表的实体抑或虚拟经济的混合形式和内容日新月异。这种“归一”趋势从客观上来讲，来源于不同国家和地区之间经济发展水平的不平衡，各个行业发展阶段的参差不齐成为经济合作的重要驱动力。现阶段来看，不论任何国家、区域、行业，其纯粹单一的经济形式已不复存在，混合所有制成分所占的产业比重逐步上升，并成为不可逆转的趋势。

（2）社会主义市场经济发展的客观要求。具有清晰产权结构的经济主体是建立市场经济的先决条件，市场中各种资本类型之间的相互融合、交叉流动，既是市场经济的基本现象也是市场经济的内在要求。混合所有制经济正是在适应了这种客观要求的背景下展现出愈加旺盛的生命力，显示出广阔的前景。市场经济越发达，体制越完善，资本的流动性也就越强，产权的界定和交易也就越规范，继而提升资源配置效率，使不同的资本类型能够发挥自身独特的优势，共同促进市场经济快速稳定发展。因此，混合所有制改革是推进社会主义市场经济发展的客观要求。

（3）与社会主义初级阶段相适应。我国在新中国成立初期曾实行过“一大二公”的单一所有制模式，几乎所有资本都归国家或集体所有，但是实践证明，这种所有制方式显然不适应时代的发展，因为其难以合理有效地配置各种资源，从而阻碍了生产力的发展。然而社会主义初级阶段的国情也决定了不能实行纯粹的私有制模式，因为其不能发挥社会主义国家“集中力量办大事”的体制优势，也无法保持对宏观经济的有力掌控。因此，我们必须将两者结合起来，实行以公有制为主体，多种所有制经济共同发展的基本经济制度。

（4）由混合所有制经济的独特优势所决定。所谓“混合所有制经济”，是指在同一经济组织中，不同的产权主体互相渗透、互相融合、多元投资，形成一种新的所有制结构，其以股份制为主要实现形式，同时兼备法人制、合伙制等其他形式。新所有制结构占主导地位的经济组织系统开放、产权多元、结构耗散。从宏观层面看，它既不是单一的国有经济，也不是纯粹的私有经济，而是两者的有机结合：以公有制为主体，多种所有制经济成分共同发展的所有制结构。从微观层面看，混合所有制表现为企业所有者不再只是国家或者某一个人，而是呈现为多元化；企业从公有化、独资化向股份化、合资化转变；公司由国家、法人团体、个人共同所有。上述多种所有制经济成分通过相互间的融合渗透可以实现公私产权优势互补，从而发挥出综合优势。

四　混合所有制经济存在的合理性

（一）混合所有制经济可以有效解决生产力与生产关系之间的矛盾

不同的市场主体，比如国有企业和私营企业，理论上存在作用与反作用的关系，包括竞争关系和合作关系，经济的发展应当使得市场参与方共享利益。现代企业更加注重不同资本类型的互动与合作，实现共赢，而混合所有制本质上就是将不同经济成分有效、合理地结合起来，发挥自身优势，共同发展壮大，其性质取决于内部占主导地位的经济成分的性质。国有企业自身资本雄厚，在资源调配和引导方面具有极大的优势，然而在劳动生产效率和资源配置效率上不及私有企业，实行混合所有制后，可以有效协调生产关系以适应生产力的发展，促进两者的统一。

由于客观历史条件、外部经济环境和内部传统经济结构等原因，我国各地区的生产力发展存在严重的不平衡，尤其是东部与西部之间、大城市与乡村之间。这种客观存在的不平衡使得混合所有制的存在具备了一定的合理性，公有制经济能与其他所有制经济形式共存，互相影响，互相促进，共同发展。

（二）混合所有制经济有利于社会主义经济健康稳定发展

混合所有制经济能够促进生产力的发展，不同的所有制经济主体之间互通有无，将对方优势为己所用，具有强大的发展潜力。通过不同的利益主体相互之间的制衡与合作，形成一个有机的系统，才能发挥各自的积极性，完善内部结构，保障社会主义市场经济的健康发展。通过不同经济主体之间的合作与优化，经济效益不好的国有企业借机转变为以公有制为主体的混合所有制形式，从而提高公有制经济的运作效率，加强社会主义公有制经济的主体地位，也可以使私有制成分更好地分配发展红利，从而进一步刺激市场经济走向繁荣。

五　混合所有制发展的困局

十八届三中全会通过的《中共中央关于全面深化改革若干重大问题的决定》（以下简称《决定》）中将发展混合所有制经济作为完善基本经济制度的重要改革方向，之后国务院提出“向民营资本开放垄断行业的竞争性业务领域”的重要指导意见，国资委也将推动混合所有制经济发展列入 2014 年深化经济体制改革重点任务之中，并明确了国有资本进一步向重点领域集中、完善配套法律法规、鼓励非国有资本进入特许经营领域、防止国有资产流失等重要实施方向和一些基本原则。

各地政府的反应也相当迅速，多数省市都根据《决定》制定了推进混合所有制的相关政策：广东省计划到 2020 年混合所有制企业比重超过 80%，二级及以下竞争性国有企业基本成为混合所有制企业；四川省计划到 2020 年，80% 的国有资本集中在公共服务、战略性新兴产业等重点行业和关键领域……

总体来说，地方政府仍然表现得较为谨慎，尽管在混合所有制改革目标方面提出了国企混合所有制占比、国有资本在重点产业和重点领域的聚集度等量化指标，但出台的各项政策基本都还处于“照抄”上级政府政策的层面，更多强调混合所有制落地的基本原则、推进思路，鲜见具体的行动计划。

1. 政府的审慎态度

此次混合所有制改革由国家发改委牵头推进。具体到地方政府层面，国资委作为国有资产的监督管理部门，成为混合所有制改革的牵头推进单位。但国资委并不具有统筹协调财政、发改和行业主管部门的权力，因此拟定的混合所有制推进方案，往往难以体现具有实操价值的具体改革措施。

造成国资委角色尴尬的主要原因，一是地方政府对中央政策方向仍未能完全理解，无法领会新一轮混合所有制改革的“新意”何在；二是在国有企业中引入民营资本或者国有资本在竞争性领域退出，都涉及“私有化”、国有资产流失等敏感话题，作为混合所有制改革的推动者和协调者，地方政府不愿做出较为创新和突破的改革行动；三是从政府的角度出发，以往由国有资本控制的市政公用行业管理起来相对简单，国资委作为能够直接干预企业行为的资产管理部门，让政府在维持行业稳定性方面有了强有力的抓手，而现在向民营资本放开市政公用行业，国资委这个有效工具失效了，对于如何形成一套新的行业监管机制，地方政府并没有做好准备，在地方法规不健全的情况下，不敢贸然启动改革。

2. 国企疑虑

国有企业关注的首先是国有资产的保值增值，对于本轮混合所有制改革能否提升国有资产的价值是存在疑虑的。而按照市场经济的观点，任何投资行为都是有风险的，资产的升值可能和减值是并存的，国企面对资产减值的风险，改革动力更显不足。

国有资本的另一个特点是承担着较多的社会责任，国企在决策过程中，除了盈利外还要考虑社会公益性，这与民营资本利润最大化的出发点是不同的。在上一轮的混合所有制改革中，如何让这两个发展方向融合、形成合理的决策机制的问题一直没有得到解决。在本轮混合所有制改革中，国企在这方面同样存有疑虑。

3. 民企疑虑

民营企业对混合所有制的担忧更多地来自害怕失去对资产的控制权。国有资本的体量巨大，又具有国有背景，作为小股东的民营资本尤其关心如何能保证其在企业中的决策权，特别是在国企占有控股权的情况下，一旦国资方派出的股东忽略企业利益，只是站在股东利益角度进行决策，那么民营资本就容易成为财务投资者。

六　混合所有制改革的原则

1. 坚持市场导向原则

公有资本与私有资本的组合应当严格遵循市场经济原则，按照市场的客观需要进行资源配置，使其在法律框架内自行决定，不可用行政手段强行加以干预。各级政府部门应当充分尊重各个企业的自主经营权。政府部门应当转变职责，从干预者转变为服务者，为混合所有制经济的健康发展保驾护航，创造良好环境。

2. 坚持效益优先原则

在混合所有制经济中，各利益主体方的责任和义务应由其所持有的股份数额决定，因此合理分配各方资本数量以及资本结构显得尤其重要。一般说来，应坚持投资方无论出资多少一律平等。股本结构的确定以及掌控情况应在投资各方相互博弈过程中动态调整，从而使得资本实力雄厚，管理经验丰富的投资者在管理企业的过程中有更大的话语权。对于某些相对特殊的行业，如能源产业等，可以选择由国家控股，但是也应严格规定国家资本的额度，同时应当引入竞争机制来解决国家控股所造成的企业运行效率相对低下等问题，使得不同资本成分的交叉合作能够更大限度地实现共赢，实现企业的可持续发展。

3. 坚持公平合法原则

在对企业进行混合所有制改革时，各出资方应本着公平合法的原则，平等协商，合理评估资产价值，对各自的产权进行清晰明确的界定，以防日后不必要的纠纷。对资产的评估也应遵循市场等价原则，不得故意抬高或压低价格，尽量做到各出资方都不吃亏，特别是要防止国有资本流失。

七　国有企业混合所有制改革的路径

混合所有制改革的重头戏在于国有企业的混改，将非公有制资本设法引入公有资本中，这里的非公有制资本主要包括私有资本、外资资本以及部分内部资本，资本联合的重点是打破传统国有资本的产业垄断，提高生产效率和资源的合理配置能力，推进国有企业的改革进程，为社会主义事业稳固根基。

国有企业的混合所有制改革实质上是深化市场经济体制的改革，通过引入竞争机制打破原有的垄断，建立和完善现代企业制度，更好地实现资源的合理配置，促进社会公平进步。然而需要指出的是，混合所有制不是一剂万能药，无法将国企现阶段存在的问题一并解决。如果民营资本、外资资本或者其他类型资本在与国有资本融合后，仍然由国有资本绝对掌控，则非公有资本其实在企业管理中并没有实质的话语权，也就无法对企业的经营产生影响，如此这般，非公有资本参与混合所有制改革的积极性将会大打折扣。但是，我们应当明白，混合所有制在解决国有企业的问题上不失为一种可能有效的方法。本报告认为，大型国有企业当前面临的问题可以从以下三个方面进行改进。

（一）政府简政，减少干预，为混合所有制改革创造条件

政府不适当的干预会阻碍企业的健康发展，市场的事情应该交给市场决定。党的十八届三中全会已明确提出要“发挥市场在资源配置中的决定性作用”，并且本届政府已经宣布并已开始实施“简政放权”。自2013年以来，国务院已经取消和下放了200多项行政审批项目。国务院总理李克强也宣布，本届政府在任期内取消和下放的行政审批项目将不少于1/3。充分利用市场的作用，减少政府行政干预，做好市场的“守夜人”，使不同所有制经济成分在市场条件下自由流通，让大型国企与其他所有制企业进行公平协商、融合与重组，如此构建而成的混合所有制企业，很有可能会产生“1 + 1 >2”的效果。

（二）实施国企去行政化管理，取消其领导人的行政级别

国企的去行政化，是指在推进混合所有制改革的过程中，国有企业作为独立的经济实体，以独立法人的资格按照市场上的原则与非公有企业和资本自行缔结契约，从而形成混合所有制企业，在此过程中不应受到政府的过多干预。改革开放后，大型国企在去行政化方面虽然取得了一定进展，但是远没有达到真正意义上的市场主体地位，究其原因，重要的一点就是国有企业的生产经营没有彻底融入市场中。

应当逐步取消大型国企领导人的行政级别，在大型国企与其他类型所有制企业组成混合所有制企业时，如果国企领导人有行政级别，而其他诸如民企、外企等的领导人不具备行政级别，那么这种事实就违背了现代企业合作中所强调的自愿平等原则，往往会造成合作一方被边缘化，失去本该有的地位。混合所有制企业应当按照现代企业制度的要求，建立规范的委托代理人体制，构建由股东代表大会、监事会、董事会以及高层管理人员所组成的治

理结构，同时形成对高级管理人员的既有效又有约束力的机制，这才是现代公司治理的核心理念。

八　能源业的混合所有制改革

能源行业是国民经济重要的基础性行业，也是政府掌控最为严格的行业之一，且在国有企业中占比相对较高。因此，能源行业的混合所有制改革一直备受专家学者与民众的关注。本报告认为，在能源领域发展混合所有制经济，应在不违背国家总体政策框架的前提下，立足能源行业的本身特点和发展现状，采取灵活多样的实现方式，在发展混合所有制经济的过程中推动行业发展难题的解决，促进行业持续健康发展，以更好地满足经济社会发展对能源的需求。具体说来，能源行业又分为煤炭、电力和油气三大领域，这三个领域由于自身特点、产业发展环境与开放程度的不同，行业集中度高低也不尽相同，非公有制成分在其中所处的地位和发挥的作用也不同，因此混合所有制改革的具体实施过程也不能一概而论，统一采用一个套路，而应该结合自身特点，制订适合各自领域发展的方案。

（一）煤炭行业

1. 煤炭企业所有制现状分析

我国是以煤炭为主要能源供应的国家，统计资料显示，到2011年，煤炭资源占到我国能源供应总量的2/3以上。相关研究报告表明，受我国能源储存条件的限制，最近20年来煤炭在我国能源供应构成中一直占主导地位。2006年中国产业研究院发表的《中国煤炭行业和煤炭企业财务分析报告》（以下简称《报告》）揭示，按所有制划分，煤炭企业所有制类型包括国有企业、集体所有制企业、私营企业、外商投资企业、股份制公司企业、股份合作制企业以及其他所有制类型企业。该研究报告显示，2006年国有煤炭企业资产在煤炭行业中所占比重最大，占煤炭行业资产总额的近2/3，其资产总额达到了7095亿元；其次是其他所有制类型的企业，占行业总资产的比重接近1/5；而其他类型的所有制企业包括股份制企业、股份合作制企业、集体所有制企业、外商投资企业等均不到煤炭行业总资产的1/10。从《报告》中可以看出，我国煤炭行业仍然保持了国有煤炭企业为主体的格局，其他所有制企业处于附属和次要地位。

2. 国有煤炭企业混合所有制改革的途径

煤炭企业的混合所有制改革应当遵从煤炭行业的行业原则和规范逐步推进，实施有别于其他行业的措施和方法，合情合理地吸纳公有资本以外的其他所有制成分，推动建立规范的公司制企业，提高煤炭行业在能源领域的竞争能力。主要有以下几种途径。

（1）进一步加大煤炭企业吸纳社会分散资金的力度，积极优化股权和资本结构。煤炭行业一直存在着放宽民营资本、外资资本进入条件的呼声，而煤炭企业混合所有制正是对这种呼声的回应。可以预见的是，在今后相当长一段时期内，国有煤炭企业收购兼并民营煤炭企业，抑或相反，国有煤炭企业被收购兼并将成为一种常态。国有煤炭企业应当摆正心态，顺从并追随大势，主动吸纳各种社会资本，积极主动地加入这一混合所有制经济运作之中。

（2）在深化煤炭企业股份制改革过程中，应当积极调动人力资本，进一步提高员工的持股比例，改善资本结构。煤炭企业在转变成混合所有制企业后，国有股、集体股、法人股和外资股等并存于企业资本结构中，同时应当鼓励员工持股，特别是管理层持股，加大人力资本投资。鼓励非公有制煤炭企业积极引入国有成分，将企业逐步发展成各方利益的结合体，最大限度地调动参与者的积极性，增强企业的凝聚力。

（3）通过资本结构、股权结构的优化，完善煤炭企业的公司治理结构。今后混合所有制经济的发展将成为煤炭企业的主流趋向，现代公司制度将会成为煤炭企业的主流企业制度，必然带来煤炭企业治理结构的创新。混合所有制的煤炭公司制企业与原来由矿务局改制所形成的煤炭国有独资公司有很大的差异。过去由传统的矿务局改制所建立的所谓煤炭国有独资公司大多是“翻牌公司”，“穿新鞋走老路”，名义上改制为新公司，实际上还是按传统的矿务局制度来运行，没有真正按股东会、董事会、经理层、监事会的公司治理机制运行，表现为：董事长、总经理、副总经理全部是行政任命，而不是由股东会和董事会选举、聘任的；企业所有重要决策均由企业党政联席会一揽子决策，而不是由股东会、董事会和经理层决策的；股东会、董事会、经理层、监事会等机构之间权限不清、职责不明。今后由混合所有制经济而建立起来的煤炭混合所有制企业的公司治理结构和治理机制应完全符合《公司法》的要求。

（二）电力行业

随着我国发展成为世界第二大经济体，我国已成为全球最大的能源生产国、消费国和碳排放国，电网规模和发电能力均居世界第一位。但我国能源呈现粗放式发展模式，效率低下，电力在能源消费中的比重偏低。具体到电力行业本身，我国电网由国有资本垄断经营，“两头”薄弱问题没有得到解决，电网优化配置资源和消纳可再生能源的能力有待进一步提高；发电产业国有资本独大，民营资本主要集中在以太阳能和风力发电为主的新能源装备制造领域，由于缺乏有效的市场激励机制和投资约束机制，盲目投资现象严重，企业利润水平受国家政策影响较大，国有发电企业大而不强的问题比较突出。

正如党的十八届三中全会《决定》所指出的，国有资本、集体资本、非公有资本等交叉持股、相互融合的混合所有制经济，有利于国有资本放大功能、保值增值、提高竞争力，有利于各种所有制资本取长补短、相互促进、共同发展。对于国有资本独大、大而不强和民营资本希望进入、难以进入的电力产业来说，在国家政策的支持和鼓励下，发展混合所有制经济有利于增强国资活力、民资实力，提升产业整体竞争力，推动电力产业实现由大向强的转变。

从电网方面来看，《国务院关于创新重点领域投融资机制鼓励社会投资的指导意见》（国发〔2014〕60 号，以下简称国务院 60 号文）提出：“鼓励社会资本参与电网建设。积极吸引社会资本投资建设跨区输电通道、区域主干电网完善工程和大中城市配电网工程。将海南联网Ⅱ回线路和滇西北送广东特高压直流输电工程等项目作为试点，引入社会资本。鼓励社会资本投资建设分布式电源并网工程、储能装置和电动汽车充换电设施。”可以预见，吸引民营资本进入自然垄断环节的电网领域，有利于转变电网和电网企业的发展方式，在拓宽电网投资资金渠道、加快解决电网“两头”薄弱问题的同时，进一步增强电网企业的活力和效率。

从发电方面来看，虽然已经形成多元化市场竞争格局，但由于民企投资的“玻璃门”“弹簧门”依然存在，以及国有企业一味求大的非理性发展，民资占比较小。上述国务院 60 号文提出：“鼓励社会资本参与电力建设。在做好生态环境保护、移民安置和确保工程安全的前提下，通过业主招标等方式，鼓励社会资本投资常规水电站和抽水蓄能电站。在确保具备核电控股资质主体承担核安全责任的前提下，引入社会资本参与核电项目投资，鼓励民间资本进入核电设备研制和核电服务领域。鼓励社会资本投资建设风光电、生物质能等清洁能源项目和背压式热电联产机组，进入清洁高效煤电项目建设、燃煤电厂节能减排升级改造领域。”大型发电国企的混合所有制改革，有利于抑制盲目低效率的发电投资，提升发电企业的经营效益和整个发电环节的效率。

从具体操作层面来说，无论是电网企业，还是国有发电企业，由于资产规模过大，民资直接参股集团公司并赢得话语权的方式目前还不太现实，可行的方式是在部分子公司和具体项目层面实现混合所有制，上述国务院 60 号文和目前的实践也体现了这一思路。在集团公司层面，可以考虑通过整体上市的方式，把集团公司改制为公众持股公司，随着民资的进一步发展壮大，也可适时引入有实力的民企或民企联合体作为战略投资者，促进公司治理机制的完善。由于地方电力国企较央企规模小，在实行混合所有制方面步子可以迈得更快些、更大些。

1. 以混改推动电力市场化改革

2002 年开始的我国新一轮电力体制改革实现了政企分开、厂网分开、主辅分离，但竞价上网等没有完成的既定改革任务成了难啃的“硬骨头”，电改步入深水区。当前，我国电力市场发展相对滞后，主要表现为：竞争性业务和非竞争性业务尚未分开；非竞争性业务未能实现独立核算，成本披露不透明，难以实现科学定价；竞争性业务则由于市场体系尚不健全，市场主体竞争未能达到实现自主定价的程度，同时价格结构不合理，交叉补贴严重。

2014 年至今，我国电改取得重大新进展。一是先后在深圳和内蒙古西部试点开展输配电价改革，主要内容是：将现行电网企业依靠购电、售电获取价差的盈利模式，改为对电网企业实行总收入监管，即政府以电网有效资产为基础，核定准许成本和准许收益，固定电网的总收入，并公布独立的输配电价。二是新一轮电改方案获国务院常务会议讨论通过。据媒体报道，新一轮电改基调是“四放开、一独立、一加强”，即输配以外的经营性电价放开、增量配电业务放开、售电业务放开、公益性和调节性以外的发供电计划放开和交易平台相对独立、电网规划加强。

无疑，这些改革进展及今后更多市场化取向的改革，是电力行业发展混合所有制经济的必要条件。同时，发展混合所有制经济，尤其是在增量配电环节和售电环节引入民资，既是新一轮电改的重要内容，也将倒逼电力市场化改革的整体纵深推进，促进新电改方案的系统实施。

只有实现竞争性业务和非竞争性业务分开，才能针对不同业务环节采取不同的混合所有制策略。对于处于自然垄断地位的输配电环节，应重点发展国资控股的混合所有制，对于其中的增量配电可扩大民资持股比例乃至发展民资控股的混合所有制，通过引入民资，放大国资功能，增强国有经济活力、控制力和影响力。同时，对输配环节进行独立核算是引入民资的前提条件，以使输配电成本透明化、规范化，为政府科学定价提供依据，最终使民资和国资平等获得合理的准许收益水平。

处于行业两端的发电和售电业务属于竞争性环节，在发展混合所有制时可以采取更灵活的策略。既可以发展国资控股的混合所有制，使国资借助民资实现功能放大；也可以发展民资控股的混合所有制，使民资借助国资实现功能放大。两种混合所有制企业互相竞争，以及同一企业内民资对国资的科学有效制衡，可促使国资控股的混合所有制企业提高经营效率，抑制盲目投资，最终实现国资效率、民资进入积极性以及发电和售电环节整体效率的共同提升。同时，无论是哪种形式的混合所有制，都要求给民资以稳定的投资回报预期，因此必然要求改变政府定价的现状，建立完善的市场体系，以及竞争形成价格、价格反映成本的价格形成和传导机制。最终，市场价格能够有效地传导给电力消费者，实现促进节能的目的。

2. 以混改推动电力与其他相关产业协同发展

随着经济社会的发展进步，电力占终端能源消费的比重将不断加大，再考虑到我国人口基数大、人均电力消费增长空间也大，电力消费总量必然会有较大的增长。在这一过程中，受节能减排的推动，能源发展以清洁电力为中心的趋势会越来越明显。充分发挥二次电力能源的联系纽带作用，充分发挥各类能源的协同效应，实现电力工业内部及其与其他能源产业协同发展，是推动能源生产和消费革命的应有之义。而发展混合所有制改革，将不同企业之间的协调变为一个企业内部的协调，有利于减少协调成本，促进相关产业一体化协同发展。

从另一个角度来看，能源混业经营是当今能源企业经营发展的一个重要特征。在我国，能源混业经营已经初露端倪，如部分发电企业涉足煤炭、页岩气、电解铝，部分石油企业涉足新能源发电等。但总体来看，我国能源混业经营的历史不长，仍处于起步阶段，虽然发电企业同时涉足传统煤电和新能源发电已经比较普遍，但电力与处于上游的相关能源产业、处于下游的高耗电工业企业等的融合发展还有很大的空间。

以电动汽车充换电设施建设为例。2014 年 5 月，即上述国务院 60 号文提出“鼓励社会资本参与电网建设”之前，国家电网公司在北京召开“开放分布式电源并网工程、电动汽车充换电设施市场”新闻发布会，公布了在相关领域开放市场的重大举措。众所周知，电动汽车充换电设施建设不足，是制约电动汽车发展的关键因素，此前电网企业虽然做了大量投资，但终究是“众人拾柴火焰高”，引入社会资本有利于加快充电设施普及。而在这一过程中，如能通过混合所有制的形式，实现电网企业、推动电动汽车商业化的车企、电池企业、拥有汽车用能补给站点资源的加油站加气站、代表充电电源发展方向的可再生能源开发企业，以及看好电动汽车未来发展的有实力的其他民企之间更密切的合作，则有利于克服困难和阻力，形成共识和合力，促进电动汽车行业的快速发展。

除了电动汽车充换电设施建设，在发展城市智能电网，天然气分布式发电，电网与储能、发电与储能、用电与储能，电网与互联网，电网与城市其他地下、空中公共设施管网建设，煤电、气电、热电、发电与高耗电行业，传统化石能源与新能源和可再生能源等方面，都可以在融合发展上创新思路，以混合所有制为重要实现形式，实现上游和下游、资金与资源、资金与技术、资源与技术、实力与活力、传统与现代等的优势互补，进而推动以电力为中心的能源相关产业融合发展，实现能源生产和消费的革命。

需要指出的是，无论从电力产业内部还是电力与相关产业的关系来看，即从购销合同到联营，再到混合所有制，还是从电力行业引入民资的发展阶段来看，即从初期的或明或暗地阻止民资进入，到中期的引入民资与国资竞争，再到后期的民资与国资形成混合所有制企业，其过程都是从产业与产业、企业与企业的竞争合作演化为一个企业的自身发展和内部治理，代表着合作关系从松散型向紧密型、一体化的升级。这在带来更大合作成功收益的同时，必然要付出更大合作失败的代价，因此既需要合作规则的完善，使合作各方真正形成利益共同体和企业治理上的制衡约束，也需要文化认同的培养，使合作各方形成文化共同体和发展理念上的互鉴共融。这是混合所有制能够持续健康“混”下去、“混”得好的关键所在。

3. 结语

电力行业的未来发展与国计民生密切相关，关系到国家的能源战略安全。在电力行业实施混改，必须要认清什么能改、什么不能改，并且一定要有配套的、完善的市场机制和高效有力的监管机制。从我国国情及电力工业发展现状来看，不应对电网输电环节及配网存量部分实施混改，而民营资本进入电力行业发电、售电以及新增配网建设环节的条件已经具备。未来，应当建立高效的政府监管制度，设计合理的市场规则、健全的能源法制体系，从而破除上述环节的进入壁垒，保证民营资本能够充分发挥其市场活力。在提高市场效率的同时，引导民营资本促进电力工业向着节能、减排、低碳、环保的目标发展，保障电力系统及国家能源战略安全。

（三）油气行业

1. 油气企业混合所有制改革的意义

（1）有利于在油气行业形成有效市场竞争

油气行业有序竞争秩序的构建，须打破以往“封闭竞争”的格局，建立“开放竞争”新环境，彻底改变原有的单一所有制结构，代之以适应现代市场经济发展的企业所有制结构。同时，油气行业自身的特点也决定了绝大多数民营企业和资本无法独立承受石油天然气勘探开发的巨额成本投入，这使得很多非公有资本欲进入该领域而不得，同时由于新能源的开发使得传统能源在未来面临很高的不确定性，民营企业更加踌躇不前。

（2）混合所有制经济有利于专业化分工

国有资本与社会资本、民营资本的共同持股、相互融合，有利于各种资本取长补短，各取所需，以此为基础建立的混合所有制经济实体可以发挥各种资本成分的优势，更好、更快发展。

（3）有利于国际化经营

当前，油气企业在海外的收购目标主要集中于美国、加拿大、哈萨克斯坦等国，而且在收购过程中，不可避免地会遇到被收购企业国家的审查或者遇到阻碍。在进行混合所有制改革后，油气企业可以发挥更大的优势到海外进行资本合作，创新收购形式，开展更大规模的业务。

2. 油气企业混合所有制改革的主要问题

（1）油气企业对混合所有制改革认识的误区

油气企业多是特大型国有企业，其承担着保证国家能源供应稳定、安全的使命。其基本逻辑是“使命决定战略定位、战略定位决定战略内容、战略内容决定组织结构、组织结构决定企业运行效率、企业运行效率决定企业使命的实现”。这种逻辑实则阻碍了油气企业混合所有制的改革。此外，油气企业的部分领导者对混合所有制本身的认识不够准确，无法充分理解产权界定的重要性，忽视了法人治理结构的完善，不能准确领会交叉持股、相互融合的深层次含义，以为单纯的引进其他形式所有制资本就是混合所有制。

（2）民营企业自身存在问题

总的来说，民营企业主要存在三个问题：一是民营企业资本规模较小，绝大部分民营油气企业不具备参与股权多元化改革的能力，也无法与国际上的大型油气企业相抗衡；二是民营企业的治理不如资本雄厚的国有企业，企业治理水平有待提高；三是民营企业中家族式管理现象明显，现代化程度较低，可能会造成混合所有制企业的管理冲突问题，同样不利于混合所有制企业的发展。

（3）市场环境不够完善

众所周知，各类所有制经济成分的公平、公开竞争需要以规范有序、统一开放的市场环境为基础，然而我国的市场环境远未达到公平、开放、稳定、透明的要求，因此市场上的各类所有制成分在公平使用社会资源和生产要素方面效果不够理想，而且社会对产权的保护也有待进一步完善和提高。

3. 油气企业混合所有制改革的几点建议

（1）推进混合所有制改革的主要方式

首先，于内部改善组织结构、优化重组，于外部合作合伙、联合兼并，进行股份制改制，通过相互参股、交叉持股，构建混合型企业。其次，资本雄厚、实力较强的股份制企业，可以选择境内外多方资本市场，通过不同的渠道实现公开募股。再次，通过股权的增持、减持、流转、扩股增资等方式优化股权结构，促进各类资本的相互融合。最后，借鉴国企改制的成功案例，于原基础上加以合理改进，深化存续部分改制。

（2）建立健全相应的法律保障体系

产权的流动和保护是推进混合所有制改革的关键，因此必须尽快建立健全相应的法律法规和完善市场机制。从法律体系方面看，应进一步加快涉及产权界定、流动、交易和保护的法律条文的出台，将其落实到条款和实践中。从市场机制方面看，产权流动频繁、交易活跃顺畅的市场才能使各方出资人利益最大化，才能调动社会各种资本的积极性，提高资源的合理配置效率。

（3）加大国有资产监管力度

油气行业是国家重要的支柱行业，在推进其混合所有制改革的过程中，应当做好对国有资本的有效监管，对国有资本的授权经营体制进行改革。例如，油气企业可根据各自需求另外设立投资公司，运用科学规范的方法运作资本，提高投资收益率。混合所有制的实施，给监管的模式、内容和方法带来深刻变化，监管阶段也应由事前向事中及事后转变，进一步发挥公司章程以及董事会决策的作用，运用市场化的监管手段。

（4）改革经营方式以符合市场化要求

一是建立长期有效的激励约束机制，比如员工持股、管理层持股、股票期权等；二是进一步深化油气企业内部管理人员能上能下、员工能进能出、收入能增能减的改革；三是强化油气企业经营投资责任追究；四是合理增加市场化选聘比例，合理确定并严格规范企业管理人员的薪酬水平、职务待遇、职务消费及业务消费。

B.9

开启能源与水能资源可持续开发利用新篇章

吴 君 王少琛*

摘 要： “十二五”规划中提出了“当前能源体系向可持续发展的现代体系过渡”的能源发展的总体思路。2015年是“十二五”规划的最后一年，这一年能否实现规划中的任务要求，值得关注。经济发展需要依靠能源，而化石能源的消耗又带来环境污染问题，发展新能源成为国际上能源发展的趋势。水能资源是清洁的、可持续发展的绿色能源，在我国的储量十分丰富，是符合我国国情的能源选择之一。

关键词： 可持续开发利用 化石能源 水能资源

对于我国能源的可持续发展，不同的组织机构给出了不同的解释，其中国家发改委能源研究所的定义较为权威，其认为实现我国能源可持续发展的要求是：能够低成本、高效率地支持中国经济、社会、资源、环境各领域的可持续发展；能够确保能源系统各环节，如开采、加工转换、传输配送、终端消费、回收利用等运转的科学高效，实现能源自身的可持续发展。可见能源的可持续发展应具备安全性，即能源供应能满足中国经济社会持续健康发展的需求，保证能源系统的稳定运行；经济性，即支持中国现代化发展的能源的成本应在可接受范围内，并通过技术的不断创新向低成本、高效率的方

* 吴君，中国社会科学院研究生院经济学硕士研究生，研究方向为国民经济学、能源经济学。王少琛，山西财经大学贸易系，会计学双学位。

向迈进；环境可持续性，即能源活动产生的环境污染问题在长期内能得到改善；公平性，即不同地区和不同收入群体间的能源消费水平相对均等；技术性，即能源技术应达到并保持在全球领先水平，可以为能源系统提供技术支持，促进经济发展。

一　能源发展现状

（一）世界能源发展形势

能源是发展的基础，化石能源在能源供给中占据着重要的地位，这种能源消耗模式带给自然环境的负面效应，随着经济社会的飞速发展而日益严重，同时化石能源自身也面临着将消耗殆尽的局面。在这样的大背景下，重新调整现存的能源消费结构，有效提高各类能源的可利用效率，并开发新的可再生能源供生产生活使用，成为当下世界能源发展的主要方向。从历史经验来看，抓住能源变迁的历史机遇，是发达国家成功转型的关键。当前，新一轮的能源战略调整期已经到来，这对于发达国家和发展中国家来说都是不可多得的机会。属于技术密集型产业的能源工业，是国民经济的基础产业，而能源科技更是今后世界能源发展的焦点。发达国家之所以能在能源科技创新领域占据领先的地位，主要原因在于政府的有力引导：提供培养人才的设备和保障机制、积极激励企业创新研发、广泛开展国际能源合作。目前，世界能源科技发展水平情况如下。

煤炭领域的技术已基本趋于成熟，开采技术根据煤炭所处的地质环境不同主要分为露天开采和井工开采，生产技术方面也已经广泛地采用了自动控制技术及信息化技术，煤层气开发利用技术主要有高及中高浓度煤层气作业技术，低浓度煤层的开发利用技术还在进一步研发中。在煤炭加工与转化方面，技术发展正向着规模化、高效率、轻污染、适应性强的方向发展。

石油天然气领域的技术尚处于不断发展阶段，在勘探和开采方面，许多复杂技术被不断地开发应用，四维地震地质数据采集技术、三维成像测井技术、高含水油田共享地模及虚拟表征技术、滩海和海上油田开发技术等都得到了进一步发展。在加工与转化方面，炼油技术和车用燃料向着更加高效、清洁的方向发展。天然气储运方面，长途运输和储备的最普遍手段是液化天然气技术。

在水能运用技术方面，人们主要关注的是水力发电技术的发展。现拦截大坝的建设高度可达200～300米，水力发电机组在效能和容量上都得到了进一步的发展。除将发电效果作为电站建设的首要因素外，工程的安全性，对河流生态的影响以及这一工程的防洪、供水、灌溉及航运作用也是现代水利工程建设重点考虑的因素。在水力发电输配电方面，新型输电和智能化技术已得以应用，使得能源利用效率得以提高、电网安全稳定运行得以保证。其中，智能电网技术发展尤为迅速，为可再生能源的高效利用发挥了巨大的作用。

在核能领域，三代压水反应堆技术为防止特大自然灾害或突发意外情况对核电安全的影响，向着非能动安全方向发展。四代核电技术同样朝着安全、经济和高效的方向发展。此外，燃料的后续处理技术的发展也逐步被纳入这一领域研发的核心中。

在风能发电领域，风能发电机组向着规模大型化、能源使用效率高效化的方向发展。其中，海上风电项目发展最为迅速，已经成功攻克了一系列难题，像海中机组安装技术、电力传输技术、机组防腐蚀技术等。

在太阳能发电领域，光伏自动向日跟踪装置已经被大范围使用，太阳能飞机已能实现昼夜不间断飞行，大规模吸热和储热技术是今后发展的重点。

生物质能应用技术还处于起步阶段，生物质发电技术主要以高附加值生物质资源利用技术为主；生物燃气技术和燃料乙醇技术则向着多元原料共同供给的方向发展；直燃热利用技术向着高品质生物燃气产品的开发和利用方向发展；生物柴油技术目前通过产油微藻等燃料油植物为原料进行研发。

（二）世界能源的发展特点

目前，世界能源发展趋势是合理高效利用能源以及寻求可再生能源。有关学者认为当前的世界能源变革将经历两个阶段：第一阶段以天然气、煤层气等气体能源为主要能源供给，以洁净化技术后的液化煤、气化煤等传统矿物能源和核裂变技术为辅，共同构成世界能源消费的主要形势；第二阶段逐步过渡到以核聚变及可再生能源为主的世界能源消费形势。并且此次能源变革将表现出以下五种趋势：能源工业的技术水平，由低端向高端发展；新能源和可再生能源的研发速度不断加快；能源产品向逐步清洁、精细、高效、多元的方向发展；节能技术不断发展，节能产品不断涌现；能源开发利用的模式将出现大的转变。处在不同经济发展阶段的国家，有不同的能源发展战略，但各国能源发展的特点也是具有共性的。

（1）确保国家能源安全

确保国家能源安全是现如今世界各国能源发展的首要目标。对于发达国家来说，能源安全问题不仅涉及本国资源的供给和开发，同时其他国家的资源开发利用也受到关注，主要考量其他国家能源需求和供给变化对国际能源市场带来的影响及之后可能给自身带来的影响。可以说发达国家能源发展的目标是既要顾及近期的能源供应安全问题，又要重视能源可持续发展问题。发展中国家则将重心放在自身的能源安全供应上，对于自身能源资源充裕的发展中国家来说，加大对国外企业在本国的开采力度的控制和限制资源输出是保障自身能源安全的一种途径，同时对于具有一定经济基础的发展中国家来说，将石油作为战略储备也是确保国家能源安全的一种手段。

（2）重视环境保护问题

环境因素已经成为大多数国家在制定本国能源政策时所考虑的重要因素。《京都议定书》的签订更使得温室气体控制目标被许多国家纳入能源发展政策的考虑范围，强调发展新能源以替代化石能源，同时减少对进口能源的依存度也是各国能源发展的特点，实现这一目标的一种途径是继续开发可再生能源，并提高节约能源的技术水平。利用法律、经济激励、政府补贴等手段，从开采、加工、运输到消费等各个环节挖掘节能潜力。此外，利用市场机制的调节作用，解决能源供求关系，取消价格管制，提高资源配置能力。

（3）能源多元化发展

各国出于确保国家能源安全的需要，都在避免单一的能源消费模式，对于石油、煤炭、天然气这些不可再生能源的依赖程度都在不断降低。各国的能源发展都朝着多元化的方向迈进，首先是能源资源种类的多元化，各种可再生能源技术被不断开发和使用，像核能、氢能等其他新能源都被逐步投入现实应用中。同时，各国都加强了对不可再生能源使用的控制力度，积极开拓新的能源供应基地，使得能源进口渠道多元化。此外，有实力的国家纷纷将资源开发的重心从国内移向国外。

（4）重视国际能源合作

国际化的资源市场，使得各国能够根据自身的需求开展国际能源合作，这种国际化合作的趋势还在加强。加强与能源出口国的合作，可以保证本国能源供应的多样化，破除本国能源供应不足的局限；加强与能源消费国的合作，可以增强话语权，对能源价格的上涨起到一定的抑制作用。

二　我国能源资源面临的问题及发展思路

（一）我国能源科技水平发展情况回顾

改革开放以来，我国积极引入发达国家的先进技术，并进行了再创新，使得我国短时间内在能源科技方面缩短了与发达国家的差距。具体成果如下。

在煤炭技术发展方面，现阶段我国的开采和开发技术水平还处于厚煤层与特厚煤层的综采技术与装备应用阶段；在煤矿的瓦斯治理、灾害防治及煤层气规模化开发方面取得一定突破，煤炭洗选设备也实现了部分国产化，其中重介质选煤技术得到了推广使用，煤炭直接液化技术也申请了自主知识产权。

在石油和天然气领域，我国已掌握的勘探和开发技术有：对常规油气资源的评价技术、海上高分辨率地震勘探等核心技术、复杂区的地震勘探配套技术、优快钻井技术、地质导向钻井技术，高含水油田分层注水及聚合物驱技术、低渗透油田超前注水和开发压裂技术、中深层稠油注蒸汽吞吐及蒸汽辅助重力泄油技术、高压凝析气田高压循环注气技术等，这些技术均已达到了国际先进水平。在油气加工与输运方面，我国的炼油技术水平也达到了国际水准；在储运方面，我国能够自主设计并建设运营承载力大、距离长的输气管道，并研制成功了可储存14.7万立方米LNG的运输船，这解决了我国进口LNG运输方面的难题。

在水能运用方面，近年来我国成果显著，特别是水力发电技术的发展尤为迅速。已基本建成世界规模最大的水电站——三峡水电站，以及世界最高的重力坝——龙滩重力坝，正在建设的重大水电工程还有锦屏一级坝和双江口坝。我国现在已经掌握了超高坝的筑坝技术、超大型地下洞室群开挖与支护技术、高边坡综合治理技术以及大容量机组制造安装等技术。

相对于发达国家，我国在可再生能源技术的发展上起步较晚，即便如此，在政府的积极有力引导下，以及在刺激市场需求的一系列政策的影响下，秉持引进学习和自主研发并行的思路，我国近年来在核能技术、风能技术、太阳能技术和生物质能技术方面都取得了快速的发展。

在核能领域，我国已经具备了自主建造使用300MW级和600MW级以及改进型1000MW级的核电站的能力，并开始自主研发三代核电工程和高温气冷实验堆，快堆技术的研发也取得一定进展，先进核燃料元件已实现国产化制造。

在风能发电领域，我国开发了适应我国环境条件的技术，即耐低温、风沙及盐雾气候的风力发电技术。海上双馈式风电机组已投入使用。

在太阳能领域，我国已形成了生产晶硅太阳能电池和薄膜太阳能电池的产业，能运用并网光伏发电系统，这一技术包括光伏并网逆变器及自动跟踪装置等技术。

在生物质能领域，我国的生物质直燃发电技术与气化发电技术都已经成熟，实现了产业化，以非粮作物为原料的燃料乙醇技术逐步得到应用，生物柴油技术、生物质液化燃料技术等都已进入示范阶段。

就目前的发展形势来看，我国能源科技水平有了显著提高，但问题依然存在：核心技术与世界水平还有差距，关键技术及设备还需要进口，尤其是在能源安全及开发利用高效清洁技术方面差距较大。此外，我国在复杂地质环境条件下煤层气及页岩油气的勘探、开采与利用技术方面还有较大的进步空间，在核燃料元件和乏燃料处理技术方面落后于发达国家，三代核电的关键设备还没能实现国产化。风力发电方面，控制系统、叶片及轴承等部件仍然大量依赖进口。此外，我国能源产量和消费量均居世界前列，但是在能源利用和供给上都还存在着问题，能源结构不合理、能源利用率低、可再生能源占比低、能源安全利用水平低都是当下面临的挑战。依照《我国国民经济和社会发展十二五规划纲要》的要求，要坚持把经济结构战略性调整作为加快转变经济发展方式的主攻方向；坚持把科技进步和创新作为加快转变经济发展方式的重要支撑；坚持把建设资源节约型、环境友好型社会作为加快转变经济发展方式的重要着力点；积极优化能源结构，合理控制能源消费总量，推动能源生产和利用方式变革。未来几年既是世界能源发展的调整期，也是我国能源体系的转型期，我们应抓住能源体系转型和能源科技创新的发展机遇，通过自主创新实现跨越式发展。

（二）面临的问题

经济发展的可持续性对于我国而言，是一个尤为严峻的问题。能源的可持续发展是经济发展的基础，同时能源发展带来的环境问题也同样影响着经济发展的可持续性。我国的环境容量有限，80%的人口居住在爱辉—腾冲线以东，东部的土地面积不到全球陆地总面积的1/30，然而这块土地上的生产和生活活动每年消耗约全球煤炭的40%，即单位面积消耗的煤炭是全球平均值的12倍。并且这些煤炭消耗中，约有一半是直接燃烧。此外，这片土地上的单位面积耗油是全球平均值的3倍，单位面积碳排放量是全球平均值的6倍。这些数据在京津冀地区表现得更为糟糕，京津冀地区单位面积耗煤约是我国东部地区平均值的2.5倍，是全球平均值的30倍。由此可见，我国发展的高碳特征十分明显。我国东部地区的人口密度是全球平均值的5倍，即我国的基本国情是，环境容量、气候容量都小于世界平均值。所以，我国迫切需要改变粗放的发展方式，推动能源革命，及早发展新能源，改善我国环境，也缓解世界气候问题。

我国在哥本哈根大会上做出承诺：到2020年非化石能源占一次能源消

费的比重上升到15%左右；单位GDP二氧化碳排放强度比2005年下降40%~45%。“十二五”能源结构调整目标的制定是承诺履行的关键一环。“十二五”制定的我国能源结构调整的目标是围绕中央提出的非化石能源比重增加和碳减排两个目标展开的，要求到2015年，煤炭在一次能源消费中的比重从2009年的70%降至63%左右，天然气、水电与核能以及其他非化石能源的电力消费比重将从2009年的3.9%、7.5%和0.8%上升到8.3%、9%和2.6%。从数值上来看，2015年一次能源消费总量目标为41亿吨标准煤，其中，煤炭、石油、天然气、非化石能源消费量分别为38.2亿吨、5亿吨、2300亿立方米和4.7亿吨标准煤。从能源生产方面来看，2015年一次性能源供应能力应为43亿吨标准煤，其中，煤炭国内生产能力为38亿吨，净进口量为2亿吨；石油国内生产能力为2亿吨，净进口量为3.3亿吨；天然气国内生产能力为1700亿立方米，净进口量为900亿立方米；非化石能源生产能力为4.7亿吨标准煤，其中核电规模应达到3900万千瓦以上，水力发电规模应达到2.7亿千瓦以上，风力发电应达到1亿千瓦以上。2015年是“十二五”规划的最后一年，这些指标能否顺利完成，值得关注。

此外，随着我国经济的不断发展、产业结构及消费结构的不断升级，我国能源供需形势日趋紧张，能源供给问题逐步成为影响我国可持续发展的重大问题。我国是世界上最大的能源生产与消费国，现阶段能源消费结构主要由煤炭、石油和天然气构成，新能源主要是水能、核电、风能等。其中，受我国资源禀赋特征的影响——我国是煤炭储量超过6000亿吨的世界第三大煤炭资源国，煤炭在我国能源消费市场中一直占据主导地位。长期以来，我国采取的都是出口煤炭、进口石油的方式，但到了2009年这一情况发生了改变，我国开始从煤炭净出口国向净进口国转变，完全成为能源进口大国。发展到当下，我国能源贸易额占矿产进出口贸易总额的比重不断攀升。而我国的能源进口来源较为集中，这为我国的能源安全带来了隐患。中东是我国能源进口的主要来源地，但这一地区局势一直不明朗，存在着一定的供应风险。我国进口能源90%以上都是通过水路运输的，以水路为主的能源运输方式也过于单一，我国从中东、非洲及拉丁美洲进口能源的海上运输航线多经过马六甲海峡，约有 80% 的原油从这一通道进口，马六甲海峡形势错综复杂，对于我国能源安全来说极为不利。近年来，我国周边海域局势也不稳定，这些都对我国的能源安全造成了威胁。并且自我国变为煤炭净进口国以来，尽管煤炭进口量与消费量相比比重很低，但煤炭进口量一直在持续增长，这种趋势值得关注。石油是我国对外依存度最高的能源产品，其过高的对外依存度也对我国的能源安全带来威胁，是今后我国能源战略需考虑的重中之重，且将在一定程度上影响到我国其他领域的政策方向，尤其是外交领域。

中国能源发展还面临着一些问题：能源政策中缺乏系统的能源战略，思路不够清晰，且经常变动。从“一五”到“十二五”，我国出台了很多能源政策，如能源换外汇、节能降耗、国内外开发并举等策略，虽说政策制定为了适应中国经济形势而快速调整，但也说明了在制定政策时缺乏对长远发展的考量。我国能源立法也尚不健全，至今还没有提出能总体调整各能源行业的基础性法律，虽然部分法律条款的拟定工作正在进行，但距离实际实施还有一段时间。此外，能源价格政策的弊端也日益显现，目前只有煤炭行业的价格实现了市场定价机制，而石油、天然气、电力价格改革还在路上。尤其是石油价格，国家发改委会在油价超出一定波动范围的情况下，调整油价，这种时滞不利于市场的健康发展。

在新能源发展方面，虽然有一些财税政策在规划中涉及了新能源方面，但还没建立一个完整的新能源财政政策体系。在发布的新能源政策中，只有一些针对性强的行业政策出台，像太阳能光伏发电和风力发电方面的政策，并且有些只是暂时性的政策。这些财政政策缺乏统一性，在一定程度上制约了新能源产业的健康发展。国家规划与地方规划也未能做到很好的衔接，使得一些优惠政策无用武之地。同时，已经出台的一些产业规划，大多将产能作为首要目标，但很少顾忌产业链条的均衡发展。新能源市场本身也会存在市场失灵的问题，尤其是在起步期，消费者还没有养成使用新能源的生活习惯，产品还未大规模进入市场，这就使得新能源成为一个特殊的要素，其战略性和行业特点决定了它的价格形成不能完全依赖市场，而是需要市场和政府共同作用。因此，合理界定市场与政府间的产权关系，营造一个健康有效的市场环境是当前新能源发展的基础。

（三）我国能源可持续发展战略的思路

我国的能源资源需求和消费现状迫使我们重新审视当下的能源发展模式，并要求我们尽快转变发展战略。“开源”和“节流”是解决目前能源供应不足的手段，实现这两种手段需要政府的宏观调控做指引。根据这一基本思路，对我国能源资源可持续发展的思路进行如下探讨。

1. 能源供给多元化

实现能源供给多元化有三条途径，一是传统的化石能源，通过合理规划本国储备能源，建立能源资源信息平台，实现能源资源的合理配置。同时，对像核能这样消耗低、利用率高的能源优先进行开发。第二条途径是开发和利用可再生能源，太阳能、风能和水能资源取之不尽，虽然在开发利用这些能源的过程中依然面临着各种难以攻克的技术障碍，但我国已基本具备了开发利用这些资源的能力，并且随着技术水平的不断提高，可再生能源的开发将成为我国重要的能源供给渠道。三是开发和利用新能源，这里的新能源指尚未进入产出阶段、开发技术还不成熟的能源，如氢能、天然气水合物、核聚变等。但是随着科学技术的不断发展，这些能源必然能形成现实生产力。其中，氢能是未来最有发展前景的新型能源，是一种非常清洁的燃料，当安全贮氢输氢、高效耐用燃料电池、可再生能源大规模制氢技术取得进展时，氢能将成为生产、生活的重要消费能源；此外，相关报告指出，我国天然气水合物资源储备量可能达到化石能源的 2 倍，也是今后能源发展的重点；热核聚变能尚处于研发阶段，计划将在 2050 年前后实现商业性的受控热核聚变发电的示范。

2. 能源需求节流化

节流主要指能源的合理使用，首先是提高能源的利用效率，节能领域包括人民生活、生产的方方面面，主要有工业生产方面、交通运输方面、建筑建设方面，同时还需通过推广节能装置、倡导节约型消费观等多种方法来共同减少能源消费。其次，通过技术升级降低对能源的需求量，这主要是从工业领域来推进，通过技术研发推进耗能产品的更新换代，覆盖范围包括生活设施和生产设备。即能源节流不仅需要节约传统能源，还需要通过技术升级来不断改善各类设备设施的能耗。

3. 政府重宏观调控

政府宏观调控主要包括政府的制度建设和政策出台对能源结构的调整。制度建设涉及限制性和引导性两方面的制度，以此来改善能源的生产和消费结构，同时还需要建立相应的能源管理机制、科学的能源价格形成机制，使能源管理法制化。能源结构调整指运用政策和法律手段来调整能源生产、消费的发展方向，从而减少化石能源的消耗。同时促进电力系统的发展，将一次能源转化为更高效、更清洁的二次能源。此外，国家应及时部署重大能源建设的科技项目，加大在科研领域的投入，增加我国能源发展的可持续性。

三　我国水能资源的可持续开发利用

水能资源是水资源的重要组成部分。水资源及其中水能资源的可持续开发利用对于我国可持续发展战略的实施具有重要作用。

（一）不同地形下水资源可持续利用模式探讨

1. 我国水资源管理体制回顾

自新中国成立以来，我国水资源管理体制主要经历了三个发展阶段。首先是分散化管理阶段，在这期间我国各地区并没有设立相应的管理机构，也没有用于支撑水资源管理的法律出台。之后是部门管理阶段，由于经济建设和社会发展的需要，水资源供需在局部地区出现了矛盾，在这一时期颁布了我国第一部《水法》，与此同时，相关的执法部门也逐步确立。但这种管理体制还有很大的改善空间，主要问题是在利用水资源的过程中，只关注经济利益，而忽视了对环境的保护，影响了水资源综合效益的进一步发挥。针对这一情况，现阶段实行的是综合管理方法。根据上一阶段存在的问题，我国在2002年对《水法》进行了修订，新的《水法》提出了以水资源统一管理配合流域管理的新管理模式，优化了管理体系，强化了配置功能。

2. 山地环境下水资源可持续利用模式探讨

山地降水受山地海拔高度的影响，一般降水量和降水日与海拔高度成正相关。此外，降雨量也与坡向有关，背风坡降水量会少于迎风坡。总体而言，山地的降水量多于丘陵地带和平原地区。山地地区水系发达，但地形不规则，调蓄十分困难，降低了水资源的利用效率。地下水资源在空间分布上也极不均匀，且开采难度大、投资成本高，这些都阻碍了地下水资源的开采和利用。山地地区人口密度小，产业结构单一，主要以第一产业为主。这就使得山地的水资源利用以农业灌溉及生活用水为主，工业用水和生态取水的占比很小。

山地水资源的主要矛盾是人均可控水资源占有量低，由于地形不利于水资源的集蓄，在山地农业经济不断发展、农民生活水平日益提高的趋势下，用水量将逐步增加，人均可控水资源占有量将不断降低。水资源开发难度大，一部分是受地理特征的影响，除此之外，山区交通不便、投资规模有限，也是制约水利工程建设的关键因素。此外，水资源空间分布不均、时间分布不均也是山地地区水资源供需的矛盾产生的原因。

对于山地地势下水资源可持续利用的建议，可以从宏观和微观两个角度去考量，由于山地地区以第一产业为主，所以宏观部分着重注意农业用水的可持续发展，推广现代化农业灌溉技术。具体措施有，根据当地环境承载能力合理布局，提出规划，确定农业产业节水目标。统筹考虑水资源的供需对生活、生产的影响，实现水资源可持续发展基础下的经济社会发展。可以采用示范推广的做法，快速将节水技术推广出去。这需要政府主导，多方共同参与，在尊重农民意愿的情况下，适当加大财政投入，调动其积极性。同时，建立健全工程管理运作机制也十分重要，明确责任，确保项目进程的顺利实施；加大执法力度，确保节水工程按期投入运营和合法合规管理。此外，还要求建立水务管理体系，统筹规划水资源的开发利用，站在全局的高度，着眼于长期发展，规划制定每年的水资源利用方案，并承担应急指挥的职责。从微观层面看，促进水资源可持续利用的方法，主要有采用多元高效的供水体系，进行用水工程的建设。具体措施有，开发径流资源和收集降水资源，通过修建水库解决水资源在时间上分布不均的问题。同时，也可以适度开发地下水，缓解供水短缺的困境。尤其是在科技水平不断进步的今天，开发利用地下水的成本不断降低，可行性进一步提高，这使得地下水资源的利用成为维持山地地区水资源可持续发展的重要途径。此外，调整产业结构，建立用水户协会等民间用水合作组织，通过政策引导，提高节水意识，调动节水积极性。

3. 丘陵环境下水资源可持续利用模式探讨

丘陵地形是指海拔高度位于200～500米，相对高差不超过200米的地形。我国约有1/10的国土面积呈现出这一地势形态，绝大部分分布于我国东部地区。丘陵地区的水土条件较山地更具优势，易于发展林牧业，但大规模发展种植业则容易导致水土流失。丘陵地区的降水量特征是，降水量、降水天数与海拔高度正相关，就这一影响因素而言，丘陵地区的降水量普遍少于山地地区而多于平原地区。由于丘陵地区的地势是呈阶梯状的，所以水资源的开发要做到因地制宜，应采用梯层开发模式，合理使用地表水资源。丘陵地区地下水资源的特点是水位埋藏深度较大，空间上分布极为不均。丘陵地区的产业结构简单，以粗放式生产方式为主，耗水量较大。这一地区的人口用水，以生活生产用水为主，几乎不需要生态用水。

丘陵地区水资源的主要矛盾有：一是丘陵地形不利于降水的储蓄，且大规模的集中降水容易导致水土流失，大部分降水以径流的形式流往平原地区；二是丘陵地区存在着大量污水直排的现象，缺乏污水处理设施，也疏于监管，没有固定费用用于污水治理，这不仅浪费了水资源，同时还影响到了当地的生态环境；三是丘陵地区拥有丰富的矿产资源，开采和加工这些矿产资源的过程对当地水资源造成了负面影响，同时矿藏的开采还会使地面出现不同程度的变形，改变局部区域地下水流径，造成地下水位下降，严重时将造成小河流的断流。

丘陵地区要想走水资源可持续发展的道路，同样需要结合自身的特点，找出突破口。我们依然可以从宏观和微观两个层面分析，具体如下。从宏观视角来看，完善和制定政策体系是基础。特别是结合这一地区大量劳动力外流的特点，发展农田水利，特别是节省人力的灌溉技术，将是今后政策制定的重点。同时，实行用水总量控制和定额管理制度，将在一定程度上保证丘陵地区的水资源利用效率，从水源上严控用水总量。总量控制的实施方法是以区域水资源及生态环境的承载力为基础，制定各用水单位的用水量。而定额管理是从需求方的立场来确定产业的用水量。这两种方法各有利弊，在实施过程中需结合具体情况来操作。健全农业节水管理措施也是保障丘陵地区水资源可持续发展的关键，由于丘陵地区并没有统一的水资源管理体系，沿河谷取水、用水的习惯造成了水资源的严重浪费。所以，丘陵地区需要加强监管，督促农业生产用水的合理、适度，完善农业用水计量设施的建设，有力执行水费计收这一手段。其他措施还有，建设节水社会服务体系，强化全民的节水意识。微观层面上看，现今丘陵地区水资源供给主要依赖降水资源，为了加大对这一区域地表径流的水资源拦截，发展集雨蓄水工程的建设十分必要。

4. 平原环境下水资源可持续利用模式探讨

平原通常是海拔高度低于 200 米、相对高度一般不超过 50 米的陆地地貌。平原地区的降水量偏少，同时降水在时间上的分配极不均匀。近些年来，受气候变暖等诸多因素的影响，平原地区水资源量在不断减少。然而平原地区又居住着大量的人口，承载着社会经济发展的重担，这些必然导致对水资源需求量的不断增加，水资源供需矛盾日益突出。

平原地区水资源的主要矛盾有，由地下水资源超采所带来的水环境恶化，以及水资源供需矛盾的日益尖锐。目前平原地区的经济社会正常运转主要靠地下水维持，超额的地下水开采降低了水资源的承载能力，也带来了许多环境恶化问题。此外，工业发展带来的污水排放使得局部地区的水资源可利用量进一步减少，水质不断恶化。

平原地区水资源可持续发展的对策，同样可从宏观和微观两个层面去考量。宏观方面，依然可以采取总量控制与定额管理相结合的办法，在科学评价的基础上，给出水权分配方案，并配套运用计量控制系统，对区域内水资源使用状况进行全面监控。同时，还要配合有力的水资源有偿使用制度和取水许可制度，协调各行业用水量，出台相应奖惩措施，由主管部门对地表水资源及地下水资源、城市和乡镇用水统一调度，实现水资源统一管理。完善水价形成机制，发挥价格在调整供需平衡中的杠杆作用。此外，还应完善法规体系建设，有效保证上述制度的实施。微观层面，在农业用水方面，应采取多元化的节水灌溉技术，逐步建立农田水利管理信息网络。在工业用水方面，以污水零排放作为样板工程，强化企业内部污水回用。平原地区可因地制宜地推进企业的雨水积蓄利用工作，推广城区雨水集蓄回灌。在生活节水方面，严格执行计量收费，安装节水器具，改造失修供水管网，改革公共用水方式，优先采用再生水源，发展集中供水工程，限制高消费娱乐用水。在非常规水源利用方面，可以再生污水即中水回用的方式缓解用水紧张问题。

（二）我国水能资源情况概述

1. 我国水能资源现状

根据《中华人民共和国可再生能源法释义》的定义，水能资源是指风和太阳的热引起水的蒸发，水蒸气形成了雨和雪，雨和雪的降落形成了河流和小溪，水的流动产生了能量。水能资源是以势能、动能形式存在于江河湖海中的可再生能源。水能资源可由多种指标来衡量，但这些值是不固定的，会随着技术水平等影响因素的变化而变化。当科技水平进一步发展时，可开发的水能资源量也将进一步提升。

水能资源理论蕴藏量的计算方法是，将河流分为若干段，利用各段河流的平均径流量与水位差，求出该段河流的水能，再加总就得到河流水能资源的理论蕴藏量。技术可开发的水能资源由规划可建设的水电站、水电站拟定的装机容量及年发电量得出。经济上可利用的水能资源指以技术可开发的水能资源为基础，技术可行、经济合理的水电站及其发电量，所以经济上可利用的水能资源量要小于技术可开发的水能资源量。

2. 我国水能资源的空间分布

第三次水能资源的复查成果显示：我国大陆水能资源理论蕴藏量共计6.94亿kW，理论年发电量为6.08万亿kWh；技术可开发的水能资源装机容量达到5.42万kW，年发电量为2.47万亿kWh；经济上可利用的水能资源装机容量为4.02万kW，年发电量为1.75万亿kWh（见表1）。

从指标结果来看，我国水能资源分布大致可分为三个梯度：第一个梯度是人口较为密集，同时经济也比较发达的东部地区；第二个梯度是人口密度较小、开发难度居中、水能资源居中的地区；第三个梯度是人口稀少、经济较为落后的西南地区，这里河流落差大，水能资源丰富，但地形复杂，开发难度大。

表1　各省区市的水能资源空间分布

地区	理论蕴藏量			技术可开发量			经济上可利用量		
	占我国大陆（除港、澳、台）比重（%）	年发电量（亿kWh）	平均功率（万kW）	占我国大陆（除港、澳、台）比重（%）	年发电量（亿kWh）	装机容量（kW）	占我国大陆（除港、澳、台）比重（%）	年发电量（亿kWh）	装机容量（kW）
我国大陆（除港、澳、台）	100	60829.11	69439.58	100	24739.3	54163.08	100	17533.23	40176.68
京津冀	0.3	199.26	227.46	0.3	37.12	175.13	0.3	25.27	125.25
山　西	0.8	493.61	563.48	0.7	120.55	402.04	1.0	118.96	397.38
内蒙古	0.8	509.14	581.22	0.5	73.45	262.45	0.6	71.79	256.73
辽　宁	0.3	177.92	203.1	0.3	60.39	176.43	0.4	59.14	172.89
吉　林	0.5	301.3	343.96	0.9	117.93	511.55	1.3	115.47	504.23
黑龙江	1.1	664.2	758.22	1.5	238.31	816.19	1.8	211.79	722.69
沪　苏	0.3	152.2	173.81	0.0	1.73	5.79	0.0	0.67	2.24
浙　江	0.9	537.59	613.68	1.2	161.46	664.38	1.6	160.72	661.32
安　徽	0.4	273.5	312.2	0.2	30	107.4	0.2	27.3	99.6
福　建	1.5	941.01	1074.2	1.8	353.02	997.97	2.4	344.97	969.77
江　西	0.7	425.57	485.81	1.0	170.96	516.29	1.0	137.74	416.19
山　东	0.2	102.48	117.01	0.0	1.59	6.42	0.0	1.32	5.08
河　南	0.7	412.32	470.66	0.5	96.95	288.06	0.7	91.4	272.64
湖　北	2.5	1507.12	1720.45	6.6	1386.31	3554.05	8.8	1380.45	3535.59

续表

地区	理论蕴藏量			技术可开发量			经济上可利用量		
	占我国大陆(除港、澳、台)比重(%)	年发电量(亿 kWh)	平均功率(万 kW)	占我国大陆(除港、澳、台)比重(%)	年发电量(亿 kWh)	装机容量(kW)	占我国大陆(除港、澳、台)比重(%)	年发电量(亿 kWh)	装机容量(kW)
湖　南	1.9	1162.51	1327.04	2.2	486.19	1202.09	2.8	457.58	1134.98
广　东	0.9	531.6	606.85	1.0	198.14	540.14	1.2	177.79	487.88
海　南	0.1	73.78	84.22	0.1	21.03	76.05	0.2	19.94	71.05
广　西	2.5	1545.37	1764.12	3.5	808.84	1891.38	4.6	794.48	1857.5
四　川	20.7	12571.89	14351.47	22.2	6121.59	12004	25.7	5232.89	10327.07
重　庆	3.3	2011.67	2296.43	1.8	445.78	980.84	2.0	378.04	819.59
贵　州	2.6	1584.37	1808.64	3.6	777.99	1948.79	4.7	752.42	1898.07
云　南	15.0	9144.21	10438.6	18.8	4918.81	10193.91	24.4	4712.83	9795.04
西　藏	29.0	17638.98	20135.82	20.3	5759.69	11000.44	2.1	376.25	835.04
陕　西	1.8	1118.56	1276.89	1.2	222.16	662.38	1.6	217.22	650.16
甘　肃	2.1	1304.16	1488.73	2.0	444.34	1062.54	2.2	370.43	900.9
青　海	3.2	1916.14	2187.38	4.3	913.44	2314.04	3.9	554.62	1547.91
宁　夏	0.3	184.19	210.26	0.3	58.94	145.84	0.4	58.94	145.84
新　疆	5.5	3344.46	3817.87	3.1	712.59	1656.49	3.9	82.81	1567.05
台　湾	—	1020.7	1185.2	—	201.5	504.8	—	138.3	383.5

注：根据《中国可再生能源发展战略研究丛书·水能卷》整理。

3. 我国水能资源发展的矛盾与困境

（1）我国水资源总量丰富而人均少，且利用效率低

我国人口基数大，这使得尽管我国水资源蕴藏量与水能可开发量均处于世界前列，但人均水资源占有量却偏低。20 世纪 80 年代我国水需求总量为 4400 亿立方米，到 90 年代则为 5500 亿立方米，2000 年增至 6000 亿立方米，2010 年达到 7000 亿立方米，至 2050 年我国人均水资源量将从 80 年代的 2700 立方米减至 1700 立方米。《21 世纪中国水供求》分析显示，2010 年后，若处于中等干旱年份，我国生产生活用水需求量为 6988 亿立方米，而实际供水能力仅为 6670 亿立方米，存在 318 亿立方米的供水缺口。报告还

显示，这一缺口到2030年后，将达到400亿~500亿立方米。并且随着经济的不断发展，21世纪中期我国城市化率将达到70%，这将进一步加剧供水矛盾；同时，粮食生产能力连年攀升，预计在2050年左右粮食产量将增加1400亿千克以上，也将对用水新增不小的需求。

此外，与世界其他国家相比，我国水资源开发程度较低。在农业灌溉方面，我国的水资源利用率仅为43%左右，而发达国家达到了70% ~80%。我国单位工业产值用水为78立方米/万元，是发达国家的5~10倍。在生活用水方面，我国也存在严重的浪费现象。此外，我国水污染问题也影响到了水资源的有效利用。

（2）我国水能资源的空间、时间分布不均

我国地域宽广，各地地形与气候存在较大差异，这使得水能资源在空间和时间上分布不均，在空间上呈现出西多东少的格局。同时，我国各地人口密度不同，也造成了地区间人均水能资源分布的差异。目前，我国水能资源的开发主要集中在黑龙江、澜沧江、怒江和珠江上游，黄河及长江的中上游，雅鲁藏布江的中下游，这些河流可供开发的水能资源占全国可开发水能资源量的90%左右。从行政区域来看，云南、四川、贵州、重庆、西藏5个地区的水能资源就占了全国的66.7%，而辽宁、北京、天津、河北、山东、江苏、浙江、上海、福建、海南10个地区的水能资源只占4.48%，水能资源的空间分布存在较大程度的不均衡。此外，我国水能资源在时间上的分布同样不均匀，我国受季风气候影响，夏季高温多雨，冬季干旱少雨。雨季的降水量占全年的60% ~80%。同时，不同年份间的降水量也存在较大差异，长江、珠江及松花江年径流比值可以达到2~3倍，淮河流域可达15倍，海河更是达到20倍之多。此外，我国旱涝灾害也加重了水能资源利用的矛盾，干旱缺水是阻碍我国经济社会发展的又一因素。

（三）我国水能发电技术发展现状

1. 水力发电概念简述

水力发电是指利用河流、湖泊等处于高处而具有势能的水资源，使之流至低处，转换成动能推动水轮发电机发电，进而产生电能。水力发电有以下几个优势。①水力发电成本较低。与需要消耗化石能源提供动力不同，水能资源是可再生能源。水电站设备也比火电厂更容易维护，检修、维护费用也低很多。相同容量的火电厂的运行费用大致是水电站的 10～15 倍。②水力发电过程相较于其他发电模式更为灵活。使用水轮发电机组发电，可以在短短几分钟内完成由静止到运行状态的转变，并且不会造成能源的大量损失。③水力发电工程综合效益高。水力发电工程除发电外，还具有防洪、灌溉、航运、旅游等多种功能。但水力发电的缺陷也不容忽视。①可能导致对生态环境的破坏。修建水电站不可避免地会改变动植物的生存环境，使得聚集的水流更加快速地侵蚀河道，尤其是特大型的水电站在投入使用的过程中还会改变局部气候，进一步影响地区生态结构。②移民安置问题。水电站的建立会改变周边原有居民的生活环境，因建设征地而产生的大规模移民的安置工作非常困难，同时如何使其快速适应新的环境、恢复生产生活也是一大难题。③发电量季节不均。雨季发电量多，多余的电力就会浪费，而其他季节发电量较少，甚至个别月份无法发电，从而产生供需矛盾。

水电站有多种分类方法，这里按照水电站的规模进行分类，即根据装机容量的大小来判断，可分为大型水电站、中型水电站和小型水电站。据 DL5180－2003《水电枢纽工程等级划分及设计安全标准》的规定，我国水电站按库容和装机容量划分为 5 等：大（1）型水电站指总装机容量大于 120 万 kW 的水电站；大（2）型水电站指总装机容量为 30 万 kW～120 万 kW 的水电站；中型水电站指总装机容量为 5 万 kW～30 万 kW 的水电站；小（1）型水电站指总装机容量为 1 万 kW～5 万 kW 的水电站；小（2）型水电站指总装机容量小于 1 万 kW 的水电站。

2. 我国水电开发现状

我国水力发电已有 100 年历史，目前所处的开发阶段是，大型水电站和中型水电站已基本规划开发，部分建设完毕，小型水电站的开发逐渐成为热点。为与国际接轨，用年水力发电量与年水能技术可开发量做对比，以衡量我国水能资源的开发利用程度。根据我国第三次水能资源复查结果，各流域建设水电站情况及开发利用程度如表2所示。

表2 各流域水能资源水力发电状况

流域	技术可开发量			已开发量			开发程度（%）
	电站数（座）	装机容量（万kW）	年发电量（亿kWh）	电站数（座）	装机容量（万kW）	年发电量（亿kWh）	
长江流域	5748	25627.29	11878.9	2441	6972.71	2924.96	24.6
黄河流域	535	3734.25	1360.69	238	1203.04	464.79	34.2
珠江流域	1759	3129.11	1353.89	957	1810.07	785.78	58.0
海河流域	295	202.95	47.63	123	80.34	19.5	40.9
淮河流域	185	65.6	18.64	75	31.03	9.58	51.4
东北诸河流域	644+26/2	1682.08	465.23	196+4/2	639.68	151.74	32.6
东南沿海诸河	2557+1/2	1907.49	593.39	1388	1165.37	363.08	61.2
西南国际诸河	609+1/2	7501.48	3731.82	313	932.27	442.77	11.9
雅鲁藏布江及西藏其他河流	243	8466.36	4483.11	52	34.66	11.55	0.3
北方内陆河及新疆诸河流域	712	1847.16	805.86	270	229.02	85.1	10.6
合　计	13287+28/2	54163.77	24739.16	6053+4/2	13098.19	5258.85	21.3

注：数据不含港、澳、台地区，并且表中统计的是水能理论蕴藏量为1万kW及以上的河流、单站装机容量为500kW及以上规模的水电站。

通过上表可知，我国已经建成的水电站共有6053+4/2座，水电站装机容量共约为13098万kW，可年发电约5259亿kWh。长江流域水电站，装机容量最大，为6972.71万kW，年发电量最多，达到2924.96亿kWh，水电站数量最多，共计2441座，其中世界最大的三峡水电站就建立于此。处于已开发量第二位的是珠江流域，已建水电站装机容量为1810.07万kW，年发电量达到785.78亿kWh，已建水电站957座。黄河流域，共计建成水电站238座，装机容量共1203.04万kW，年发电量达到464.79亿kWh，名列全国已开发量第三。此外，雅鲁藏布江水系是我国仅次于长江的第二大水能资源蕴藏流域，雅鲁藏布江及西藏其他河流水能技术可开发的装机容量预计能够达到 8466.36 万 kW，但是目前已建成的水电站才有 52 座，总装机容量只有 34.66 万 kW，而发电量也仅为 11.55 亿 kWh，具有巨大的发展潜力。从水能发电的开发程度看，总利用率只有 21.3%。相比而言，东南沿海诸河流域开发利用程度最高，雅鲁藏布江及西藏其他河流流域发展潜力最大，当前开发程度只有 0.3%。

3. 我国的十五大水电基地现状

我国水电开发规划 50 多年来，形成了 15 个大型水电基地，其水能资源量超过全国总量的一半。它们是金沙江水电基地、长江上游水电基地、雅砻江水电基地、怒江水电基地、大渡河水电基地、澜沧江干流水电基地、乌江水电基地、南盘江红水河水电基地、黄河上游水电基地、黄河北干流水电基地、湘西水电基地、雅鲁藏布江水电基地、新疆诸河水电基地、东北三省诸河水电基地、闽浙赣诸河水电基地。全国第三次水能资源复查结果显示，十五大水电基地水能技术可开发装机容量为 33581.5 万 kW，占全国总量的 52.8%，年发电量可达 14884.8 亿 kWh，占全国总量的 64.9%。具体情况如下。

金沙江水电基地，作为我国“西电东送”的主要发电站，是我国现今最大的水电基地。金沙江流经西藏、青海、四川、云南 4 省区，河流落差较大。目前，这一水电基地主要规划了金沙江中游河段的 8 个梯级水电站和下游河段的 4 个特大型梯级水电站，水能资源丰富。

长江上游水电基地，是我国水电“西电东送”项目中段的电力供应来源，指的是长江干流从宜宾至宜昌这一段流域，全长约 1100 千米，自然落差 220 米，规划了 5 级开发方案。此外，长江支流清江河段也规划了水电开发方案。基本建设完成的世界最大规模的三峡水电站，总装机容量达到了 2240 万 kW，每年可发电 900 亿 kWh。

雅砻江水电基地，雅砻江是金沙江的最大支流，处于四川省西部，全长 1571 千米，落差 3830 米，分为 3 个阶段进行规划：上游拟开发 10 个梯级水电站，中游拟开发 6 个梯级水电站，下游拟定了 5 级开发方案。

怒江水电基地，怒江发源于唐古拉山南麓，天然落差大，在我国境内约为4840米，是我国可开发容量排名第三的大河，怒江中下游云南境内拟开发13个梯级方案。

大渡河水电基地，大渡河是岷江的最大支流，全长1062千米。该水电基地开发的是独松至铜街子河段，落差1900米，梯级格局为3库22级开发方案。

澜沧江干流水电基地，澜沧江流经青海、西藏、云南，在西双版纳流出国境，全长约1200千米，上游流域计划开发1库7级水电站，中下游流域计划开发2库8级水电站。

乌江水电基地，依赖于乌江独特的地质形成机制。乌江是长江上游一大支流，由南北两源于贵州汇合。乌江的干流现规划了洪家渡水电站、引子渡水电站、普定水电站、东风水电站等共11个梯级水电站。

南盘江红水河水电基地，范围由南盘江至大藤峡，由1个鲁布革的梯级水电站，3个南盘江干流的梯级水电站和7个红水河干流的梯级水电站组成。

黄河上游水电基地，是我国开发较早的水电基地，龙羊峡至青铜峡河段规划有25个梯级。龙羊峡以上规划有7个梯级，现拟研究合并为4~5个梯级。

黄河北干流水电基地，指从古河口镇至禹门口的黄河河段，全长725千米，天然落差约有600米，这段流域拥有黄河干流中最长的峡谷段。该水电基地位于内蒙古自治区、陕西省、山西省、河南省的界河，是“西电东送”北段的必经之地，规划有6个梯级。

湘西水电基地位于湖南省西部，沅水、澧水、资水是其水力发电的水能来源。其中，沅水拟分7级开发，澧水拟分9级开发，支流溇水和涔水分4级开发。

雅鲁藏布江水电基地是围绕雅鲁藏布江流域建立的基地，雅鲁藏布江在中国境内长2057千米，最大天然落差能达到5434米，该基地仅大型水电站就有22座。

东北三省诸河水电基地，其水能资源来源于黑龙江省、吉林省、辽宁省境内的黑龙江干流、第二松花江的上游、牡丹江、鸭绿江和嫩江，共规划了54座大中型水电站。

闽浙赣诸河水电基地，其水能资源来源于福建省、江西省、浙江省内的闽江、赣江、钱塘江等水系。该水电基地计划建成148座大中型水电站，已建和在建的大中型水电站：福建23座、江西7座、浙江8座。

新疆诸河水电基地，其水能资源主要来源于新疆境内的伊犁河、额尔齐斯河、开都河等水系。规划中，该基地仅大型水电站就要建设11座，目前已建和在建的有3座，预计基地年装机容量为427万kW，年发电量为149.54亿kWh（见表3）。

表3 当前我国十五大水电基地现状

水电基地	装机容量(万kW)	装机容量占比(%)	发电量(亿kWh)	发电量占比(%)
雅鲁藏布江水电基地	6319.4	18.82	3334.6	22.40
金沙江水电基地	5140	15.31	2486	16.70
长江上游水电基地	3319.7	9.89	1413.1	9.49
黄河上游水电基地	2600	7.74	883	5.93
雅砻江水电基地	2546	7.58	1147.44	7.71
大渡河水电基地	2340	6.97	1053.1	7.08
澜沧江干流水电基地	2172	6.47	1098.72	7.38
怒江水电基地	2132	6.35	957.2	6.43
闽浙赣诸河水电基地	1487.1	4.43	418	2.81
南盘江红水河水电基地	1201.2	3.58	632.2	4.25
东北三省诸河水电基地	1198.3	3.57	321.1	2.16
乌江水电基地	1061.5	3.16	418.38	2.81
黄河北干流水电基地	863.8	2.57	257.42	1.73
湘西水电基地	773.5	2.30	315	2.12
新疆诸河水电基地	427	1.27	149.54	1.00
合　计	33581.5	100	14884.8	100

注：数据不含港、澳、台地区，并且表中统计的是水能理论蕴藏量为1万kW及以上的河流、单站装机容量为500kW及以上规模的水电站。

由上表可见，目前雅鲁藏布江水电基地是我国水能资源蕴含量最大的水电基地，水能技术可开发的装机容量理论上能达到6319.4万kW，由此判断出年发电量将达到3334.6亿kWh，但至今尚未投入建设，计划2021～2030年建设。而我国已开发的最大的水电基地是金沙江水电基地，在十五大水电基地规划中位列第二，水电装机容量为 5140 万 kW，年发电量为 2486 亿 kWh。排名第三的是长江上游水电基地，装机容量为 3319.7 万 kW，年发电量为 1413.1 万 kWh。排名最后的是新疆诸河水电基地，其装机容量仅为 427 万 kW，占总量的 1.27%，年发电量为 149.54 亿 kWh，占总量的 1%。

4. 我国百万千瓦级水电站

百万千瓦级水电站的建设，是我国大力发展水力发电举措的现实表现。目前，我国百万千瓦级水电站集中分布在 15 个水电基地内，相关情况见表 4。

表 4　我国部分百万千瓦级水电站情况

所在流域	所处省份	电站名称	建设情况	发电量(亿 kWh)	装机容量(万 kW)
黄河流域	青海	龙羊峡	已建	59.42	128
	青海	李家峡	已建	60.63	200
	青海	公伯峡	在建	51.4	150
	青海	拉西瓦	在建	102.12	420
	青海	积石峡	待建	33.9	100
	青海	公伯峡	可研	54.8	140
	甘肃	刘家峡	已建	57	139
长江流域	四川	小南海	规划	40	100
	四川	石硼	规划	126	213
	四川	朱杨溪	规划	112	190
	湖北	葛洲坝	已建	157	271.5
	湖北	隔河岩	已建	30.4	120
	湖北	三峡	在建	900	2240
	湖北	水布垭	在建	39.2	160
澜沧江	四川	铁门坎	预可研	89.1	150
	云南	漫湾	已建	77.84	150
	云南	大朝山	已建	70.21	135
	云南	糯扎渡	在建	239.6	550
	云南	小湾	在建	188.9	420
	云南	景洪	在建	79.3	150
	云南	托巴	预可研	82.9	164
	云南	黄登	预可研	93.5	150

续表

所在流域	所处省份	电站名称	建设情况	发电量(亿 kWh)	装机容量(万 kW)
金沙江	云南	上虎跳	预可研	114	280
	云南	梨园	预可研	81.77	152
	云南	金安桥	预可研	89.43	160
	云南	鲁地拉	预可研	75.95	140
	云南	两家人	预可研	137.54	270
	云南	阿海	预可研	75.57	140
	云南	龙开口	预可研	64.38	120
	云南、四川	向家坝	在建	282	500
	云南、四川	观音岩	预可研	103.4	187.5
	云南、四川	白鹤滩	预可研	550	1250
	四川	溪洛渡	在建	573	1200
	四川	乌东德	预可研	339	740
雅砻江	四川	二滩	已建	170	330
	四川	锦屏一级	在建	166.2	360
	四川	锦屏二级	在建	210.81	440
	四川	官地	待建	87.13	180
	四川	两河口	规划	116.87	300
	四川	楞古	规划	96.44	230
	四川	杨房沟	规划	94.26	220
	四川	牙根	规划	63.48	150
	四川	大空	规划	71.81	170
	四川	卡拉乡	规划	44.78	106
大渡河	四川	瀑布沟	在建	145.8	330
	四川	硬梁包	规划	62.08	130
	四川	大岗山	可研	108.91	230
	四川	双江口	预可研	73.14	180
	四川	丹巴	预可研	55.34	130
	四川	长河坝	预可研	103.98	220
	四川	巴底	预可研	46.39	110
	四川	猴子岩	预可研	74.06	160
乌江	贵州	乌江渡	已建	44.2	125
	贵州	思林	在建	41.1	100
	贵州	彭水	在建	57.74	108
	贵州	构皮滩	在建	91.92	300
	贵州	沙陀	待建	41.7	100
	浙江	大溪口	在建	62.5	120

续表

所在流域	所处省份	电站名称	建设情况	发电量(亿 kWh)	装机容量(万 kW)
南盘江红水河	贵州	天生桥一级	已建	53	120
	贵州、广西	天生桥二级	已建	82	132
	广西	岩滩	已建	80	120
	广西	龙滩	在建	186	420
	广西	大藤峡	在建	70.6	120
黄河中游	山西	万家寨	已建	27.5	108
	山西	古贤	预可研	82.3	256
	山西	碛口	预可研	48.7	180
	河南	小浪底	已建	44.9	180
湘西诸河	贵州	三板溪	在建	22.85	100
	湖南	五强溪	已建	53.7	120
闽浙赣诸河	福建	水口	已建	49.5	140
东北三省诸河	吉林	丰满	已建	20.46	100.4
	吉林	白山	规划	20.37	150
怒江	西藏	松塔	规划	179.9	420
	云南	马吉	规划	184.49	420
	云南	碧江	规划	67.1	150
	云南	泸水	规划	110.26	240
	云南	岩桑树	规划	46	100
	云南	丙中洛	规划	75.21	160
	云南	鹿马登	规划	90.11	200
	云南	亚碧罗	规划	84.23	180
	云南	赛格	规划	46.6	100
其余水系	四川	亭子口	待建	35	100
	湖北	丹江口	已建	38.3	100
	甘肃	苗家坝	待建	25.34	104
合计	—	—	—	9186.32	20929.4

可以看出，三峡水电站年发电量最大，是我国目前规划和建设的最大的水电站。其次是溪洛渡水电站，目前还处在建设中，计划年发电量为573亿kWh。排名第三的是白鹤滩水电站，目前还处于可行性研究阶段，预计年发电量将达到550亿kWh。从行政划分的角度来看，四川省和云南省是我国百万千瓦级水电站较多的省份。其次是贵州省及湖北省，其他省份也开发了百

万千瓦级水电站，但数量和发电量相对其他大型水电站较少。从水电基地的角度看，黄河上游水电基地是已建百万千瓦水电站规模最大的，其次是长江上游水电基地。怒江水电基地的9座百万千瓦级水电站均处于规划中，开发潜力巨大。此外，有较大发展空间的水电基地还包括大渡河水电基地与金沙江水电基地，今后将成为我国水电开发的重点。

5. 我国小水电发展现状

依照我国的划分方法，小水电是指装机容量为1.0～0.5MW的小型水电站，包括小小型和微型水电站，而装机容量小于0.5MW的水电站被称农村小水电。小水电是世界上回报率最高的能源发电方式，一般而言，其回报率为205%～267%，远高于其他电源的回报率。我国的小水电资源丰富，位居世界第一。目前，国内小水电飞速发展，数量不断增加，装机规模总量近60GW，数量和装机容量均占世界总量的50%左右。并且，我国小型水电站的开发依然有广阔的空间。小水电的作用在于，能在经济发展比较落后的农村地区，为推进农村电气化及现代化做出积极的贡献。但同时，小水电的发展可能会造成一些环境问题，例如，河流断流、过度拦截、破坏生态环境等。所以，发展环境友好型小水电，成为我国小水电发展的指导思路。

有关数据显示，截至2007年底，我国小水电站已建成48934座，总装机容量达到53.86GW，是三峡工程的2.4倍，是欧盟2020年预计小水电站数量的2倍多。但水利部出台的《“十二五”全国水电新农村电气化规划》中对我国各省农村水能资源开发利用情况的统计结果显示，我国农村的小水电开发程度仍然偏低，有进一步发展的潜力（见图1）。

其中，λ_n（%）为未开发率，表示各省水能资源尚未开发的程度，通过（未开发量/技术可开发量）×100%得出；图中λ_y（%）是已开发率。全国小水电未开发量达到7.2908×10^7 kW，未开发量大于1.00×10^6 kW的省份有17个，它们是四川省（1412.3×10^4 kW）、云南省（910.1×10^4 kW）、西藏自治区（886.3×10^4 kW）、新疆维吾尔自治区（681.7×10^4 kW）、贵州省（528.1×10^4 kW）、湖南省（311.8×10^4 kW）、黑龙江省（297.9×10^4 kW）、湖北省（275.7×10^4 kW）、甘肃省（$240.7 \times$

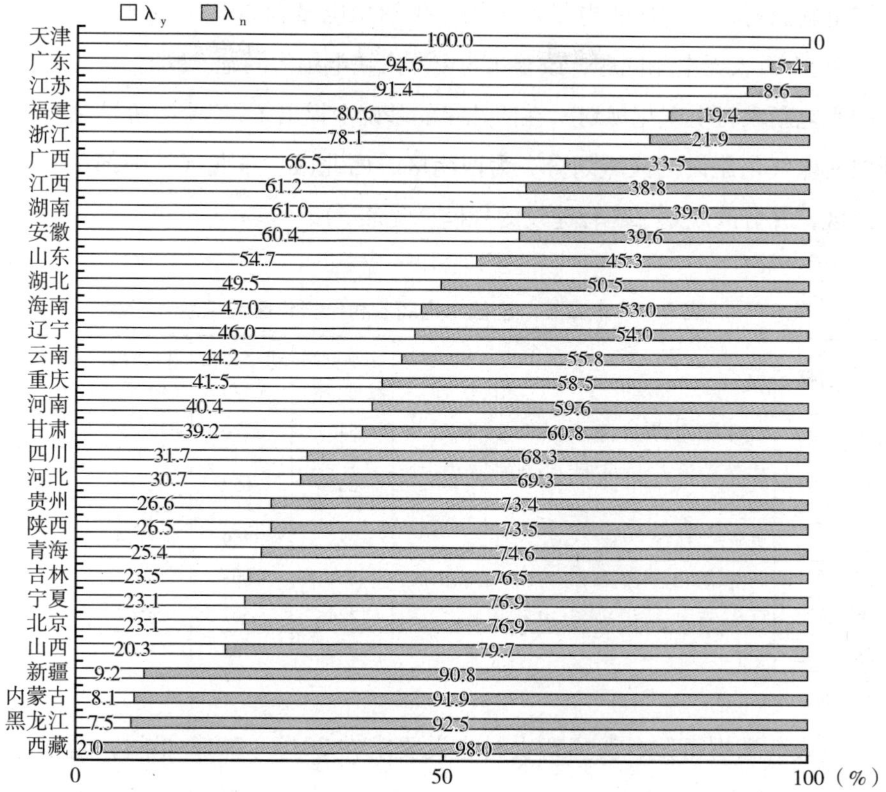

图1　各省份农村水资源开发程度

10^4 kW)、陕西省（228.9×10^4 kW)、重庆市（194.9×10^4 kW)、青海省（174.7×10^4 kW)、广西壮族自治区（174.0×10^4 kW)、福建省（164.5×10^4 kW)、江西省（164.0×10^4 kW)、吉林省（127.1×10^4 kW)、浙江省（101.5×10^4 kW)；未开发量为（0.5～1.0）×10^6 kW 的省份有5个，为河北省（83.6×10^4 kW)、山西省（68.0×10^4 kW)、内蒙古自治区（60.5×10^4 kW)、安徽省（54.3×10^4 kW)、河南省（52.5×10^4 kW)；未开发量为（0.1～0.5）×10^6kW 的省份有4个，为广东省（36.5×10^4 kW)、辽宁省（36.0×10^4 kW)、海南省（33.5×10^4 kW)、北京市（14.3×10^4 kW)。可见，未开发量超过0.1×10^6 kW 的省份有26个。《“十二五”全国水电新农村电气化规划》还确定了“十二五”农村水电发展的目标：要努力建成300

个水电新农村，人均年用电量及户均年生活用电量较2010年上升25%以上，并解决81万人无电用问题，改善228.4万人缺电用的问题。同时《"十二五"全国水电新农村电气化规划》在前几年的基础上提出了，"十二五"实行水电新农村电气化建设的区域划分，为西南区、西北区、东北区、中部区和东南沿海区，并分区规划了工程建设的规模（见表5）。

表5 "十二五"全国水电新农村电气化区域规划

区域名称	范围	小水电站数量(座)	机组数量(台)	装机容量(亿kW)	发电量(10^8 kWh)
西南区	四川、云南、贵州、重庆、广西、西藏	546	1220	198.2	79.9
西北区	甘肃、内蒙古、青海、陕西、新疆、新疆生产建设兵团	262	657	123.0	48.5
东北区	黑龙江、辽宁、吉林	84	259	31.9	9.9
中部区	湖南、湖北、安徽、江西、河北、河南、山西	824	2068	181.7	62.6
东南沿海区	广东、海南、浙江、福建、山东	224	561	45.2	15.3
合计		1940	4765	580.0	216.2

由表5数据可知，我国新农村建设要求在2010~2015年间，新增和技术改进1940座小水电站，共4765台机组，使小水电装机容量增加580亿kW，发电量增加2.162×10^{10} kWh。

（四）我国2014年水电发展大事件回顾

1. 部分水电项目审批权下放

《国务院关于发布政府核准的投资项目目录（2014年本）的通知》（以下简称《通知》）于2014年10月31日发布，通知中明确提出将把部分水电项目审批权大力度下放。《通知》规定了在跨界河流或跨省河流上，规划建设的水电站单站总装机容量大于50万千瓦时，这一水电站项目建设需经国务院投资主管部门核准，当单站总装机容量大于300万千瓦或是移民人数为1万人及以上时，该项目需由国务院核准。除此之外的水电项目建设由地方政府审批。特别是，规定抽水蓄能电站的核准由省级政府负责。关于抽水蓄能电站发展的政策，同年国家发展和改革委员会还发布了《关于完善抽水蓄能电站价格形成机制有关问题的通知》和《关于促进抽水蓄能电站健康有序发展有关问题的意见》，这些是该行业的年度利好消息。审批权的下放将在一定程度上改善以往手续过于复杂而拖延项目实施时间的问题。但是在审批权下放的同时也应提高地方政府对水电项目的核准要求，严格把关，多征求环保、国土、林业等部门的建议，确保环境可持续性。

2. 两部制电价政策的实施

随着《关于完善抽水蓄能电站价格形成机制有关问题的通知》于2014年7月31日发布，两部制电价政策被正式运用于抽水蓄能电站电价的制定中。两部制电价政策指收取的电价包含容量电价和电量电价两部分，分别是抽水蓄能电站提供辅助服务的价值，这一部分按弥补电站固定成本及准许收益的原则核定；另一部分指的是抽水蓄能电站调峰填谷的效益，以弥补发电损耗的可变成本。这是我国首次独立对抽水蓄能电站行业制定电价形成机制，为抽水蓄能电站带来了建设机遇。抽水蓄能电站是电网高效运行的调节器，随着我国用电负荷及峰谷差的持续扩大，抽水蓄能电站的建设愈发重要。《水电发展“十二五”规划》提出，计划在“十二五”期间，抽水蓄能新增0.4亿千瓦，即2015年抽水蓄能装机容量达到0.3亿千瓦，规划至2020年这一装机容量提升到0.7亿千瓦。之后的11月1日，国家发改委又出台了《关于促进抽水蓄能电站健康有序发展有关问题的意见》，计划到2025年抽水蓄能电站的总装机容量达到1亿千瓦，占全国电力总装机容量的4%左右。现阶段抽水蓄能电站每抽4度电的水，发出的只有3度电，这导致抽水蓄能电站发展受到制约，两部制电价政策的出台很好地缓解了这一问题。但应注意，抽水蓄能电站的建设应控制在合理的数量范围内。

3. 三峡工程进入竣工验收阶段

2014年6月24日召开了第一次长江三峡工程验收委员会会议，强调了竣工验收工作要秉着对国家、对人民、对历史负责的态度，以依法、严格、科学、规范的办事作风开展验收工作。三峡工程有水力发电、防汛抗洪、航运等功能。自2011年蓄水发电至2014年底，三峡工程共累计发电超过8000

亿度，通过航运货物7亿吨，其防洪效益也十分显著。当然，三峡工程仍是争议的热点，鱼类洄游、泥沙淤积等是目前讨论的主要问题。

4. 大型水电站密集投产

2014年6月26日，我国糯扎渡水电站（也是全国第四大水电工程）的9台单机65万千瓦机组全部投产。2014年6月30日，我国溪洛渡水电站（也是全国第二大水电工程）的18台单机77万千瓦机组全部投产。2014年7月7日，我国向家坝水电站（也是全国第三大水电工程）的8台单机80万千瓦机组全部投产。2014年7月12日，我国锦屏一级水电站（也是全国第九大水电工程）的6台单机60万千瓦机组全部投产。2014年11月29日，我国锦屏二级水电站（也是全国第六大水电工程）的8台单机60万千瓦的机组全部投产。至此，锦屏一、二级水电站全部建成，共装配14台单机60万千瓦机组。在现规划装机容量前十的水电站中，至2014年底已有一半实现了全部机组的投产，这5个电站的发电量均承担了我国“西电东送”的电源供应，能有效改善我国能源结构，投产后将每年提供1500亿度电力，为全国用电量的3%。其中，向家坝水电站是世界上最大单机容量水电机组，单机容量达80万千瓦。锦屏一级混凝土双曲拱坝是世界上已建的第一高坝，坝高305米。

5. 西藏开始开发水电

2014年11月23日，西藏史上第一座大型水电站——藏木水电站投产发电，电站装机容量为51万千瓦，是目前世界上最高海拔的大型水电站。西藏水能理论蕴藏量2亿千瓦，为全国各省份第一。但此前西藏地区的水电开发量只有80万千瓦，主要原因是这一地区的电力市场规模还较小，西藏人口只有300万人。藏木水电站的投产，不仅能解决西藏本地的电力短缺问题，还能将多余的藏电外送。预计“十三五”期间，西藏投产和在建水电站装机容量将不低于3000万千瓦，藏电外送的力度将进一步加大。在水电开发方面，要切记环境保护，特别是在生态环境尤为脆弱的高原地区，更需要加大财政投入力度，增强技术支撑能力。受交通不便等因素的影响，西藏水电站建设成本相对较高，这也是今后需要解决的问题。

6. 西南地区水电弃水量上升

2014 年四川省水电弃水总量达到 100 亿千瓦时，是 2010 年以来的最高值；同年，云南弃水量总计 200 亿千瓦时左右。导致 2014 年四川省水电弃水量创新高的原因主要是区域经济增速的下滑，电量需求增速剧烈下降。按照四川省“十二五”规划，电力需求年均增速应达到 13%，但从前三年的发展结果来看，平均增速仅为 8%，2014 年估计只有 4% 左右。此外，川内水电不方便外销，以往富余的电力可以借“西电东送”的线路出川，但是 2014 年向家坝和锦屏等水电站的投产，使外销的空间被大大压缩，只能弃水。云南弃水的原因主要是电厂和运输网络配置不协调，不能做到合理调度，以及地方政府存在利益纠缠等。连年的弃水，损害了电厂的收益，也于整个节能工作无益。今后西藏水电的大规模开发，也要通过水电原本充裕的西南地区送入内地，如何解决其中的矛盾，也是今后面临的一大难题。

7. 我国水利设施现存的隐患

目前，我国水利设施还存在一些隐患，首先是早期的水利基础设施已经逐步老化。历史原因造成许多早期的水利基础设施配套差、设备老化失修、运行状态不良，延至今日需要维修和更新的任务十分艰巨。此外，我国水利设施科技和管理水平仍有待进一步提升，在水利建设上仍存在重建设、轻管理的现象。随着近几年大型水电项目的建设，我国在水电技术上取得了重大突破，水电技术水平有了大幅提升。

（五）中国水能资源可持续开发利用的建议

1. 注重水资源开发的生态保护

一切发展都应建立在维护自然生态系统稳定运行的基础之上，人与自然和谐相处是维持可持续发展之本。在防洪方面，将引洪与用洪相结合，从控制洪水转向运用洪水。在治理水土流失方面，要为大自然的自我修复积极创造条件，减少人对自然的影响。在水力发电方面，水电是清洁能源，使用过程中不会对环境造成污染，但水电开发过程在一定程度上会改变自然环境，要把生态建设与环境保护作为水电开发的基本思路。这要求在水电开发建设之前，开展对环境潜在影响的评价工作，确定工程的可行性，制定相应的环境保护策略。在生活用水方面，要改变粗放型的利用方式，建设节水型社会。

2. 建立统一的水资源管理体制

《电力法》中写到要“坚持统一规划，加强宏观调控，打破行政区域界限，努力实现最大范围内的资源优化配置”。通过实践不难发现，农业、工业、运输业、市容建设及人民生产生活等都无法离开水而运转，特别是防洪排涝、农业灌溉、水力发电等都涉及水资源的合理利用。水利是社会发展和国民经济建设的重要基础设施，以往水利只在农业生产方面得到重视，这在一定程度上影响了水资源管理体制的发展。现下水资源是分地区、分部门管理的，在分片式的开发和管理机制下，负责单位级别各不相同，单个机构的职能也较为简单，倘若没有高行政级别的机构协调，那流域的水资源开发工作将难以推动。所以，政府应加大宏观调控力度，缓解地方上不同层级单位意见不一的局面，有效打破地域限制，使资源配置更加优化。同时，水电开发会产生一些问题，如移民的补偿安置问题、环境保护问题等。对于这些问题的处理，根据水资源的特性和国际经验，应强化国家对水资源权属的管理，以流域为单元，统一规划、调度、管理，积极推进区域间水资源统一管理体制的形成。

3. 完善水电相关政策

我国煤炭资源丰富，长期大规模地使用煤炭给我国环境治理带来了困境。水电是清洁可再生能源，大量使用能减少化石能源对大气的污染，应得到国家政策的支持。同时，水电站具有调峰、调相、调频、负荷和快速跟踪负荷、事故备用等性能，对优化电力结构、促进电网安全稳定运行起到了至关重要的作用。大型水电站在电网输送电的过程中，起到了基础性保障作用。现今我国的 3 条输电通道都拥有大型水电站作为保障，黄河段有刘家峡和龙羊峡，中段有三峡和葛洲坝，西南段有二滩水电站，这些水电站提供的基础性保障功能应通过电价政策得到反映。水电站除发电外，还具有综合效益，防洪对国民生产生活及财产安全起到保障作用，蓄水能保证农业灌溉用水的需求，同时还能促进水运交通的发展。所以，水电是国民经济基础产业的重要组成部分，应享受国家基础产业政策的支持。对于水电建设而导致的库区移民问题，政府应高度重视，将补偿重点放在移民安置后的生活生产方面，以实现真正的移民安置。

4. 执行公正合理的水电电价

合理的水电电价利于节水和促进水资源的有效利用，使社会资金更加积极地投入到水资源开发利用中去。适当合理地调控水价，还利于按时空用水和储水。所以，应通过市场调节机制，制定公正合理的水电价格，以缓解水资源的供需矛盾。水电站在电网系统中不仅承担了供电职责，还在一定程度上发挥了调峰、调相、调频的功能，因此要将水电站的附属功能反映到电价中。可采取的措施有：分时段调整电价，提高丰枯、峰谷时的电价；实现水电与火电同网同价；通过对水电站情况的区分，优先使用调节性能好、效益高的水电站；对西部地区给予电价补贴，“西电东送”过程中产生的输送费用，由输送方承担，并由接受方合理分摊；促进跨区电力电量的交换，使在更大范围内能实现资源的优化配置，降低整个电力系统的经营成本。

5. 加快建设大型水电站的步伐

虽然我国近年来持续发展水利工程，但相比我国所拥有的水能资源，其开发程度还是偏低，完全体现不出水能在我国能源资源中的地位。我国的水力资源集中于金沙江、长江上游、雅砻江、澜沧江、大渡河、怒江、南盘江红水河、乌江、黄河干流等河段，这样的分布不仅适合于大型水电基地的建设，也利于流域的综合开发，能充分发挥其规模效益。因此，大力发展水电是解决我国能源需求不断增加的有力途径，特别是发展西部地区的水电基地，将是实现全国范围内资源优化配置的基础。我国西部地区是最具水资源发展潜力的地区，建设水电基地是将水资源优势转化为水电产业优势，带动当地经济进一步发展的重要措施。东部地区虽然发展较快，但能源相对较少，需要依靠能源引入来维持经济发展需要。西部地区如果只将水电站供电规划为本地区范围内，那有限的市场必然会引起电力的滞销。所以，西部地区在大力发展水电的同时，还要保证对“西电东送”工程的支持力度，建设相适应的输电渠道。西部地区还需加大电能相关产业配套设施的建设，化简单依托销售电能获利的方式为多方面获利模式，促进经济增长。目前规划的“西电东送”工程有3条送电通道，一是南部通道，将贵州省的乌江、云南省的澜沧江和处在交界处的南盘江、北盘江、红水河产生的水电及云南省和贵州省的部分火电送往广东；二是中部通道，将金沙江产生的水电送到华东地区；三是北部通道，将黄河水电和陕西省、山西省、蒙西的火电送往京津唐地区。总之，要发挥我国水能资源丰富的优势，继续加大开发西南地区大水电的力度，建设规模更大的能源输送通道，实现全国水力资源优化配置。

6. 促进小水电进一步发展

邓小平曾指出：“允许小水电自建、自管、自用，中央、国务院给个政策，群众、国家都得利，这就是搞活，就是解放思想。”就此开启了建设中国特色电气化农村的进程。发展小水电，首先要明确权责。水资源是公共自然资源，在开发农村水资源时需对利益、责任和义务进行规范，防止公共水资源被无序占用，避免对生态及农业生产产生负面影响，同时还要保证当地农民出让公共水资源的使用权而能得到相应的收益。其次是在发展过程中要明确管理的目标及对象，农村小水电发展有两个目的，一是保证生态和环境效益；二是实现农村电气化，必须兼顾这两方面效益。而小水电的管理对象则是小河、溪流及其上的小水电站和配套设备、电网。虽然小水电站的管理归某一河流河段或流域，但总体数量多，协调难度大。这一问题可以通过建立每条河流或流域的“电站群”式管理模式来解决，这一模式使得管理层次变得清晰。如果再以流域为范围建立小水电群管理调度中心，则不仅能对流域中每个电站的情况进行监控，还能实时调节发电量，实现对流域内小水电站科学、高效的管理。此外，还要为小水电制造企业提供足够的技术和服务支持。要发挥国内相关高校院所、科研机构的优势，将水电科研成果及时投入应用。在发展方式上可以借鉴三峡水电工程项目建设的策略，走引进国外先进技术，再不断消化吸收，最后自主研发的路子。小水电设备制造企业还可以开展与大水电厂家的合作，将先进的大水电技术转化为适于小水电应用的技术，实现我国水电科技的进步。

参考文献

[1] 苗韧、王凌霏、吴頔、胡秀莲、周伏秋：《中国能源可持续发展评价指标体系构建与初步评价》，《研究与探讨》2012 年第 3 期。

[2] 王中元、罗东坤、张云志、刘璘璘：《我国能源可持续发展研究展望》，《科技和产业》2014 年第 5 期。

[3] 向其凤、王文举：《中国能源结构调整及其节能减排潜力评估》，《经济与管理研究》2014 年第 7 期。

[4] 贾科华：《2014 年水电收获之年：水电行业重大新闻盘点》，《中国能源报》2015 年 1 月 5 日。

[5] 曹广晶、赵鑫钰：《水电是实现可持续发展的重要能源》，《中国能源》2007 年第 29（6）期。

[6] 陆佑楣：《中国水电开发与可持续发展》，《中国三峡建设》2005 年第 1 期。

[7] 牟谦：《低碳经济与水电开发》，《水电与新能源》2010 年第 6 期。

[8] 徐长义：《水电开发在我国能源战略中的地位浅析》，《研究与探讨》2005 年第 27（4）期。

[9] 王儒述：《西部水电开发与可持续发展》，《三峡论坛》2010 年第 2 期。

[10] 汤鑫华：《论水力发电对生态环境的影响》，《水电与新能源》2010 年第 5 期。

[11] 李香云、杨力行：《煤电与水电能源转换中的生态环境效应对比分析》，《水利发展研究》2006 年第 5 期。

[12] 中国水力发电工程学会、中国大坝协会、中国水利水电科学研究院：《水电具有明显的低碳排放特性》，《水科学与工程技术》2010 年第 6 期。

[13] 李菊根、史立山：《我国水力资源概况》，《水力发电》2006 年第 32（1）期。

[14] 田明武：《水电开发与环境保护的思考》，《水利建设与管理》2009 年第 2 期。

[15] 李玉珍：《水利水电工程建设产生的环境问题及补救措施》，《现代农业科技》2010 年第 13 期。

[16] 方春阳：《水电开发与区域经济协调发展研究——以云贵川三省为例》，博士学位论文，北京交通大学，2010。

B.10

能源资源税的改革与发展

邱雪薇　崔怡然*

摘　要：从2010年开始，我国资源税改革迈出了新的步伐，石油、天然气资源税结束了从价计征的历史。2014年底，资源税从价改革范围从石油、天然气扩大至煤炭资源。因为煤炭资源在我国能源生产与消费中占据主导地位，所以煤炭资源税从价计征的实施是我国资源税改革的又一标志性事件。资源税的变革不仅牵动着政府、企业以及消费者等主体利益关系的调整，而且对我国能源经济结构调整，以及国民经济发展方式的转变具有重要意义。但是资源税的改革尚处于起步阶段，我国资源税的设计依然存在诸多问题，而且相关政策不能及时跟进，限制了资源税改革效益的发挥。本报告以资源税为研究对象，在对其改革背景和运行现状进行综述的基础上，主要分析了油气及煤炭三大能源资源税的改革进程及改革效益，进而对资源税改革中依然存在的问题进行总结，并针对问题提出政策建议。

关键词：资源税　从价征税　能源经济

一　我国资源税改革的背景和意义

资源税改革是近几年能源经济的热点、难点问题，一方面，资源税改革

* 邱雪薇，中国社会科学院研究生院经济学硕士研究生，研究方向为能源经济学、制度经济学。崔怡然，首都经济贸易大学在读，研究方向为会计学。

牵动着能源经济结构调整的变革，进而对国民经济发展方式的变化有重要影响，所以在当前国民经济发展方式以及能源经济结构调整均处于变革期的大背景下，存在诸多问题的资源税必然会被推到改革浪潮的前沿。另一方面，资源税的变革会产生利益分配效益，重新调整中央与地方、政府与纳税人之间的利益分配关系，那么资源税的改革进程必然会受到阻碍。但是，能源的生产与消费造成的外部成本，对当前的经济环境和生态环境造成了严重的负面影响，所以，必须进一步完善资源税的设计，将能源生产与消费的外部成本内部化，从而促进能源经济结构的优化转型，保护资源，实现国民经济的可持续发展。

（一）我国资源税改革的背景

1. 能源经济结构调整处于变革期

（1）能源生产与消费结构有待于进一步优化

目前，化石能源在我国能源供求结构中居于主导地位，这是由我国的自然条件决定的。一方面，富煤、贫油、少气的自然特点使得煤炭资源的生产与消费占能源供求结构的比重达到70%以上，但是仅把煤炭资源作为燃料，实际上是浪费资源，因为煤中通常还伴生各种无机物和有机物，这些还可以作为化工原料使用，而且燃烧煤炭会产生烟尘和硫化物，从而对环境造成污染。因此，有必要优化能源供求结构，降低煤炭资源的比重。另一方面，随着世界经济工业化和现代化的发展，国内外对于油气资源的需求与日俱增，石油已经成为现代经济的“血液”，可以说对于油气资源的争夺已经成为牵动国际“神经”以及各国外交策略的重要因素。而且，由于天然气是优质高效的清洁能源，燃烧时所产生的大气污染物远低于煤炭资源，对温室效应的影响较小，能够从很大程度上改善环境质量，因此各个国家都将天然气开发放在重要的战略位置上。

我国也不例外，与世界平均水平相比，我国的能源经济结构还处于落后水平。而能源经济结构的重要表现就是能源供求结构。如表 1 所示，2013 年原煤消费量所占比重在发达国家的水平大都低于20%，如美国是20.1%，加拿大是6.1%，法国的这一数据为4.9%，只有德国稍高，为25%，而中国原煤消费量在能源消费结构中的比重却高达67.5%，远远高于发达国家，更是世界平均水平的两倍还多。而我国的原油消费比重仅为17.8%，不仅与发达国家相去甚远，更与世界平均水平有将近一倍的差距，而我国天然气的消费比重仅约为世界平均水平的1/5。在新能源中，除了水力发电稍高于世界平均水平，核能、再生能源的比重均低于世界平均水平。从这些数据便可看出，我国的一次能源消费结构存在很大的问题。与能源消费结构相对应，我国的能源供给结构也是以煤炭资源为主，从2000年至2013年，我国原煤生产总量占能源生产总量的平均比重超过了76%，原油生产总量所占比重为11.96%，天然气所占比重为3.54%，新能源的比重为8.31%。原煤居主导地位的能源供求结构是我国面临资源枯竭、碳排放量大、环境严重恶化的主要原因。虽然我国为了推进能源供求结构的优化出台了一系列政策措施，但是能源供求结构由粗放向集约的转变是一个系统性的工程，不是在短时间内能完成的，因此有必要进一步发挥财政税收政策对能源供求结构的调节作用，优化能源供求结构，促进化石能源生产和消费比重的下降，提升新能源和清洁能源在能源生产和消费中的占比，为能源经济的可持续发展助力。

表1　2013年世界主要国家一次能源消费结构

单位：%

国家	原油	天然气	原煤	核能	水力发电	再生能源
美国	36.7	29.6	20.1	8.3	2.7	2.6
中国	17.8	5.1	67.5	0.9	7.2	1.5
俄罗斯	21.9	53.2	13.4	5.6	5.9	0.1
日本	44.1	22.2	27.1	0.7	3.9	2
印度	29.4	7.8	54.5	1.3	5	2
加拿大	31.1	28	6.1	6.9	26.6	1.3
德国	34.5	23.2	25	6.8	1.4	9.1
法国	32.3	15.5	4.9	38.6	6.2	2.4
世界平均水平	32.9	23.7	30.1	4.4	6.7	2.2

资料来源：BP：《世界能源统计年鉴（2014）》。

（2）能源资源税价格联动机制需要进一步增强

受能源经济运行体制以及经济结构的影响，我国能源价格尚未充分反映资源的稀缺性和外部性，能源的总体价格水平低于能源的真实价值，使得能源供需结构失衡，这不仅造成了资源的浪费、不利于生态环境的改善，也阻碍了我国能源经济结构的调整，严重制约了稀缺资源的有效配置。税收是对外部性进行调节的重要手段，而资源税长期实施从量计征的办法，使得税收与资源价格脱节，不利于资源价格对外部成本的有效反映，因此需要对资源税的计征方式进行改革，用从价计征替代从量定额，增强税负与价格之间的联动关系，进而充分利用市场机制，使资源价值能够在价格中得到充分反映，从而实现能源资源的有效配置。

2. 生态环境形势不容乐观

我国长期的粗放式经济增长方式造成了严重的环境问题，生态破坏、大气污染等，给人类的生存发展带来极大的威胁。当前中国的能源消费量已经超过美国，在世界排名中居于首位，伴随而来的必然是碳排放量在世界总排放量中的比重增加，2011 年世界总碳排放量达到 340 亿吨，中国占比达到 29%，2013 年中国的碳排放增幅虽然回落为 4.2%，低于印度的 5.1%，但是中国的碳排放量在全球总量中的占比仍高达 28%，比欧洲和美国的排放总和还要高，依然为世界第一大碳排放国家。温室气体的大量排放严重污染了大气环境，据《新科学家》杂志报道，尽管各个国家已经意识到缓解温室效应的重要性，但是全球碳排放量依然在增长，如果二氧化碳排放的增长速度保持在 2% 的话，预计 2100 年世界平均温度会上升 3 ~ 5 摄氏度，而对于世界上大部分国家来说，上升 2 摄氏度就已经是一个十分具有挑战性的水平。① 另一方面，从国内来看，雾霾在我国大部分城市的暴发已经给交通出行、居民的身体健康等带来了极大的困扰。而雾霾形成的主要原因就是化石能源的生产与消费，因此大气环境的改善需要从能源经济结构的调整入手，税收政策是关系政府、生产者和消费者多方面微观主体的重要因素，对资源

① 《今年全球二氧化碳排放量已达去年水平》，《中国科学报》2014 年 9 月 29 日。

税进行改革，利用资源税倒逼能源生产企业改进技术，实现信息化对传统能源工业的改造，从而提高资源利用率，减少废弃物的排放，并通过价格机制增强消费者的环保意识，减少资源浪费。

（二）我国资源税改革的意义

1. 促进能源产业结构的优化与经济效益的提升

能源产业不仅涵盖面广，包括勘探、开发、生产、储存、运输、化工和销售等诸多环节，而且还直接关联着许多上下游产业，直接影响着社会生产、流通和分配、消费的诸多方面。资源税由从量计征向从价计征变革，会大幅增加能源企业的生产成本，在当前成本转嫁能力受限的情况下，生产方式落后、生产效率低下的企业如果不能转变生产方式、充分利用互联网等高新技术提高能源生产技能和能源利用率，就难以消化增加的生产成本，而被市场所淘汰，进而促进整个能源产业结构的优化和经济效益的提升。但是，由于能源产业是国民经济发展的基础性产业和主导产业，资源税的调整不仅会促进能源产业内部生产方式的转变、经济效益的提升，而且会带动能源工业上下游产业的升级改造，从而推动整个国民经济发展方式的转变，这对于“互联网+”计划的实施、传统工业与信息化的深层次融合具有重要意义。

2. 完善利益分配机制，增加地方财政收入，促进资源开采地的经济建设

我国资源税长期以来实施的从量征税使得能源企业的税负水平偏低，资源地所获得的财政收入有限，普通群众从能源资源的开发中获得的福利有限。从2011年我国实施从价征税以后，油气资源税收益有了显著的增加，如新疆2011年的资源税增幅就达到了221.2%。资源税收入的增加为资源开采地改善民生奠定了物质基础。但是为了推动资源税改革的稳步运行，2011年我国将油气资源税税率定为5%，这一税率远低于欧美等发达国家和地区的16%～17%的水平。虽然国家税务总局在2014年10月进一步调整了油气资源税税率——由5%上调至6%，但是由于综合减征率的实施与审核监督不严格，很多企业能够利用综合减征率降低实际缴纳的资源税税率。因

此，有必要进一步加深对资源税的研究，根据能源价格机制的变化适时调整资源税税率，在以市场机制为主导的基础上，充分发挥政府“守夜人”的作用，加强政府相关部门对综合减征率的规范与监督，规避企业的避税、逃税行为，保障资源税收益，为财政收入的增加以及民生的改善提供强有力的保障。

3. 提高资源利用率，促进能源节约

在21世纪，化石能源依然是重要的战略资源，对化石能源的科学利用关系着一个国家的生存与发展。长期以来我国能源资源税的税负水平较低，没有充分发挥对能源生产和消费的调节作用，使得能源生产开采企业的能源节约意识不足。企业为了追求短期利益，降低生产成本，不注重对低等能源资源的开采，导致了资源的浪费。因此，应在顾及能源资源稀缺性的基础上，通过对资源税的计征方式进行研究，完善资源税设计，加强资源税对企业的影响，充分利用市场机制激励企业实施能源技术改革，增强企业的节能意识，提高资源的回采率，减少资源的浪费，促进能源资源的可持续利用。

4. 降低能源行业集中度，实现能源经济的多元化发展

资源税的变革将使能源行业面临重新洗牌的局面。首先，从各类能源内部来说，资源税从价计征，最直接的影响就是增加能源企业的税收负担，那么经济效益差、转型能力弱的能源企业就会被淘汰，而经济效益好、有能力实现生产方式和经营结构转型的企业就可以在市场竞争中生存下来，这样的优胜劣汰有利于使各类能源内部的生产结构和生产规模达到最优。其次，资源税计征方式由从量定额转变为从价定率的实质是，政府逐渐退出能源行业的管控，让位于市场，加强市场机制对能源行业的调节力度，实现能源行业去计划性、去集中化，推进能源行业的市场化发展。最后，对油气资源、煤炭资源按从价定率方式计征资源税，会提高油气行业和煤炭行业的生产成本，相应就会增强新能源的竞争优势，从而促使投资者增加对新能源的投资，进而实现能源经济结构的多元化发展。

二　我国资源税的运行现状

（一）资源税的界定

1. 资源税的概念

（1）资源的概念

资源是指一切可被人类开发和利用的客观存在，按照范围划分，资源有广义和狭义之分。人类在生存发展过程中所需要的一切物质的和非物质的要素，即为广义资源，其包括自然资源和其他一切能够转化为社会财富的、有价值的、稀缺的自然要素和社会要素，如人力资源、技术资源、资本资源等。而狭义资源就是指自然资源。

（2）资源税的概念

虽然学术界对于资源概念的界定分歧不大，但是对于资源税的概念却存在多种说法。王萌（2010）从征税对象出发将资源税分为广义与狭义，广义资源税的征税对象为一切自然资源，广义资源税由矿产资源税、水资源税、森林资源税以及土地税一系列税种组成，可见，广义资源税是一个税收体系的概念。狭义资源税的征税对象仅包括煤炭、石油、天然气等矿产品以及盐两大类资源，它是对开发和利用这两类资源的单位和个人征收的单一税种。[①] 而马衍伟（2009）则认为广义资源税的征收对象不仅包括自然资源，而且包括人力资源、财力资源等社会资源，狭义资源税仅指对自然资源征收的资源税。[②] 而本报告所讨论的广义资源税是以矿产品和盐两大类自然资源为征收对象，由国家对境内开采应税矿产品和生产盐的单位和个人征收的税费体系，该体系包括狭义资源税、矿产资源补偿费、矿区使用费、探矿权和采矿权使用费及价款、石油特别收益金以及其他项目基金类收费项目。狭义

① 王萌：《资源税研究》，经济科学出版社，2010。
② 马衍伟：《中国资源税制改革的理论与政策研究》，人民出版社，2009。

资源税仅指利用从量定额和从价定率方法对开采矿产品和盐的单位和个人征收的一种税，不包括其他的租金和税外费用。本报告所讨论的资源税为广义资源税，即一个包括“税”“费”“租”的税制体系。

当前我国资源税的课税对象包括煤炭、原油、天然气、有色金属矿原矿、黑色金属矿原矿、其他非金属矿原矿和盐7种自然资源。资源税的征收实施从量计征与从价计征相结合的方法。其中从量定额的计征依据为应税产品的销售量，从价定率的计征依据为应税产品的销售额。目前，大部分应税资源依然采用从量计征方法，只有石油、天然气和煤炭资源实施从价计征的方式，其中油气资源税的税率由国家税务总局统一制定，目前的税率为6%，煤炭资源的税率由各地根据实际情况制定并报财政部和国家税务总局审批，税率浮动区间为2%～10%，目前煤炭资源大省的煤炭资源税税率一般都在6%以上，如内蒙古、山西、新疆和陕西的煤炭资源税税率分别为9%、8%、6%以及6.1%，其他省份的煤炭资源税税率一般较低。

2. 我国资源税的功能定位

资源税的功能由其性质所决定，我国资源税兼具地租性质和庇古税性质，其功能主要包括两方面，首先是保护国家作为资源所有者经济权益的实现，其次就是发挥庇古税的作用，调节资源生产与消费的外部性，将外部效益内部化。

（1）保护国家作为资源所有者的经济权益

在我国，国家是矿产资源的所有者，国家有权利和义务保障矿产资源的合理开发利用，禁止侵占或破坏矿产资源的行为。根据地租理论和产权理论，资源生产企业必须支付一定的成本来获取资源地的使用权，对资源进行开采与加工。这部分成本就是国家出让资源使用权而得到的补偿，实质就是企业使用资源而支付的租金。虽然在其他国家，这部分成本是通过权利金的形式征收的，但是在我国就是以资源税的名义来实现地租的权益。虽然从理论上来说，不应该用国家的政治权力来实现经济权益，但是，资源税设置的初衷就是依据级差地租理论，对级差收益进行调节，而不是依据外部性理论调节经济外部性。所以，从目前来看，征收资源税虽然对调节资源生产与消费的外部性作用不大，但是其对保障国有资源的经济权益却起着至关重要的作用。

(2) 调节资源生产与消费的外部性

生产与消费资源作为经济活动会产生较强的外部正效益和外部负效益。以能源资源为例，能源资源的开采会为开采地带来丰厚的财政收益，从而为改善当地民生提供物质基础，然而当地居民却不需要对其进行支付，这就是开采能源资源带来的正外部性。当然开采能源资源也存在着负的外部效应，不可再生是化石能源资源的特性之一，因此无论是煤炭资源还是石油、天然气的开采，都会减少资源的储存量，如果管理不善，甚至会导致资源枯竭，这是一种严重的代际负外部性，而且资源的开采会导致地面塌陷、环境污染等生态问题，这些都会危及资源开采地居民的生存。但是资源开采企业以追逐利润为本，如果政府不加以约束，企业不会考虑资源开采的负外部性，而且在现实经济社会中，经济行为的发生是存在交易成本的，因此需要政府采取庇古税的方式对资源开采企业加以约束，以保护能源资源，提高资源的利用率。所以，从理论上讲，资源税应该是基于庇古税的性质而设计的。而且，从现实来看，我国对资源税进行修正与改革，也是为了发挥资源税调节经济外部性的作用，实现资源生产与消费外部效益的内部化。所以，在接下来的改革中，国家会在理清资源税费体系的基础上，进一步强化资源税作为庇古税所应发挥的调节作用。

（二）我国资源税的运行特点及变革趋势

1. 当前我国资源税的运行特点

(1) 兼具强制性与有偿性

因为我国资源税兼具庇古税和地租的性质，所以其首要特点就是兼具强制性与有偿性。首先，从庇古税的理论来说，资源税作为一个独立的税种，应该具有税收的基本特质，即固定性、强制性与无偿性。但是，我国资源税在最初设置时，却是依据地租理论而设的，其目的在于征收级差地租、调节级差收益，促进能源市场的公平竞争。随着资源税的不断完善，现在我国资源税的基本特征是“普遍征收、级差调节”，可见，资源税的征收依据已经从最初的级差地租I，变为绝对地租和级差地租I。也就是说征收资源税的目的由最初的调节级差收益，扩展至保障国家资源所有权的经济利益。这种将资源使用权出租而获得经济利益的行为赋予了我国资源税有偿性。资源税兼具强制性和有偿性与理论相悖，因此，应继续深化资源税的改革，从其征收形式层面深化到性质定位方面，使资源税的征收变得有理有据，而非模糊不清。

（2）税费并存

我国的资源税是一个由资源税以及多项税外费用组成的税费体系，不仅包括狭义的资源税，而且还包括多项税外费用，如矿产资源补偿费、矿区使用费、探矿权和采矿权使用费及价款，以及其他项目基金类收费。简而言之，我国的资源税税费体系是由“税”“租”“费”三部分组成的。其中的“税”，即以开采矿产资源的单位和个人为征收主体，以矿产资源的销售额或销售量为征税依据，采取从价计征和从量计征相结合的方法，归地方财政所有的一种税。其中的“租”，不仅由狭义的资源税来体现，而且在矿产资源补偿费以及矿区使用费的设置上也体现了“租”的性质。而“费”则包括行政事业性收费和项目基金类收费。其中，行政事业性收费的征收目的在于对矿产资源的勘探、管理和保护予以补偿，而项目基金类收费则是政府对资源开采的外部性予以补偿的一种手段。税费并存虽然是世界各国资源税税费体系共有的一个特征，但是我国的税外费用项目多而杂，给企业造成的税费负担较大，已经成为阻碍资源税改革的因素之一。

（3）实施从价计征与从量计征相结合

2010 年，我国开始实施资源税从价计征改革，到目前为止，从价计征的范围包括油气资源和煤炭资源，其他应税矿产资源和盐依然是从量计征。与从量计征相比，从价计征资源税利于加强资源税与资源价格之间的联动关系，使资源税能够更真实地反映资源价格的变化，同时，有利于通过价格机制加强资源税对资源生产与消费外部性的调节作用。所以，在推进我国能源市场化的过程中，资源税从价计征的改革是必需的环节也是必要的过程。可是目前来看，除了油气资源和煤炭资源以外的其他四类资源依然采取从量计征的方式，所以现在我国资源税的征收方式已由单一的从量计征转为从量计征与从价计征相结合。

2. 我国资源税的变革趋势

综上可知，当前我国资源税在运行过程中呈现税费并存、兼具强制性与无偿性以及从量计征与从价计征相结合的特点，而这些特点都具有一定的过渡性，在资源税的改革完善中，必然会以资源税现时运行的特点为出发点，摒弃对资源税调节作用有阻碍的方面，完善有利于其发挥作用的方面。其变革趋势如下：首先就是清费立税，从 2012 年开始国家就强调这一原则，虽然到目前为止，各省区市的清费举措都在有序开展中，但由于税外费用多而杂，而且关系到多个部门的利益，清费举措的实施需要一个渐进的过程。其次就是进一步扩展从价计征范围，并加强从价计征方式的灵活性，使资源税能够更加及时地反映市场的变化，当然从量计征方式也不会完全被取消，因为从量计征有其优点，对于形态差异小、价格稳定的资源，实施从量计征更简便、有效，而我国资源条件复杂，资源税的征收不可能“一刀切”地采取从量计征或是从价计征，而应根据我国资源的实际情况，将从量计征与从价计征结合运用。最后就是资源税性质会逐步得到纠正，从而变成真正的税，而非租税合体。

三　我国主要能源资源税的改革进程

（一）油气资源税从价改革的效益评估

1. 油气资源税的改革内容

2010 年，中央决定将油气资源税从价改革的试点定在新疆。自 2010 年 7 月 1 日起，新疆原油、天然气资源税以销售额为依据，按 5% 的税率征收，并对利用率高和开采难度大的油气资源实施优惠政策，如对稠油、高凝油、高含硫天然气的开采和 3 次采油减征资源税。2010 年 12 月 1 日，国家又将油气资源税的从价改革由新疆推广到西部地区的 12 个省区市。在多个油气资源大省顺利实现资源税的从价改革以后，国家在 2011 年 10 月对《中华人民共和国资源税暂行条例》进行修改，将新一轮资源税改革方案推广至全国。自此，我国石油、天然气资源税从量计征的历史正式结束，我国资源税开始了从量计征与从价计征并存的新时期。与此同时，国家修改了《中华人民共和国对外合作开采海洋石油资源条例》和《中华人民共和国对外合作开采陆上石油资源条例》，取消了矿区使用费。2014 年 10 月，国家对油气资源税做出进一步调整，在《关于调整原油、天然气资源税有关政策的通知》中，将原油、天然气的矿产资源补偿费费率降为零，相应地将资源税适用税率由 5% 提高至 6%，并对石油、天然气的资源税税收优惠政策进行了调整和完善。

2. 油气资源税的改革效益分析

我国的资源税是一个绝对的小税种，如果从全国的角度对其改革效益进行分析的话，受到的干扰因素较多，所以本报告从地方油气资源税的改革入手分析。由于我国油气资源分布不均（见图 1），新疆、黑龙江、山东、河

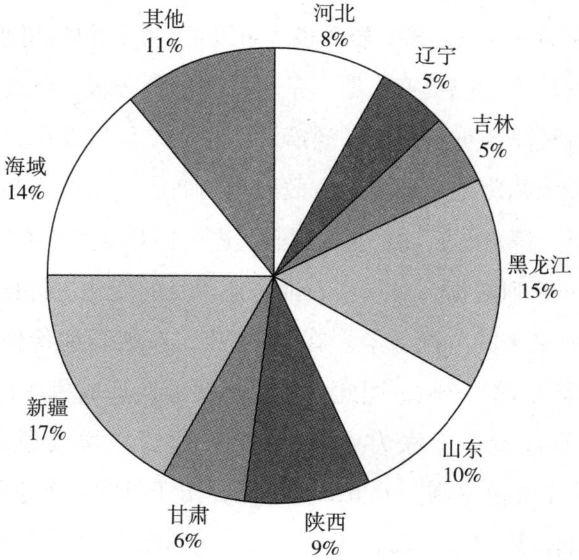

图 1　我国石油资源地区分布比例

资料来源：国家统计局：《中国统计年鉴（2013）》，2013。

北等8个省区的石油资源占我国石油资源总量的75%，其中新疆占比最高，达到17%，比目前勘探到的海域石油资源储量还要高出3个百分点。同时，新疆的天然气资源占我国天然气总储量的21.29%，在我国天然气地区分布中排第二位，第一位为四川，其天然气储量占全国的比重为21.35%，排在第三位的为内蒙古，占比为19.06%。而且，新疆是最先开始石油和天然气资源税改革的地方，其改革效益也最明显，因此，本报告将以新疆为例，通过对相关数据的整理，对油气资源税的改革效益进行分析。

（1）收益分配效益分析

在2010年资源税改革之前，新疆资源税税额的平均增长率为15.6%，而2010年的资源税税额增长率高达164.41%，2011年资源税税额的增长率为99.24%，可见，从价计征的资源税税额远远高于从量征税的税额。如图2所示，在2010年以前，新疆资源税税额最高为12亿元，而在2010年实施税改之后，资源税增长迅速，2010年突破20亿元，且从2011年开始，资源税税额一直保持在60亿元以上。2013年油气资源税收入为57亿元，是2009年未实施资源税改革时的6倍之多。资源税改革以来，资源税的超速增长使得资源税占财政收入的比重大幅提升，原本是小税种的资源税，已经成为新疆的第四大税种。资源税改革重新分配了政府和纳税人之间以及中央和地方之间的利益，而且是较大幅度地增加了地方政府的财政收入，那么相对地就会减少了纳税人的利益，降低了石油企业的利润，进而相对减少了中央的财政收入。

下面利用一系列数据，对新疆石油企业税负的变化进行比较，进一步说明资源税改革所带来的分配效益。在1993年，新疆石油价格为480元/吨，资源税税额标准为12元/吨，因此将资源税税额换算成税率即为2.5%。到2008年，新疆石油价格上涨为4800元/吨，而资源税税额标准提升至30元/吨，那么换算成税率则为0.6%。可见，由于从量计征资源税，使得资源税不仅与石油价格脱节，而且还呈现了一定的累退性，导致资源税不仅不能够对石油资源的生产与消费进行有效调节，反而起到了一定程度的负作用，当油价提高时，资源税税率相对下降，石油企业利润增长更多。在实施从价计税以后，税率固定，当前除去综合减征率的因素，新疆地区石油资源

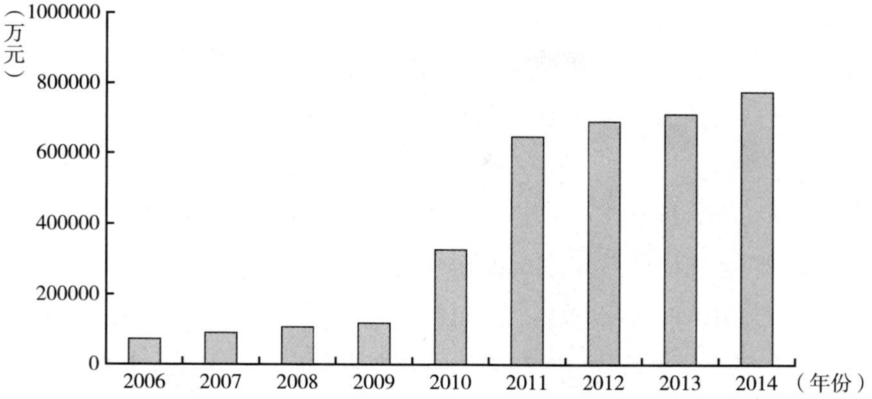

图2　2006～2014年新疆资源税税额

资料来源：新疆维吾尔自治区地方税务局。

的实际资源税税率平均可以达到5.18%。以2010年为例，2010年新疆石油资源生产量为2558.16万吨，以100美元/桶计算，从量计征得到的资源税税额为7.67亿元，而如果从价计征得到的资源税税额为66.26亿元，比从量计征多征收将近60亿元。虽然税负会由买卖双方共同负担，但是由于石油资源市场化程度较高，石油价格的变化会以国际油价为基准，并受相关政府部门的控制，石油企业的税负转嫁能力较弱，所以说，资源税税负主要由石油生产企业来承担。

资源税属于地方税，资源税改革调整了政府与能源生产企业之间的利益分配关系，大幅增加了地方政府的财政收入，这样就为地方经济发展、资源输出地居民生活的改善奠定了物质基础。可以说，此次资源税改革实现了让利于民，让当地居民共享资源开采的收益，有利于社会的公平发展。

（2）企业生产效益分析

资源税由从量计征改为从价计征，加重了能源生产企业的税负，减少了其生产利润，从而刺激能源生产企业对生产要素的配置进行优化。一方面，能源生产企业会增加技术要素的投入，加强信息化与能源工业的结合，进一步提高油气资源的生产效率，降低生产成本，在目前的社会生产条件下实现其最大效益。另一方面，加大对能源替代资源的开发和生产，由于此次资源税改革目前只涉及油气资源和煤炭，因此，能源生产企业可以加大对新能源的投资力度，以风能、太阳能等新能源替代化石能源资源，从而推进能源经济结构的去集中化，实现能源经济的多元化发展和国民经济的绿色可持续发展。

由于税负增加，油气生产企业会对石油和天然气的生产做出新的决策，而油气资源生产结构的变化会对能源供给结构产生直接影响。新疆石油生产量增长率在2010年反弹以后，从2011年开始一直呈下降态势，并在2013年达到负增长，增长率为-1.17%，且从2010年至2013年，其增长率均低于2001~2009年的平均增长率4.01%（见图3）。虽然从2006年开始，新疆天然气生产量增长率一直处于下滑态势，但是2011年新疆天然气生产量的增长率为-6.2%，创下新低（见图4）。油气资源生产量增长率的下降，会使新疆能源生产结构发生变化，如图5所示，虽然油气资源生产量占能源生产总量的比重早就开始下降，但是油气资源生产增长率的下降必然会加剧这种趋势。2011年，新疆石油生产量占能源生产总量的比重由2000年的48.7%下降至22.4%，天然气生产量占新疆能源生产总量的比重由2007年的最高值26%下降至18.7%。由于资源税税负的提高，原油和天然气的生产增长缓慢，相对的，原煤和新能源在能源生产结构中所占比重就会提高。可想

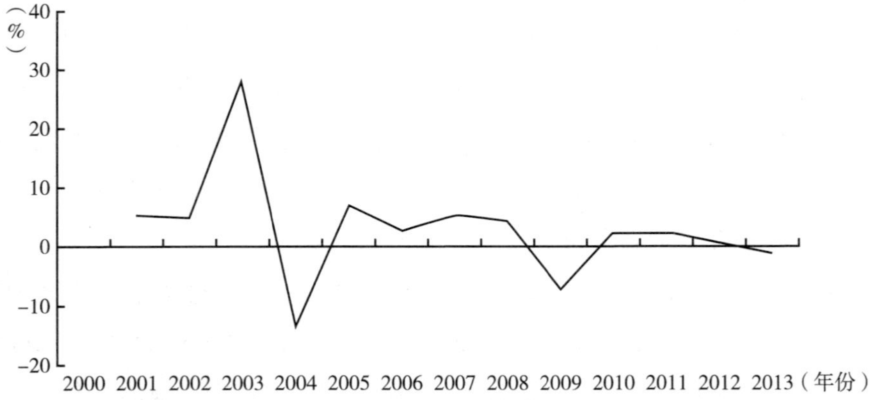

图3　新疆石油生产量增长率

资料来源：新疆维吾尔自治区统计局：《新疆统计年鉴（2013）》，2013。

而知，实施煤炭资源税从价计征也会带来相应的效益，从而不断增加新能源所占比重，促使能源生产结构由粗放向清洁、高效转化。虽然新疆资源税改革对新疆能源生产结构的优化起到了一定的作用，但是，多位学者通过建立模型发现，资源税只能在 0.39% 的程度上对能源生产量起到负向作用，也就是说，资源税增加 1 万元，能源生产量会相应减少 0.0039 万吨。由此可知，资源税对能源生产的影响依然很小，资源税的杠杆作用尚未充分发挥。

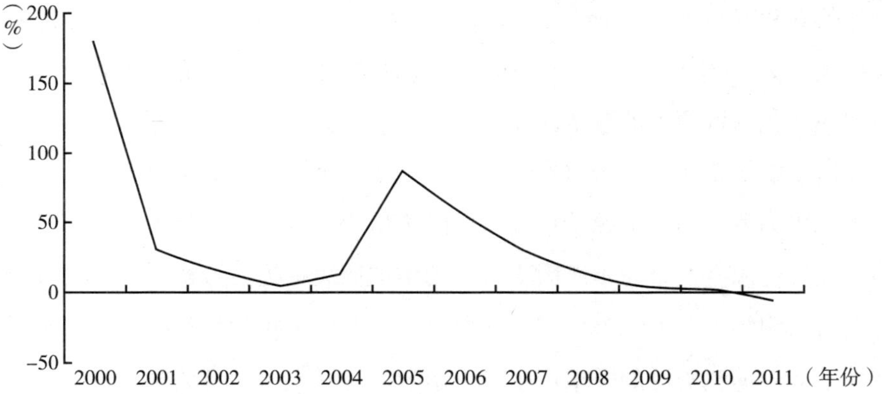

图 4　新疆天然气生产量增长率

资料来源：新疆维吾尔自治区统计局：《新疆统计年鉴（2013）》，2013。

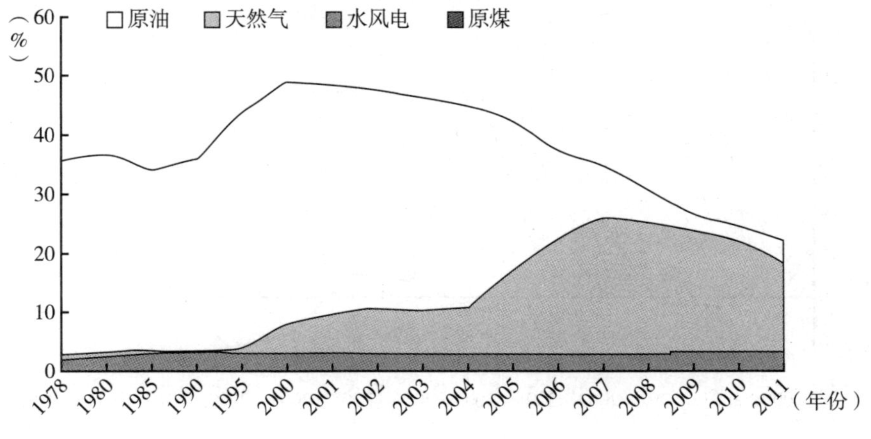

图 5　主要年份新疆能源生产构成

资料来源：新疆维吾尔自治区统计局：《新疆统计年鉴（2013）》，2013。

(3) 消费者效益分析

根据微观经济学的消费者行为理论，资源税的征收会通过价格机制的传导，对消费者产生收入效应和替代效应，进而影响能源消费结构。接下来将利用相关数据对新一轮资源税的这一作用进行验证。如图 6 所示，新疆石油消费量的增长率在 2009 年探底以后，在 2010 年实现了一个反弹，达到 2.99%，而在 2011 年的消费量增长率达到 11.40%，超过 2001～2009 年的平均值 6.95%。如图 7 所示，与石油消费量变化相似，天然气消费量的增长率也在 2010 年出现了反弹，而且逼近 20% 的水平。可见，新疆油气资源消费的变化与资源税的改革并无多大关系。这一结论产生的原因是资源税虽然提高了能源企业的生产成本，但是油气生产企业无法直接将税负转嫁给消费者，因为我国油气资源价格是以国际价格为参考，而由相关政府部门确定的，油气资源生产企业不能因为税负的增加而大幅提高价格，而且油气资源具有需求刚性，其需求弹性较小，所以，消费者承担的税负有限，资源税的增加不会对油气资源的需求产生较大影响。另一方面，有关学者通过建立模型得出，资源税只能在 4.9% 的程度上对资源消费量产生影响，也就是说，资源税增加 1 万元，会引起资源消费量减少 0.049 万吨标准煤。可见，在实践中，资源税对能源消费量的影响有限，资源税的替代作用尚未充分发挥。

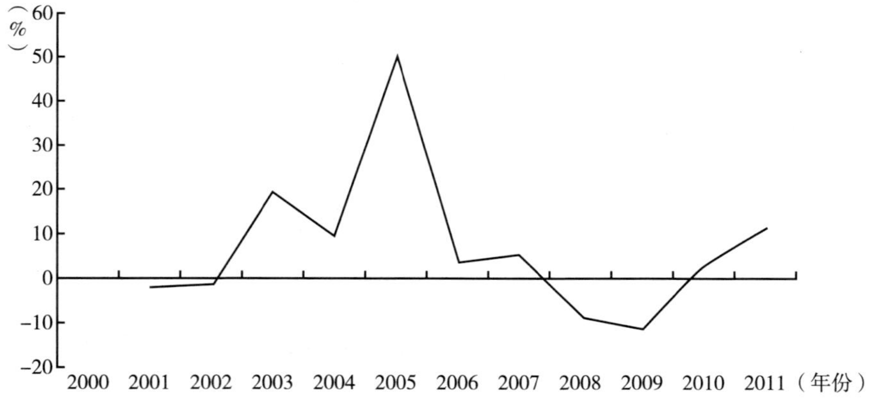

图 6　新疆石油消费量增长率

资料来源：新疆维吾尔自治区统计局：《新疆统计年鉴（2013）》，2013。

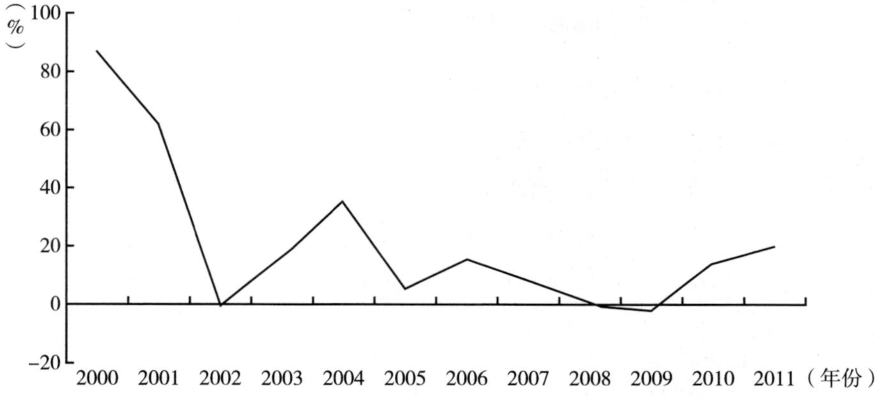

图 7　新疆天然气消费量增长率

资料来源：新疆维吾尔自治区统计局：《新疆统计年鉴（2013）》，2013。

由以上分析可以看出，新疆资源税的改革效益主要表现在利益分配关系方面。首先是政府与能源生产企业之间的利益分配关系，资源税改革通过加强资源税与能源价格的联动机制，增加了政府的财政收入，降低了能源企业的生产利润。其次是中央与地方政府之间利益分配的调整，资源税是地方税，提高资源税的税率，会降低企业的利润，进而就会减少企业上缴给国家的税收，从而减少中央的财政收入。地方财政收入的增加，可以为资源输出地的经济社会建设提供物质基础，从而实现让利于民，让资源输出地居民共享改革的成果。除了利益分配关系，资源税对能源生产与消费外部性的调节作用并未充分发挥。资源税改革的目的在于，通过加强资源税与能源价格之间的联动关系，增强市场对能源经济的调节作用，利用价格机制，使资源税对生产者与消费者的经济行为产生影响，在税负增加的情况下，促使生产者改变生产决策，优化生产要素的配置，实现互联网新技术与能源工业的深度结合，促进能源生产结构和生产方式的转变。同时，利用税负转嫁机制，促使消费者对能源消费行为做出改变，从而实现能源消费结构的优化。但是由于资源税改革处于起步阶段，其本身依然存在着诸多问题，阻碍了资源税调节作用的发挥。

（二）煤炭资源税“千呼万唤始出来”

1. 煤炭资源税改革背景

（1）煤炭价格市场化的需要

我国煤炭定价机制从政府定价向市场定价演变，虽然取得了一定的进步，但是煤炭全成本定价机制尚未完全实现。目前，我国煤炭价格主要包括直接生产成本和物流、存储及销售等间接成本，而并未将煤炭资源生产过程中所造成的环境污染成本以及资源代际成本等外部性成本纳入。然而，我国煤炭资源环境外部成本极高。2014 年 7 月 10 日，环境保护部环境规划研究院与能源基金会联合发布《煤炭环境外部成本核算及内部化方案研究》，该研究指出 2010 年我国煤炭生产和使用所造成的环境外部总成本约为 5555 亿元，是 2010 年国家公共财政环保支出的两倍之多。其中，煤炭生产环节所造成的外部环境成本为 2186 亿元，运输环节产生的外部环境成本为 714 亿元，而使用环节所造成的外部环境成本最多，高达 2655 亿元。平均计算，每吨煤在生产、运输、使用环节所造成的外部环境成本分别为 68 元、52 元、85 元。将其相加计算，得到每吨煤的生产和使用所带来的外部环境成本为 205 元。但是，煤企和消费者在煤炭的生产和使用过程中所承担的环境税费总额大致是每吨煤 30 ~ 55 元，这一税负仅仅是煤炭外部环境成本的 15% ~27%。换言之，我国煤炭生产与消费所造成的外部环境成本中只有 20%左右已通过环境税费的征收内部化，剩下的 80%左右尚未实现内部化。对外部性的忽视，不仅使得煤炭价格低于其真实价值，也使得煤企和消费者所承担的成本过低，进而在煤炭的生产和使用过程中，容易造成对资源的浪费和对环境的污染。因此，需要实施煤炭资源税的从价计征改革，加强资源税与煤炭价格的关系，充分利用市场机制，发挥资源税对煤炭开采外部性的调节作用，将煤炭生产和使用的外部成本纳入煤炭的定价机制，使煤炭价格更加真实地反映煤炭资源的生产成本。

（2）近几年煤企经营内外交困

从 2012 年 10 月开始，煤炭的“黄金十年”结束，煤炭行业开始进入低迷时期。中国煤炭工业协会公布的数据显示，在2014年三季度，我国煤企亏损面达70%以上，其中8个省区煤炭产业出现全行业亏损。煤企经营困难的因素主要有三方面，首先，煤炭需求不足。钢厂是煤炭行业的主要销售渠道，受近几年国内外经济环境的影响，钢材销售处于低迷时期，2013年钢材综合价格指数平均为102.76点，与2012年相比，下降了9个点，2014年钢材价格下降的趋势并未得以扭转，钢材行业依然处于供过于求的局面，钢材行业的低迷使得煤炭行业需求不足，煤炭市场逐渐由卖方市场转向买方市场。如图8所示，从2012年开始，我国煤炭消费量的增长率一直处于较低的水平，2014年煤炭消费量的增长率为-2.9%，这不仅是最近10年来煤炭消费量增长率首次出现的负值，更是我国自统计局发布统计年鉴以来首次出现的负值。其次，在煤炭行业“黄金十年”期间，煤炭价格持续上涨，煤炭行业的投资收益率节节攀升，吸引众多投资者纷纷进入煤炭行业，从而造成今天的产能过剩局面。如图9所示，我国煤炭可供量与煤炭消费量的差额在2009年以前一直是负值，在2009年以后差额持续增加，并在2014年达到3.6亿吨，我国煤炭市场也由2009年以前的供不应求转向供过于求的局面。最后就是，从2009年开始，我国煤炭进口量持续增加，2008年我国煤炭进口量为4000万吨，而2014年，这一数据达到2.9亿吨，5年的时间，煤炭进口量增长近7倍，我国已经由煤炭净出口国转变为煤炭净进

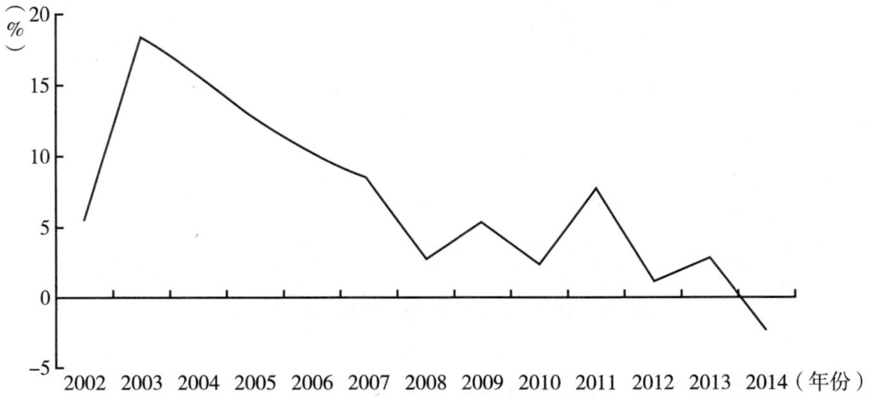

图8　2002～2014年我国煤炭消费量增长率

口国。如图 10 所示，在 2009 年以前，我国煤炭对外依存度一直处于 2% 以下，从 2009 年开始，煤炭对外依存度一路飙升，到 2013 年，中国煤炭对外依存度达到 9.51%，2014 年，这一数据有所回落，为 8.26%。而且，国内煤炭的生产成本高于进口煤的成本，使得国内煤炭在与进口煤的竞争方面不具有价格优势。煤炭行业内外交困的局面，使得煤企丧失了对煤炭资源的定价权，这为我国资源税的改革提供了较好的时机。

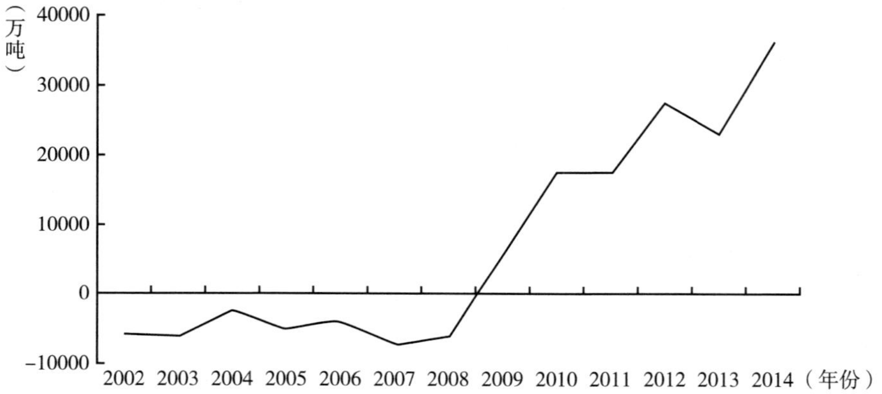

图 9　2002～2014 年我国煤炭供求差额

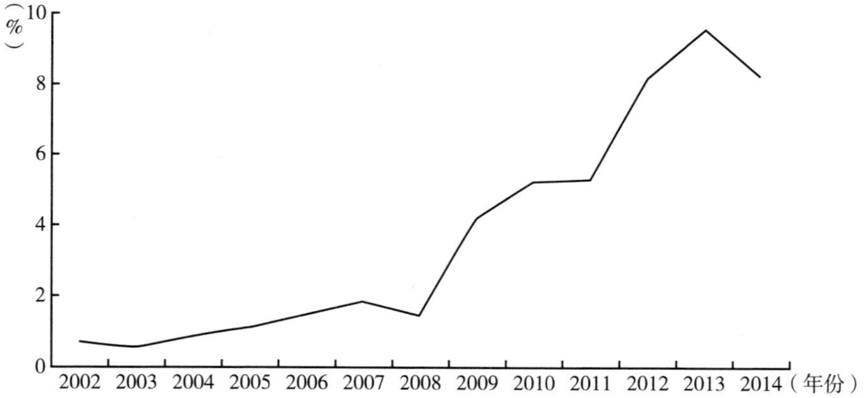

图 10　2002～2014 年我国煤炭对外依存度

（3）税费多而杂，阻碍了资源税的改革

在前文论述我国资源税的特点时，已说明我国资源税是一个“税”

“租”“费”并存的税费体系。煤炭资源税作为我国资源税的重要组成部分，其税费体系必然也是由煤炭资源税和多项税外费用组成的。而且煤炭资源税的税外费用项目多而杂，给煤企带来了极大的税收负担。中央财经大学中国煤炭经济研究所于2013年3月发布了《加快推进我国煤炭税费制度综合改革研究报告》，该报告显示我国煤企的税费种类多样，不仅包括行业管理类、资源环境类等基本项目，而且也涉及经济建设类、社会功能类、交通运输类等延伸项目，大大小小的税费种类总共将近88种。而其征收管理涉及中央和地方的多个部门，例如，资源税主要由地方税务局征收；矿产资源补偿费、探矿权和采矿权使用费及价款以及矿山恢复治理保证金等涉及矿产资源勘探和保护的税外费用主要由国土资源部的行政管理部门征收；煤炭可持续发展基金、煤矿转产发展基金、水资源补偿费等则主要在山西省内征收。庞大的税费体系必然会增加企业的税收负担。目前，我国煤企所承担的税费负担占煤炭销售成本的35.04%，其中，税负占比为21.03%，各种税外费占14.01%。费挤税的局面不仅加重了煤企的额外负担，而且造成了税费关系混淆、重复征税的问题。因此，有必要对资源税税费体系进行改革，一方面有助于减轻煤企额外的税收负担，另一方面，有助于理顺中央与地方、政府与纳税人之间的关系。

2. 煤炭资源税改革内容

2014年10月，国家出台了《关于实施煤炭资源税改革的通知》，规定自2014年12月1日起，在全国范围内实施煤炭资源税从价计征改革。煤炭资源税税率幅度为2%～10%，具体适用税率由省级财税部门在上述幅度内，根据本地区清理收费基金、企业承受能力、煤炭资源条件等因素提出建议，报省级人民政府拟定，再上报财政部、国家税务总局审批。同时明确了洗选煤资源税折算率的确定方式，并且对衰竭煤矿和充填开采置换煤炭分别给予减征30%和50%的优惠政策，这体现了国家对提高资源利用率、缓解资源浪费和环境污染的重视。2015年1月以来，多数省份的煤炭资源税税率相继确定。其中，煤炭大省所确定的税率较高，内蒙古煤炭资源税税率最高，为9%，山西次之，为8%，新疆、青海和陕西均为6%。煤炭富足地区所确定的税率居中，如山东为4%、贵州为5%、云南为5.5%。而煤炭输入地区确定的税率则较低，北京、黑龙江、福建等地确定的税率均为2%。

在实施煤炭资源税从价改革的同时，财政部和国家发改委也颁布了《关于全面清理涉及煤炭原油天然气收费基金有关问题的通知》，规定自2014年12月1日起，在全国范围内将煤炭、原油和天然气的矿产资源补偿费费率降为零，停止征收煤炭、原油和天然气价格调节基金，取消煤炭可持续发展基金（山西省）、原生矿产品生态补偿费（青海省）、煤炭资源地方经济发展费（新疆维吾尔自治区），并要求各省、自治区、直辖市对本地区出台的涉及煤炭、原油和天然气的收费基金项目进行全面清理。对税外费用的清理，有利于解决资源税税费杂乱、重复征收的问题，可为资源税的从价改革减轻负担。

3. 煤炭资源税改革效益预测

我国煤炭资源税自实施以来已经过多次调整，但是政策的调整会受到决策程序和利益博弈的制约，而呈现一定的滞后性，使得资源税改革的作用受限。而此次煤炭资源税从价改革的目的在于加强资源税与资源价格之间的联动关系，使税负与煤炭价格直接挂钩，从而增强市场的作用，实现煤炭生产与消费的自动调节，促进煤炭行业的健康发展和煤炭资源的可持续利用。煤炭在我国一次能源生产结构和消费结构中的占比均在70%以上，煤炭价格的变化不仅会对煤炭生产与消费进行调节，而且会对煤炭行业的上下游产业以及能源经济结构产生广泛的影响，其中所受影响最为直接的就是煤炭行业自身。尤其是在当前煤企经营内外交困、煤炭价格持续下跌的背景下，煤炭资源税从价计征改革对煤炭行业以及我国能源行业所产生的影响更为引人注目。接下来就从生产、消费等方面对煤炭资源税征收方式的改革效益进行分析。但是因为我国各省所确定的煤炭资源税税率不一致而且差异较大，所以不宜从国家的角度对煤炭资源税的改革效益进行分析，在此，本报告主要从煤炭大省（区），如内蒙古、山西等地入手，对煤炭资源税改革的经济效益进行分析。

（1）资源税改革对煤企生产的影响

首先，资源税从价计征将对煤企的税收负担产生较大影响。我国各省所确定的煤炭资源税税率高低不一，基本与各省经济对煤炭行业的依赖程度呈正相关关系。如内蒙古、山西等煤炭大省的经济对煤炭行业的依赖程度很高，如果煤炭资源税税率较低的话，这些煤炭大省的财政收入就会受到严重的影响，可是资源税执行高税率必然会增加企业税负，对于煤企来说，在内外交困的经营背景下，这无疑是雪上加霜。以山西为例，在从价改革之前，550 元/吨的秦皇岛 5500 卡动力煤所缴的从量税为 4 元/吨，在实施 8% 的从价税之后，资源税税额为 44 元/吨。再如，从价计征资源税之前，750 元/吨的焦煤所需缴纳的资源税税额为 8 元/吨，而从价计征之后，资源税税额上升至 60 元/吨，煤企的资源税税收负担大幅增加。因此，为了在执行高税率的同时减轻煤企的负担，必须对税外费用进行有效清理。事实上，在此番煤炭资源税改革正式实施之前，各煤炭大省已经提前颁布了相关的清费举措。在资源税从价改革之后，各省也加大了清费的力度。例如，山西将煤炭资源税税率确定为 8% 以后，相继清理了矿产资源补偿费、煤炭可持续发展基金以及煤炭价格调节基金等税外费用。事实上，在从量计征资源税时，这 3 项税外费用加上从量计征的煤炭资源税给煤企带来的税费负担要高于从价计征 8% 的税收负担。通过清费立税的调整，山西煤企的税费负担得到有效改善。根据山西省财政厅测算，2014 年山西煤炭企业所承担的税费负担率为 14.6%，而 2014 年所执行的清费政策帮助煤企减少了近 108.5 亿元的税外费用负担，使得煤企的税费负担率降至 10.6%，减少了近 4 个百分点，减负达 27.5%。可见，目前山西煤企所承担的税费负担率还要比 8% 的资源税税率高出 2 个百分点，随着清费工作的进一步推进，山西煤企将实现减负 70 亿元左右，这样总减负额将达到至少 170 亿元。

其次，煤炭资源税税负的增加，会对煤企的市场竞争力产生较大影响。因为煤炭价格主要是由煤炭的生产成本、销售成本以及税费负担组成的。在从价改革之前，煤炭资源税占煤炭销售成本的比例较小，对煤炭销售价格的影响几乎可以忽略。而从价改革之后，煤炭资源税占煤炭销售成本的比例增加，资源税税负对煤炭价格的影响也得以增强。在目前资源税税外费用尚未全面清理的情况下，资源税税负的增加将使得煤炭的生产与销售成本上升，从而制约煤企的市场竞争力。特别是对于煤质相仿、生产成本各异的煤企而言，税率的高低将直接影响其竞争力。正是因为这一原因，河南、江西等煤炭产量居中但煤炭开采条件和成本较高的省份依然执行 2% 的最低税率。而内蒙古地区之所以能够实施 9% 的最高税率，是因为内蒙古地区的煤企具有较强的市场竞争优势，一方面，内蒙古地区的煤炭资源属于清洁煤种，开采成本相对较低；另一方面，内蒙古地区的运输线路较发达，其运输成本较低。

由以上分析可知，煤炭资源税计征方式的变革会增加煤炭行业的生产成本，降低煤炭行业的利润率，那么市场经济中的理性投资者就会减少对煤炭行业的投资，这样就有助于拉开小型低效煤炭企业与大中型煤炭企业的差距，从而促进煤炭行业的整合与转型。与此同时，银监会关于支持节能减排和淘汰落后产能的相关政策，会削弱煤企的投融资能力，从而给处于“三高一低”经营模式的煤炭企业带来巨大的冲击和挑战，如果这些低效经营的煤炭企业不能及时实现升级改造、成功消化内部成本或是不能找到新的经济增长点，那么就只能在改革的背景下被淘汰，而那些经营高效、能够审时度势利用互联网新技术对生产方式进行改造的企业则可以在市场中生存下来，优胜劣汰的竞争机制有利于实现“互联网 +”计划与煤炭行业的深度结合，促进煤炭行业生产方式和行业结构的转变与发展。煤炭行业在我国能源经济结构中居于主导地位，煤炭行业的集约化发展必然会促进能源经济结构的调整与变革，从而实现整个国民经济发展方式的转变和经济社会的可持续发展。

（2）资源税改革对煤炭需求的影响

由于煤炭资源在我国能源消费结构中的占比在 70% 以上，从短期来看，国内对于煤炭资源的需求属于刚性需求，煤炭行业具有较强的成本转嫁能力。但是，一方面当前煤炭行业处于内外交困时期，产能过剩严重，进口煤所带来的竞争压力较大，从而限制了煤企的成本转嫁能力；另一方面，煤炭行业的市场化程度以及煤电价格联动机制不足等因素，使得煤炭价格传导路径不畅，限制了煤炭资源税的调节作用。电力行业是中国煤炭消费的最主要行业，用于发电的煤炭占我国煤炭消费总量的比重近 50%，但是长期以来，电价管控由政府主导，而煤炭价格却通过市场机制进行调节，“市场煤”“计划电”造成了电煤价格倒挂现象长期存在。煤炭资源税从价改革之后，煤炭价格的市场化程度会进一步增强，那么煤电之间的矛盾也会进一步加剧。然而在电力市场中，火力发电占国内发电总量的比例在 80% 以上，如果价格传导机制不能顺畅运行，资源税税负的提高将集中由煤炭企业和电力企业来承担。所以为了更有效地发挥煤炭资源税的改革效益，促进我国能源供求结构的调整以及资源的可持续利用，在改革煤炭资源税计征方式的同时，应通过提高煤炭市场的市场化程度、完善煤电价格联动机制等措施，打通煤炭价格传导路径，发挥市场的基础性作用，形成煤炭企业、下游企业和最终消费者共同承担的税收成本分担机制。只有在市场机制的作用下，煤炭资源税的改革才能对煤炭的需求产生影响，促进煤炭的节约利用和煤炭行业的可持续发展。

四　我国资源税存在的问题

作为调节外部性的手段，税收的作用机制主要在于通过税负的提高和价格传导机制，对资源的生产者和消费者产生收入效应和替代效应，进而刺激生产者和消费者对其经济行为做出改变，从而实现资源的节约利用和经济结构的优化调整。资源税是在资源开采环节产生替代作用的唯一税种，其替代效应在很大程度上决定了供需弹性的大小，从而进一步决定了环境收益的大小以及资源生产与消费结构的优化程度。然而，资源税替代作用的发挥受多种因素的制约，其中主要包括征税目的、税负、税率形式以及征税范围四种因素。其中，征税目的的确定是资源税发挥替代作用的前提，税负是资源税发挥替代作用的保障，税率形式是资源税发挥替代作用的途径，征税范围决定了资源税发挥替代作用的范围。目前，我国资源税尚处于改革初期，依然存在诸多问题，而且在很大程度上阻碍了资源税调节作用的有效发挥，接下来主要从以下四个因素的角度分析我国资源税的现存问题。

（一）资源税性质定位模糊

1984～1994 年我国仅对石油、天然气和煤炭的生产企业中销售利润率超过 12% 的企业征收资源税，即此时资源税的设置目的是调节不同矿区因自然条件的差异而产生的级差收益。1994 年税制改革扩大了资源税的征收范围，取消了起征点，实行普遍征收。此时资源税的设计目的已经从单纯的调节级差收益，扩展至补偿资源使用的经济权益，即资源税的性质已经发生了变化。此时的资源税已经具有了“租”的性质，“普遍征收”是马克思绝对地租的表现，是对资源所有权国家垄断的补偿支付，而“级差调节”则是级差地租Ⅰ的表现，资源禀赋优异的企业需要多缴，反之，则少缴。地租既然是对所有权的补偿，那么地租的征收就具有有偿性，可是，税收是国家为了实现其职能，按照法定标准，无偿取得财政收入的一种手段，是国家凭借政治权力参与国民收入分配和再分配而形成的一种特定分配关系，因而税收具有无偿性和强制性。以税收之名行使地租的经济权益，使得资源税具有有偿性，而且通过政治权力获得经济权益是对政治权力的浪费。资源税“名税实租”这一矛盾的存在使得资源税名不正，而且在立税依据上与其他的税费重复，加重了资源生产企业的负担，降低了企业纳税的积极性。

（二）税费并存，关系混淆

我国资源税费体系庞大，税外收费形式多样，现将资源税费体系中的税外收费概括为三类。第一类是行政事业性收费，主要包括探矿权和采矿权使用费及价款以及矿山专用维护费、矿产管理费等收费项目。此类收费主要是为了补偿矿产资源的勘察、管理和保护的费用支出，是对矿产资源开采生产的附加用途进行的补偿。第二类是矿产资源补偿费和矿区使用费，它是一种财产性收入，是国家对矿产资源所拥有的所有权在经济上的实现形式。矿产资源补偿费和矿区使用费补偿的是国家对资源所有权利益的流出，所以这一类税外费用具有地租的性质，实际是以费的名义行使租的权利，这就与资源税的计征依据重复，二者都以国家对资源的所有权为征收依据，只是征收形式不同。同一性质的权利金，分别以费的形式和税的形式征收，一方面导致了制度上的不规范，带来了实际操作上的混乱，另一方面加重了企业的税负，不利于收益分配的协调与平衡。不过，在新一轮资源税改革中，国家综合考虑企业税负以及税费关系等问题，为了顺利推进资源税的改革，本着立税清费的原则，取消了矿区使用费，并将矿产资源补偿费费率降为零。第三类是专项基金类收费，例如，煤炭企业缴纳的铁路建设费、港口建设费、能源基地建设基金、电源基地建设基金等，这些专项基金类收费种类多、占比高，大大增加了企业的税费负担，限制了资源税的改革空间。

税外费用项目繁多的形成原因一方面在于资源税规模过小、税额偏低，使得地方政府难以从资源税中取得足够的财政收入对资源开采和环境污染进行补偿，于是就通过收费的渠道予以解决。另一方面，资源税性质定位不明确，导致出现资源税发挥地租的作用，而税外费用则发挥税的作用这一混乱局面。可是税外费用过多，企业的平均税费负担远远大于资源税税负，这便是本末倒置，这种税费并存、费大于税的局面，产生了诸多负面影响。从纳税人的角度来看，税费项目繁多、重叠交叉，加重了矿业企业的税费负担，干扰了企业的经营效益，降低了企业的缴税积极性。从征收部门来看，收费单位各自为政、政出多门，缺乏规范性，降低了税费项目之间的协调性和有效性，减弱了资源税税费应有的调节作用。

（三）税率形式较单一，调节深度不足

我国现行的《资源税暂行条例》第四条规定，资源税的应纳税额按照从价定率或者从量定额的方式，分别以应税产品的销售额乘以纳税人具体适用的比例税率或者以应税产品的销售数量乘以纳税人具体适用的定额税率计算。从量定额的方式从 1984 年实施至今，其计征依据为应税产品的销售量。这种计征方式一方面未与资源的可采储量挂钩，企业不必为未开采的资源负责，而以实际销售量为征税依据，从而导致很多企业只顾眼前利益，忽视资

源的保护，盲目开采矿产资源，采富弃贫、采厚弃薄，造成资源浪费，阻碍了资源的可持续利用。另一方面，对资源禀赋差异考虑不充分，对矿产资源应税产品分类较宽泛，税率设置单一，然而，优劣等级不同的资源，在开采和生产成本以及市场需求方面均存在较大差异，所以分类宽泛、税率设置简单的计征方法对矿产资源合理开采和利用的调节作用有限。从价定率的计征方式是我国此轮资源税改革的重点内容，从2010年在新疆实施油气资源税的试点改革，到2011年由西部推广至全国计征，至2014年底将油气资源税的从价计征扩展至煤炭资源，这一计征方式正在逐步取代从量定额，成为资源税的主导征税方式。通过从价计征实现税价联动，既能够利用税收杠杆对矿业企业的利润进行调节，又可以在税收收入中更加准确地体现资源品的增值，从而对应税资源品的供给与需求进行有效调节。但是，目前只有石油、天然气和煤炭资源采用从价计征的方式，其他的矿产资源依然采用从量定额缴纳资源税的方式，而且从价计征的方式也存在问题，如从价计征只是对应税产品的销售额征税，对库存积压的资源品不计税，这就忽略了资源存在方式的复杂性，因此计征方式的改革尚处于过渡期，其对资源生产和消费的调节作用需要进一步深化。

（四）资源税税额与占财政收入比重均偏低

我国的资源税收入规模小，资源税税额在税收收入中所占的比重偏低，资源税实施近30年来，仅在1986年和1987年，在税收收入中的比重超过1%，其他时间一直处于1%以下，在2011年从价改革之前，这一比例一直为0.6%左右，从价计税之后，这一比例上升到0.9%。我国资源税收入低主要原因在于，一方面资源税税率低，另一方面资源税征收范围狭窄。我国的资源税适用税率低，以石油资源为例，资源税从价改革之前，石油资源从量定额标准为30元/吨，而当时石油价格为3000元/吨，则资源税在石油价格中所占的比重仅为1%。在资源税从价改革实施之后，石油资源的税率为5%，虽然较改革之前，资源税的适用税率得到大幅提升，但是与发达国家相比，我国的资源税税率依然处于较低水平。而且，从价计税从2010年才开始推行，目前只有石油、天然气和煤炭是从价计税，其他资源依然是定额税，税率不随市场变化而变化，这意味着，当资源价格上涨时，资源税会呈现累退趋势。所以，无论是与资源的市场价格相比，还是与国际水平相比，我国的资源税税率均处于较低水平，导致资源税对资源开采和供求的调节作用有限。此外，我国的资源税征收范围较狭窄，目前的资源税征收对象仅包括原油、天然气、煤炭以及黑色金属矿原矿、有色金属矿原矿、其他非金属矿原矿 6 类矿产资源和盐资源。因而资源税的征税对象主要包括矿产资源，而并没有将大部分的非矿藏品资源纳入征税范围，这样一方面会导致对非应税资源品的过度开采，从而造成生态破坏、环境污染等问题，例如，水土流失状况的日益加重、可采成材林资源的大量减少等，均与资源宏观控制不力有关系。另一方面，就是违背了税收的公平原则，同样是被开采的自然资源，一部分征税，一部分不征税，必然会导致后续产品比价的不合理，这与税收调节经济、营造公平市场环境的功能相悖。

五　促进资源税改革的政策建议

（一）明确租与税的关系，清晰界定资源税的性质

我国资源税最初是依据地租理论，以调节级差地租为目的而设置的，但是，作为税收的一种，资源税不应该是国家凭借财产权取得租金收入的形式，而应该是国家凭借政治权参与国民经济分配的形式。资源税促进资源可持续利用的理论依据应该是外部性理论，是作为“庇古税”对资源利用所产生的外部效益进行调节，而非作为资源税、级差地租来保障国家财产权的实现。理论基础的混淆，使得资源税性质模糊不清，也阻碍了资源税调节作用的发挥。因此，有必要对资源税的性质进行清晰界定，租归租、税归税，这样不仅有助于理清中央与地方、政府与纳税人的利益关系，也能使资源税真正发挥税的作用，调节经济主体的行为，将外部成本内部化，促进资源经济结构的不断优化，推动能源市场化的前进。

1. 依据地租理论对“租”进行界定，实现国有资源的经济收益

首先，应该将“租”的性质从资源税中剔除，依据地租理论，设立专门的租金项目，分别以资源绝对地租和级差地租Ⅰ为征收对象，以资源开采者为征收主体，以保障国家经济权益和调节级差地租为目的，对国家有关所有资源使用权的丧失进行补偿。这一租金项目的设立不仅有助于保障国有资源的经济权利，而且是理清资源税税费体系的前提，对完善资源税税费体系有重要意义。

2. 依据外部性理论对“税”进行设计，实现外部效益的内部化

在将“租”的性质从资源税中剔除以后，就要依据外部性理论，对资源税赋予真正的“庇古税”性质，这样资源税对外部性的调节、对经济主体行为的影响才算有理有据。以外部性理论为依据的资源税对开采的资源征税，通过征税提高资源的价格，进而对资源生产者和消费者的经济行为产生影响，促进资源使用量的减少，从而起到减小代内外部性的作用。由于代际外部性与代内外部性呈同方向变化，所以随着代内外部性的减小，代际外部性也会降低。因此，从外部性理论出发，对资源税进行定位与设计，方能充分发挥资源税促进资源可持续利用的作用。

（二）协调税费关系，促进税费的协调互补

当前税费关系的混乱一方面是由资源税性质定位模糊导致的，另一方面是由于资源税税额低，拉低了地方政府的财政收入，使得地方政府无力对资源开采的外部性进行有效补偿，才会以税外费用的方法增加财政收入。但是，一方面，税外费用政出多门，项目多而杂，不仅加重了资源开采者的税负，而且容易滋生腐败现象，使政府的公信力下降，降低资源开采企业对资源税费缴纳的积极性。另一方面，资源生产与消费所产生的外部性，应该通过市场手段进行补偿，而不是以税外费用的形式，通过政府的干预进行调节。因此，必须对税费关系进行协调，正税清费，对资源税税费体系进行“瘦身”，清除冗余费种，减少不必要的税费负担。

下面对不同类别的收费项目的整合与清除进行分析。首先，第一类行政

事业性收费是以补偿矿产资源的勘察、管理和保护的费用支出为目的的，而这部分费用支出不属于市场主体经济行为所引致的外部性，而属于资源开采生产的附加环节，因此，对于这部分的补偿不能通过市场手段实现，而应该通过收费制度来进行弥补。而行政事业性收费改革的关键在于，这部分所收费用能否真正用于对资源勘探、管理和保护的支出，这就需要提高行政事业性收费和支出的透明度，加强对政府行为的监督，防止腐败问题的发生。其次，第二类税外费用就是矿产资源补偿费和矿区使用费，此类税外费用的问题在新一轮资源税改革中已得到解决。最后，就是第三类专项基金的收费问题。专项基金类收费的产生主要是因为资源税税额低，无法对资源税生产和消费所造成的外部成本进行有效补偿，其中主要包括不同市场主体之间的利益分配关系协调成本、环境成本以及代际成本，这些外部成本应该通过市场手段进行调节，而不是通过政府的干预进行解决。在煤炭资源税从价改革的同时，财政部颁布了《关于全面清理涉及煤炭原油天然气收费基金有关问题的通知》，要求各省、自治区、直辖市对本地区出台的涉及煤炭、原油和天然气的收费基金项目进行全面清理。截至目前，各省市的清费工作都在陆续开展，但是由于税外费用项目多而杂，而且涉及多个管理部门，因此清费工作不是短时间内可以完成的，但是随着资源税设计的不断完善，政府会逐渐退出对资源供求的管控，加强市场的主导作用，那么资源生产与消费所造成的外部成本会逐渐通过市场机制得到相应的补偿，项目基金类收费项目则会逐渐被取缔。

（三）进一步完善计征方式，确定合理的税负水平

根据前文所述，在影响资源税发挥作用的四大税制因素中，税负是资源税发挥作用的关键。因为税负的大小决定着纳税人反应程度的大小，进而决定着环境收益的大小。所以，若要充分发挥资源税的调节作用，就要确定合理的税负水平，不能过低，也不能过高，因为税负过低，资源税的作用就会受限，而税负过高，会给纳税人带来太大的税负压力，甚至会阻碍资源产业的健康发展。资源税税负的确定主要在于两方面，一是税率的确定，二是税

率形式的确定。这两方面都影响着资源税占资源价格的比重，影响着政府和纳税人之间的利益分配关系。

1. 适时适度提高税率，强化资源税的调节作用

在新一轮资源税改革之前，我国一直实施从量计征资源税，从量计征资源税税额占资源价格的比例一直很低，而且随着资源价格的上涨，从量计征的资源税呈现累退现象。以石油资源为例，从量计征的资源税税额仅占石油价格的1%左右，虽然从2010年开始，我国实施了资源税从价计征的改革，现在石油资源的适用税率调整区间为5%～10%，目前为6%。但是这一税率水平不仅与其他国家的税率水平差距较大，而且也不符合当前石油市场发展的需要。美国、俄罗斯的石油资源税税率一般都在16%以上，明显高于我国的6%。从当前我国石油企业发展的情况来看，有学者利用模型测算出，2014年我国石油企业平均所能承担的税负水平为8.6%，所以说，我国石油资源税税率还有上升的空间。另外，我国资源税税率的设置较单一，石油和天然气资源税税率实施“一刀切”的方法，即所有油气企业均缴纳6%的税率水平。煤炭资源税税率的实施虽然是在2%～10%的区间内，由地方政府确定税率水平，但是，由于资源生产企业的规模不同、所面对的资源开采条件和市场环境均不同，资源税税率的确定不能简单地“一刀切”或是按省区分，而应该在确定基础税率区间的基础上，根据不同年度、不同盈利规模的资源生产企业选定适用的资源税税率水平，并加大地区的自主性，这样不仅可以保证资源税税率与资源生产企业的负担能力相对应，达到促进资源生产企业公平合理竞争的良好目的，而且可以加强资源税与地区经济发展的良性互动。

2. 有序扩大从价计征的范围，推动市场化进程

在此轮资源税改革之后，我国资源税从价计征的范围仅包括石油、天然气以及煤炭资源，其他三大类矿产资源和盐资源依然实施从量计征办法。而从量计征的方法只适用于种类单一、固定且价格稳定的资源，因为从量定额税率的设计跟不上资源品价格变动的节奏，不符合量能纳税原则，无法体现资源价格和资源稀缺性，更不能反映资源供给与市场需求之间的关系。然

而，随着经济社会的发展，包括能源在内的矿产资源变得越来越稀缺，其价格以及供求关系也越来越不稳定。因此，有必要将资源税的从价计征范围从能源资源向其他的矿产资源有序扩展。这样一方面可以加强对国有资源的保护，另一方面，通过资源税与资源价格的联动效益，不仅有助于鼓励和引导资源生产企业合理有效地开采和利用资源，从而促进资源生产企业生产和经营思路的转变，实现生产方式的改造升级，而且有助于推进能源经济结构以及国民经济结构的优化，加快我国能源资源及其他矿产资源的市场化进程。

（四）进一步扩大资源税计征范围，保护国有资源

如前所述，资源税的计征范围决定了资源品的替代范围，所以，为了实现保护国有资源的目的，政府有必要在现有资源税计征范围的基础上，将资源税的计征范围由矿产资源进一步扩大到其他的国有资源，如水资源、森林资源、土地资源、沙石资源等。这样才能在更大范围内保护国有资源，促进资源节约利用，保护环境。同时，有利于推动资源生产企业改变生产要素的投入，减少资源要素的投入，增加资本、技术等要素的投入，加深传统工业与新技术的结合，从而实现企业生产方式由高投入、高消耗的粗放型向集约型转变。长此以往，国民经济的结构以及发展方式都会发生相应的转变，从而实现经济社会的可持续发展。

参考文献

［1］崔民选、王军生主编《中国能源发展报告》（2012～2014），社会科学文献出版社，2012、2013、2014。

［2］财政部、国家税务总局：《关于实施煤炭资源税改革的通知》，2014 年 10 月。

［3］财政部、国家发改委：《关于全面清理涉及煤炭原油天然气收费基金有关问题的通知》，2014 年 10 月。

［4］王萌：《资源税研究》，经济科学出版社，2010。

［5］马衍伟：《中国资源税制改革的理论与政策研究》，人民出版社，2009。

[6] 朱汉亚：《我国资源税改革研究》，江西财经大学，2013。
[7] 先福军：《对新疆实施油气资源税改革与可持续增加地方财力的思考》，《新疆财经大学学报》2010 年第 4 期。
[8] 徐晓亮：《资源税改革中的税率选择：一个资源 CGE 模型的分析》，《上海财经大学学报》2011 年第 1 期。
[9] 王甲山：《油气资源税从价计征问题研究》，《税收与税务》2013 年第 5 期。
[10] 王力凝：《煤企负担短期上升预期地方政府迎增收》，《中国经营报》2015 年 1 月 19 日。
[11] 唐振伟：《煤炭税改内蒙古税率最高企业能否减负要看"清费"》，《证券日报》2015 年 1 月 9 日。
[12] 李俊英：《我国煤炭资源税改革建议》，《税务研究》2014 年第 10 期。
[13] 辛洪波：《煤炭资源税从价计征对煤炭行业影响分析》，《煤炭经济研究》2013 年第 8 期。
[14] 解洪涛、陈志勇：《试析煤炭资源税改革中的几个问题》，《税务研究》2014 年第 2 期。

B.11

亚太能源合作前景一片大好

刘兰 王紫璐*

摘 要：对于世界上任意一个国家而言，能源都是事关全局的大事。与此同时，有很多因素在敦促我们去改变，尤其是地缘政治以及看得见的“政府之手”和看不见的“经济学之手”。当然，还有人类对资源限制的共同认识，以及我们对地球和自身命运的担忧。尽管我们在技术上取得了巨大进步，能源使用变得多样和灵活，尽管我们越来越关注地缘政治的复杂性，但从现实角度出发，世界各国依然像一个世纪前那样极度依赖化石燃料能源，因此博弈与合作共存是大势所趋。如今的能源格局如何？从资源与选择、政治与政策的角度来说，我们的整个世界处于何种状况？我们正被带向何方？这些正是本报告关心的问题，也是我们当前面临的重大问题。

关键词：亚太能源合作 机制 一带一路

近年来，亚太经济体迅速崛起，随着经济的飞速增长，其能源消费需求快速抬升。根据相关数据预测，到2030年，亚太地区能源需求量将占世界

* 刘兰，中国社会科学院研究生院政府政策与公共管理系经济学在读博士研究生，主要研究方向为制度经济学、能源经济学等。王紫璐，北京信息科技大学硕士研究生，主要研究方向为国民经济学。

能源需求量的50%以上，其中最主要的为化石能源。如今，亚太地区共同面对的能源方面的挑战即如何确保能源的供需安全和推动能源的健康持续发展。因此，当务之急是加快转变经济增长的发展方式，由粗放的资源浪费型向绿色、低碳、可持续的发展方式转变，深入开展能源开发、通道、外交、技术等领域的合作。

一　亚太能源合作的原因

能源关系是地缘政治的体现。拿地缘政治特征显著的石油来说，几乎每种运输形式都需要它，任何现代军队的生存都离不开它。拥有它的国家越来越少，需要它的国家则越来越多。作为世界重要的燃料，石油处在不确定性的中心。目前，包括除俄罗斯以外的联合国安理会的所有永久成员在内，全球有150多个国家需要进口石油。随着能源贸易扩展至发展中国家，这张庞大而又脆弱的“网”只会越织越大。自冷战结束以来，世界其实并没有变得更有秩序，能源需求以及由此产生的忧虑也是原因之一。眼下，石油仍然是全球不安定的诱因，且是最为突出的要素，但却不再是唯一要素。天然气已经开始建立起一个全球市场，因此带来了一些同样的外交挑战；另外，技术也在国际舞台上扮演着越来越重要的角色；核能正在发展壮大，伴随而来的是对核扩散的担忧；煤炭消费也有了一个更广泛的背景，尤其是在中国和印度。在全球变暖的现实下，各种能源消费都增加了新的国际意义。

21世纪以来，亚太地区的能源安全与地区能源合作已经进入每一个欧亚多边政府组织——如亚太经合组织、上海合作组织、东亚峰会能源合作、东盟+3能源合作、中亚区域能源合作——的议事日程。一些地区能源合作组织在亚太经济合作组织政府间论坛的框架内建立起来。亚太经济合作组织成立于1989年，参加该组织的国家和地区有21个。亚太经济合作组织能源合作以两种方式进行：亚太经济合作组织能源工作组和亚太经济合作组织能源部长会议。亚太经济合作组织能源工作组成立于1990年，是亚太经济合作组织框架下基于自愿和协商一致原则的区域性能源论坛。亚太能源研究中心在亚太经济合作组织能源活动框架内不断发展，并以专门工作组的方式开展能源需求与能源展望、能源效率、能源基础设施建设、能源市场改革、新能源与可再生能源、能源可持续发展和能源安全等领域的交流与合作。能源部长会议每两年举行一次，第一次会议于1996年8月在澳大利亚首都堪培拉召开。目前，这些会议的议程常常包含下列问题：亚太地区国家能源政策的特点，地区能源市场的自由化，实施合作的目标、纲要和计划，发展与国际能源机构的合作，发展地区电力和天然气基础设施，核安全以及一些程序和组织的问题。在经济全球化的背景下，促使亚太地区能源合作的因素是多方面的，主要有如下几个方面。

1. 能源安全越来越具有全球性

在亚太经合组织的能源合作中，发展地区能源安全体系具有重要意义，其中包括减小对石油、天然气供应的依赖和缓解生态问题。能源安全不是一个新的问题，而是一个在一百多年前就已出现的重大问题。能源安全最早兴起于第一次世界大战前夕，当时英国首相丘吉尔替换了英国皇家海军的动力源，用石油代替之前一直使用的煤炭，此后能源安全便成为一个重要的问题。在第二次世界大战中，能源安全问题是一个首先需要解决的问题，影响着双方胜败的很多极为关键的局面。但是，在20世纪70年代第一次石油危机爆发之前，能源安全还只是一个局部性的问题，只限于少数国家和地区，且主要出现在战争期间。后来随着两次石油危机的突然爆发，影响了全球的石油供需，能源安全问题就不再是局部性的，其影响范围极大地增加了。进入21世纪以来，由于各国对能源的需求迅速增长，以及整个能源市场逐渐国际化，能源安全问题的范围变得越来越大，超越了消费国和输出国的界限，表现出明显的全球性特点。随之而来的是，能源安全的保障方式也在逐渐发生转变，由个别国家保障或局部集团合作的方式向全球性能源安全对话与合作的方式转变。2011年2月在俄罗斯圣彼得堡举行的八国集团峰会及南北对话都将能源安全作为首要议题，体现了能源安全在国际安全中的重要地位。在当今的全球化时代，能源安全是一个全球性问题，各国的能源安全问题交织在一起，形成一个相互依存、相互促进、互利共赢的一体化体系，世界上没有任何一个国家能够独善其身，必须在兼顾其他国家和地区能源安全的前提下保证自身的能源安全。

2. 各国能源相互依赖程度加深

2011 年 3 月 30 日，美国政府发布《未来能源安全蓝图》。在这份报告中，奥巴马重提“能源独立”的计划。他指出，美国的石油储备只占全球石油储备的 2%，但美国的石油消费却占了全球石油消费总量的 25%。对于美国来说，它将面临自身能源严重不足的问题，因此对于任何一个国家来说，“能源独立”都是难题。世界的主要经济体全都深深地融合在全球化的能源市场中，特别是石油、天然气这两个能源市场。随着经济全球化和能源一体化的进一步深入发展，世界各国和地区的经济及能源的相互依赖程度也在逐步加深，即使是资源大国，也很难做到自给自足的“能源独立”。各国的能源相互依赖程度逐步深化，主要是由世界能源市场特别是石油市场的一体化发展所导致的。从 20 世纪 20 年代的中后期开始，世界石油市场就逐渐向多元化的方向发展。随着世界石油市场结构的变化，世界石油市场逐渐从寡头垄断型向竞争型转变。此外，还有石油现货市场、准现货市场和期货市场也随着石油市场的转变迅速地发展，这使得石油供需双方的贸易方式逐步多样化、日益市场化，最终世界石油市场趋于一体化。同时，在一体化的过程中，大部分的石油出口国都认识到自身的利益与消费国的利益是密不可分的，开始对“需求安全”感兴趣，生产国与消费国相互渗透、相互依赖的程度大幅增加。

3. 能源合作日趋全球化

能源不仅是一个关系着供需双方的问题，更是一个全球性的问题。每个国家都有权利通过合理利用能源促进自身经济的发展，而要获得发展所需的能源，世界上大多数国家都不可能离开国际能源合作，更不用说保障能源安全了。因此，想要实现能源可持续发展，保障能源安全，需要靠世界各国的共同努力。近年来，随着能源地缘政治冲突与摩擦的增多，能源供需失衡日趋严重等一系列问题导致了复杂的能源安全问题，这些问题解决的迫切性显著增加，能源对话与合作超越消费国与输出国界限，扩大至全球范围，全球能源合作已成为各大国际正式或非正式会议的重要议题之一。2006 年 2 月，在莫斯科召开八国集团财长会议，会议的主要议题是能源安全，倡议推进能源生产国和能源消费国之间的对话，以确保国际能源市场稳定。2006 年 8 月，在莫斯科召开八国集团能源部长能源会议，主题是加强全球能源对话，共同制定全球能源安全合作战略，共同建立全球能源安全体系。同时，能源消费国和能源生产国之间就能源安全问题加强了双边或多边对话与合作，中国、美国、日本、印度、俄罗斯以及欧佩克组织，各国与组织间积极合作与对话，取得不同程度的进展。中国在全球能源合作方面，不仅是积极参与双边或多边对话与合作，同时也是多个合作组织的核心成员。一方面，中国积极参与双边对话与合作，与俄罗斯、美国、日本、欧盟等多个能源生产和消费国家及组织建立了密切的能源合作关系与合作机制。在多个领域加强合作与对话，如技术、开发利用、新能源、可再生能源等，在信息和政策领域开展沟通和交流。另一方面，中国参与多个国际能源组织，参与多边对话与合作。中国是亚太经合组织能源工作组的核心成员、国际能源宪章的观察员，同时是东盟与中日韩（10 +3）能源合作、国际能源论坛、世界能源大会及亚太清洁发展和气候新伙伴计划的正式成员。随着时间的推移，国际能源合作也在向多领域、全方位、全球化方向深入发展，合作形式也变得灵活多样。

总之，随着经济全球化的深入发展和科技进步的日新月异，世界各国能源的相互依赖进一步加深，能源安全问题也日益突出，国际社会需要加强合作，共同维护世界能源安全。

二　国际能源格局的演进

自第二次世界大战以来，国际能源格局就已经历了一系列深刻而重大的变迁，在进入 21 世纪后仍然处于进一步、持续不断的调整和变动之中。综观国际能源格局的整个演进过程，其表现出许多变化莫测的特征，概括而言主要有以下几个。

1. 能源格局的地缘平衡、供需平衡已经被打破

当今世界能源格局已经发生了巨大变化，主要表现在地缘平衡和供需平衡两个方面。首先，传统的能源地缘格局被打破。新能源中心即俄罗斯、非洲、中亚和中南美洲的出现，对长久以来中东海湾地区世界能源中心的地位构成巨大的威胁，使中东能源在世界能源格局中的战略地位不断下降。以最具代表性的石油为例，十年来，中东地区的石油储量在世界能源总储量中的占比从2000年的63%下降到2010年的56%，石油产量在世界石油总产量中的占比从2000年的31%下降到2010年的30%。2009年，俄罗斯取代了中东地区产油大国——沙特成为新的世界第一产油国，这标志着世界能源生产中心开始从中东转移，也开始了国际能源格局新一轮的洗牌。其次，传统的能源供求平衡被打破。从2009年开始，全球的石油、煤炭、天然气、核能等基础能源的消费增长速度已严重超过供给增长速度，亚太地区的表现尤为突出，其能源消耗增长量占全球增长量的89%，从相关数据分析看，世界能源供求关系十分紧张。其中，石油的供需平衡格局几近破裂，2009年，全球石油产量为38.205亿吨，而石油的消费量为38.821亿吨，严重超过其产量。其中，亚太地区的石油缺口最大，紧随其后的是北美地区，第三位是欧洲地区。但是，近些年来，北美和欧洲的石油需求量在逐年减少，而亚太地区的石油需求量却在不断增加，这是2009年石油能源供需平衡格局被打破的主要原因。煤炭和天然气的供需状况同样不容乐观。

2. 能源市场的全球化进程加快

冷战结束后，经济全球化趋势加强，全球化不仅限于经济范畴，能源市场的全球化趋势也在大环境下凸显出来。全球经济发展相互依赖的程度不断加深，国家与国家之间、地区与地区之间相互合作、共同发展的领域也越来越宽泛。在能源方面，无论是能源消费国还是能源生产国，相互之间的合作与对话程度日益加强，促使相互间的能源关系从先前的零和博弈向相互合作的模式转变。欧佩克虽仍在世界能源生产中占据优势，但随着俄罗斯油气产量迅猛增加，加上美、日、欧等国家和地区石油进口多元化战略的实施以及能源战略结构的调整，石油作为欧佩克国家政治工具的功能和影响力已有所

减弱，其与国际能源署及主要能源消费国和生产国之间的协调明显增强。能源出口国和进口国，以及欧佩克与国际能源署，在国际能源会议（又称国际能源论坛）框架内定期进行非官方的全球性对话。其他各地区层面相互间也有着不同程度的合作与对话，这是当前国际能源安全发展的主要趋势，也是各国确保经济、社会稳定发展的重要前提。

3. 能源问题的政治化倾向加强

在经济全球化推动国际能源格局中合作趋势加强的同时，我们也要看到国际能源格局的另一面——国际能源地缘竞争。全球能源地域分布具有局限性，尤其是石油、天然气的分布十分不均衡，进而导致国际能源竞争日益激烈。当下，能源在国际关系中扮演着重要的角色，从开发、生产到销售，每一个步骤都紧扣能源的产地、运输等问题。而这些问题构成了能源竞争的核心。例如，石油资源蕴藏量最大的地区——中东地区，该地区以海湾为中心，无论是在石油的开采还是运输上都占据有利条件，再加上该地区巨大的石油储量和持续稳定的生产能力，中东成为石油资源激烈竞争的地区。美国曾经是世界上最大的石油输出国，这也是美元成为世界货币的一个重要原因。当其他国家或地区的石油能源出口量对其产生威胁的时候，自然就会产生冲突和矛盾。此外，在中亚、西非及北非等地区，美国、欧盟、俄罗斯和亚太地区的国家多方竞争激烈。继美国对伊拉克实施政权更迭、扶植亲美政权后，2003～2005 年美国又在里海周围的格鲁吉亚、乌克兰、吉尔吉斯斯坦、乌兹别克斯坦和阿塞拜疆等地发起“民主化”浪潮，怂恿“颜色革命”。又例如，俄罗斯拥有全球石油资源 13% 的份额和天然气资源 33% 的份额，凭借能源优势，不仅将能源输出作为其政治外交的重要手段，还力争在国际能源格局中发挥更大的影响。这可从 2005 年末到 2009 年初其与乌克兰反复发生的天然气争端中窥见一斑。能源输出和消费国家及地区之间的矛盾和冲突一直存在，并成为地缘政治竞争主要的组成部分，对未来国际政治、经济的走向具有非常重要的影响。

4. 各大能源公司在国际能源格局中举足轻重的作用

经过长期不断的兼并和跨国联合，BP（英国石油公司）、皇家/荷兰壳牌、道达尔、雪弗龙（原雪弗龙德士古）和康菲石油等能源企业，对石油资源的控制程度高，全球80%的石油资源几乎被这几家石油企业所掌控。所以，在石油市场中，这些企业长期处于垄断地位。毫无疑问，垄断地位不仅为其带来巨额的利润，而且也使得这些能源企业巨头在国家战略中的地位愈发重要。与此同时，在发展中国家和经济结构转型国家，国有企业往往被视为国家经济的重要组成部分，因此大多数的能源公司由国家控股或者独资，并且国家将这些大型国有的能源企业视为参与国际能源竞争的主体，其在国际中的地位也日渐增强，影响力也日益提高。除了对本国能源资源的勘探开发实施管理和运营，还有不少已走出国门，运用国家资本开拓海外资源和能源业务。这些大型能源企业主要担负两方面的责任，一方面，它们要提升国际地位和增强国际影响力，实现其经济价值；另一方面，将企业做大做强是必然趋势，维护国家的能源安全，为国家的经济发展和外交的建立提供必要的资源保障。在这些大型能源企业中已有不少发展为国际能源领域中实力强大的跨国公司，同时，它们在世界能源体系中的作用不容低估。

5. 亚太地区已逐步取代欧美成为经济增长的中心

世界的经济增长中心已经发生翻天覆地的变化，不再是以欧美为核心，尽管欧洲国家和美国依然控制和消费着全球最多的能源。但是，亚太地区的经济发展越来越受世界瞩目，其经济的快速增长以高能耗为代价，亚太地区已逐渐取代欧美，成为能源消费最多的地区。伊拉克战争后5年世界经济的平稳回升，特别是一些发展中新兴国家的崛起，使世界能源市场的需求快速增长，这一局面同世界可采储量特别是产量的有限增长形成了明显反差，成为2004~2008年国际油价突飞猛进的主要原因。国际金融危机后的世界经济复苏同样由亚洲引领，伴随全球深层次的结构变革，众多的新兴工业化国家正在努力追赶西方成熟经济体，中国、印度等国家的能源消费强度逐年上升，尤其是东亚新兴工业化国家在世界油气消费市场中的份额还将进一步增大。

6. 石油、天然气和煤炭仍将是全球主要的能源

虽然近年来随着科学技术的发展，我们可以利用很多新的能源，比如太

阳能、风能、核能，但是至少在未来二三十年内，由石油、天然气和煤炭构成的传统化石能源仍将是全球主要的能源品种，在世界能源消耗中占主要地位。石油仍然是全球一次能源构成中最主要的成员，也是世界最重要的贸易燃料。作为清洁、高效的化石能源，天然气将在未来全球能源市场供需格局中占据越来越重要的地位，21 世纪前后全球能源供给和消费将更多地由天然气所主导，天然气的开发利用非常普遍，技术也日益成熟稳定，天然气时代的到来，意味着人类从石油能源时代向新能源时代又跨出了一步。尽管当前太阳能、风能、生物质能、核能、地热能、海洋能、天然气水合物和氢能等清洁能源在未来能源消费结构中的占比较小，但日益严峻的能源短缺、环境污染等问题迫使人类加快能源替代的进程，新能源替代传统能源、可再生能源替代不可再生能源，以及优势能源替代稀缺能源迫在眉睫，这对国际能源消费结构的调整起着决定性作用。目前，不仅西方国家，更多的亚太地区国家也加入了新能源与可再生能源的开发利用中，投入大规模开发和利用低碳或无碳的清洁可再生资源的浪潮中，一场以低碳经济为特征的新科技革命正在悄然降临。

三　现状及挑战

（一）各国对能源的“争夺战”规模扩大

能源是决定经济发展的关键性因素，对人类的进步与发展起到至关重要的作用。世界能源数量是否充足、世界能源结构是否合理、世界能源分布是否均衡、世界能源价格是否公平等，都是全世界极为关注的话题。能源在国际关系的历史舞台上一直扮演着非常重要的角色，且其重要性越来越凸显。能源在各国的外交政策中也发挥着举足轻重的作用，对于能源进口国而言，能源是外交目的，而对于能源出口国而言，能源则是外交的手段。能源既可以让国家与国家之间或地区与地区之间结盟，也可以让各国（地区）因其而发动战争，能源争夺已经成为国际社会冲突与矛盾的重要根源。与此同时，能源问题呈现出前所未有的复杂性，因为能源问题又与大国矛盾、地缘政治、地区利益、民族纠纷等众多因素紧密联系在一起。此外，国际石油企业和投机商不时操纵油价，控制国际能源市场，使国际能源市场风险陡增。这种前所未有的复杂局面，使得能源问题已经成为影响整个国际社会的核心问题。在世界范围内，围绕着能源竞争和能源安全问题，能源消费国之间、消费国与生产国之间、生产国与生产国之间爆发了全面的争夺战，继而引发国际政治、外交和军事的冲突。综合地看，能源引发的战争多是先进的西方国家针对一些较落后的国家发动的，目前来说，最常见的是由石油引发的，如中东战争、海湾战争、伊拉克入侵科威特等都是为石油而战。1990 年，伊拉克入侵科威特，这意味着伊拉克控制了中东大部分的石油生产和供应。能源的争夺战一直在上演，美国、欧盟、俄罗斯、日本、印度、中国等世界主要国家和地区在全球的各个角落展开了激烈的能源争夺赛。伊拉克、里海沿岸、达尔富尔、北极冰原、东海大陆等地区都变成了各国能源争夺的战场。能源争夺战的规模之大、程度之深前所未有。

（二）全球能源需求巨大

随着世界经济不断发展，各国对能源的需求越来越大。以前只是生产领域耗费大量的能源，而现在汽车、家电走进了千家万户，人们的生产生活越来越依赖能源。在经济全球化、市场化的今天，信息的传播、物流空前发达，现代社会的这种高速运转是建立在各种运载工具和通信手段上的，而这些运载工具和通信手段又是靠能源提供动力的。

因此，人类社会发展到今天，对能源的需求达到了前所未有的高度，对能源的依赖性也越来越大。作为能源的原材料不仅可用作动力，还可用于其他的用途。例如，从煤炭、石油化工产品中提取出来的各种成分，可以用于各种精细化工产品、装饰用涂料、纺织品等。因此，能源在超出动力范围之后，人们对它的需求越来越大，虽然为了缓解能源需求的压力，世界各国对开发可再生能源投入了大量的人力和物力，各种可再生能源也不断出现并被投入使用，但目前化石能源仍然占据着主要地位，而且在国际贸易中，能源贸易是以石油和天然气为主的，虽然煤炭产量很大，但大都被生产国自己消费，其出口量只占很小一部分。美国是世界上能源消费量最大的国家，而且主要进口石油和天然气。中国由于经济连续多年高速增长，对原油和成品油的需求不断增长。从20世纪90年代，即1992年中国成为石油净进口国以后，中国对石油需求的增长远远超出石油生产的增长。2004年，中国成为世界第二大石油消费国。从1994年到2004年，全世界石油需求增长33.3%，而在这需求量增长中，中国占了1/3。除了中国，其他新兴国家也在最近十几年经历了经济高速增长。我们现在经常提到的金砖国家，除中国以外，还有俄罗斯、印度、巴西，其中除俄罗斯是能源大国能自给自足外，其他几国都需要大量进口原油。特别是印度，它的人口居世界第二位，已超过10亿人，但其能源特别是化石能源特别匮乏，每年都需要大量地进口原油。除了上述的几国外，还有韩国及东盟国家，也都处于经济高速增长期，这就使得全球石油供需严重不平衡，石油资源需求日益增长而供给却严重不足，这也造成石油的战略地位日益重要，主要大国争夺石油资源的斗争愈演愈烈，以石油为筹码的欧佩克组织与以美国为首的西方大国就石油产量、价格进行激烈的角逐。

（三）石油已经成为重要的战略砝码

2008年，美国纽约商品交易所原油期货价格一再上涨，最高达每桶近150美元，此时有人预言原油价格将上达200美元，美国、日本许多民众为了减少支出，以应对日益高涨的汽油价格，停止使用汽车，改乘公共交通或使用自行车。在不断高涨的油价下，美国和欧佩克成员国之间产生了激烈的冲突和博弈。美国对欧佩克施压，要求欧佩克成员国增加原油产量，以缓解日益高涨的油价，美国认为油价高涨是因为供不应求，而欧佩克则认为原油供求基本平衡，油价疯涨是投机和炒作造成的，双方相持不下。欧佩克中的成员国伊朗和委内瑞拉同时建议原油标价以及结算与美元脱钩，改用金第纳尔或者欧元，以此来打击美元的国际货币地位。时值美元疲软，对欧元、人民币、日元的汇率不断下跌，而此建议一出，加剧了美元汇率的下跌。美国和欧佩克的这种矛盾，使国际原油期货价格剧烈波动，油价的大幅波动又影响到各国进口原油的成本，从而使这些国家出现成本推动型的通货膨胀和物价上涨。

事后经有关专家分析，国际原油期货价格大幅上涨的确与投机资金的炒作有关。据统计，2005 年，在纽约商品交易所参与原油期货的投机资金约 250 亿美元，而在 2008 年，参与原油期货的投机资金达到 2500 亿美元，是 2005 年的 10 倍，而在 2008 年下半年，当美国次贷危机开始显露端倪时，这些投机资金纷纷退场，而这时原油供求并未出现大的变化，但原油期货价格却一路下跌，加之金融危机逼近，油价更是一落千丈，曾探底到每桶原油 37 美元，是最高价格的 1/4。原油价格是以美元计价的，因此形成了一种联动，当美元贬值时，油价就上升，中国等大量进口原油的国家的成本就提高，同时美元贬值，影响到中国的出口。其结果是：美元贬值，造成中国出口减少，进口油价上升，使中国国内形成成本推动型通货膨胀，同时由于中国有大量的外汇储备，到 2009 年下半年，已超过 20000 亿美元，而美元的贬值，又使中国外汇储备受到损失。因此，这种原油期货价格大幅波动在多个方面造成了对中国的不利影响。

作为主要能源的石油，已经成为重要的战略物资，而且它与资本市场、国际金融体系有着千丝万缕的联系，在当前经济全球化、金融一体化的环境下起着战略砝码的作用，其意义早已超出作为能源这一生产要素的范畴。

（四）美国在世界能源格局中的地位依然举足轻重

美国是世界上最主要的能源消费国，能源战略是美国全球战略的重要组成部分，美国凭借经济强国的地位，对世界能源市场发挥着极强的操控力。首先，控制全球能源生产。在美国的能源消费结构中，石油占 40%、天然气占 22%、煤炭占 16%、核能占 12%、水电占 2.6%、生物质能源占 3.5%。以石油为例，占世界总数 4.6% 的美国人口消耗着全球 21.7% 的石油。除了煤炭以外，美国的石油和天然气都需要从国外进口。2009 年美国的石油消费量和进口量都居世界第一位。美国在全世界展开了全方位的能源争夺，直接控制世界主要能源产区和主要国家。其次，控制全球能源运输通道。世界六大石油运输“咽喉”和16条海上“咽喉”要道以及重要的陆地通道都是美国军方必控之地。在世界上能源富集区域和陆上石油管线繁复密集的地区，美国凭借强大的军事实力，构筑起了战略控制体系，完成了控制陆上能源运输通道的战略布局。再次，控制全球能源价格。美国利用美元是国际石油贸易计价和结算货币的优势，长期控制国际油价的走势和能源格局的变化，并且通过货币政策对石油价格施加影响。美国利用美元计价机制化体系保证石油美元的回笼，实现了从美国输出的石油美元顺利回流，极大地推动了美国经济的发展。目前，美国在世界能源格局中依然保持着强势地位。

（五）世界一次能源消费量增加，发达国家增速缓慢，新兴国家增速较快

随着全球经济快速发展，世界能源需求量不断增加，能源消费量逐年上升。有关数据统计，自1999年到2009年，世界一次性能源消费总量增加了24%，亚太地区的一次性消费能源量增长速度最快，占世界一次性能源消费的37%。其中，中国的一次性能源消费在该地区的比重最大。1999年，中国一次性能源消费量为9.3亿吨油当量，而2009年猛增到22亿吨油当量，占世界一次性能源消费的20%，位居世界第二。与之形成鲜明对比的是，经济发达的北美和欧洲地区的一次性能源消费量在下降。1999～2009年的10年间，北美洲的一次性能源消费量占世界一次性能源消费总量的比重下降了6个百分点；与此同时，欧洲的石油消费量占世界石油消费总量的比重也从30%下降到24%。由此可见，随着发达国家低能耗、高能效的经济结构进一步深化和新兴国家的经济进一步加速发展，世界一次性能源消费增减的两极分化趋势会越来越明显。

（六）世界能源供应和消费结构趋向优化

在世界传统能源储量日益走向枯竭、世界能源供需矛盾日益尖锐、开采

能源造成的环境污染日趋严重的情况下，各国应该构建清洁、高效、安全、低碳和可持续的能源体系。随着时间的推移、经济的发展，全球能源结构也随之发生相应的变化。从薪柴、煤炭、石油，到当前各种清洁新能源，能源的开发利用越来越趋向于走可持续、可发展、多样化和保护环境的道路。此外，随着科技的进步，清洁能源被广泛应用，如天然气、核能、风能、水能、太阳能等，无论是在生产过程中还是在消费过程中都要求应用新技术将传统能源的利用清洁化，要求能源种类向多样化发展，其中最重要的是提高能源的利用效率，如此才能有效缓解能源及环境的压力。预计在未来 10 年，天然气的开发利用占全球能源的比重将上升到 29%，而煤炭的利用比重将下降至 22%。中国在推进能源消费改革方面积极行动，加快推进煤炭的清洁高效利用。应用技术装备、市场推动、政策引导等各方面相结合的方式构建煤炭清洁、高效、可持续的开发利用体系。科技创新的目的在于提高能源的利用率、降低能源的消耗量，以及减少对生态环境的负面效应。当前，世界能源的利用开发结构趋向优化，仍然需要各国加强合作，进行多方面的技术交流和技术合作。

四　合作的标准、措施、动力机制和具体方向

进入 21 世纪，各国都积极参与国际能源合作与协调，意识到只有合作共赢才是能源安全的重要保障。1974 年 11 月，国际能源署成立，该组织致力于应对能源危机，协调和促进各国间的能源合作，制定全球能源政策，改进能源供给的结构等。在亚太地区，各国也建立了能源合作机制，如中国、美国、日本、韩国和印度五国就能源问题展开对话；中国、韩国、日本进一步加强三方能源对话等。

（一）亚太各国合作的标准和措施

预测未来，全球能源主要的消费地区或国家之间的竞争将对国际能源安全产生重大影响，能源的需求会发生变化，随之而来的是竞争激烈化程度的

变化。能源竞争既可形成合作，也可造成冲突。当国际能源制度或体制不完善、不能解决问题时，冲突就会产生。但冲突是可以通过一些途径预测的，或者说潜在的冲突风险是可以控制的，这需要完善的国际能源合作机制。也就是说，平衡全球能源供需关系的关键因素在于国际能源制度的健全。完善的国际能源管理机制是国际能源合作的关键。国际能源管理机制包括：一是，对能源配置的控制；二是，机制本身不受政治环境和自然环境变动的影响；三是，用双赢模式解决能源问题；四是，非合作结构性冲突解决机制。各国在长期博弈后发现，只有在双赢模式下才能达成协议，进而推动合作机制的形成。另外，从合作的形式、主体和层次 3 个方面来看，合作形式可以是多样的，既可以是正式的也可以是非正式的，主体既可以是国家或政府，也可以是国际公司或组织，层次既可以是某一种能源的合作，也可以是构建能源共同体。

关于能源安全国际合作的标准，有学者认为，能源安全合作的标准在 3 个不同状态下会有相应的调整：首先，没有突发事件的状态；其次，供应短缺在国际能源机构紧急情况反应机制规定的限度以下；最后，完全的能源危机。在第一种状态下，各国能源合作的概率最高，因为在这种情况下，防止油价上涨对经济带来负面影响、减小石油供应中断的可能性、降低对进口石油的依赖是各国的共同目标。在第二种状态下，由于能源短缺直接影响到经济的发展，各国间的合作并不如第一种状态，此时，各国的意愿只是为本国争取更多的能源。在第三种状态下，因能源而爆发战争的可能性很大。

能源安全合作的具体措施如下。第一，调整能源进口模式，使石油进口模式多样化。第二，在经济政策方面，放松宏观经济调控和国际货币政策。第三，通过形成危机预警措施和行为规范协定，做好应对能源危机的准备，扩大石油储备，提高生产能力。第四，与能源生产国开展外交关系，促进能源合作，保证能源的稳定供应。在完全的能源危机和能源供应短缺这两种状态下所进行的能源安全合作是一种反应试的被动合作，这种合作开展起来非常困难，甚至无法进行。

能源合作一般分为 3 个阶段。第一，国家间或地区间经过多次的讨论、博弈或竞争，达成能源合作共识，并进一步讨论合作方向和内容。第二，各国制定相应政策。具体说来，包括国内政策和外交政策。国内政策应积极配合国家对外的能源整体战略和目标；而外交政策在于与他国达成合作协议。第三，执行。这一阶段的主要任务是监督和执行协议，对违反协议的成员进行适当惩罚。

国际石油市场的结构发生变化。美国曾是世界上最大的石油输出国，因此美元与石油价格息息相关。在石油期货交易市场，以投机套利为目的的交易占交易总量的2/3以上。国际油价的涨跌与金融资本密切相关，随着金融资本在石油市场上的影响力日益提高，石油期货市场的投机性也越来越凸显。另外，能源生产地区的局势动荡，导致能源生产的受限和混乱。不容忽视的还有国际恐怖主义，它对国际能源安全的威胁不亚于能源生产地区的不稳定，其原因之一是能源运输环节的重要性仅次于生产，国际恐怖主义成为能源运输安全的巨大隐患，对世界能源安全和稳定构成了重大威胁。当前，影响国际能源安全的因素已趋于多元化和复杂化。

（二）合作的动力机制

能源安全国际合作的动力机制有两种：一种是政府认同主导的，另一种是市场利益驱动的。

能源资源配置以政府为主导的、市场经济不发达的国家，其资源的开发利用或投资销售都是由国家进行调控配置的。在国家把能源作为权力和战略这样的条件下，能源组织和机构只能在国家的指导和调配下从事各方面的活动，不能完全自由地进行资源的开发利用。开展国际能源合作也只能由政府主导。以上合作的动力机制为政府认同主导的动力机制。

这种动力机制表现为欠发达国家和发达国家的合作方式：就发达国家而言，除了能源需求外，还有诸如人权和民主等其他方面的需求；而欠发达国家在进行各自的能源体系改革的过程中，需要发达国家提供各方面的援助，包括技术、人工和资金等。最终双方会对合作的成本和收益进行详细计算，以决定是否合作，以及采取何种合作方式。政府认同主导的模式主要由政府主导，动力也来源于政府，更多的是出于国家对能源安全的担忧，而不是市场对经济利益的追求，其推动者是较不发达国家的政府。

在市场经济发达的国家，能源的开发和投资活动能够完全自由地进行。同时，国家建立一些能源机构的目的，是更好地对资源进行配置利用。在第一次全球石油危机以后，欧美发达国家开始成立国际能源署，能源巨头之间的相互竞争也在市场经济的环境下进行，而国家与国家之间的能源合作，也在各个国际性的能源机构和公司间展开，这种就是市场利益驱动的动力机制。

与政府认同主导的机制不同，市场利益驱动的机制表现为：当能源的供给小于需求时，能源价格上涨，危机感上升，发达国家存在加大能源投资与开发的内生动力，于是开始寻求合作；反之，当能源供应稳定，价格波动水平不大时，国家开发新能源的动力不足，能源合作则会减少，能源供应量减少，促使价格再次上升。市场利益驱动机制的动力来源于市场，其推动者是欧佩克国家和发达国家的一些跨国公司等。

能源安全合作的动机机制与所在地区的地缘政治、地区安全形势、经济发展水平等多个因素相关。例如，在发达的欧洲地区，市场利益驱动的动力机制占据主导位置；而在亚洲，由于各国市场发展水平存在较大差异，要形成一致的市场利益驱动的动力机制还存在困难，但有形成政府认同主导的动力机制的条件。

（三）合作的具体方向

1. 科学技术

能源的开发利用对能源供应的前景尤为重要，先进的科学技术将是提高能源效率和能源可持续发展的主要推动力，也是世界各国能源合作的重要方向之一。综观人类历史发展进程，科学技术进步、能源科技创新对维护国家能源安全具有战略性的决定作用。加快能源科技创新需要建立中长期能源科技合作战略，有重点、分步骤地开发新的能源技术。能源技术的开发将向着清洁化和低碳化的方向发展，新能源和可再生能源的开发将在能源开发中占据越来越重要的地位，最终必将替代传统的化石能源而成为人类的主要能源。从长远观点来看，各国都将根据各自能源生产和消费的特点改进和完善下列技术。

（1）节能技术。世界各国都需要发展节能技术，提高终端能源利用效率。尤其是在高能耗产业，需要不断地开发新技术和新工艺，以提高能源利用效率。另外，广泛推广使用各种民用节能产品，提高建筑节能水平等，都能显著降低能源消耗。目前，绝大多数国家将节能作为能源发展战略的一部分。

（2）洁净煤利用技术。煤炭的利用将从煤直接燃烧技术转变到基于煤气化的技术。煤气化技术本身能够去除二氧化碳，从而可生产清洁的液体、气体燃料和其他能源品种，例如，煤气化联合循环发电等。煤炭是目前地球上探明储量最大的化石燃料，也是温室气体排放强度最大的化石燃料，在未来较长时间里，煤炭仍将是世界重要的一次能源之一。发展清洁煤技术不仅可以提供可靠的能源供应，而且还能有效减少环境污染。

（3）可再生能源技术。用可持续发展的观点看，当下人类主要依靠的能源终将枯竭，可再生能源必将成为能源供应的主角。发展可再生能源是世界向可持续能源系统过渡的主要措施之一。水力发电已经成熟，发达国家的水电资源开发程度较高，发展中国家的水电资源在今后 10～20 年内将实现全面开发。未来可再生能源规模化发展重点将主要集中在风能、太阳能和生物质能方面。以生物质能为例，生物质能规模化开发前景广阔。传统的生物质能是指贮藏在农、林废弃物，粪便和垃圾等中的能量。现代的生物质能包括用粮食和油料作物制造乙醇、生物柴油和二甲醚等液体燃料。生物质能不仅可以发电和供热，而且还可以生产液体燃料、固体颗粒燃料和沼气等。近年来，生物质能发电及供暖呈快速增长趋势，总装机能力达到 4400 万千瓦。政府在可再生资源的推广方面也会出台相应的鼓励政策，例如，2014 年哥伦比亚政府宣布对可再生资源的投资和开发将享受相应的减免税收政策。

（4）页岩气开采技术。当页岩气开采技术悄然而至，尤其是美国成熟的页岩气开采技术开启了新一轮的能源革命时，大部人还对此项技术非常陌生。

天然气的价格不断飙升，而全球对清洁能源的需求却没有因此减少，反而不断增长。页岩气的开发利用不仅对全球天然气的价格和供需产生了较大的影响，而且成为世界能源地缘政治格局调整的主要推动力。从全球页岩资源总量来看，除了美国，还有41个国家的页岩资源可开采。其中，页岩油资源除美国外主要集中在中国、俄罗斯、比利时和阿根廷，页岩气资源主要集中在中国、加拿大、阿根廷、墨西哥和阿尔及利亚。但是，当前从技术可开采的角度讲，只有美国和加拿大可以以商业化数量进行页岩气和油的生产。目前，美国的页岩开采井已被证实能够大量地生产页岩油和页岩气，这使得其他蕴藏大量页岩资源的国家加快了开采技术研发的步伐。例如，波兰在2013年钻探了43口页岩井进行试验，与此同时，中国、墨西哥、阿根廷、澳大利亚、俄罗斯、土耳其和沙特阿拉伯也已经开始在页岩底层探索。中国为加快页岩气产业的发展、促进节能减排，对页岩能源产业实施财政补贴的政策。

2. 能源开发利用

能源开发利用必须走资源、环境、经济和社会协调发展的道路。吸取石油危机导致经济危机、能源消耗引起生态环境破坏的教训，人们意识到矿物燃料总会有枯竭的一天，因此必须提高效率，减少消耗，保护环境，促进可持续发展。回顾历史，人类社会已经经历了几种能源开发利用模式。

第一，较低水平上的能源可持续开发利用模式。这种模式是指工业革命以前，人类对能源的利用率较低，能源消耗水平较低，对全球环境没有造成很大的破坏，资源短缺程度也相对较低。因此，在这一阶段，能源的开发利用处于可持续的开发利用状态。

第二，毫无节制的能源开发利用模式。在工业革命之后，全球对能源的开发利用发生了翻天覆地的变化。大量的国家进行工业革命，传统工业化国家复兴，新兴工业化国家崛起，其代价是煤炭资源的无节制开发利用。这种对资源掠夺式的能源开发利用模式，虽然使得全球经济繁荣发展和工业不断进步，但是，给全球生态环境造成了无法挽救的破坏。

第三，开源节流的能源开发利用模式。面对20世纪70年代以来石油危机给经济发展带来的严重影响，工业化国家先后调整各自的能源政策，把能源节约和能源替代列为能源发展战略的重要组成部分。在这种开发利用模式下，工业化国家的能源消费弹性系数和单位产值能耗降低、提高能源利用率，不仅对社会经济的发展具有推动作用，同时也能改善环境污染的问题。展望未来，矿物资源和环境容量的有限性要求人类对能源开发利用模式进行新的历史性变革，即开拓能源开发利用与环境、经济、社会协调发展的模式。面对当前生态环境日益恶化和气候变化的事实，人们进一步意识到能源与环境协调发展的重要性。如果沿用历史和现有的能源开发利用模式，有限的环境容量可能会先于矿物资源而枯竭。由此可见，新能源的开发利用模式应该建立在环境容量范围之内，否则新能源将难以发展。能源可持续开发利用的两大限制性因素，为能源短缺，特别是不可再生资源的日益枯竭，以及日渐恶化的生态环境。为了确保社会经济的可持续发展，要求能源开发利用走节约、环保，以及社会、经济协调发展的道路。

3. 畅通的运输通道

能源通道的重要性，不仅是因为能源的生产国和消费国在地域上分隔，更是因为其安全性已经成为判断能源安全性的重要标准。各能源进口国的生命线就是能源运输通道。一旦在这些能源运输通道上发生冲突或战争，能源运输通道被封锁、截留或被迫改变方向，则能源进口国的经济命脉及整体发展战略必将受到影响。所以，许多国家力争运输通道的控制权，与通道所经国家建立和平友好关系。很多国家，尤其是亚太地区国家在运输通道的合作中显得尤其重要。国际能源运输的主要方式是海运，部分地区也采用管道运输。无论是海运还是管道运输，能源运输安全的最大威胁就是地区冲突。目前，世界主要的能源海路运输通道包括直布罗陀海峡、霍尔木兹海峡、马六甲海峡和巴拿马运河、苏伊士运河、曼德海峡。直布罗陀海峡是连接地中海与大西洋的唯一通道，苏伊士运河通航后，直布罗陀海峡成为连接大西洋、印度洋和太平洋的捷径，被称为西方的“生命线”，历史上英国与西班牙为争夺在此建立军事基地的权利而持续战争，由此可见其重要性。霍尔木兹海峡被西方国家誉为“海上生命线”，一旦被封锁，西方国家经济将受到致命打击。在中东地区，若霍尔木兹海峡或是苏伊士运河发生局部战争，世界石油供应格局就将会被打破，无论是石油生产国还是石油进口国，其经济发展都将受到严重影响。马六甲海峡是太平洋与印度洋之间的重要国际海运通道，并且其连接中国南海和印度洋，中国80%以上的石油须经海运方式运输，且大部分都要通过马六甲海峡。从地貌特征来说，马六甲海峡西宽东窄，多岛礁、浅滩，发生战争时容易被封锁；从复杂的国际形势来看，一旦该地被控制，就将直接威胁我国的能源供应。巴拿马运河为人工水道，位于中南美洲，连接大西洋和太平洋，美国一度对该区域有绝对的控制权。苏伊士运河连接印度洋和大西洋，是连接欧洲、非洲和亚洲的交通要塞，曾一度被英国、法国控制，埃及人民为争取运河的主权与西方国家发动保卫战争，最终争取回主权。曼德海峡位于阿拉伯半岛与东非大陆之间，是连通地中海、红海和印度洋的重要战略水道，是大西洋、太平洋和印度洋的重要通道。面对复杂的国际环境，需建立与通道所属国的友好关系，加强能源外交，构建利益共同体，如此才能确保能源通道的畅通及化解能源运输安全问题。

五　中国与亚太各国能源合作态势

要考察中国与亚太国家的能源合作问题，必须了解当今亚太能源格局的演变。通常说来，在国际能源界，一般是把东北亚、东南亚、南亚和大洋洲的国家一并归入亚太地区展开研究的。在最近30年来国际能源格局的演变中，最为引人注目的毫无疑问就是亚太地区。作为世界能源供求体系中与西欧、北美并列的三大需求板块之一，亚太地区的能源消费需求增长快速抬升。20世纪80年代初以来，亚太地区能源生产和供应增速缓慢，而消费和需求迅速膨胀，石油、天然气进口连年上升，而且这种变化以加速的趋势在发展。1994年，亚太地区的一次能源消费为21.3亿吨油当量，占全球消费总量的25.6%，北美和欧盟的占比分别为29.6%和18.5%。而在15年之后的2009年，亚太地区一次能源消费量几乎翻了一番，达到41.5亿吨油当量，占全球消费总量的37.1%，而北美和欧盟的占比分别下降为23.9%和

14.5%。2007~2008年，世界一次能源消费平均增速为1.4%，而亚太地区则达到了4.1%。显然，亚太地区目前已经远远超过北美和欧盟，成为全球能源第一大需求板块。

在亚太地区，除了传统的能源进口大国——日本、韩国外，中国和印度的能源需求及进口的增长更为世界所关注。根据《BP世界能源统计》，2009年全球一次能源消费下降了1.1%，全球石油消费量出现了自1982年以来最明显的滑坡，较上年减少了1.7%，而非经合组织国家的石油消费却有所增长，但主要集中在3个国家，即中国、沙特阿拉伯和印度，增速分别是6.7%、9.8%和3.7%。全世界的煤炭消费总量基本保持不变，一方面，经合组织、欧盟和俄罗斯等国家和地区的煤炭消费量急剧下降，降幅也是有记录以来最大的；另一方面，印度和中国的煤炭消费量增加，抵消了世界其他国家煤炭消费量的下降。2009年全球天然气消费下降达有记录以来的最大降幅（2.1%），经合组织和非经合组织国家和地区的天然气消费量都有所减少，但中国和印度的天然气消费分别上升了9.4%和25.9%。2009年全球石油贸易减少3.1%，但中国和印度的石油进口量分别上升8.8%和4.3%。

美国前国务卿赖斯在2005年5月的一次讲话中指出："随着中国、印度和其他国家经济的迅速发展，人们开始对能源的需求和供应表示担心。"因为亚太地区石油供求形势的变化"预示着国际能源地缘政治和经济格局的重大转变，意味着亚太地区在全球能源政治与地缘经济中的重要性不断上升，而传统的西方国家的地位开始相对削弱"。因此，作为国际能源体系中的重要一环，一方面，亚太能源格局演变受到全球能源发展的影响，另一方面，亚太能源局势的发展又会对全球能源体系产生重大影响。其中，中国和印度的影响不容忽视。

亚太地区既有纯粹的能源消费大国，如日本、韩国，也有像中国和印度这样既生产部分能源又需要大量进口的国家。对于前一类国家来讲，能源安全问题一直存在但性质有所变化，例如，从获得能源供应安全和价格安全到能源使用安全或两者并存；对于后一类国家来讲，能源安全问题在近些年越来越重要并与前一类国家的能源安全问题相互重叠。从历史发展过程来看，亚太地区能源安全问题的凸显主要开始于冷战结束以后。由于亚太经济飞速发展，该地区能源市场的供给缺口不断加大。亚太地区是20世纪后期以来经济增长势头强劲的地区之一，能否持续、稳定地获得油气供应将关系到未来该地区经济和社会能否持续、稳定、健康地发展。就目前来看，亚太地区能源安全格局主要呈现以下3个特征。

首先，该地区的许多国家都面临能源安全和环境安全的双重挑战。亚太的几个大国，无论是日本、韩国，还是中国、印度，目前都存在较大的能源缺口，能源对外依赖严重；东盟成员国中，一些已经是能源进口国，还有一些国家如印尼正由能源出口国变成能源进口国。并且，亚太地区大多数国家的石油主要来自中东和北非。除印度外，其他各国的能源运输都严重依赖于印度洋—马六甲一线。无论从进口来源还是运输通道来看，都存在较大的风险和安全隐患。同时，对于中国和印度来说，当前的能源消费依然以煤炭为主，经济增长以粗放型为主，这给环境安全带来较大的挑战。

其次，该地区的能源消费国缺乏有效的能源安全协调机制，能源竞争多于能源合作与协调。该地区主要能源消费国之间虽然对外依赖都很严重，却长期处于各自为政、疏于协调的状态。由于各国的能源进口主要依赖于中东地区和部分周边国家，而且进口路线也较为接近，相互间的竞争多于合作。这一方面是因为该地区缺乏成熟完善的区域合作机制，没有进行有效合作和对话的平台，另一方面是因为彼此之间存在着较多的同构性竞争，以及一些尚未解决的现实和潜在的冲突和热点，这些由来已久的矛盾、冲突乃至恶性竞争阻碍了相互间在能源安全问题上的合作。

最后，该地区的许多国家总体上缺乏有效的石油战略储备和预警系统，抵御能源危机的能力较弱。亚太各国除日本、韩国、澳大利亚和新西兰作为经合组织成员加入国际能源署，拥有90天消费量以上的石油战略储备外，中国和印度都没有足够的石油战略储备，缺乏足够的石油抗风险能力。虽然早在2003年中国政府就已经开始分阶段建设石油战略储备体系，第一期四大石油战略储备基地已经建成，同时印度也在西部曼格罗尔和东部港口维沙卡帕特南以及拉杰科特分阶段建设3个石油储备库，但是就目前而言，这些战略储备要形成一定的抗风险能力还需要一定的时间。

鉴于此，无论是从国家安全，还是地区和全球能源安全层面而言，中国与亚太国家的能源合作都显得十分重要，而事实上，从印度尼西亚到澳大利亚，亚太许多国家都是20世纪90年代以来我国起步较早的对外能源合作对象。

对外合作，互利共赢。中国政府已参与多个多边能源合作机制，如世界能源大会、国际能源论坛、亚太经合组织、东盟+3、亚太伙伴关系等，且是能源宪章的观察员，并且与国际能源署等国际能源组织有着密切的联系与合作。同时，中国与美国、英国、印度、日本、欧盟、欧佩克等建立了能源双边对话机制。2014年9月2日，亚太经合组织（APEC）第十一届能源部长会议在北京召开。本次会议的主题是“携手通向未来的亚太可持续能源发展之路”。此次会议发表了《北京宣言》，即21个成员将共同致力于构建亚太能源安全新体系，并就加强能源安全和促进亚太地区能源投资和贸易、提高能源效率和发展可持续社区、促进清洁能源资源开发和化石能源的清洁化利用四大议题广泛交换了意见，达成了一系列重要共识；同时，共同承诺，到2030年亚太地区可再生能源发电量在地区能源结构中的比重比2010年翻一番，到2035年亚太地区的总能源强度比2005年降低45%。2014年11月，在亚太经济合作组织工商领导人峰会开幕式上，中国国家主席习近平发表主旨演讲指出，“随着综合国力上升，中国有能力、有意愿向亚太和全球提供更多公共产品，特别是为促进区域合作深入发展提出新倡议、新设想。中国愿同各国一道推进‘一带一路’建设，更加深入参与区域合作进程，为亚太互联互通、发展繁荣做出新贡献”。这与习近平主席出访中亚及东盟国家相继提出共建“丝绸之路经济带”和“21世纪海上丝绸之路”一脉相通，标志着“一带一路”战略构想进入务实合作、全面推进的新阶段，也凸显了“一带一路”建设问题已上升到国家重大战略部署层面，尤其是在能源方面，加强与中亚及东盟国家的合作是维护能源安全、保障经济可持续发展的必然选择。

（一）“一带一路”与能源合作愿景

在提出的基础设施合作中，能源及其交通运输基础设施的建设是“互联互通”的重要组成内容。这些基础设施包括油气运输、铁路、公路、电力电网、通信以及港口等领域的建设。

1. 能源合作方向

2013 年 9 月，中国国家主席习近平首次提出“一带一路”，并在此后出访中亚及东盟国家相继多次提出共建“丝绸之路经济带”和“21 世纪海上丝绸之路”。例如，出访哈萨克斯坦时提出，中哈共同加强油气管道的基础建设，加强油气开发和加工合作；出访蒙古时提出，中蒙应当促进亚欧跨境运输，中国与东盟国家加强海上合作，发展友好海洋开发利用合作关系。“一带”的意义在于将通路作为着力点，通路对于那些基础设施相对落后的地区来说，有更大的提升空间。所以，其发展重心将放在交通设施建设和油气管道建设上。尤其是在油气管道建设上，中俄、中亚天然气管道，以及中缅油气管道都被作为重点项目建设，其对接的是广袤的西部腹地，如西南、西北、东北、海上都是油气运输的重要战略通道，必然也是重点建设地区。能源基础设施的建设具有很强的正外部性，不仅对本地的经济具有拉动作用，更能促进周边多个国家的经济繁荣。

2. 中国已取得能源合作清单

2015 年 APEC 会议期间，中国已与一些国家签署了能源合作的相关协议，由此可以看出，中国提出的“一带一路”战略构想是得到多方响应的，沿线的许多国家都希望进一步加强合作，从中谋求更多的发展机会，共建有序和谐的亚太发展环境。未来这些地区在能源上的合作前景是多方共赢的，但仍面临巨大的挑战，需要多方努力，深入研究。APEC 期间中国签署的能源合作清单如下：中俄签署了《关于通过中俄西线管道自俄罗斯联邦向中华人民共和国供应天然气领域合作的备忘录》《中国石油天然气集团公司与俄罗斯天然气工业公司关于经中俄西线自俄罗斯向中国供应天然气的框架协议》等一系列双边合作协议；中加签署了《中加联合成果清单》《中国国家能源局与加拿大自然资源部关于核能合作的谅解备忘录》；中巴签署了《中巴经济走廊能源项目合作的协议》；中蒙对接“丝绸之路经济带”，优先推动互联互通、矿产、电力、农牧业合作；中泰在铁路、水力、能源、教育等领域达成合作共识；中文加强油气上下游产业和新能源领域合作；中方与巴新拓展经贸、能源资源、基础设施建设、农林渔、人文等领域交流合作；中塔参与丝绸之路经济带建设，推进能源、交通、农业等领域合作项目，建设好中亚—中国天然气管道；中印扩大双向贸易投资、能源、农业等领域合作；中方愿积极参与智利铁路、港口、水电、通信等建设项目，参与南美互联互通建设。

（二）“一带一路”的国际反应

此次 APEC 会议落幕后，很多海内外舆论和专家学者都认为此次会议成果丰硕、意义深远，为亚太发展注入了新动力，为亚太合作指明了新方向。中国在北京 APEC 会议上提出了一系列主张，这些主张将使亚太地区的经济甚至全球的经济都有新的发展。

1. 区域一体化取得进展

当前亚太地区存在诸多地区一体化机制，如何利用 APEC 平台将这些机制进行整合，需要各成员发挥智慧、直面挑战。与其他多边自贸协定相比，亚太自贸区对于该地区的发展中经济体是更好的选择，因为它更加包容，更加注重通过建设一体化的基础设施为发展中经济体提供贸易上的便利，建成之后有望成为全球自贸协定的典范。巴西圣保罗大学亚洲经济专家希尔马尔·马谢罗认为，中国提出的丝绸之路经济带构想有助于促进沿途国家互联互通，形成互补共赢的合作局面。经济上的共赢将进一步增强亚太地区在政治、文化等方面的交流，有助于亚太一体化进程。印度资深战略分析家肖普拉认为，印度希望加强与亚太地区其他经济体的合作，希望会议能给印度提供基础设施建设、贸易合作和技术转让等方面的机遇。

2. 中国分享发展经验

推动经济从粗放型向集约型转变，从劳动密集型向资本密集型转变，完善基础设施建设，开发新能源，改善生态环境等成为亚太地区目前面临的共同问题。在这些方面，中国应与APEC伙伴共同探索新的出路，并共同分享在各个领域的经验。APEC北京会议对于东盟国家而言，是进一步深化与中国合作、实现共赢的好机会。

作为覆盖面最广的区域经济合作组织，APEC的意义是丰富多样的，2014年APEC北京会议也是硕果累累。此次会议不但全面阐述了“一带一路”的战略构想，还正式启动了亚太自由贸易区进程，并着重描绘了互联互通的核心内容，宣布成立了丝路基金，开启了落实“一带一路”构想的篇章。这一构想，也得到了来自许多经济体的支持和参与，给多方共赢、和谐发展的亚太环境提供了良好的平台。

在“一带一路”的构想中，互联互通是实现这一路线的重要内容。能源是国民经济发展的重要支撑和推动力，良好的合作环境是保障能源安全的关键所在。在我国原油、天然气高度依赖进口的形势下，保障能源的供应安全就显得尤为重要。“一带一路”的贯通不但可以使沿线国家获得进一步发展的机会，还会进一步缩小我国东西部等地区的发展不均衡，并且还可使得我国能源的进口运输模式多样化，从而降低能源供应的风险，保障社会的和谐发展。“一带一路”上的能源合作是多方博弈的，但前景是多方共赢的，面临的挑战还需要深入探讨研究。

我国长期可持续发展战略的一个十分重要的问题是：只有稳定的能源供应，才能确保国家的能源安全，并进一步影响我国经济社会的发展。当前日益错综复杂的国际形势，使得这一问题显得更加严峻。因此，中国能源外交战略的全球合作模式是必然趋势。

能源是世界经济不断发展的源动力，直接关系到人类的生存和未来。世界能源的需求之所以持续不断地增长，其根本原因是全球经济的高速增长，各国在发展本国经济的初期都以高能耗的粗放型发展模式为主，尤其是发展中国家，近些年来，经济迅猛发展，对能源的需求与日俱增，对全球能源的争夺也日益激烈，由此导致的一系列能源安全问题，如生态破坏、气候变化、能源枯竭等都迫在眉睫。

中国作为经济高速增长的发展中国家，虽然能源的需求和消耗总量在能源消耗国中的排名不断上升，但是中国在能源领域一向秉持积极合作、互惠互利、共创双赢的模式。全球石油资源有限，能源进口多元化是保证中国能源安全的重要举措。因此，我国应与能源生产国和能源消费国保持友好关系，以多种形式与能源生产国建立能源合作伙伴关系，加强国家间的经贸合作，对能源生产国进行经济援助，参与当地交通、电力、水利、通信基础设施合作建设等。以非洲为例，在过去十年，中国对非洲的经济援助、投资和贸易促进了当地经济的发展，中国与非洲的贸易额达到500亿美元以上，中国在非洲的基础设施建设中投入了巨额资金。据统计，2014 年底，中国对巴西的各类投资总额达到 189. 4 亿美元，2015 年 5 月，国务院总理李克强出访巴西、哥伦比亚、秘鲁和智利，代表团表示将在巴西投资 530 亿美元进行基础设施的建设。与此同时，在能源的开发和利用方面与能源消费国加强合作，变竞争为共赢。例如，中国和美国在石油和天然气的开采技术和利用领域就有 20 多个合作项目，中国和印度也联合在美洲进行能源的开发。

长期以来，中国与能源生产国尤其是石油生产国保持着经济合作、政治友好的关系，中国与多国建立双边合作机制，从而保证了中国从能源生产国直接进行能源进口。除此之外，中国也非常重视地区性多边外交。例如，中国与中东、东亚以及非洲各国在政治、经济、文化等多个方面都进行了交流与合作。同时，成立各种形式的合作组织也促使和推动了各成员经济的发展，如亚太经合组织、上海合作组织，以及中非论坛等。当今全球石油能源安全所处的环境发生了巨大的变化，在这种复杂的国际环境下，中国与石油生产国和消费国的多边合作及双边合作存在局限性。而确保石油安全的关键就在于稳定石油的价格，这需要石油生产国和消费国保持良好的合作关系，确保供需平衡，才能稳定市场。

中国要解决能源安全问题，关键在于加强能源外交和参与国际多边合作机构，参与石油俱乐部。单凭能源外交和双边及多边合作这一单一方式很难解决问题。当然，不仅多边合作是重点，而且提高国内能源的利用效率也同样重要。合理调控，控制需求的增长，鼓励使用清洁能源、新能源，有效使用能源，保护环境，内外兼施，才是确保能源安全、经济稳定发展的关键。

参考文献

[1] 胡森林:《能源大变局》，石油工业出版社，2015。
[2] 崔民选、王军生主编《中国能源发展报告（2014）》，社会科学文献出版社，2014。
[3] 黄晓勇、苏树辉、邢广程主编《世界能源发展报告（2014）》，社会科学文献出版社，2014。
[4] 崔守军:《能源大外交：中国崛起的战略支轴》，石油工业出版社，2012。
[5] 丹尼尔·波特金（Daniel B. Botkin）、戴安娜·佩雷茨（Dianna Perez）:《大国能源的未来》，草沐译，电子工业出版社，2012。
[6] 田野:《APEC 能源合作：诸多门槛待跨越》，《中国石油企业》2014 年第 12 期。
[7] 李蕾:《全球能源格局变革下的中印能源竞争与合作》，《南亚研究季刊》2014 年第 3 期。
[8] 于宏源:《亚太油气合作面向未来》，《中国石油报》2014 年 12 月 4 日。
[9] 石泽:《能源资源合作：共建“一带一路”的着力点》，《新疆师范大学学报》2015 年第 36 期。
[10] 石莹、何爱平:《丝绸之路经济带的能源合作与环境风险应对》，《改革》2015 年第 2 期。

B.12

特高压——能源安全的有效保障

汪闻勇　王恩泽*

摘　要：我国幅员辽阔、能源资源储备丰富，但分布极不均衡。电力是能源消费的最佳方式，其供应的稳定性、经济性、环保性对全社会的稳定和可持续发展起到关键作用。而目前我国能源基地有北移、西移趋势，与部分东部用电负荷中心的距离已超过传统超高压输电距离。本报告首先基于以上客观情况的分析，对特高压的概念与特点进行了相关概述，之后分析了特高压对我国能源安全、高效、清洁供应的价值与意义；其次对比了国内外特高压发展历程，并介绍了我国特高压发展的主要工程与相关政策扶持；最后对特高压发展的前景进行了展望，并综合各方观点和建议供读者参考。

关键词：特高压　能源安全　保障

一　我国经济与能源情况概述

1. 我国国民经济将从高速增长转入中高速增长的新常态

我国自 1978 年实行改革开放以来，经济高速发展。从 1978 年开始，我国的国民生产总值每年都保持可观的增长率，在进入 21 世纪后，更是得到

* 汪闻勇，中国社会科学院研究生院政府政策与公共管理系在读博士研究生，现任宁波保税区管理委员会副主任，主要研究方向国民经济学。王恩泽，中国社会科学院研究生院经济学硕士研究生，研究方向为制度经济学、能源经济学。

了长足的进步，国内生产总值增长率实现了稳步上升，在2010年成为全球第二大经济体。国家统计局发布的相关数据显示，我国2014年国内生产总值达到63.6万亿元，按可比价计算较2013年增长7.4%（见图1）。然而随着世界经济的调整与过渡，我国也进入了经济增长的新常态。2014年12月9日召开的中央经济工作会议认为在我国经济从高速增长转入新常态期间，各级政府和部门应坚持稳中求进的工作基调，坚持以提高经济发展的质量与效益为中心，主动适应经济发展新常态，保持经济运行在合理区间，准确把握经济发展新常态。这也说明“新常态”将是下一阶段我国经济发展的主要特征。2014年中国社会科学院副院长李扬分析认为，到2020年，在经济新常态下，我国经济将保持在7.5%左右的年均增速；此外，著名经济学家林毅夫也曾表示，在“十三五”期间，中国经济运行的合理目标是保持7%~7.5%的增速；在两会期间，国务院总理李克强在政府工作报告中也提到2015年我国经济增长预期为7%。而经济要发展，必须要有能源供应的发展作保障。实现能源资源的合理充分利用，保障能源安全是经济发展的必然要求和战略目标。

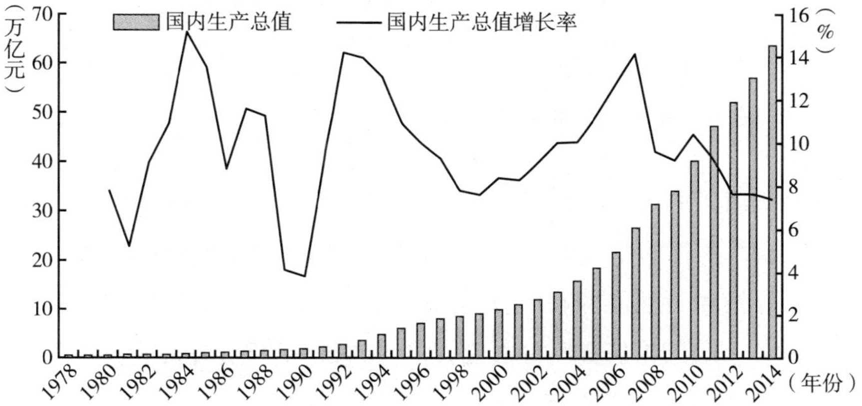

图1　中国国内生产总值及增速

资料来源：国家统计局。

2. 我国能源消费与经济发展呈相同趋势

在经济快速发展的背景下，能源作为经济增长的基本驱动力和国民生活的物质保障，也在实现同步快速增长。如图 2 所示，从 1978 年改革开放开始，我国能源消耗总量增长巨大且明显，除 1981 年处于负增长外，在之后的几十年中我国能源消耗均呈正增长趋势。其中，从 1998 年到 2004 年，能源消耗水平处于大幅度快速增长阶段，尤其在 2003 ~ 2004 年，能源消费增长率超过 15%，在 2004 年后，能源消耗水平也有可观的增长。据统计，2014 年我国能源消费总量达 38.4 亿吨标准煤，较 1978 年的 5.7 亿吨标准煤增长了 5.7 倍。

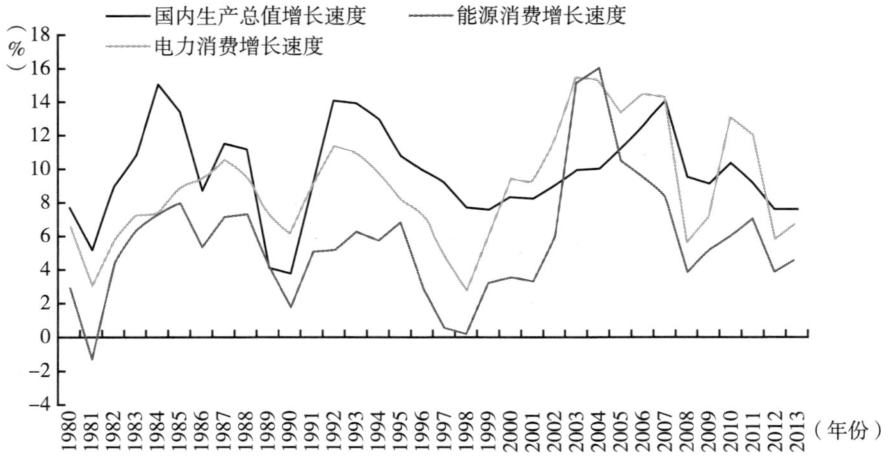

图 2　我国国内生产总值与能源消费、电力消费增长速度

资料来源：《国家能源统计年鉴（2013）》。

在我国能源消费中，煤炭能源和石油能源是消耗的主要对象，其中煤炭资源更是能源消耗的主力军。但随着技术的发展和我国能源战略要求与规划的变动，煤炭和石油能源在能源消耗中的比重正缓慢降低。以煤炭为例，2014 年煤炭虽依旧占据我国一次能源消费的最大比重，占比为 64.2%，但与 2010 年相比下降了 5 个百分点。

在煤炭、石油能源消费减少的同时，取而代之的是清洁可再生能源的利用与发展，我国为了实现绿色发展、可再生循环发展、低碳发展的目标，加大了对太阳能、水能、风能等可再生清洁能源的开发与利用，以新能源逐步、部分地替代旧能源，实现能源安全的新要求。

3. 能源消费的最佳模式——电力

能源之间的相互转换意味着能源消费方式的多种多样，以煤炭能源为例，煤炭可以直接燃烧，完成做饭、取暖等生活需求，也可以用来发电，并以电能的形式完成上述生活需要。因此，合理有效的使用能源是实现能源安全要求的基本途径。电力拥有可以与多种能源相互转换、大规模生产、便于精密控制、使用方便、使用范围广、便于新能源和可再生清洁能源转化等优势。因此，电能是化石燃料清洁利用的最佳方式。大规模电的使用，也使得电力成为能源工业发展的中心。

此外，作为重要的二次能源，与一次能源相比，电力的利用率比消费相同能量的一次能源的利用率更高，提高电力消费的比重可以减少一次能源的消耗。而电力是终端能源的载体，随着经济的快速发展和人们生活水平的提高，人们对能源需求的增加最直接的表现就是电力需求的增加。进入电力时代以来，人们的生产生活与电力有着分不开的密切关系，离开电，许多生活需求都不能得到满足。自 1995 年以来，电力消费的增速就开始超过了全部能源消费的增速，并基本呈现刚性增长。2014 年全社会用电量 55233 亿千瓦时，与 2000 年全社会用电量 13472 亿千瓦时相比，增长了 3 倍左右。电力是清洁、高效能源的代表，电力的发展也能满足环境保护和经济发展的需求。许多一次能源的消费会给环境带来不良影响，如煤炭资源的直接燃烧会给空气造成一定程度的污染，不符合绿色发展的要求，而电力的使用可以部分替代高碳资源的直接燃烧，并更多地利用清洁能源，不仅可以解决不可再生能源消耗过度带来的能源供给不足，还可以利用清洁可再生能源的替代效用减少环境污染。由此可见，电力是能源消费的最佳模式。

4. 我国能源消费现状及能源资源的分布、种类

（1）我国能源消费水平与全社会用电量同步高速增长

纵观各国经济发展规律，经济的增长都离不开能源供应的保障。我国也是如此，在改革开放后，伴随着我国经济总量的高速增长，我国也经历了能源消费和电力消费的同步高速增长。在 20 世纪 90 年代，我国曾一度出现由电力供应紧张而导致的大量拉闸限电现象，以及煤炭等主要一次能源的供应

紧缺问题。之后随着国家对能源生产的不断大力投入和扶持，在2000年后，我国的能源和电力供应情况得到有效的改观，且在2003~2004年，我国的能源消费和电力消费增长速度一度达到15%以上，超过国内生产总值的增长速度。直到2012年前后，我国能源及电力消费受欧洲债务危机、全球经济萎靡、市场需求疲软的影响，与我国经济的增长速度同步放缓。纵观30余年来我国国内生产总值与能源消费、电力消费增长速度的趋势图，我们可以看到，改革开放以后，我国国内生产总值的高速发展离不开能源消费、电力消费的高速增长，三方同构性明显，互相影响，大致都以平均8%的年增长率为中心震荡，最高不超过16%，最低不低过-2%，且除了1981年能源消费为负增长外，其余年份全部为正增长（见图3）。

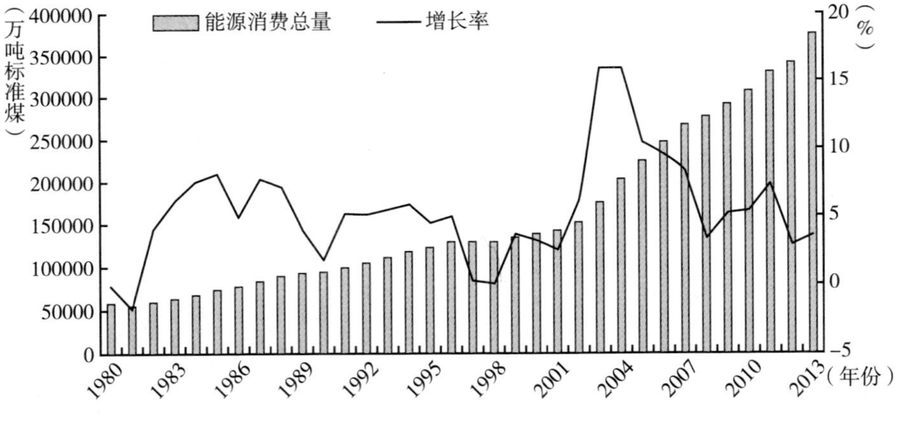

图3 我国能源消费总量及增长率

资料来源：《国家能源统计年鉴（2013）》。

我国的能源消费、电力消费变化趋势与经济发展节奏大致相同，在经济发展的不同时期显现出不同特征，且除2004年外，我国电力消费增长速度比能源消费增长速度要高。在1980~1990年，能源消费与电力消费经历了先快速增长，再下跌的变化，大体呈现M形变化格局。在这一阶段我国能源消费虽然波动较大但年均增速较快，大致为5%。随后在1991年我国能源消费总量突破10亿吨标准煤，而后至2000年，能源消费、电力消费变化与上一个10年有同构现象出现，也是先上升再下降的变化格局，年均增速有所放缓，大致在4%左右。2000年以后，我国能源消费随着我国城镇化速度的加速与经济发展规模的扩大而显著提高，在2005年左右，能源消费和电力消费增长速度一度超过10%，且能源消费总量达到225781万吨标准煤，电力消费总量达到24940亿千瓦时（见图4）。在2008年前后，两者先受到全球金融危机的影响，而后又受到4万亿投资和“十二五”节能减排的影响，两者增长速度呈现先降低再升高而后又降低的特点，能源消费增速逐步回落到5%以下，电力消费增长速度回落到6%左右，而后在2013年增速又有所回升，能源年消费总量达到375000万吨标准煤，电力消费总量达到年53223亿千瓦时。长期看来，我国的能源与电力消费呈现快速增长趋势，而在目前经济增长新常态下，虽然很难达到两位数的快速增长，但能源与电力消费总量仍会稳步增加，这也对我国未来能源输送与能源结构转型提出了新的要求。

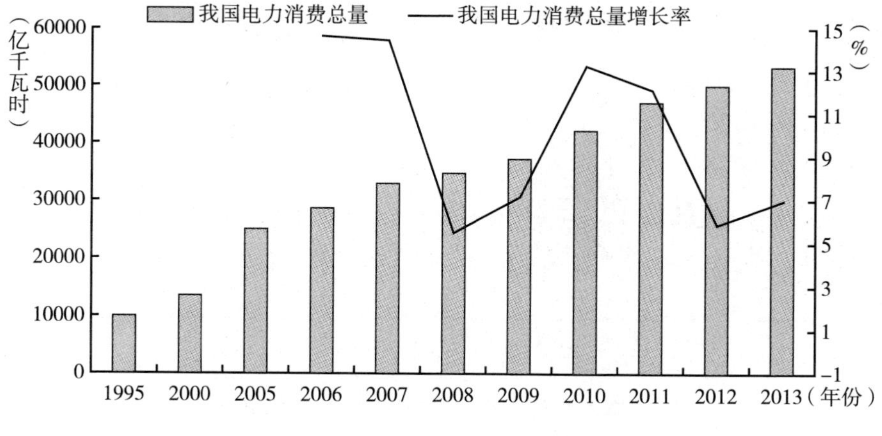

图4　我国全社会电力消费总量及增速

资料来源：《国家能源统计年鉴（2013）》。

（2）我国人均电力消费相对发达国家仍然较低，未来电力需求更大

由于我国经济的高速发展和人们生活质量的提高，我国人均用电量近些年来呈现快速增长态势。在2001年，我国人均用电量首次突破1000千瓦时，2010年首次超过世界平均水平，进一步上升到2943千瓦时，随后在

2013 年达到 3936 千瓦时，是 2001 年的近 4 倍。此外，随着各种家用电器的普及和智能家居的产生，在人均用电快速增长的同时，我国人均生活用电水平也得到了明显提高，其中在 2013 年，我国人均生活用电量达到 500 千瓦时，相比 20 年前增长了 10 倍有余，而这一趋势也将随着人们不断追求更高的生活水平而得以加强。

此外，我国人均用电量虽然在快速增长，但是与 OECD 国家相比，我国的人均用电规模仍小了很多。长期以来，发达国家的人均用电规模稳定在 8000 千瓦时以上，虽然会受经济发展状况的影响，但波动并不十分明显。从人均角度看，我国目前只达到了发达国家人均用电量的 45% 左右，不及韩国、日本的 50%，仅相当于美国、加拿大的 25%，略高于巴西、伊朗等国（见图 5）。因此，我国的人均用电增长空间很大。

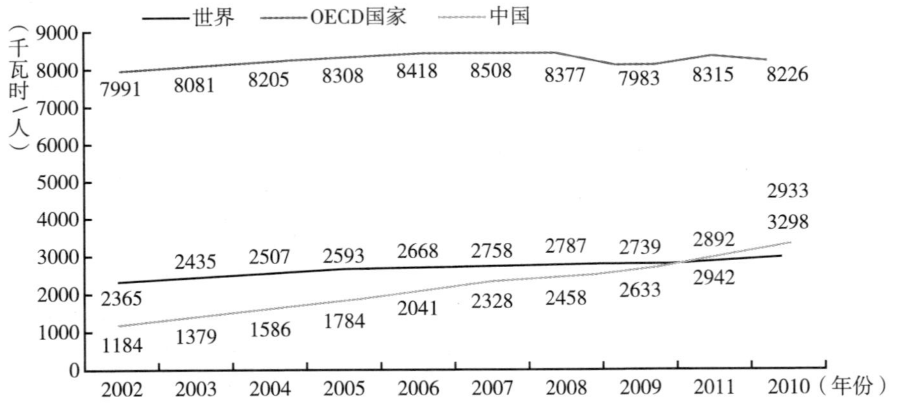

图 5　我国与 OECD 国家及世界人均用电量对比

资料来源：《中国统计年鉴（2014）》。

（3）我国能源消费结构相对单一

经济发展离不开能源，我国是一个能源生产和消耗大国，能源问题是国家战略的重要关切点。安全、高效的能源供应对整个国家的经济发展起着重要作用。而我国的能源生产、消费结构相对单一，煤炭作为主要能源供应、消费的格局从未改变。我国能源消费结构单一的主要原因在于我国能源资源禀赋多煤、缺油、少气的特点。1952 年我国能源消费中煤炭所占比重曾达到 96.74%，为历史最高，其后随着勘探、开采等技术的进步和能源结构的调整，在改革开放初期，煤炭消费比重稳定在 75% 左右，且呈缓慢上升趋势，1994 年，煤炭消费占比达到改革开放后的峰值 79.5% 后缓慢下降，2012 年占比为 70.6%，是改革开放后的最低。此外，能源消费中石油占比较稳定，我国是石油净进口国，随着全球石油资源紧张，我国远期石油消费占比有下降趋势。天然气作为清洁能源的代表，在国际能源消费结构中所占比例一直维持在 20% 以上，而我国能源市场中天然气消费所占比重虽在 2000 年后有显著上升，从 2000 年的 2.3% 增长至 2012 年的 5.6%，但比例仍然较低，目前仅占 6% 左右。除天然气外，水电、核电及其他能发电所占比重也逐年上升，但由于水电、核电的地理分布与主要消费地区相距较远，电力输送困难，运营成本较高，其所占比重一直未能有显著上升（见图 6、图 7）。但从历史规律、环境因素、能源结构安全及电力运输方面的科技进步等多方面考虑，清洁能源所占比重在未来将会出现延续上升趋势，而煤炭的高碳特征与我国经济发达地区环境承载力的矛盾，将使煤炭消费所占比重越来越低。

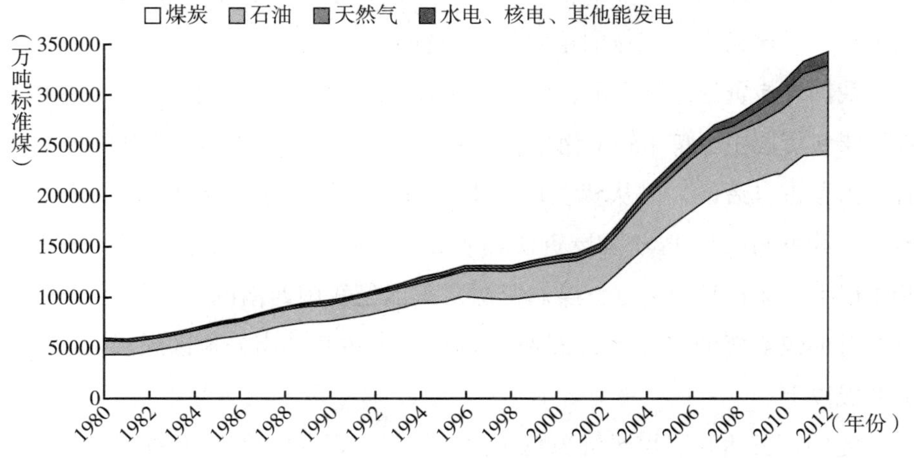

图 6　改革开放后我国能源消费总量及构成

资料来源：《国家能源统计年鉴（2013）》。

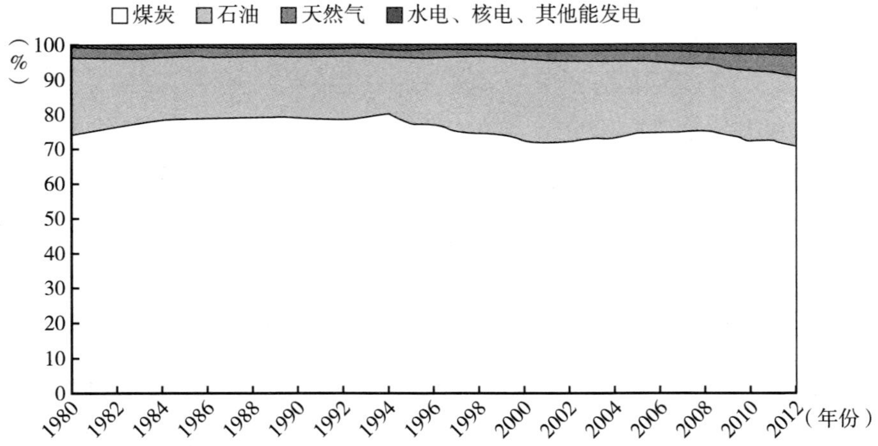

图7　改革开放后我国能源消费结构变化趋势

资料来源：《国家能源统计年鉴（2013）》。

5. 我国资源分布不均且可再生能源潜力巨大

(1) 丰富的煤炭资源主要集中分布在我国中部和西部

煤炭是由深埋在地下的植物历经腐化、高温、高压等长期复杂的化学变化而逐渐形成的，是迄今为止人类使用规模最大的一次能源资源，也是全球分布最广、总量最大的一次能源。由于在工业化中不可或缺的重要地位，煤炭曾被人类比喻为“工业的粮食”“黑色的金子”。

我国煤炭资源总量丰富，位列世界第三位，但分布极为不均。在我国北部，煤炭资源主要集中在河南省、甘肃省、宁夏回族自治区、陕西省、山西省、内蒙古自治区，以从贺兰山至太行山—大兴安岭一线煤炭资源最为丰富，大约占到我国北方煤炭资源储备量的55%以上，占全国煤炭资源的50%以上。而在我国南方，煤炭资源富集区是我国西南的云、贵、川三省。这三省的煤炭资源合计达到3525亿吨以上，占我国南方地区煤炭资源总量的九成以上。

此外，虽然我国煤炭资源总量大，但其中埋藏深度在2000米以内的潜层煤炭资源量预测只有5.6万亿吨。陕西、山西、内蒙古、新疆、宁夏、贵州6省份的潜层煤炭资源保有储量约为4.8万亿吨。而东部煤炭资源只占全国煤炭资源的3.3%。且由于长期高强度开采，我国东部地区的煤炭资源已近枯竭。也正是我国煤炭资源地域分布上北多南少、西多东少的分布格局，决定了我国煤炭资源长期以来西煤东运、北煤南运的生产、运输格局。而在这一过程中，东部地区受环境污染、中部地区受铁路运输的“瓶颈”影响，运力紧张等主要问题愈发严重，迫切需要具体措施来改变现状。

表1　我国主要潜层煤炭资源分布

单位：亿吨

	保有储量(亿吨)		保有储量(亿吨)
新　疆	19200	贵　州	2400
内蒙古	14500	宁　夏	2000
山　西	6400	合　计	48100
陕　西	3600		

资料来源：国家能源局：《科学发展的2030年——国家能源战略研究报告》。

（2）水力资源丰富但分布极不均衡

水力资源是水利资源的一种，依靠水位落差和径流量形成机械能实现能量的转换。水力资源可以通过水力发电工程将水体中蕴含的天然能源转化为电能而被人类利用。世界水电资源的蕴含量十分丰富，理论估计高达40000～50000TWh/年，其中可开发的水电资源也有3000～14000TWh/年。从20世纪初至70年代，多数发达国家已能较充分地利用水力资源，在之后的几十年中，许多发展中国家也加大了水电能源的利用率。其中，美国可开发水力资源1.467亿千瓦，开发率高达64.4%，装机量和年发电总量一直居于世界第一位。我国的水电资源理论蕴含量居世界首位，有关部门调查结果显示，我国（不包含台湾地区）共约3900条河流蕴含水力资源量超过1万千瓦，水力资源理论储藏电量为6.6万亿千瓦时每年，平均功率为7.5亿千瓦。水力资源技术可开发装机容量约5.7亿千瓦，年发电量2.5万亿千瓦时；经济可开发装机容量约为4亿千瓦，年发电量约可达2万亿千瓦时。虽然我国水力资源蕴含量丰富，但开发利用率只达到36.48%，与一些发达国家相比仍显不足。

我国的水力资源受西高东低的地势影响，在地理分布上极为不均衡，西部多、东部少，主要集中在西南地区，其中西藏、云南、四川、重庆、贵州5省份的水力资源蕴含量就占全国的71%。从流域来看，我国水力资源主要集中在长江、黄河、雅鲁藏布江等大江大河流域。从各大水系水力资源利用上看，乌江、黄河上游及中游北干流、长江上游、湘西、南盘江红水河、闽浙赣等8个水电基地对水力资源的开发程度比较高；相较之下，雅砻江、澜沧江、怒江等西南地区水电基地对水力资源的开发程度较低。这些分布在西南地区的水电基地是将水力资源转化为其他能源的直接渠道，要想提高能源利用率，就要提高技术开发量。从地域上看，积极开发西南地区的水力资源是提高水力资源效益的必然选择。四川、西藏、云南是我国未来水电开发的重点地区，据统计，四川水力资源技术可开发量为1.2亿千瓦，西藏为1.4亿千瓦，云南为1.02亿千瓦。这些地区的水力资源集中，可以通过建造大型水电基地并依靠地势梯级开发。

为了实现我国资源利用的战略目标，加强资源优化配置，经济的可持续的实现能源供给，水电资源拥有大蕴含量、可开发性强、可再生和经济成本低等优点，成为重点加强开发资源。从2009年至2014年，我国水电年发电量达到平均每年12.78%的增长率，除2011年有5.5%的下滑外，其他各年均呈现增长局面（见图8）。

（3）我国风力资源丰富，潜能巨大

风能是全球储备最丰富的清洁能源之一，由于其有利于治理大气污染和较少的碳排放，风力发电在全球能源供应中的比例正日益增大。目前，欧美等主要发达国家和地区都倾注了较多精力用以研究和发展风能及其相关应用。我国也是如此，近些年随着输电技术的不断成熟和节能减排要求的提高，风力发电总量呈逐年递增趋势，其占发电总量的比重也在逐年缓慢上升。其中在2010年，全年风力发电总量突破500亿千瓦时，增幅为最近几年之最。2014年，风力发电虽然增幅明显收窄，但总量持续放大，中国电力网资料显示，2014年全年风力发电总量达到1534亿千瓦时（见图9）。

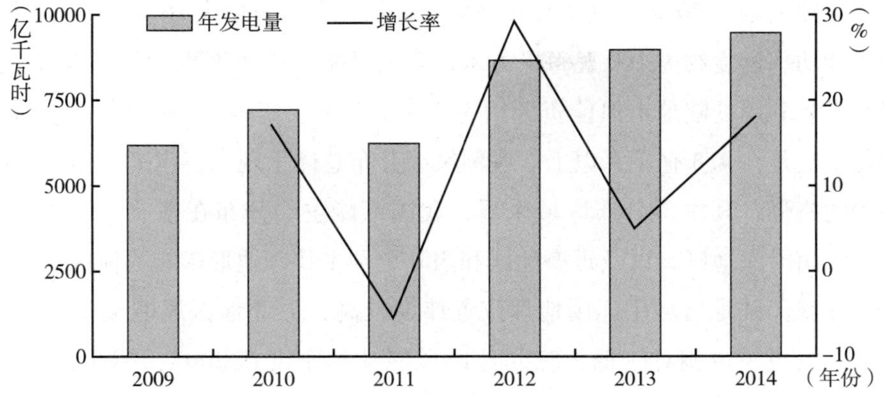

图 8　2009～2014 年我国水力发电及增长率

资料来源：中电联。

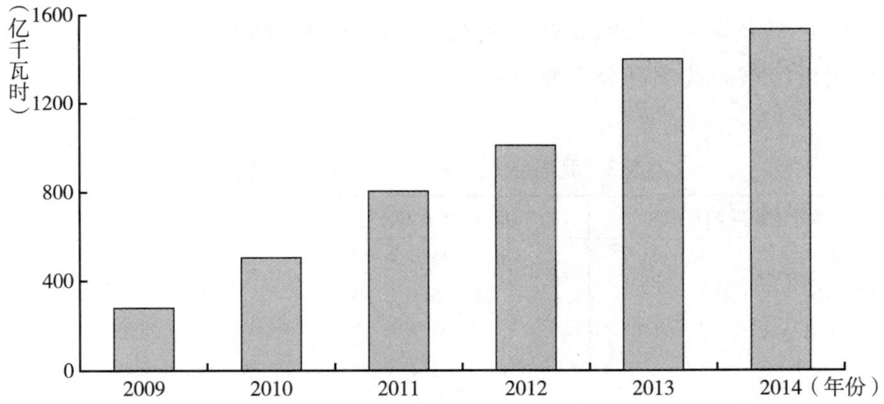

图 9　2009～2014 年我国风力发电总量

资料来源：中电联。

我国位于欧亚大陆东侧，东临太平洋，大部分地区属于温带季风性气候，此外，内陆地区地形成三级阶梯状，多山且地形复杂，“天下屋脊”青藏高原位于我国西部，影响了我国大气环流与气压分布，从而使我国的季风性气候更加复杂。地理环境等因素使得我国的风能资源储备极为丰富，可开发潜力巨大。

依照我国1000余个气象观察站测算评估，在距离地表10米处，全国平均风能功率密度约为100瓦每平方米，全国风能资源储备量约为33亿千瓦，可开发和利用的陆地上风能资源约为2.5亿千瓦。离地50米距离，全国风能储备更是在4.8亿千瓦以上。我国风能分布总体呈现北多南少、两侧多中部少的格局，其中就分布区域来看，我国风能主要分布在东北、西北、华北、东南沿海地区，以及近海地区和内陆个别受特殊地形影响的地区。

在我国陆地区域中，因地理位置纬度较高，三北地区风能储备最为丰富，开发成本也相对较低，三北地区风能功率密度在200～300瓦每平方米以上，个别地区甚至达到500瓦每平方米。其中，如锡林浩特、达坂城等地全年风能可利用时长都在200天以上，有的地区可达到290天以上。此外，我国东南沿海的大部分地区，在距海岸线10公里的距离内，每平方米面积风能功率可达200瓦每年。此外，在我国内陆，受山脉、水文等的影响，也形成了一些风能资源富集区域，如鄱阳湖附近区域和湖北的九宫山附近区域。我国部分主要风能基地资源评估情况见表2。

表2　我国部分主要风能基地资源评估

部分主要风能基地	面积(万平方公里)	潜在发电量(亿千瓦)
内蒙古	35.6	1.31
新疆哈密地区	5.4	0.25
甘肃酒泉地区	4.7	0.21
河北(坝上)	3.4	0.08
合计	49.1	1.85

资料来源：国家能源局。

（4）我国太阳能资源潜力巨大

太阳能与风能同属清洁能源，其在使用中不会排放污染物，并可以再生循环使用，太阳能的有效利用及光伏发电的推广符合我国能源战略安全、经济可持续发展、社会及生态和谐等诸多战略性综合目标。太阳能即将太阳辐射能转化为人类可使用的其他能源。我国的太阳能资源富集，是全球太阳能资源储备量较大的国家之一。平均每年我国各地区的太阳能辐射总量为0.9~2.4千瓦时每平方公里，中值数约为1.6千瓦时每平方公里，以中值数为等位线划分，西北部分的太阳能资源高于中值，资源分布较多，东南侧地区则少于中值，但总体而言，我国大部分区域太阳能资源较为富集。

根据我国各地区年接受太阳能辐射总量的多少，可以将全国划分为5类地区。一类地区是太阳能资源总量最大、富集度最高的区域，五类地区则是太阳能资源相对较为匮乏地区，其间以太阳年日照时长分别划分等级。其中，我国西藏大部地区太阳年日照时数最长，辐射总量最大；而贵州及四川省则受地形地势影响，太阳能资源相对较为匮乏（见表3）。但总体来说，我国的太阳能资源分布范围广、总量大，且分布除了西藏和新疆两个地区以外，存在北多南少、西多东少的格局。

表3　我国太阳能辐射地区分类

地区类型	年日照时数（h/a）	年辐射总量（$MJ/m^2 \cdot a$）	包括的主要地区
一类	3200~3300	6680~8400	甘肃省北部、西藏自治区西部、新疆维吾尔自治区南部、青海省西部、宁夏回族自治区北部
二类	3000~3200	5852~6680	河北省西北部及内蒙古自治区南部、山西省北部、宁夏回族自治区南部、甘肃省中部、青海省东部、西藏自治区东南部、新疆维吾尔自治区南部
三类	2200~3000	5016~5852	山东省大部、河南省大部、河北省东南部、山西省南部、新疆维吾尔自治区北部、东三省大部、云南省大部、陕西省北部、甘肃省东南部、广东省南部
四类	1400~2000	4180~5016	湖南省大部、广西壮族自治区、江西省、浙江省、湖北省、福建省北部、广东省北部、陕西省南部、安徽省南部
五类	1000~1400	3344~4180	贵州省及四川省大部地区

资料来源：中国百科网。

6. 我国能源分布与电力消费呈逆向分布

我国的能源资源与能源消费呈不均衡分布态势，我国的能源资源主要富集于我国中部与西部地区，其中大约有75%的煤炭、石油、天然气等一次能源及78%的太阳能资源分布在我国的西部地区及西北部地区；我国80%的水力资源富集于我国的西南地区。而目前的能源消费有大约75%来自我国东部、中部地区，但这一比例有逐渐变小的趋势。

因我国不同区域经济发展与城镇化速度不同，能源的消耗也呈现不均衡分布，也显现出了不同的电力消费增长速度。自20世纪80年代以来，受改革开放影响，我国东部地区年均电力消费增长速度超过10%，在2012年我国东部地区用电量达到全国用电量的48%，相比1978年，增加了9.4%，其中，我国华东地区（上海、浙江、安徽、江苏、江西，不包括台湾地区）由于经济发展水平较高，用电规模也是我国最大且增长速度最快的地区，2012年总用电量达到1674800百万千瓦，占全国总消费量的33.1%，相比1990年增长8.2倍。其次是我国中南地区（河南、湖北、湖南、广东、广西、海南，不包括香港特别行政区和澳门特别行政区），随着改革开放带来经济发展的加速，东部地区土地资源日益紧张，人力成本增长明显，高耗能产业向我国中部地区转移明显，近些年来中南地区的电力消费占全国比重的上升速度也越来越高，且自2007年以来加速趋势明显，至2012年已占到全国电力消费的23.99%。再次为华北地区（北京、天津、内蒙古、山西、河北），2012年地区电力消费85.39亿千瓦时，占全国电力消费的16.88%。而后依次是我国的西南（重庆、四川、贵州、云南、西藏）和西北地区（陕西、甘肃、青海、宁夏、新疆），我国西南、西北地区虽然用电量也在不断增加，但比重相比东部地区仍然较低，2012年分别占到全国电力消费的10.07%和9.08%。最后是我国的老工业基地东北地区（辽宁、吉林、黑龙江），改革开放前东三省一度由于经济体量大、占比高而有“共和国长子”之称，然而近些年来其经济地位下降明显，电力消费增长也始终较为缓慢，占全国电力消费的比重也日益下降，自2007年起成为全国电力消费最低区域，2012年东北地区电力消费占全国比重仅为6.88%，相比1990年下降8.37个百分点。

从目前的总体布局和变化趋势来看，2012年占我国国土面积70%以上的西部地区，其电力消费比重不足20%，但相比于1990年的占比已缓慢上升 2 个百分点。而东部、中部地区目前经济比重稳定、用电总量占比虽然缓慢下降，但总量持续增长，未来一段时间内依然会是我国电力消费的主要区域（见图 10）。我们从人均用电角度来看，在我国电力消费比重最大的东部地区，其人均用电量也远低于 OECD 国家人均水平，未来电力消费增长空间较大。总体来看，我国能源资源分布与电力消费水平分布明显不均，对电力远距离输送的需求明显。

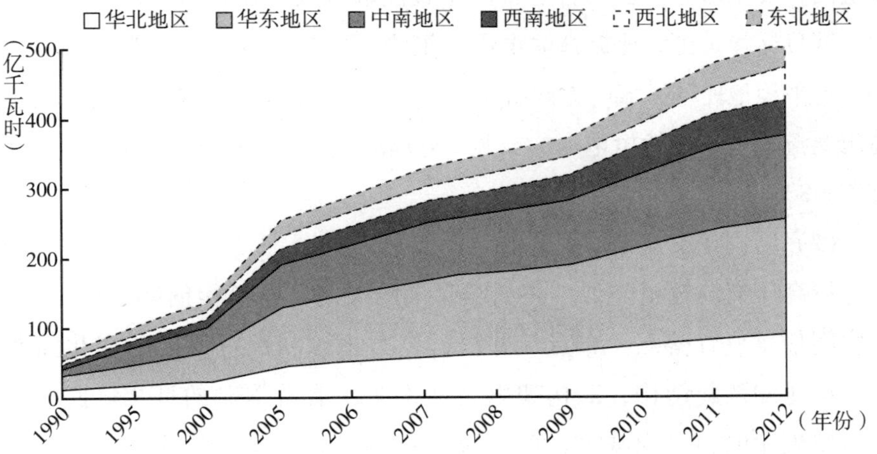

图 10　1990～2012 年我国各地区电力消费总量趋势

资料来源：《国家能源统计年鉴（2013）》。

二　发展特高压输电符合我国能源安全、高效和清洁供给的要求

电力作为能源消费的最佳模式，是我国能源发展的主力军，大量发展电力工业可以应对我国能源消费增长中所遇到的问题。但为了更好地使用电力资源，也为了更好地利用清洁可再生能源，我们目前只能在清洁能源蕴含地大力生产电能再将电能输送到能源高消耗地区，能源分布不均与高耗能地区所呈现的逆分布状态就要求远距离、低损耗的输电技术来实现能源的高效利

用。在这样的战略要求下，特高压输电技术应运而生，并成为解决我国能源安全问题的有效方法。

1. 特高压的定义与特点

（1）什么是特高压

特高压输电的含义是指 500 千伏、750 千伏交流和 ±500 千伏直流输电技术之上采用更高等级电压的输电技术，包含特高压交流输电和特高压直流输电两种技术形态。但不管是特高压直流输电技术还是特高压交流输电技术，其目标均是更大地提升输电配电能力，完成大规模、远距离输电及更好、更平稳地使各区域电力网络互联，从而更好地配置资源。具体来说，特高压交流输电系统输电电压为交流 1000 千伏，特高压直流输电系统电压为直流 ±800 千伏。

（2）特高压交流输电的特点

特高压交流输电类似一张编织起来的大网，它可根据实际用电需求，在中间任意位置落点、布点，并根据电力来源和用电终端的变化而改变电力输送和调配结构，对构架电力网络主干有着深刻的意义。此外，特高压交流输电的走廊减少，可以减少线路和变压器等的输电、用电功率消耗，使得消耗与输送功率的比值降低，提高电力的利用率。并且特高压交流输电的输电电容较大，覆盖范围较广，方便建造国家级的电力网络，可为电力市场的运行提供较好的平台，灵活适应市场的要求，产生更多的利润。

特高压交流输电有其自身的特点和无法取代的优点。首先，特高压交流输电可以提高传输的电容量和传输距离，既能满足电量的需要，又可以解决电力资源与消耗逆向分布的问题。其次，特高压交流输电可以节省线路走廊，使得走廊空间减少，从而减少占地面积。最后，其能提高输电的经济性，因其线路走廊的减少可以降低在输电过程中的电力损耗，与以往的输电技术相比，特高压交流输电就提高了电力的利用率和经济效能。但是特高压交流输电也有自身的缺点，其系统的稳定性和安全性不易得到保障，其自身构造比较复杂，在输送中出现了问题也不易排查，在主网架没有构造完全时易产生大规模的停电事故，线路符合能力较低。而且，特高压交流输电产生的辐射等，虽然经过发展和研究被证实在可以承受的范围以内，但久而久之也可能对环境等造成危害。

（3）特高压直流输电的特点

特高压直流输电工程以中间不落点的两端工程为主，基于特高压直流输电自身的特点，它在点对点、大规模、长距离输电上具有交流输电无法比拟的优势，它还可按送端和受端的运行方式和需求变化改变潮流，减少或避免大量过网潮流，且其方向和大小都能方便地控制。只是它一旦脱离特高压交流电网独立使用，就难以发挥作用。

直接将电力送往负荷中心。国家电网相关研究表明，从经济和环境等角度考虑，高于正负 600kV 的特高压直流输电是远距离、大容量输电的优选方式。特高压直流输电的线路造价低、年电能损失量小，具有较高的经济性，且在工程投资和运行费用上也都比特高压交流输电要划算和节约。在技术方面，特高压直流输电不存在系统稳定性的问题，和交流输电不同，其不需要输电系统中的所有发电机保持同步运行，而且，其构造相对简单，出现问题时比较容易排查，减少了用电事故发生的可能性。特高压直流输电是点对点的输电，因此在电流方向和大小上都方便调节，运行方便、可靠，并且其没有电容充电电流，在建设上也更加节约空间。但是，直流输电必须要在受端和送端之间通过换流装置实现交流、直流电的相互转换，换流装置的造价较高，而且也不能直接使用，限制了特高压直流输电的适用范围。并且其消耗无功功率多、缺乏直流开关、不能用变压器改变电压等级，这些都是特高压直流输电的缺点，有些问题即使技术发展也难以克服。这就意味着直流输电技术所具有的局限性需要依靠特高压交流输电来解决。

2. 特高压输电技术的优势与意义

能源的安全供给是国家发展的基本需求。而我国的基本国情与能源需求的不断加大在客观上又对能源和电力及相关行业的发展提出了更高要求。发展以特高压为骨干的智能电网体系符合我国能源战略转型，有助于保障能源的安全、高效和清洁供给，是在全球化视野下，构建社会可持续发展，推动能源结构转变，建设生态文明社会的战略选择。

我国的能源资源与能源消费分布矛盾，我国的能源资源主要分布在我国中部和西部地区，其中大约有75%的煤炭、石油、天然气等一次能源及78%左右的太阳能资源分布在我国的西部地区及西北部地区，我国的水力资源80%分布在我国的西南地区。而目前能源消费中有大约70%来自我国东部、中部的城市群及其周边地区，且这一比例有逐渐拉大的趋势，这也说明我国能源消费的中心将在较长一段时间内在我国东部、中部地区。从客观上看，由于我国发展正处于新常态转型的关键时期，在要求经济增长的同时，更是对经济社会发展的环境友好、可持续性提出了更多要求。由于我国能源供给传统的就地平衡模式需要在能源主要需求地区周边大规模建设发电厂，这些年来带来了东部、中部土地资源紧张，环境污染严重，一次能源运输成本随着运输总量的增加而不断增高等诸多问题。传统的就地平衡模式急需转变为大规模输电及大范围消纳的大电网联网供电模式。因此，随着一次能源资源开发重点的北移和西移，以及可再生能源的大规模开发利用，大型能源基地与我国主要能源消耗地的电力输送距离逐渐超过传统超高压输电的合理范围，达到1000~3000千米。这就对输电线路的能力提出了新的要求。

2004年以来，中国国家电网立足于国家能源发展需求与基本国情，联合社会各方力量，自主创新、研究论证、重点研发，突破了诸多困扰世界的科学技术难题。在国家政策的引导下，相继建设了特高压直流、交流输电示范工程，并持续安全平稳运行。特高压输电可实现能源的长距离、大规模、高效的配置，代表着当今世界输电技术的最高水平和未来发展趋势，对我国能源的安全、高效、清洁供应作用突出，相比传统模式的综合优势明显。现阶段，我国是全球唯一掌握并实际应用特高压输电技术的国家。

（1）特高压输电规模大、距离远、效率高

我国存在明显的用电负荷中心和能源资源分布逆向的现状，即用电负荷中心能源需求大，但却能源资源匮乏，而能源资源禀赋好的地区用电需求较少且远离经济发达地区。这就对能源资源的配置提出了较高的要求，而电力又是能源使用的最佳方式，即将一次能源资源转化为电力往往比直接利用一次能源可获得更高的使用效率并减少污染，这也就使能源资源配置的问题转变为在哪儿发电和如何输送电力的问题。

20 世纪中叶，由于我国电网规模小、电力输送能力低等问题，我国一直以“远输煤，近输电”来解决能源分布与用电负荷逆向分布的问题。经过 50 余年电网的发展与特高压输电技术的创新，我国电网结构更加合理且输电能力得到了极大的提高。而同时，输煤带来的能源损耗、成本高昂、环境污染、区域土地资源紧张等问题越来越突出。所以我国逐渐转变能源资源配置模式，输煤变输电，但由于传统超高压输电的经济输送距离一般仅为 600 ~ 800 千米，超出这一输电范围则会加大线路的自身损耗，也给电网带来安全隐患，从经济上和安全上考虑都不合适。但我国能源资源分布的主体规律是西多东少、北多南少，且主要一次能源基地正逐渐向西部与北部移动。这些主要能源基地与东部、中部能源需求大的地区的距离大多在1000 ~ 3000 千米，远远超出了 500 千伏超高压输电的 600 ~ 800 千米的经济输送距离，以往只能将西部的能源通过铁路、公路等运输方式输送到东部、中部地区，无法通过超高压输电大范围、合理配置资源。而随着特高压技术的突破，其经济输电距离已经远远超过 3000 千米的需求距离。除了输送距离较传统 500 千伏超高压输电距离远外，特高压输电的输电能力也更强，有研究测算表明，正负 800 千伏的特高压直流输电的电力输送能力是传统超高压输电电力输送能力的 2 ~ 3 倍，而 1000 千伏特高压交流输电的输电能力更是超高压输电电力输送能力的 4 ~ 5 倍，如此大的差距，就好比 4G 网络和 2G 网络的差别。也正是因为特高压输电相比传统输电模式具有输送距离长、高效且输送容量大的特点，并且已经可以满足大范围、大容量的远距离输电需求，我们不必再将一次能源运输至东中部地区发电，从而提高了能源使用效率并优化了能源资源的配置。因此，要保障我国大型能源基地的集约开发和电力的安全、高效输出，实现大核电、大煤电、大水电的安全并网、高效输送及优化配置，就应加快我国特高压输电建设。

（2）特高压输电保护生态环境且有利于社会综合效益提升

我国目前处于工业化过程的中期，经济增速较快。传统的能源资源生产、消费模式正给我国带来越来越严重的环境污染问题。一次能源在燃烧过程中会释放大量的二氧化硫、粉尘等大气污染物，我国的环境问题以东部经济较发达地区最为严重。华北地区单位面积的二氧化硫排放量是西部地区的5倍以上；长三角地区每年每平方公里二氧化硫排放量达到45吨，超出全国平均水平近20倍。且近几年来东中部地区PM2.5超标严重，在华北平原部分地区雾霾天气经常出现，全年雾霾天数甚至达到全年一半以上，严重影响了人民的生产、生活，对地区经济和人畜健康都带来了不利影响。为保障经济可持续发展与人民生活质量的逐步提高，加快转变能源和电力配置方式，综合考虑我国各地区环境承载力能力，加快特高压建设迫在眉睫。

此外，由于我国的太阳能、风能、水能等可再生清洁能源主要分布于我国的北部、西部地区，远离东部能源消费中心，超出传统超高压输电经济输送距离，而当地又无法完全消纳，一些地区出现了严重的弃风、弃水、弃光现象。这也造成了以煤炭为主的高碳能源消费比例难以下降，加剧了环境污染。而要从根本上解决环境污染问题，就要扩大清洁能源的使用规模，降低高碳能源使用比例，这也就对输电能力提出了更高要求，而加快特高压输电建设，就可以加快以电代煤，促进清洁能源发展，推动能源结构转型，改善环境污染严重的现状。按规划，2020年，我国跨省跨区风电输送规模将超过100GW，太阳能发电及水力发电规模也都会有明显增长。

另外，我国东部、中部地区土地资源紧张。特高压输电线路的建设用地相比于传统的超高压输电线路建设用地更少，这也有利于缓解我国中部、东部地区人多地少的经济发展与土地资源紧张的矛盾，有助于实现土地资源的优化与合理利用。目前，我国中部、东部可利用土地资源日益枯竭，人均占有量只有世界平均水平的30%左右，且随着东部、中部的经济发展，未来我国东部、中部地区的人口迁移数量还会持续增长，城市建设用地与公共服务配套设施建设用地也都还会持续增长，这将对土地资源的合理利用提出更高的要求。大力构架特高压输电网络有助于土地资源的合理利用，西部地区相对于中部、东部地区人口数量较少，可开发土地较多，能源资源丰富，在西部地区建设能源基地，通过特高压大规模、远距离、跨区域输电，在带动西部地区相关产业发展的同时，有助于中部、东部地区土地资源节约与产业优化，如此，便可通过大视角下的产业布局优化，逐渐使中部、东部地区的资源配置得到合理的利用，也有助于生态环境的改善，进而提高全国人民生活质量与资源的整体利用效率。

（3）特高压输电使电网运行安全性更高

1981 年我国建成了第一条 500 千伏线路，装机容量尚不足 7000 万千瓦。随着我国经济的快速发展，尤其是在东部地区，由于人口密集、经济发达导致用电量激增，原来建设的电网已经开始面临短路电流超标、输送能力不够、走廊资源稀缺以及发展适应性不强等一系列问题。为了能将能源基地转化的电力能源从西部远距离输送到用电密集区，普遍采用了直流送出电力，但送电规模大、增速快的趋势使得中东部地区的电网安全承载能力严重不足，这种“强直弱交”的电网结构，严重威胁到了用电的安全，要进行技术性的电网升级才能解决供电和安全用电的双重问题。

发展特高压电网，利用特高压交流输电技术构造国家级的新型电网结构可以为下一级电网的分层分区运行制造条件，同时可以解决短路电流超限问题、提高电网运行的灵活性和安全性。短路电流是电路传输中出现的问题，其是指在发生短路时流过的电流会大于额定电流，从而引发用电安全的隐患。在电网的发展过程中，短路电流超限的问题逐渐严重和突出，一定程度上限制了电网的发展。如果只是简单的更换设备或是仅仅采取线路拉停、线路站外搭接等临时措施也只能暂时性地控制短路水平，无法从根本上解决短路电流超限所造成电网安全受到威胁的问题。而且这些措施可能会削弱电网的结构，进一步影响电网的安全性和可靠性。华东长三角地区的电网密集，已经有将近 30% 的发电厂和变电站在 500 千伏的电压下短路电流超限，制约了电网的发展，要从根本上解决这一问题，只能通过发展更高一级电压的电网，加强电网的结构和主骨架可靠性，为解决短路电流超限提供平台，增加电网运行的灵活性和安全性。特高压输电技术，就是构造高电压电网的基础，由特高压交流输电构建电网，通过特高压直流输电进行大功率输电，建设“强交强直”的新型电网结构可以实现电网的发展目标。

（4）特高压使电力输送保障能力更强、联网效益更高

我国的能源蕴藏种类决定了我国在未来的很长一段时间内无法改变主要以煤为主的能源供给模式。在传统能源输送方式中，煤炭输送方式在其中占有较大比重。电煤在我国的消费量占煤炭消费量的50%以上，我国在传统观念上，主要以分地区自我平衡的方式发展电力，我国经济发展快速的高用电量城市则主要依靠“远距离、多环节、大规模”的煤炭运输方式，满足地域性的供电需求，但是这种煤电方式导致电力稳定性不高，煤电运输紧张。但是，经过多年的开发，中东部地区的资源开采量已经超出了其能够承受的限度，煤炭等资源告急，地区性自我平衡模式的供电渐渐无法实现，只能将煤炭基地向北方和西方移动，这样一来就会使煤炭资源的运输距离增加，困难也会日益增多。为了应对能源输送距离远、需求大的问题，就需要加快对特高压的建设，实现输煤输电并用、优势互补、合理分工、协调发展，以此来打破我国煤电运输困难的局面。由此可见，特高压的建设不仅有利于能源生产、运输、转换，提高使用率，更能加强能源输送的保障力度，有利于我国优化资源配置与利用。

另外，由于同步电网的规模扩大，接入的电源增多，原有电网的抗扰动和故障抵御能力也会有一定程度的提高，此时发展大规模的同步电网可以充分发挥其优越性。其对电源结构、电流变化、负荷分布的适应性比较好，再通过网间电力交换，特高压电网可以充分实现水火互济，获取错峰、调峰、跨流域补偿、调剂余缺和互为备用等联网效益。电网规模扩大后，接受远距离、大容量外来电力的能力也会显著增强。以浙北—福州特高压交流工程为例，这个工程可以充分发挥特高压优化资源配置的作用，大幅度地提升华东电网的网内交换能力。而福建与浙江的电网联系比较薄弱，福建电网丰水期电力外送受到限制，预计2015年福建电网将出现电力盈余400万~1000万千瓦。浙北—福州特高压工程建成后，浙江与福建联网输电的能力可以得以

提高，2015 年、2020 年分别可获得错峰、调峰和互为备用效益 160 万、220 万千瓦，提高紧急事故支援能力 240 万、330 万千瓦。预计到 2020 年，特高压电网可减少装机容量超过 3200 万千瓦，减少投资近 1200 亿元，同时扩大水电消纳的范围，较大地提高径流式电站的经济性，减少由调节较差带来的问题。

利用大电网调节能力和调峰资源互补，还可以减少弃水弃风电量。特高压电网具有显著的错峰、降低峰谷差、充分利用水电调节的能力，能够大规模消纳水能、风能等清洁能源，通过跨区联网建设和统一调度实现调峰资源的共享。预计到 2020 年，可减少弃风电量 600 亿千瓦时，减少弃水电量超过 340 亿千瓦时，获得电量效益 340 亿元。

在我国发展电力主要依靠水能资源和煤炭资源。我国的水能资源十分丰富，水能发电又具有廉价清洁等优势，但其实现能量转换来发电经常受到自然条件的制约，尤其是容易受到降水的影响。而煤炭发电虽然不受自然条件的限制，可以避免水能依靠“天意”提供能量的劣势，保证按需发电，但煤炭不属于清洁可再生能源，其在使用时容易造成环境污染，仅仅依靠煤炭资源的大力发电，也无法实现可持续性发展的要求。要想促进电力的有效发展，就要坚持水火互济，两者相互调剂，既可以扬长避短，也可以实现电力长期的安全供给。但是，我国资源分布不均，要想使二者共同发展、相互配合，就要选择好的区域和可以提供远距离输电的输电网络，从这一角度讲，特高压输电仍然是最佳选择。

三　特高压输电的实际应用与规划

1. 世界其他地区特高压发展历程与应用

随着世界经济的发展，人们的生活质量也得到普遍提高，各国为了应对电力负荷的快速增长和大容量输电需求的增加，大量建设大容量电厂以及高压、超高压输电线路、变电站等电力设施，但随之也出现了电损增大、输电设备重复电容以及环境恶化等问题。因此，为了能源资源的合理配置、保障国家能源安全并促进国家的经济增长，从 20 世纪 60 年代开始，苏联、日本、美国等国家就开始发展特高压的可行性研究。

（1）苏联特高压发展情况

迄今为止，苏联是唯一一个除中国外拥有特高压输电工程运行经验的国家，也是全球最早进行特高压技术攻关并进行实际建设的国家。自 1960 年起，苏联试图利用特高压技术解决其自身资源分布与消费负荷距离远的问题，投入了大量人力、物力进行相关技术攻关，组织了苏联电气科研院、动力电气化部技术总局等部门针对特高压输电相关领域进行深入研究，并逐步规划建设。20 世纪后半叶，苏联经过一段时期的经济发展，跨区域资源调配需求越来越大，1973 年苏联借助各地区电气系统逐步统一的契机，建设了长 1.17 公里的特高压三相试验线段，部分满足了资源跨区域调配和西部核电接网的需求，并进行了设备绝缘、可听噪声、变电站内电厂、无线电扰乱、设备输送和检验等全方位的诸多实际论证；随后在 1978 年，又为满足位于苏联远东的诸多能源基地能源输出而建设了从伊塔特至新库涅茨克的特高压输电试验工程，并就地开展了多种输电模式与设备的考核、比较。20 世纪 80 年代，苏联电力系统与经济互助委员会各个国家的电力系统联网并以 750kW 顺利运转，标志着东欧同步电网建构的初步成形，其发电装机总量最大曾达 4 亿千瓦以上。随后苏联又为东连西伯利亚地区、西连哈萨克地区而建设了埃基巴斯图兹—科克契塔夫 1150 千伏的特高压输电线路，1985 年该工程在额定工作电压下带负荷正常运行，并成为全球正式运作的第一条 1150 千伏特高压输电线路。然后仅仅 6 年后，随着苏联的解体，其国内经济状况逐渐恶化，导致电负荷量增长缓慢，对大容量、远距离的资源调配的需求也在减弱，使得其在特高压输电工程上的投入大大减少，导致工程搁置、延期或是降压运行。即便如此，苏联的特高压输电技术研究也一直位于世界领先地位，并为后续的研究和发展奠定了基础。

（2）日本特高压发展情况

日本以能源节约、资源配置优化著称，其在特高压输电领域也起步较早。20 世纪 70 年代，日本经历经济快速发展阶段，电力需求总量预计将保持6%以上的年均增速，为了将福岛等地的核电输送到东京都负荷中心，也为了减少东京都及其周围电力短路和远距离输电等问题，日本自1972年起正式开始并逐步加强了针对特高压输电领域的研究，并对其开发使用进行规划。东京电力总公司、日本电力研究院开展了特高压输电可行性技术讨论，完成了盐原、赤诚等特高压试验研究基地的建设。日本的第一回500千伏交流输电线路于1973年成功建成之后便开始了1000千伏特高压交流输电线路的研究工作。1980年，日本选择1100千伏作为500千伏电压等级以上的更高一级的电压，这是通过对诸多交流电压等级及直流±500千伏比较后而得出的最具经济性的方案。1988年，东京电力公司正式开始建设向东京都圈输电的1000千伏特高压交流输电工程，并以电力磁场的影响范围、对景观的影响、对动植物的影响等研究结果得到了日本民众的支持，消除了民众对其建设可能会带来危害的疑虑。日本具有前瞻性、基础性和实用性的特高压输电技术研究，虽然取得了一大批世界水平的技术成果，为特高压输电技术工程的研究奠定了基础，但是日本该特高压工程建成后一直采取降压至500千伏运行。纵观日本特高压发展起步早但应用少的特点，除了日本近些年经济发展速度放缓、电负荷增长缓慢外，日本自身领土面积狭小，对远距离输电的需求不大也是一个重要原因，而且出现的几次大规模的停电也暴露了其电网结构不合理的弊端。

（3）美国特高压发展情况

美国虽然迄今为止针对特高压只停留在研究阶段并未将其实践应用，但其在特高压输电技术研究上却做出了很大的投入，技术储备的意图明显。1974年，美国电力公司和通用电力公司在匹茨费尔德的特高压输电技术研究试验站进行了可听噪音、电晕损失、无线电干扰和其他环境效应的实测，建设了1000~1500千伏的三相试验线段。该线段的运行获得了电磁环境指标并开展了铁塔安装试验、特大型变压器的设计和考核等研究，取得了一定的研究成果。1976年，美国邦纳维电力局开始在莫洛机械试验线段和莱昂斯试验场进行特高压输电线路机械结构研究，电场电晕研究、操作，以及雷电冲击绝缘和生态环境研究等。在2003年后，美国出现了几次大规模的停电事故，为了调整电网结构，美国减少了对特高压输电技术的研究投入，建立了采用超导体技术的由东岸到西岸，北到加拿大，南到墨西哥的跨越全国的直流输电骨干网架，利用“分网”的方法以超高压来满足国内的用电需求。

2. 中国特高压技术发展历程

中国自 1986 年起，就着手开始了特高压输电技术的研究工作。从 20 世纪 80 年代至 90 年代期间，通过开展“输电方式论证”“特高压输电前期论证”“交流百万以上伏特特高压输电的可行性论证”等专项课题，逐步对特高压输电技术有了一定的了解和认识。与此同时，特高压输电技术也被列入了国家“七五”“八五”“十五”的科学技术专项研究与攻关中。相较于西方发达国家，中国对于特高压及其相关技术的研究起步时间相对较晚。反观中国电网的发展历程，由于起步较晚且时间紧迫，中国电网多数时期是采用技术引进、吸收、消化、再创新的发展方式，但在特高压的研究与实践方面，西方国家也尚未成熟，所以中国采取了自主创新的研究方法。中国电力科学研究院、电力建设研究所、武汉高压研究所以及其他高等院校都陆续开展了特高压输电方式及电压等级的研究课题，进而分步开展并逐渐深入了针对特高压输变电设备、铁塔、线路及相关细分领域的分析研究与科学论证，并将特高压输电系统过电压、输电线路对环境的影响及绝缘配合等问题列为专题课题进行研究攻关。此外，为了尽早实现特高压输电技术在中国开展，也为了推动中国特高压技术产业的发展，“全国联网和高一级电压输电领导小组”于 1994 年初决定在武汉高压研究所建设特高压试验线段。1996 年 6 月中国第一条百万伏特级高压试验线路正式落成。这条试验线路主要用于研究特高压输电技术外绝缘放电特性以及特高压输电线路对环境的影响等问题，它的建成为特高压的研究提供了新的起点与平台。

特高压输电技术分为特高压交流输电技术和特高压直流输电技术，二者在中国发展的时间与历程有一定的差别。2004 年，国家电网公司正式启动了特高压输电技术的可行性研究，组织相关机构及设备制造厂家进行技术研究，制定了共46项关键技术的特高压交流输电项目研究课题。不仅如此，国家电网公司加强与世界上其他拥有特高压输电技术的国家及其公司、研究机构的技术交流和研讨，如美国电力科研院、俄罗斯直流科研院、东京电力有限公司、日本中央电力科研所等。2005年，中国初步明确了特高压输电试验示范工程，即东南—南阳—荆门工程，完成了可行性研究工作，利用该工程对特高压输电系统及设备进行了全面的考核试验，该考核结果可以直接用于今后特高压实际输电过程中。2006年，中国特高压交流输电研究项目取得了研究成果，其中过电压水平、绝缘配合、防雷、电磁环境限值、无功配置等关键技术研究也取得了初步成果。这些研究成果为特高压交流输电工程的初步设计及可行性研究提供了大量可靠的数据。2009年，全长为640km的1000kV晋东南—南阳—荆门特高压交流试验示范工程正式投运，并于2011年12月完工，其实现了单回线路稳定输送5000MW的目标。该条试验线路完成了对特高压输电设备，如变压器、断路器、线路、高压电抗器、避雷器、绝缘子、GIS设备和在工频过电压、雷电过电压、短路电流、谐振过电压、投/切低压电抗器等条件下的技术性的充分考核，为中国特高压交流输电技术的发展与实践提供了基础和宝贵的经验。

中国的特高压直流输电技术较交流输电技术发展较早。20世纪50年代中国就开始了直流输电技术的研究。70年代在上海建成了直流输电试验工程；80年代末建成舟山直流输电工业性试验工程；1990年建成了葛洲坝—上海高压直流输电工程，该工程成为中国首个大容量、远距离直流输电工程，其电压达±500kV，线路输送可达1200MW。到2009年底，中国已经投入运行了18项超高压及以下直流输电工程，总容量33570MW，输电线路总长11841km。在十几年的发展中，中国的直流输电技术得到了跨越式的发展，我国也逐渐成为直流输电的大国，同时也为特高压直流输电的发展与应用打下了坚实的基础。与交流输电相比，直流输电的电容量份额较少，但线路走廊窄、损耗小、造价低等优点使发展特高压交直流混合电网成为中国电网发展战略的方向。

特高压直流输电和交流输电各具优势，中国电网的战略发展方向就是建设相辅相成的特高压交直流混合电网。特高压交流输电具有构建电网和输电的双重作用，其不论是电力输入、送出或是传送过程都十分灵活，可以满足资源分布、电力负荷、电力输送等实际问题的要求构建并连接电网，为直流输电提供框架和网络。不仅如此，特高压交流输电构建的网络结构性强，不论是直流输电还是自身输电都可以保证一定的安全性，抗干扰能力强。特高压直流输电用于点对点、远距离、大功率输电，其自身具有线路走廊窄、占地小、线损低、造价低等优点。但特高压直流输电需要在送端将交流电转化为直流电输送，再在受端将直流电转化为交流电使用，因此其本身不能脱离交流输电而单独使用。此外，直流输电是点对点输电，不能将线路构建成电力网络，无法满足区域分布的要求，所以就需要借助交流输电网络更好地实现电力负荷的需要。特高压交流输电在煤电、水电、核电、风电站接入，建设跨大区域的主干输电网络，再利用特高压直流输电将水电、风电等电力远距离、大功率地输送到电力需求地。“强交强直”实现了水电、煤电、核电、可再生清洁能源跨区域、远距离、大功率的输电，完善了资源配置并优化了能源使用，有效地解决了能源分布与负荷中心逆向分布的问题。

3. 我国特高压政策支持与规划

国家电网公司在2004年开始组织多方人力、物力针对特高压及相关技术进行攻关，并于次年择优选择出了特高压试验示范工程。示范工程晋东南—南阳—荆门特高压交流输电线路在2009年建设完毕并进入试营运状态，向家坝—上海特高压直流输电示范工程也于2010年建设完毕并开始带电运行。这一交一直两条特高压示范线路的成功建设和运转，标志着中国于该领域取得了阶段性成功。反观国际上特高压的发展与运行现状，各国普遍采取只研究不运行或是降压运行，使得特高压的建设与发展陷入热议当中，部分专家对于特高压的经济性与安全性产生怀疑，认为建设将低于预期。2012年，我国要求继续发展智能电网，积极增强用能管理，增大电力调动的灵活性，优化能源结构，积极发展核电、水电，加速开发风能、太阳能等清洁可再生能源，深入贯彻节约资源和环境保护成为国家基本政策。由此可见，发展智能电网不仅要求优化电网结构更强调提高清洁新能源和可再生能源的使用。但是风能、太阳能的不稳定性以及我国能源分布不均对我国电网构成冲击，特高压远距离输电、减少重复电容等好处刚好弥补了这些缺点。2012年，国家电网公司为了促进特高压技术的发展，也为了尽早实现电力产业升级，将特高压电网计划上报国家能源局，2013年，有关部门开始着力支持特高压及其相关建设，并做出相关规划。这对我国特高压发展起到了关键作用，全社会也对特高压建设更加关注。

2014年1月，国家能源局印发《2014年能源工作指导意见》（以下简称《意见》），在重点任务中提到推行区域化差别能源政策，在能源丰富的西部，根据当地的水域条件和生态系统的可承载能力，合理充分地进行能源开发并加大能源输出力度。此外，大气防治计划也被列在年度重要任务当中，主要是为了实现京津冀地区的联防联控，在能源消耗大省制定保证能源供给方案，增加外来电力供给。对于风电等清洁能源的供给与运输提出新要求，要求推进蒙西、冀北、酒泉、蒙东、哈密等9个大型风电基地的配套电网及工程建设，以提高风电的使用率。最后还对加快输电通道及相关建设，加大“西电东送”建设力度提出指导意见，同时为了提高跨省区电力输送能力，也对12条电力输送线路的建设做出规划。由《意见》可知，国家能源局要求实现能源充分合理利用、优化能源结构、提高清洁能源的使用率以及解决能源分布与负荷中心逆向分布等问题，而特高压技术就是达到其要求的最好解决方法。因此，在规划的12条输电线路中包含锡盟—北京—枣庄、靖边—潍坊、淮南—南京—上海、蒙西—天津南4条特高压交流线路以及锡盟—泰州、宁东—浙江、山西—江苏、滇西北—广东和上海庙—山东5条特高压直流线路。同年4月，国家能源委员会在首次会议中讨论并研究了能源发展中的战略问题，指出要从2014年开始建设特高压和常规技术的“西电东送”输电线路并尽快投产使用，以应对长距离大规模的输电问题，尽早保质完成资源的优化配置要求，并实现减耗增效的目标。2014年5月国家发展和改革委员会、国家能源局、环境保护部一起印发了《能源行业加强大气污染防治工作方案》，规划了上述12条输电线路内容。按照该方案，至2015年，我国将新增电力200wkV输送至京津冀地区，至2017年底，要向长三角地区增送2000余万千瓦、向京津冀鲁地区增送4000余万千瓦、向珠三角地区增送500余万千瓦电力。此外，能源局相关文件显示，宁东—浙江直流线路与淮南—南京—上海交流线为2016年规划运营的“一交一直”特高压输电线路工程，蒙西—天津南、锡盟—泰州、滇西—广东、山西—江苏直流线路、锡盟—山东、陕北榆横—山东潍坊交流线路则为2017年规划运营的3条交流和3条直流特高压输电线路工程。而国家电网公司负责其中的8条特高压输电工程的建造。

此外，从国家电网公司制定的远期目标规划可以看出，在2017年左右，我国有望完成“三纵三横”特高压输电工程，至2020年左右将完成“五横五纵一环网”的特高压交流输电线路的建设；在2017年之前有望建成11条特高压直流输电通道并预测在2020年建成27条输电线路。据政府下发的政策文件预计，特高压输电工程将实现大规模建设投产，在“十三五”期间，能实现每年“两交四直”的特高压工程建设规模（见图11）。从特高压建设的整体规划及预期来看，在2014～2020年这7年间我国针对特高压输电工程的建设、研究投资总额将超过10000亿元人民币，年均投资额达到1400亿元人民币。因此，随着特高压工程的建设，输变电及其相关上下游产业也将获得巨大的市场弹性，进一步激发市场活力。

4. 我国特高压输电技术的实际应用

经过对特高压输电技术几十年的研究，我国的特高压输电技术已经取得了实践性的成果。2014年底，我国已建成“三交四直”特高压工程（见图12）：晋东南—南阳—荆门交流输电项目、淮南—浙北—上海交流输电项目、浙北—福州交流输电项目、哈密—郑州直流输电项目、锦屏—苏南直流输电项目、向家坝—上海直流输电项目、溪洛渡—浙西直流输电项目，以及在建的“两交一直”特高压工程：锡盟—山东交流输电项目、淮南—南京—上海交流输电项目、宁东—浙江直流输电项目。据统计，特高压工程全部的输电线路长度超过1.5万公里，输送电力的容量超过1.6亿千瓦，总输电量累计2700亿千瓦时以上。特高压工程形成的大电网，有力地提高了清

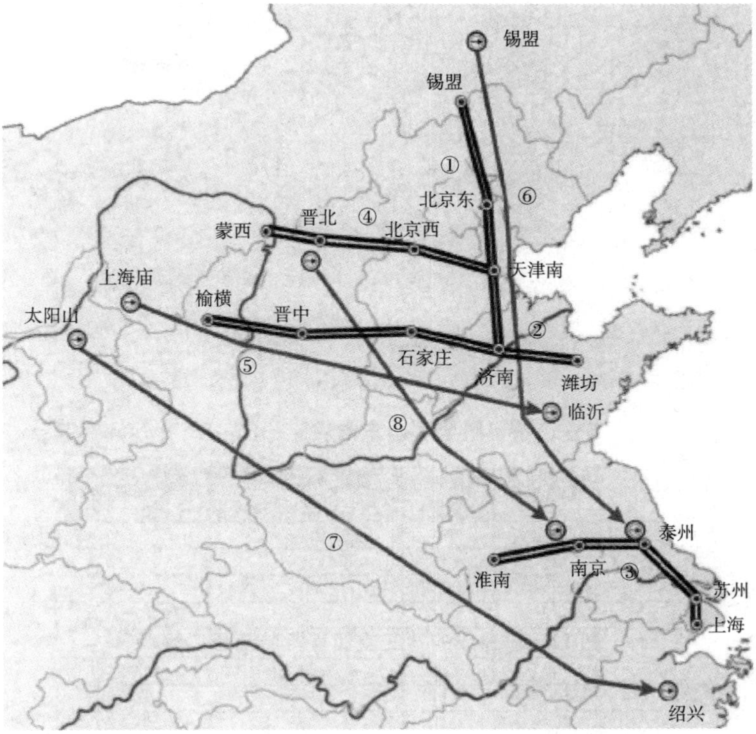

图 11　规划和在建的特高压“四交四直”工程

注：①锡盟—山东交流 2016 年投运；②榆横—山东交流 2017 年投运；③淮南—南京—上海交流 2016 年投运；④蒙西—天津南交流 2016 年投运；⑤内蒙古上海庙—山东直流 2017 年投运；⑥锡盟—江苏直流 2017 年投运；⑦宁东—浙江直流 2016 年投运；⑧山西—江苏直流 2017 年投运。

资料来源：国家电网公司。

洁能源的使用，其中中国的风电并网的规模为世界最大，太阳能发电电网也增长迅速。

（1）1000kV 晋东南—南阳—荆门特高压交流试验示范工程

对于特高压交流输电的实践技术领域，不论是我国还是在世界范围内都相对较为陌生，其工程具有复杂性，若仅依靠在实验室中的测试和“纸上谈兵”的预测数据很难实现特高压交流输电技术的实际应用，所以只有建设特高压交流输电试验工程才能更好地对该技术进行测试和改进。

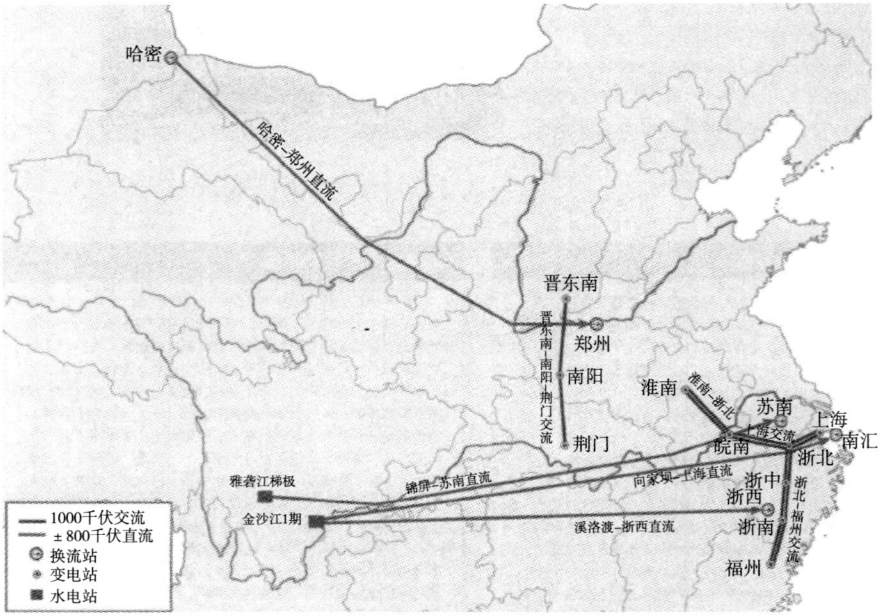

图12　已建成的“三交四直”特高压工程

资料来源：国家电网公司。

为了满足中国电力发展的要求，也为了充分发挥特高压输电远距离、解决能源分布失衡、更高效配置资源等作用，最终选择晋东南—荆门为线路建设特高压交流输电的试验示范工程。建设示范工程是为了完成提高系统设计和设备制造水平、全面进行设备考核以及验证参数设计等任务，以推进特高压交流输电的商业化运营。在线路的选择上，晋东南—荆门符合中国的能源流向，在连接华北和华中电网后既便于全网组织电源，也能够满足全电压、大功率的试验要求，同时还不影响电源的正常送出和电网的正常运行。

2006年8月9日，特高压交流试验示范工程获得核准并正式开始建设，其中包括长治、荆门两个变电站和南阳开关站，以及长治—南阳—荆门单回输电线路。山西省长治市长子县石哲镇的长治变电站围墙内占地面积为7.78公顷，特高压主变压器为3×1000MVA，1000kV出线1回，双断路器接线，500kV出线5回，3/2断路器接线，1组3×320Mvar特高压高抗，2

组 240Mvar 抵抗和 4 组 210Mvar 低容。湖北省荆门市沙洋县沈集镇的荆门变电站围墙内占地面积 11.45 公顷，特高压主变电压器为 3×1000MVA，1000kV 出线 1 回，双断路器接线，500kV 出线 3 回，3/2 断路器接线，1 组 3×200Mvar 特高压高抗，2 组 240Mvar 抵抗和 4 组 210Mvar 低容。河南省南阳市方城县赵河镇的南阳开关站围墙内占地面积为 8.15 公顷，1000kV 出线 2 回，双断路器接线和 2 组 3×240Mvar 特高压高抗。该条试验线路全长为 640 千米，途经 22 个行政区并跨越河南、山西和湖北 3 个省。其中晋东南到南阳的线路长 360 千米，从长治变电站起沿途经过山西省的长子县、沁水县和泽州县，河南省的沁阳市、博爱县、温县、孟州市、巩义市、偃师市、伊川市、汝州市、宝丰县、鲁山县、南召县和方城县，最后进入南阳开关站；南阳到荆门线路长 280 千米，从南阳开关站起途经社旗县、唐河县，湖北省的枣阳市、襄樊市、宜城市、钟祥市、沙洋县，最后入荆门变电站。

2008 年 12 月起，在 15 个月内进行工程调试作业，分别进行了零起升压试验，特高压变压器、断路器、特高压线路、高抗及抵抗的造作及设备安全试验，系统全面和抗干扰试验，联络线功率控制、系统动态扰动、大负荷试验及单相瞬间短路的考核，特高压线路电损率检测等试验。试验结果表明各方面数据及效果均符合要求，工程系统良好，具备投入运行的条件。在该试验示范工程后期试运行中，2009~2011 年累计输电 277.1 亿 kWh，华中水电送华北 92 亿 kWh，减少弃水电量 55 亿 kWh，节约用煤 3 百万吨以上，减少二氧化碳排放 9 百万吨以上。此外华北火电送华中地区 185 亿 kWh，替代输煤约 6 百万吨，有效缓解了华中地区电力短缺的问题。该项试验示范工程充分发挥了特高压交流输电远距离、大功率、低损耗的优点，并实现了华中、华北地区能源的优化配置，为特高压交流输电技术的应用提供了坚实的基础和宝贵的经验。

（2）向家坝—上海 ±800kV 特高压直流输电示范工程

2007 年 4 月 26 日，向家坝—上海 ±800kV 特高压直流输电示范工程得到核准并正式开工，该条输电线路的建设是为了满足向家坝、溪洛渡等水电站外送的需求，应“西电东送”的战略要求，实现中国输电设备的自主创新能力，将原有的输电线路升压运行。该工程的直流电压为 ±800kV，额定直流电流 4000A，换流电容为 6400MW。

特高压直流输电示范工程“向家坝—上海 ±800kV 工程”（以下简称向上工程）中包含两个换流站：输出端的复龙换流站和输入端奉贤换流站。位于四川省金沙江的复龙换流站拥有 500kV 交流出线 9 回：到向家坝左岸电站、右岸电站各 2 回，溪洛渡左岸换流站 2 回，泸州变电站 3 回。奉贤换流站位于上海市浦东新区，拥有 500kV 交流出线远景 4 回：到南汇变电站 2 回，三林变电站 2 回；500kV 交流出线本期到南汇变电站 3 回。该条工程线路经四川、重庆、湖北、湖南、安徽、江苏、浙江和上海，全长 1891 千米。其中，四川省境内线路长度为 185.977 千米，途经宜宾、高县、江安、长宁、泸州和合江。重庆境内线路长 288.665 千米，途经江津、綦江、南川、武隆、彭水、黔江、朝阳。湖北省境内线路长 490.684 千米，途经咸丰、来凤、松滋、公安、江陵、潜江、仙桃、洪湖、嘉鱼、赤壁、咸宁、阳新、大冶、蕲春。湖南省境内线路长为 255.64 千米，途经龙山、桑植、慈利、石门、澧县。安徽省境内线路长为 385.404 千米，途经宿松、太湖、望江、枞阳、东至、池州、青阳、南陵、泾县、宣州、郎溪、广德。浙江省境内线路长为 160.656 千米，途经安吉、长兴、湖州、德清、桐乡、嘉兴、嘉善。江苏省境内线路长为 17.4 千米，途经吴江市。上海市境内线路长为 106.574 千米，途经青浦、松江、金山和奉贤。

向上工程于 2010 年 7 月 8 日正式投运，运行过程中在各种特殊天气环境下都能实现安全平稳的输电运行，截至 2013 年 6 月该工程共输送电量 337 亿 kWh 并于 2013 年 10 月 9 日正式通过国家验收。该项工程有效缓解了华东电网用电高峰的紧张局面，同时保证了四川的水电外送，这项工程的成功验收也证明我国已经掌握了特高压直流输电的核心技术，是我国电力产业水平提高的重要标志。

（3）我国特高压走出去——巴西美丽山水电特高压输电工程

巴西与中国地理情况相似，能源分布不均匀，其发电主要依靠水力发电，而且大多是远距离输送电资源。巴西的水电站在电负荷量攀升的情况下已不堪重负，2014 年恰遇巴西的大选年且巴西又恰是第 20 届足球世界杯举办国，承担赛事举办的 12 座城市又绝大多数位于巴西的用电负荷中心，电力消耗的高增长预期使得巴西的电力供应与使用安全存在隐患。为了满足本国的高用电需求，通过电力资源调配解决资源分布不均带来的问题，巴西决定采用特高压输电作为解决方法。2014 年 2 月 7 日，我国的国家电网公司成功中标了巴西美丽山水电特高压直流送出项目，该项目是巴西和美洲第一回特高压输电线路。国家电网公司和巴西国家电力公司将组成联合体，共同参与项目的建设，这次项目的中标不仅承认了中国特高压输电技术在世界电力产业上的地位，对中国电力产业的海外市场也有积极的带动作用，中国特高压输电技术成为继高铁后又一个自主创新的“走出去”技术。

在中国与巴西合作的特高压直流输电项目中，双方秉承共同分享建设、运营、管理经验的原则，中国向巴西提供人员、技术、资金，双方深入交流并共同推进项目的建设运行。巴西美丽山水电站是巴西的第二大水电站，巴西美丽山水电送出项目就是设计建成装机容量为 1100 万千瓦的配套送出工程，将巴西北部的电力资源直接输送到高用电量的巴西东南部。该工程包括特高压直流输电部分和 500kV 交流配套工程。一期工程为 ±800kV 的欣古—米纳斯特高压直流输电线路和两座换流站，工程线路总长度为 2092 千米，并预计在 2017 年全线投入运行。

国家电网公司的成功中标使中国特高压输电技术成为又一张外交名片，成为国家综合实力提升的又一标志性坐标。不仅如此，国家电网公司在海外的资产收益和效益良好，净回报率在两位数以上，而巴西美丽山水电站送出项目作为国家电网公司在海外中标的首个特高压直流输电项目，有望为中国的电力产业带来更多的收益和市场活力。

四　特高压输电前景展望与可能存在的风险

1. 中国特高压发展前景展望

特高压自身的技术发展取决于我国的能源分布情况，能源需求分布情况以及需求变化趋势。从世界电力发展历史来看，电力的研究与发展与经济发展成正比。中国的特高压技术早期发展一直未能达到世界领先水平，但随着中国经济的快速发展和人民生活水平的提高，中国电负荷呈高速攀升趋势，需求是特高压发展的动力，所以在最近 20 年中，中国的特高压输电技术研究快速追赶世界水平，2014 年，中国的特高压交流标准电压被推荐为国际标准电压，中国也成为国际电工委员会常任理事国之一。

（1）特高压的发展有利于解决我国的能源安全问题

特高压的建设可以解决我国能源产地与需求地分布不均的问题。从特高压电网的未来发展趋势来看，其主要是为了更好地解决我国能源使用上的问题。我国在能源消耗上，呈现以石油、煤炭、天然气和水电为主的结构。煤炭资源主要分布在我国西北部，其中，内蒙古、新疆、陕西、山西 4 省份占全国煤炭资源量的 81.3%，但西北地区经济发展相对落后、人口稀疏、资源需求量少，大量能源都消耗在沿海、京津唐及中部地区。此外，我国原煤需求量也十分可观，2020 年预计可达 30 亿吨/年。如果将煤炭资源大量运输到能源消耗地再进行能源转换或使用，则会造成运输成本的增加与运输途中的损失，同时也不利于环境的保护。建设特高压输电电网，在西部将煤炭资源转化为电能再进行远距离大容量的输电可以减少成本同时满足沿海、中部、京津唐等地区的能源需求。水利能源也主要集中在西部，其中四川、西藏、云南的可开发水力资源占比为 60%。西部还能实现风能、太阳能这些可再生能源的充分利用。建设特高压电网，可以实现能源的充分供给，以低价、充沛的能源代替石油这种高价的稀缺能源，对于我国的能源安全具有重要意义，可以有效克服我国石油能源不足而受人掣肘的弊端。特高压电网的强大输电网络和灵活、可拓展性，能够促进电力市场的发展，实现跨大区、跨流域、水火相济、全国能源资源优化配置的目标，保障我国能源供给的充足、安全。

（2）特高压的发展为环境保护注入新活力

我国力求实现可持续性发展，将环境保护写入国策，特高压电网的建设更有利于实现清洁可再生能源的高效利用，可适应能源流的变化。雾霾是我国面临的又一重大环境问题，雾霾这一空气污染现象不论对环境还是对人体健康都有十分大的危害。特高压的发展可以实现“以电代煤、以电代油、电从远方来”的目标，减少我国经济发达地区由于煤炭、石油过度燃烧使用排放有害气体而产生的空气污染等问题。不仅如此，东部地区的环境空间在发展过程中不断减少、人口也越发密集，而西部地区受地理、历史等因素影响人口密度较小、环境空间较大、资源蕴含量也十分丰富。特高压的发展可以加大西部和北部地区煤炭燃烧电厂的建设和电力外送的力度。通过将煤炭资源大比例地转化为电力输送到东中部地区，从而充分利用西北部地区的环境空间，缓解东中部地区的环境空间，减少全国的环境损失，增强环境效益。由此可见，从国家战略角度上考虑，建设以特高压电网为骨干网架的国家电网，是电力工业可持续发展的科学选择，也是国家能源安全的战略目标。特高压输电技术将在未来的几十年中快速发展，积累理论和实践的双重和丰富经验。

（3）特高压的发展将成为技术出口的代表之一

中国的特高压技术已经处于世界领先水平，其可能成为继中国高铁后的又一项原创技术领域的高端设备出口项目。在特高压技术发展的创新实践中，我国率先掌握了特高压成套设备建设的核心技术，通过自我创新实现了产业升级，形成了核心竞争力。自 2009 年的国际金融危机以来，在全球经济不景气的背景下，我国特高压主设备制造企业的出口量并没有受到不利影响，反而带动了出口经济。500 千伏以上产品的出口年增长率达到了 40%，总额也高达 100 亿元。国家电网公司表示，特高压技术的发展有望将其海外资产在现有总资产中的占比提升至 10% 左右。对于市场而言，特高压技术的发展有效解决了社会问题，从而刺激了资本市场，带来资本兴奋。特高压技术的发展不仅有望带来经济收益，还能提高我国电力在国际电力行业中的影响，从而可以通过推动国际标准的制定增强我国在电力产业中的话语权，进而提高我国的核心竞争力。

（4）特高压发展的核心是技术进步

要想实现中国特高压技术的长足发展，核心就是加大特高压技术的创新力度以实现技术进步。我国通过几十年的技术开发与实践，已经攻克了特高压输电的关键技术，成功规划、设计运行了世界上电压等级最高的交流输变电工程并解决了特高压电网建设运行中安全性、稳定性、电网结构、潮流分布的合理性及特高压输电系统过电压和电磁暂态等问题。掌握了高海拔、重污秽和重覆冰等特殊环境下特高电压下的绝缘技术，实现了1000kV的不停电检修。除此之外，我国已经自主研制成功全套的特高压设备，实现了产业升级，将特高压的核心技术牢牢掌握并积极处在世界发展的前端。在未来的特高压技术发展道路上，我国特高压技术研究人员也在兢兢业业地向着大功率、远距离、低损耗、广覆盖、高安全性的目标前进。为了能使500kV侧短路电流超标的问题得以解决，中国特高压技术将大力发展特高压升压变压器技术，并以此来提高线路的输送距离以便于抑制线路的电压波动。建设紧凑型的特高压输电技术也是特高压输电技术发展的方向之一，因为紧凑型的输电技术可以提高土地的利用率、减少线路走廊、增大输送电容，解决中国能源分布、电力消耗、土地资源的现实问题。同样是为了减少线损、增大电容并现实满足西藏水电、准东火电和跨国输电的需求，发展更高一级电压的特高压直流输电技术也是技术的研究突破方向之一。通过研发±1100kV的特高压直流输电技术能进一步增大特高压直流输电的经济输电距离，提高工程的输电能力，充分发挥特高压电网大规模、高效率、大范围优化资源配置的能力并进一步促进制造技术的创新。最后则是加强对特高压交直流输电组成电网的技术研究，这项研究是更好、更早地建设国家级特高压电网的实现基础。为了能将输送容量巨大的特高压直流线路更好地与特高压交流电网相连并保障电网的安全运行，将加强对分层接入方案的研究以充分发挥特高压联网的经济效益与安全效益。

（5）特高压的发展离不开人才的培养

我国的特高压技术在国际范围内已经达到了领先水平，要想实现特高压技术的进一步发展只能靠自我创新能力实现产业升级。技术的研究与进步离不开优秀的电力研究从业人才。为了实现特高压技术的发展，就需要加强电力行业的人才培养。2014年5月17日，“特高压奖学基金”在北京成立，该基金已经募得2300余万元，并将每年向清华大学、上海交通大学、浙江大学、西安交通大学等17所高校的160名电网、发电、电建等专业的优秀本科毕业生颁发“特高压奖学金”。这个基金会的建立就是希望激励优秀学生投身于特高压技术建设和研究中来。要想培养特高压研究的人才，就需要提供高平台，通过学术交流和实践研究的双重方法加强特高压技术人才的培养工作。有了专业人才的保障，才能给特高压技术的发展提供养分。

2. 发展特高压可能存在的风险及各方意见

中国的特高压发展直至2013年才在政府政策的高度支持下迎来高速发展的春天，其原因就在于它自身可能存在的风险并未确定且备受争议，而我们也应该辩证地看问题。将相关可能风险及各方意见进行总结，大致有如下几点。①对于直流输电和交流输电而言，部分电力专家认为如果利用特高压交流输电技术将区域电网联系起来，容易造成全国范围的停电，而且交流特高压的结构相对复杂，一旦有故障发生，很难及时排查出问题根源，造成停电问题不能快速解决。②部分电力专家论证认为如果输电的电压增高并且输电线路增长就会使造价升高，在输电电路超出一定的距离时，使用特高压交流输电就会增加输电的阻力和损失，因此单从经济角度上考虑长距离送电不如送煤划算。③特高压输电对于环境保护如治理雾霾的直接效果也遭到部分专家的质疑，他们认为国家电网的相关论据并不充分，而认为雾霾本身是由能源消费结构不合理造成的，仅仅依靠特高压以电代煤来缓解雾霾问题，并不是治理污染而是转移污染，并且部分专家认为特高压本身的工频磁场、工频电场、无线电干扰等是否对人畜没有影响和危害都还没有被论证。④部分专家认为特高压输电线路的建设投资成本极高，且周期较长，检修费用较高，投资难以回收。⑤此外工程占地面积较大，与铁路建设相比，特高压输电线路每回走廊宽度100米，至少要有23回才能达到特高压输电建设要求，如此一来，其宽度相当于铁路走廊宽度的100多倍，而其建设大多穿过人口密集的地区，对于社会环境和城市建设用地有不良影响。⑥部分业内人士认为特高压的建设将加剧国家电网的行业垄断。我国自2002年开始进行电力体制改革，并在国家电网下设立分区电网公司，然而特高压会使各区域电网公司全部由特高压连接成一张网，并形成技术进入壁垒，与电改的区域电网布局相矛盾，从而加剧国家电网的行业垄断。

综上，特高压电网的建设至今虽仍存在诸多争议，但纵观人类历史发展，任何一项创新技术从研究到成熟运用无不经历了诸多非议。怎样面对诸多质疑并从国际特高压发展曾经失败的道路中开辟出新的路径是中国特高压输电技术发展的首要问题。这需要我们的辩证思考并拭目以待!

参考文献

［1］崔民选主编《中国能源发展报告》，社会科学文献出版社，2011、2012、2013、2014。

［2］刘振亚主编《特高压交直流电网》，中国电力出版社，2013 年。

［3］国家统计局：《中国统计年鉴（2014）》，中国统计出版社，2014。

［4］国家统计局：《中国能源统计年鉴（2013）》，中国统计出版社，2013。

［5］英慧：《发展特高压，更安全，更高效，更环保的配置资源》，《科学世界》2015 年第 2 期。

［6］刘振亚：《中国特高压交流输电技术创新》，《电网技术》2013 年第 3 期。

［7］杜至刚：《中国特高压电网发展战略规划研究》，山东大学，2008 年。

［8］周浩、余宇红：《我国发展特高压输电中一些重要问题的讨论》，《电网技术》2005 年第 12 期。

［9］高萍：《关于特高压电网的探讨》，《学周刊》2014 年第 12 期。

［10］国务院：《能源发展“十二五”规划》，2013。

［11］BP：《世界能源统计（2014）》，2014。

［12］张章奎：《国内外特高压电网技术发展综述》，《华北电力技术》2006 年第 1 期。

［13］吕春泉：《加快特高压建设　服务经济社会发展》，《国家电网》2014 年第 11 期。

［14］王敏：《论特高压在我国能源安全中的核心地位》，《中国能源》2014 年第 5 期。

［15］中国气象局：《中国风能太阳能资源年景公报》，http：//cwera.cma.gov.cn/cn/。

［16］王为民：《特高压：我们来自中国创造》，《电网杂志》2014 年 8 月。

［17］刘振亚：《中国电力与能源》，中国电力出版社，2012。

［18］杨建设：《特高压可以助推风电清洁供暖》，《风能》2014 年第 11 期。

B.13
后 记

时光荏苒，一年一度的“能源蓝皮书”又付梓了，本年度的蓝皮书又有新的特色。

2014 年，能源主题受到党和国家领导人的高度关注，“一带一路”建设、跨地区能源合作成为当今能源利用的主题。2014 年 6 月 13 日，习近平主席在中央财经领导小组第六次会议上讲话，进一步对推进能源和生产消费革命提出了四个革命和一个合作，即推动能源消费革命、能源生产革命、能源技术革命、能源体制革命和全方位国际合作，习近平主席的讲话凸显了能源在我国经济社会发展中的独特地位。改革开放以来我国经济快速发展，已经成为世界第二大经济体，但同时我国能源消费需求也快速增长，这带来了严重的资源紧缺、环境污染、生态恶化等问题。这种资源依赖型的粗放扩张的经济发展模式已经难以为继，在今天全球能源消费大转型的背景下，我国必须要实现能源利用方式的根本性转变，而要由经济大国变为经济强国，实现中国经济社会的可持续发展，不但要推动国内的能源生产和消费革命，同时要加强能源的全方位国际合作。因此，本年度的《中国能源发展报告》更加侧重于对能源外交和能源国际合作的解读。

本报告由崔民选、王军生、陈义和研究员组织编写。总共分为三部分：第一部分为总报告，第二部分为行业运行篇，第三部分为热点专题篇。总报告以“积极开展能源外交构建中国能源国际合作新格局”为主题，立足于我国能源经济发展的新形势、新特点，结合习近平同志倡导的能源生产和消费革命讲话精神，深入探讨了我国能源领域国际合作的新动向；行业运行篇对煤炭、石油、天然气、电力、新能源等能源行业的发展历程和运行现状进行了分析，并对我国未来能源体制机制改革进行了有益的探讨；热点专题篇紧密围绕当今我国能源发展的热点与前沿问题，对我国能源混合所有制改革、亚太能源合作等问题进行深入解析。

在本书即将与读者见面之际，感谢能源界有关领导的支持与指导，感谢各位专家学者的辛勤付出与劳动，感谢社会科学文献出版社领导和编辑的帮助。

需要指出的是，受数据、时间等客观条件的限制，本报告难免会有疏漏、不妥之处，敬请各位读者批评指正，提出宝贵建议。

编　者

2015 年 7 月

Abstract

There is no doubt that energy is crucial to a country. As China's reform and opening - up to promote and deepen, demand of the country and society for energy has been increasing, so ensuring the security and stability of energy supply has become the top priority of national reform plan. The transformation and upgrading of the energy industry structure, the adjustment of the energy consumption structure, the energy market reform and so on, will become important work of the government and enterprises for quite some time. Related research and discussion about energy has been always the concern of experts and scholars. This book makes key and hot issues of energy fields a system: the first part of the book proposes ideas on building a new pattern of international cooperation for China's energy; the second part makes further exploration and analysis on tradition energy and some new energy including coal, oil, natural gas and nuclear etc; the third part does special research on some hot issues of energy in the current phase. Each chapter of this book focuses on special topics, and highlights the empirical studies and policy - oriented, which aims to provide scientific basis and reference for the state and government based on systemic research.

Contents

Ⅰ General Report

Abstract: Based on the deep analysis of energy industry operation tendency in 2014, this paper introduces heated topics in energy industry involving coal, petroleum, natural gas and electric power. At last, the emphasis on carrying out pro – active energy diplomacy and establishing new pattern of international cooperation are proposed.

Keywords: Energy Industry; Energy Diplomacy; Diversified Strategy

Ⅱ Section for Industry Operation

Abstract: At the point that China is becoming the second large economy entity an economy development has entered in the "new normal" stage, the economic transformation and industrial upgrading are in full progress. As an essential part of China's energy system, coal industry is firmly on its way of "greening". Shenhua Group, Shandong Energy Group and China National Coal Group have been in practice of the conception of "greening" and lead the industry. Since coal is the non – renewable resource and account for high proportation in China's primary energy consumption for a long time, the progress of "greening" in coal industry should focus on several key links in whole industry chain, such as mine site selection, development and utilization.

Keywords: Clean Coal; New Normal; Green Development; Energy Structure

Abstract: Before 1980s', the US, Western Europe and Japan were playing "Big Three" in the world oil industry, they produced 80% of total petrochemicals production of the whole world. As the development of oil industry, the world is changing too.

Oil is called "the blood of industry" and "critical material" . And now oil is becoming the most important good in the ocean shipping due to unbalanced situation of reserve, exploitation and consumption. And we have to say the oil pipeline is the "vessel" if the oil is "blood" . The international oil market and world economic would be under a devastating damage if the oil pipeline is not working even a few minutes. So, most countries are playing the "house of cards" to control the oil market, the game of supply and demand is beginning.

We all know that China needs oil. The purchase and the supply chain is not only related to the economic development, but also directly affect the national security. And now the reform is go in China, the entire environment is changing because of transformation of the economic structure. In order to run better, the oil industry have to change to adapt new situation. So we can see massive renovation in China ' s oil industry like monopoly rights released, operating reform, equipment dating, open market for crude oil, etc.

Keywords: Oil Industry; Situation of Supply and Demand; Energy Security; Import Rights; Trade Flows

B. 4 Promoting the Reform of Gas Industry Chain and Coordinated Development

Wei Yaping, *Hua Huiliang* / 103

Abstract: With increasing pressure in the current environment, energy conservation has become an international consensus, the natural gas industry will usher in major development opportunities. As gas industry is well – developing generally in the world, our country's gas industry has being entering an era of rapid development. China has abundant natural gas resources, the infrastructure construction has been improved continuously, the consumer market has also been optimized constantly and the industry chain has the basis of coordinated development. China's natural gas industry has its own characteristics, but we are also facing a lot of challenges in the adaptation to the global natural gas industry development. As an important supplement to conventional natural gas, unconventional natural gas can be used as important support to promote the coordinated development of China's natural gas industry chain. As the core and key of the reform of natural gas industry, the pricing mechanism reform will do favor to China's natural gas industry chain in reference to the experience of the British and American industry supervision. In order to promote the coordinate development of industry chain, it must carry on the overall plan, and take the marketization as final direction of reform, which has important significance for the healthy development of China's natural gas industry.

Keywords: Clean Energy; Natural Gas Industry Chain; Unconventional Natural Gas; Pricing Mechanism Reform

B. 5 Grasp the Opportunity to Further Deepen the Reform of the Electricity Market

Lu Wenhua, *Liu Yong* / 153

Abstract: Electric power has entered every field of social and economic life, and has become the essential energy basis for the development of the society. Electric power industry includes power generation, transmission, distribution and sale of electricity sectors. Today electric production and transmission technology develop rapidly, different sectors in the power industries have different economic characteristics. The management mode of our country electric power system took vertical integration monopoly operating system for a long time. Since the 1980s, electric power industry began to reform gradually, and the marketization of electricity has made great progress, but there still exists many problems. Due to the special nature of power market structure, transaction structure and balance market, China is faced with the risk of rising prices, restricting economic development, coordination mechanism and so on in promoting market – oriented reform. As China's economic development enters into the new normal, power development has also entered a new normal. Under the new normal, deepening the reform of the electric power market is faced with many challenges, we should use the successful experience of Britain, the United States and the EU electricity market reform for reference, combine with current situation of the development of electric power industry and characteristics of power market, optimize the power supply structure and layout in further deepening the reform of the electricity market, promote the price reform and power system reform, establish and perfect the power supervision system and financial markets for electricity, and thus promote the reform of the electricity market to a new level.

Keywords: Electricity Market; Characteristics of Market Main Body; Electricity Financial Markets; Electric Power System; Electricity Regulatory

Abstract: Electric power plays a decisive role in modern society, even in terms of current technical level, the conventional thermal power generation by burning fossilfuels is still regarded as the main source of power. But thermal power generation mode can't develop sustainably because of its inherent problems. As a result, new power generation model with the characteristics of safety, clean, and high efficiency must have a wide application prospects, such as nuclear power. This report describes the current status of nuclear power as well as the problems firstly, differentiates and analyses the future trend of China's nuclear power, in the end of this report, some policy recommendations are provided for reference based on previous analysis.

Keywords: Nuclear Power; New Energy; "Going out" Strategy

B. 7 Support New Energy with Development View

Wang Junsheng, *Chen Xingjun* / 217

Abstract: After the 2008 financial crisis, the global economic growth began to slow down, energy and environmental issues have become increasingly prominent, sustainable development is facing enormous challenges. At the same time, China's economic development has shifted from the epitaxial growth that focuses solely on the speed to steady growth that relies on innovation – driven, structural upgrading, energy conservation, environmental protection. In the background of "New Normal", developing new energy industry is not only inner requirement of transforming the mode of development, but it will also accomplish a great deal in the new phase of growth as an industry with broad prospects. From the world perspective, various countries have attached great importance to the development of new energy industry and accelerated the energy revolution in recent years. China is also actively adjusting and optimizing the energy structure, making great efforts to cultivate the new energy industry, and proposed the target with upraising the proportion of non – fossil energy consumption to more than 15% in 2020. Though China's new energy industry has made considerable progress, quite a gap still exists by comparing it with foreign countries. Gap means potential, and strategic vision is essential in the development of new energy industry.

Keywords: Development; New Energy; Energy Revolution

ⅢB Ⅲ Section for Hot Topics

B. 8 The Connotation and Denotation of Mixed Ownership Reform

Chen Yihe, *Zhao Yang* / 250

Abstract: The Third Plenary Session of the party's eighteen clearly put forward the development of "mixed ownership economy", then the reform of ownership of large state - owned enterprises has been put on the agenda.

This paper combs related connotation and inner logic of the mixed ownership reform firstly, and analyzes the three main parties in the field of energy - coal, electricity and gas industries one by one, to explore the specific paths and methods in promoting the mixed ownership reform, and provides some suggestions for reference.

Keywords: The Mixed Ownership; State-owned Enterprises and Private Companies; Ownership Structure; Energy Reform

B. 9 Opening a New Chapter of Energy and Hydropower Resources Sustainable Exploitation and Utilization

Wu Jun, *Wang Shaochen* / 270

Abstract: The "Twelfth Five Year Plan" proposed the overall idea of energy development, that is "transition from current energy system to the sustainable development of the modern system". 2015 is the last year of "Twelfth Five Year Plan", whether can we achieve the task requirements is worthy of attention. Economic development relies on energy, while the consumption of fossil energy may lead to environmental pollution, so developing new energy becomes the trend internationally. As a clean and sustainable green energy, Water resources is very rich in China, thus it is China's best choice which is in line with the national conditions.

Keywords: Sustainable Exploitation and Utilization; Fossil Energy; Hydropower Resources

B.10 Energy Resource Tax Reform and Development

Abstract: China resource tax reform had taken a new pace from 2010 that oil and natural gas resources tax ended the ad valorem history. By the end of 2014, the resources tax reform ranges from oil, natural gas to coal. The coal resources occupies the dominant position in China's energy production and consumption, so implementation of the ad valorem in promoting resource tax reform in China is another landmark event. Resource tax reform not only affects the interest adjustments of microcosmic main body such as government, enterprises and consumers, but also has important significance for China's economy structural adjustment and change of mode of national economy development. However, the reform of resource tax is still in its infancy, the design still exists many problems, and the relevant policies can not follow up in time, which limits the benefit of resource tax reform. This paper regards the resource tax as the research object, basing on the review of reform background and the present situation of operation, analyzes mainly the oil and gas and coal resources tax reform process and its benefits. And then summarizes the problems in the reform of resource tax, putting forward policy recommendations for the problem.

Keywords: Resource Tax; Ad Valorem Taxation; Energy Economy

B.11 The Great Prospects of Asia-Pacific Energy Cooperation

Abstract: Energy is a matter of great importance to any country. At the same time, there are a lot of factors that urge us to change, especially in the geopolitical, the visible hand of government regulations and the invisible hand of economics. Of course, the common understanding for resource constraints, fatal consequences of extensive abuse and the concerns about future of the earth and our own destiny are also the reasons to make the above statement. Although we have made great progress in technology, energy has become diverse and flexible, even though we are increasingly concerned about the complexity of geopolitics, the world we live in still extremely depends on the fossil fuel energy as a century ago from the realistic point of view, so the game and cooperation is the trend of the times. What is our energy pattern now? What is the condition of our whole world from the prospective of resources and choice, politics and policy? Where are we being brought to? All of these are the questions that we are concerned in this report.

Keywords: Asia – Pacific Energy Cooperation; Mechanism; One Belt and One Road

Abstract: China has a vast territory and abundant energy resources, while its distribution is not balanced. Electricity is the best way of energy consumption, and its stability of supply, economy, environmental protection play a key role in the stability and sustainable development of the whole society. The energy base of China is northward and westward trend, and the distance to eastern electricity load center is partly beyond the traditional EHV transmission distance. Based on the above objective, this paper overviews the relevant concepts and characteristics of ultra high voltage (UHV) after analyzing national conditions, then analyzes the value and significance for the energy security of our country, efficient and clean supply. Secondly, the article compares the development history of domestic and foreign countries, introduces the main engineering and related policies to support the development of UHV in China. Finally, the prospect of the development of UHV is discussed, and provided some points of views and suggestions for reference.

Keywords: UHV; Energy Security; Guarantee

皮书起源

“皮书”起源于十七、十八世纪的英国，主要指官方或社会组织正式发表的重要文件或报告，多以“白皮书”命名。在中国，“皮书”这一概念被社会广泛接受，并被成功运作、发展成为一种全新的出版型态，则源于中国社会科学院社会科学文献出版社。

皮书定义

皮书是对中国与世界发展状况和热点问题进行年度监测，以专业的角度、专家的视野和实证研究方法，针对某一领域或区域现状与发展态势展开分析和预测，具备权威性、前沿性、原创性、实证性、时效性等特点的连续性公开出版物，由一系列权威研究报告组成。皮书系列是社会科学文献出版社编辑出版的蓝皮书、绿皮书、黄皮书等的统称。

皮书作者

皮书系列的作者以中国社会科学院、著名高校、地方社会科学院的研究人员为主，多为国内一流研究机构的权威专家学者，他们的看法和观点代表了学界对中国与世界的现实和未来最高水平的解读与分析。

皮书荣誉

皮书系列已成为社会科学文献出版社的著名图书品牌和中国社会科学院的知名学术品牌。2011 年，皮书系列正式列入“十二五”国家重点图书出版规划项目；2012~2014 年，重点皮书列入中国社会科学院承担的国家哲学社会科学创新工程项目；2015 年，41 种院外皮书使用“中国社会科学院创新工程学术出版项目”标识。